叶秀山全集

[第十卷]

叶秀山 著

江苏人民出版社

图书在版编目(CIP)数据

叶秀山全集.第十卷/叶秀山著.—南京:江苏人民出版社,2019.11
ISBN 978-7-214-23479-7

Ⅰ.①叶… Ⅱ.①叶… Ⅲ.①哲学—文集 Ⅳ.①B-53

中国版本图书馆 CIP 数据核字(2019)第 099084 号

书　　　名	叶秀山全集·第十卷
著　　　者	叶秀山
责 任 编 辑	戴亦梁
责 任 校 对	黄　山
责 任 监 制	王列丹
出 版 发 行	江苏人民出版社
出版社地址	南京市湖南路 1 号 A 楼,邮编:210009
出版社网址	http://www.jspph.com
排　　　版	南京展望文化发展有限公司
印　　　刷	苏州市越洋印刷有限公司
开　　　本	718 毫米×1000 毫米　1/16
印　　　张	26.25　插页 6
字　　　数	413 千字
版　　　次	2019 年 11 月第 1 版　2019 年 11 月第 1 次印刷
标 准 书 号	ISBN 978-7-214-23479-7
定　　　价	120.00 元

(江苏人民出版社图书凡印装错误可向承印厂调换)

《叶秀山全集》出版说明

叶秀山先生遽然仙逝后,在他亲属和学生们的支持下,我们决定出版《叶秀山全集》,以永远缅怀他卓越的学术成就,延续和光大他的学术理念与思想事业。本次出版遵循如下原则:

一、只收录已经公开出版或发表的作品,其余作品(如手稿、书信等)以后择机再出续集。

二、各卷按照时间顺序收录已出版的著作(包括文集)。未收入已出版著作中但又公开发表的文章,按发表时间顺序分类收入最后两卷。

三、已出版的文集类著作中与之前著作收文重复者,只存目,但让《永恒的活火》和《启蒙与自由》二书保持完整收录。

四、编辑过程中,尽量尊重原出版物原貌,只作最小程度的技术处理。

我们向参与具体编校工作的叶先生的学生们,以及为全集的编辑出版提供各种帮助的朋友们表示感谢!

江苏人民出版社
2019 年 7 月

目 录

哲学的希望
——欧洲哲学的发展与中国哲学的机遇

编者的话 《欧洲哲学的历史发展与中国哲学的机遇》的"前世今生" 003

导论 欧洲哲学发展趋势与中国哲学的机遇 013
 一、古代希腊之"自由知识" 014
 二、"自由"的挑战：哲学面对犹太-基督精神 016
 三、"东方"的"朝霞"与"西方"的"落日" 023

上编 欧洲哲学的发展 029

第一章 确信"自由"的"存在"，追求"存在"的"自由"的欧洲哲学 031
 一、欧洲哲学上"自由"概念的产生 031
 二、在"确信自由"和"追求自由"的问题上康德的贡献 035
 三、黑格尔对"自由"和"存在"问题的古典式"总结" 039
 四、由此产生的推想 041

第二章 欧洲哲学的起源：在"认识你自己"的道路上 045
 一、"始基"观念与"存在"问题之提出：古代希腊"科学思想"之诞生 045

二、关于"本质-存在"学问的困难：古代辩证法的
　　表现 053
三、苏格拉底的"反讽" 055
四、苏格拉底之"死" 058
五、苏格拉底作为"助产婆" 062

第三章　柏拉图的"理念论" 064
一、柏拉图与苏格拉底 064
二、柏拉图的《巴门尼德篇》 065
三、柏拉图的"知识论" 073
四、柏拉图的"国家"学说 082
五、柏拉图的"自然观"和"宇宙论" 093

第四章　转向"经验"的亚里士多德哲学 101
一、认识世界的"工具" 103
二、"概念"之为"科学知识"的"核心工具" 105
三、"范畴"作为"概念"与"经验现实"关系的
　　"纽带" 109
四、"第一哲学"："知识论"中的"存在论" 113

第五章　欧洲中古的神学"天国" 122
一、为"知"而"信" 125
二、唯"圣言"可"信" 126
三、"人"作为"神"的"独特被造者" 127
四、"自由"之"诱惑" 128
五、"圣言"与"人言" 131
六、"善"-"恶""原则"的"二律背反" 133
七、欧洲的"世外桃源" 135
八、"人世间"的"纷争"、"和谐"与"同一" 138

第六章　"感性世界"的挑战 145
一、培根的经验主义哲学 146
二、霍布斯政治国家学说之哲学基础 149

三、卢梭政治思想的哲学意义 155

第七章 近代欧洲哲学发展的另一条思路：笛卡尔的理性
主义 160

　一、从"感觉的挑战"到对"感觉"的"怀疑" 161

　二、"我思故我在" 162

　三、"保持"就是"创造" 164

　四、几率-时空-自由-未来 170

第八章 斯宾诺莎和莱布尼兹在欧洲哲学发展史上的意义 176

　一、斯宾诺莎作为"概念论"的近代奠基者 176

　二、莱布尼兹在欧洲哲学发展中的重要性 182

第九章 德国古典哲学的基本观念及其发展路线 187

　一、"理性"的求（务）实"精神" 187

　二、"否定"在德国古典哲学中的意义 197

第十章 欧洲哲学中"知识论"与"存在论"的关系 208

　一、欧洲哲学从"知识论"向"存在论"的转向 208

　二、叔本华的意志哲学 221

　三、胡塞尔先验现象学对欧洲哲学发展的贡献 234

　四、海德格尔向"存在论"的"回归" 258

　五、列维纳斯："超出""存在论"之外 266

　六、作为东西文化会通成果的"瞬间" 272

下编　中国哲学的机遇 281

第一章 中国哲学精神之绵延：理论篇 283

　一、必也"正名" 283

　二、"形而上学"与《易经》 284

　三、"天"-"地"-"人"之"关系" 285

　四、"人""在""天-地"之"中" 286

　五、"中介"的"人""无""自己" 288

　六、"人""在""时间"-"空间""中" 290

　七、"自由者"有"可能"使"预测学"成为"科学" 292

第二章　中国哲学精神之绵延：历史篇 294
　　一、儒道两家之"哲思"：仁义-道德 294
　　二、佛教扎根中国 301
　　三、马克思主义进入中国给"中国哲学传统"注入新的
　　　　血液和精神 310
第三章　道家哲学思想 314
　　一、《老子》书中的形而上治国方略 314
　　二、《庄子》的"反讽"精神 326
第四章　汉代政治与"哲学思潮"之"大一统"　338
　　一、董仲舒的"天-道"哲学 340
　　二、《淮南子》反映的汉初哲学思潮 348
　　三、扬雄的"太玄"哲学 359
第五章　佛家思想的哲学理路 371
第六章　宋明哲学的思路历程 381
　　一、宋代哲学对于"物"的重视 382
　　二、周敦颐的"诚"与张载的"气" 388
　　三、"理学（道学）"的产生 397
　　四、"天理"与"尊德性-道学问" 402
结语　寄希望于"未来" 406
主要参考书目 410

哲学的希望

——欧洲哲学的发展与中国哲学的机遇

编者的话　《欧洲哲学的历史发展与中国哲学的机遇》的"前世今生"

王　齐

《欧洲哲学的历史发展与中国哲学的机遇》（以下简称《机遇》）是叶秀山先生在其生命的最后五年零八个月当中的作品。因为是叶先生的遗著，作为书稿的编辑者，我有责任对这部书稿的"前世今生"向读者做一个说明。下面是我根据叶先生生前发表作品以及《机遇》作为国家社科基金于2014年结项时叶先生亲自起草的文字写成的，有些事实甚至得自我跟叶先生通过电话、邮件和微信交换的意见。

一

叶先生对"中国哲学的机遇"问题的思考，当始自2007年9月10日完成的《欧洲哲学发展趋势与中国哲学的机遇》一文[①]。文章完成后，叶先生并没有马上着手展开对这个课题的研究，因为此时他正在做着一项积年已久的课题"西方哲学中'科学'与'宗教'两种思维方式之研究"，其最终成果便是2009年出版的《科学·宗教·哲

[①] 参见《学与思的轮回——叶秀山2003—2007年最新论文集》，江苏人民出版社2009年版。

学——西方哲学中科学与宗教两种思维方式研究》一书。按叶先生自己的说法，这个课题"见证了改革开放的一个历史时期"，因为对西方宗教的重视以及对宗教与哲学关系的思考是改革开放以来深入研读西方哲学的必然结果，叶先生自己则把这本书的写作看作是在补宗教学的课。正是在这本书中，叶先生明确而集中地讨论了西方科学在摆脱宗教的影响下发展自身以及西方哲学在对宗教的"化解"进程中发展自身的理路，带有鲜明的黑格尔哲学的影响。课题刚刚结束，叶先生就在该书的"后记"中向学界宣告了即将开始"西方哲学的历史发展与中国哲学的机遇"课题研究的消息[①]。果然，这个课题2010年获批为国家社科基金重点项目和中国社会科学院重点项目，原计划在2013年结项。根据课题进度，从2010年至2012年间，叶先生主要从事欧洲哲学研究，重点展开了对西方哲学的源头——古希腊哲学、中古时期的犹太-基督教哲学以及西方近代哲学的研究。在这期间发生了一个"事件"。在行进到德国古典哲学研究的时候，叶先生旧书新读，且读出了很多新意，尤其针对康德，仅2011年，叶先生就接连发表四篇长文：《"一切哲学的入门"——研读〈判断力批判〉的一些体会》《康德的法权哲学基础》《试析康德"自然目的论"之意义》《小文章，大问题——读康德〈论哲学中一种新近升高的口吻〉》。与之前的康德研究的侧重点相比，叶先生明显开始重视《判断力批判》和康德的目的论思想。叶先生认为，"目的论判断力批判"是康德从《纯粹理性批判》起即开始构思的"批判哲学"体系中的组成部分，而"审美判断力批判"则可能是康德新增加的部分。"目的论"思想贯穿在康德哲学之中，《纯粹理性批判》中对"知识"的"普遍必然化"以及《实践理性批判》中对"道德"的"普遍必然化"都是为"目的论"留有余地。更为重要的是，叶先生厘清了康德"自然目的论"的意义，指出它虽

[①] 参见《科学·宗教·哲学——西方哲学中科学与宗教两种思维方式研究》，社会科学文献出版社2009年版，第393页。

因沟通"理论理性"和"实践理性"而为宗教信仰留有余地，但"自然目的论"不是"宗教（神学）"的"信仰"，而是"科学（知识）"的"信念"。一段时间里，叶先生重读康德和黑格尔的热情持续不减，我曾几次劝他赶快回到课题上来，后来在黄裕生的建议下，我也很高兴地帮着叶先生把他从事哲学研究半个多世纪以来的康德哲学研究论文收集成册，这个文集于2013年以《启蒙与自由——叶秀山论康德》为题在"凤凰文库·纯粹哲学系列"中出版。书籍出版后，叶先生和我所在的西方哲学史研究室还与清华大学哲学系联合召开了一次出版座谈会，这是叶先生唯一一次同意召开他的新书出版座谈会。

"机遇"课题申报时把结项时间定在了2013年底，但其时叶先生想做的很多工作还没有完成，于是申请延期一年。在2014年整整一年时间当中，叶先生非常勤勉地完成了课题计划中关于西方现代哲学的部分，并且开始着手以西方哲学的视角重新审视中国哲学经典。我感觉那段时间叶先生承受的压力很大，说从此不再申请课题了，完全根据读书兴趣，想写什么就写什么。很快，结项时间再次到来。叶先生计划中关于中国哲学的整体构想已经完成，只是有些部分仍待充实。我们当时的想法是先结项，甩掉这个包袱，然后再有条不紊地补充。叶先生信任我，把他的U盘给我，让我帮着进行编辑，而他自己则忙着撰写课题的"结语"，即我们在本书中看到的题名为"寄希望于'未来'"的文字。在编辑过程中我发现，虽然叶先生写作时是每个主题单独成文件，并没有给出序号，但根据时间线索编排好后，发现篇章之间的内在逻辑联系十分清楚，编排工作并不难做。

2014年11月19日，我们向国家社科基金办提交了鉴定成果和结项审批书，在等待专家鉴定结果的时候，叶先生马不停蹄地开始了新的征程——对中国哲学的研读。2015年叶先生硕果累累，完成了关于中国哲学的大部分工作。每写完一篇，叶先生都会通过电子邮件把新作发送给黄裕生、宋继杰和我，有些新作也曾作为单篇论文在期刊上发表，这既是因为叶先生稿约不断，他没有精力再写新作，也是因为叶先生想听到学界的反应，希望引起讨论。遗憾的是，大家似乎都忙着发表论文，叶先生希望听到的反馈意见并不多，在这个问题上，我明显感觉到叶先生的失望情绪，有时他在电话里感叹，现在大家都太忙了。尽管如此，叶先生钻研的兴致没有丝毫减损，他兴味十足地从先秦经汉代一直写到了宋明理学。2016年5月17日，正在撰写宋明理学的叶先生突然发给我们一篇写胡塞尔的长文。他几次在电话里强调他发现的胡塞尔的"二次悬搁""有点意思"，让我好好看看。无奈我对胡塞尔现象学一向隔膜，在电脑上看了一遍，感觉没看懂。电话里跟叶先生说，他说这篇我应该能懂的，要平心静气地看，还答应有时间当面给我讲讲。一直挂念着让《机遇》一书早日面世的我再次提醒他，怎么又写起胡塞尔了，还是先结稿吧。叶先生当时笑说，再写一篇朱熹的文章就可以收工啦，他正考虑着呢。当时我们的约定是：书稿完成后由我重新编辑全书，尤其是中国哲学的部分。然后由叶先生统稿，处理章节之间的连贯性问题，再看还有哪些地方需要补充，毕竟项目时间跨度较长。无奈这个计划终未能实现，关于朱熹的文章永远空缺，而我们也无从知晓叶先生会从哪个角度切入，我只能大胆揣想，胡塞尔的思路或许与叶先生下一阶段的写作有些关系。

今天，摆在我们面前的这部书稿没有经过叶先生的统校，这是无法弥补的遗憾。既然这个工作因不可抗拒之力未能完成，我想就让书稿保持原样吧。全书的总体框架结构同社科基金结项稿的结构相同，也就是分上下两编，"上编"题为"欧洲哲学的发展"，"下编"则重点讲"中国哲学的机遇"。这个编排当时得到了叶先生的首肯，我们的主要考虑是为阅读的方便，因为在行文过程中，叶先生致力于探索在中国哲学和西方哲学视野之下对同一哲学问题的不同思考和解答，故中国哲学和西方哲学的内容始终并置展开，"我中有你"，"你中有我"，彼此并不能作绝对的区分，"上编"、"下编"的区分只是侧重点的不同而已。"上编"当中前九章的编排曾得到叶先生的认可，第十章是我根据叶先生2015年新撰写的现代哲学的文章编辑而成，包括我没读懂的讲胡塞尔的那篇文章。"下编"讲中国哲学的章节根据叶先生陆续发给我的文稿编排而成。叶先生在每篇文章的结尾，都给出了下一篇的小标题号和简要到如只有"董仲舒"这样字眼的题目，因此把它们连缀起来是自然的事。"中国哲学精神之绵延"的标题是叶先生自己给出的，但在这个题目下的文字量较大，我依其内容将之分为两章，分别名之曰"理论篇"和"历史篇"。为了弥补中国哲学部分未经统稿的遗憾，我征得叶先生家人的同意，在2017年3月查看了叶先生临终前书桌上摆放的书籍，做成一份十分不完备的参考书目，放在本书的末尾，希望这份书单能够为读者阅读本书提供些许帮助。在编排过程中，我感觉对于体系化的哲学写作来说，缺少了一个"导论"是件十分遗憾的事，于是大胆决定把叶先生在本课题动念之初所发表的那篇文章《欧洲哲学发展趋势与中国哲学的机遇》补在前面，权且当作"导论"，虽然从文章发表至叶先生骤然离世已经过去了九年的时间，这中间叶先生的思考当有所推进，但这实为无奈之举。书稿编辑完成后，我请哲学所中国哲学研究室的赵金刚博士核对中国哲学部分的引文，他在北大求学时曾观看叶先生为北大新生开设的"哲学导论"课的录像，而今赵博士已成为哲学所的新生力量。哲学事业后继有人，相信叶先生在天之灵会感到欣慰。需要说明的是，全书未经叶先生审定的"上编"第十章和"下编"章节安排当中出现的任何不妥当之处，责任在我，我愿虚心接受学界的批评。

二

叶先生曾亲自为社科基金结项审批书填写了"总结报告"部分，回顾了课题立项的初衷和目的，其中有两个段落我觉得有必要抄录在此，因为它们就是叶先生亲自给出的阅读指南。叶先生写道：

"在最初申请本课题的时候，课题人计划以历史回顾作为形式，以探讨理论问题为其内容，形式是历史的，而内容是理论的，力图做到'历史'与'逻辑'相结合。在具体执行过程中，课题人亦是坚持站在现代的立场探讨历史的意义，同时也是站在中国的立场探讨西方哲学的问题，而这个'立场'又不是凝固的，它自身也是开放的、发展的，这就意味着，在这个课题的研究中，'现实'和'历史'、中国和西方，蕴含一种'互动'的关系，尽管这个相互'运动-推动'的过程-进程，不是直线的，而是复杂曲折的"。

"在这个思路和方法的指导下，课题人努力使最终成果具有哲学自身所应有的创造性，而不限于一般的历史知识的介绍。……在努力提升课题成果的哲学性和理论性的前提下，课题人也努力加强历史性研究，做到所运用史料的确凿可靠，尤其是在欧洲中古犹太-基督教哲学和中国传统哲学的部分。这也是课题人立项的初衷，即希望通过此课题的完成，学习基督教哲学和中国哲学。课题人一直认为，如不懂佛教哲学，就不太可能真正弄懂中国传统哲学的精神，犹如不懂基督教哲学，就不太可能把握欧洲哲学的精神一样。故希望通过这个课题的完成，使自身有所提高"。

除了可当阅读指南外，这两段话很好地折射出叶先生"学也无涯，思也无涯"的治学风范。叶先生有四部文集的标题都带有"思"字——《愉快的思》《无尽的学与思》《学与思的轮回》《在，成于思》，"学"和"思"无疑已成为他治学生涯的主旋律。在无尽的"学"与"思"的海洋里，叶先生游刃有余，边"学"边"思"，既没有"述而不作"，更没有止步不前地吃老本。看叶先生的著作，发现他常常返诸源头，把前人想过的问题在自己脑子里不止一次地重新思考，表面看叶先生似乎是对同一人物、同一主题进行阐述，但在具体的运思过程中，我们不难发现他正一点点地推进着自己的认识，并且以自己的推进工作促使哲学这门古老的学问保持长青。在《机遇》一书当中，叶先生对中西哲学传统中"知识论"和"存在论"的关系问题、"瞬间"问题、中国哲学的形而上性问题以及生死问题等都有全新的思考，相信读者自有评判。叶先生以八十高龄仍有心学习中国哲学和佛教哲学，在很多人看来或许是吃力不讨好之举，至少是件耗费心力之事，每每想到这一点，我心里十分难过。但从另一个角度来看，叶先生能够坚守自己选择的生活方式直到生命的尽头，对于早已参透"向死而在"的智者来说，未尝不是一种幸福。

在课题进行过程中，我曾不止一次私下对叶先生说，自己实在看不出中国哲学有什么机遇。叶先生每次都给我解说一番，只可惜愚钝的我一直没明白叶先生的意图，只是简单地把这个动念看成以汉语进行西方哲学研究的中国学人的"落叶归根"之举。这次通读全书时，尤其是为寻找"导论"而重读《欧洲哲学发展趋势与中国哲学的机遇》一文之时，我感觉似乎明白了叶先生的意思，恕我在此大胆将粗浅的一己之见写出来，以平复我对叶先生的愧疚之心。只可惜我再无机会与叶先生当面交流了。

在叶先生眼中，"中国哲学"并不是狭义的作为专业领域的 Chinese Philosophy，而是 Philosophy of China 或者 Philosophy in China，即一种不分古今中外的哲学系统。就狭义的"中国哲学"而言，叶先生一直都有个信念，即中国哲学自成体系，有自我修复和兼容并蓄的顽强生命力。正是这个先天的优越条件的存在才使中华文明得以延续至今，也使我们敢于奢望"中国哲学"有朝一日立于世界之巅。但这一切绝无自动发生的可能性，其"孵化器"不是别的，正是中国哲学"兼收并蓄"的能力；用叶先生自己的话说，"中国哲学"必须"将西方哲学之精髓'吸收'到'自己'的系统中来"，方能将传统发扬光大，甚至再续辉煌。借助黑格尔在《历史哲学》中提出的"日出"和"日落"的比喻，叶先生指出，"'日落'并不意味着世界之

'泯灭'","日落"则一切归于"黑暗",而这时恰恰是一个可以"把'世界''吸收'到'内在'中来,加以'反思'"的契机。叶先生非常重视欧洲哲学的"落日"成果,他根据对西方哲学的长期研究,并借用中国哲学的术语指出,欧洲哲学的成果达到了"内圣外王"的程度——"'王者'以'法''制'天下,使社会按'必然'之'律'运行而不悖;'圣者''崇自由'而'尚智慧'"。这个解释明显蕴含着康德哲学的精髓。"知识"领域是有"法-规律"可依的,而那个超出"知识"范围之外的"自由"和"智慧"则是西方哲学奉献给人类的"礼物",它们使人成其为人。而既然是"礼物",根据德里达,我们可以没有丝毫愧疚地将其"据为己有"。叶先生说:"哲学有能力将'空间''吸收'进'时间',中国哲学也有能力将包括欧洲'落日'成果在内的一切'化为''空间-必然'之'事物',重新'吸收'到'时间'中来,'接续-推动''哲学'之'历史'与'自由'。"

当我把这段话抄录在此之时,心中犹如电光照彻,这篇小文也已行进到了尾声。中国哲学虽然一直不乏"机遇",但中国哲学的登场还只是一个将来时。倘若没有"兼容并蓄"的态度和"内化"的功夫,"中国哲学"的登场不过是一种妄自尊大。在这个意义上,叶先生其实为"中国哲学"的未来指明了一个方向。我也以叶先生在"导论"结尾处的问题作为本文的收尾:"我们在中国做哲学,固当以曾是'朝日'之光辉而自荣,更当以'再生-复生'为己任,将'试看今日域中(哲学之领域中),究是谁家的天下?'这个问题,铭记在心。"

2017 年 6 月 5 日

补记:

进入出版流程后,"纯粹哲学系列"负责人觉得以原课题名称作书名略显直白，且与叶先生之前的著作风格不一致，遂与黄裕生商量，能否从叶先生著作的内在理路出发，为该书重新命名。2013年，黄裕生曾为叶先生的康德哲学论文集起了一个简洁而响亮的题目《启蒙与自由》。次年，叶先生应邀把他曾在《读书》上发表的学术随笔重新结集出版时，也反复与黄裕生和我讨论书的标题，最后我们一致认定他自己起的《在，成于思》的题目。叶先生历来重视书名，对学生们的意见也很重视。但这次毕竟有所不同，我们无法再与叶先生商量了……最终，万般思绪之中，黄裕生提出以"哲学的希望"为本书的正题，以"欧洲哲学的发展和中国哲学的机遇"为副题。这使我想起，叶先生1991年发表过以利科为主题的论文就曾题为《哲学的希望与希望的哲学》，因而在一定意义上，我们希望《哲学的希望》可以被认同为出自叶先生之手。

2018年3月4日

导论　欧洲哲学发展趋势与中国哲学的机遇

欧洲哲学起于古代希腊至今2000多年,已经成为一门古老而又常青的学问。在这2000多年过程中,"哲学"同样也有自己的"盛衰",有自己的"命运","哲学"有自己的历史。"哲学"并非恒久"不变",哲学的"历史形态"经常在"变",有时快些,有时慢些,也有时相对"停滞";于是我们有"古代希腊哲学"、"希腊罗马哲学"、"中世纪哲学"、"近代哲学"和"当代哲学",当然也有"中国哲学"、"印度哲学"、"阿拉伯哲学"等。研究这些"哲学形态"的历史命运,当是哲学史的任务。

"哲学"也和其他学科一样,它的历史形态固然有种种变化不同,但它的基本问题却常常保持在相当同类的层面上,它们思考的问题,也都具有可沟通之处。

"哲学"思考什么问题?如果不怕简单地回答这个问题,我们不妨说,"哲学"思考的是"自由"问题;更进一步,如果不怕说得绝对,我们甚至可以说,在某种意义上,"哲学"竟然并不顾及狭义的"必然",而专注"自由"。"哲学"把"(形式的)必然"交给了"(狭义的)科学",自己集中思考"自由"的问题。用哲学的话语来说,我们也许可以说,"哲学""超越""必然",进入"自由";哲学思考的是"自由"的"必然"和"必然"的"自由"。

欧洲哲学在这条"超越"的道路上,走了几千年,坎坎坷坷,有许多经验教训,但的确使问题逐渐深入,时到如今,如果不作专门的学习,不容易一下子把握住发展变化的脉络。"哲学"也成为一门专业性很强的学问。

一、古代希腊之"自由知识"

古代希腊之所以成为欧洲哲学的摇篮,乃在于它在一般实用的知识之外或者之上,进行了一种暂时没有实用功利性的理论探索,理论的态度暂时从实用态度中"摆脱"出来,而"摆脱"也就是"自由"。不过起初还只是"消极"意义上的"自由"。这种"消极"的"自由"就跟"奴隶"身份的"解放"具有大体同样的意义,"人-奴隶"从"必然"的"束缚"中"解脱"出来。"人-奴隶""自由"了。这样,这种"消极-摆脱"的"自由"却有一个很"积极"的结果:"人""有"了一个"世界",而不仅仅是这个世界的"必然""大箍"中的一个"环节"了。

这种"解放",使得人有可能对待事物采取"客观"的态度加以观察研究,获得"客观"的"知识",这种知识已不再仅仅是"实用"的,而且是"科学"的,"理论"的。

"科学-客观-理论"的"知识",是一种"自由"的"知识",是"摆脱"了实用制约的"纯粹"的"知识"。这种"自由知识"的出现,为人类精神的文明开辟了一个新的天地,在这个科学的、理论的、客观的"自由土壤"上滋长起来的"哲学",成了古代希腊民族对于人类的不可限量的贡献。

然而,即使在古代希腊,"哲学"又不仅仅是"科学"的"自由知识";"哲学"在这个原始的形态中,孕育着进一步发展的"契机":"哲学"要"超越""科学"的"形式"的"必然","哲学"牢牢把握着"自由"。

在古代希腊哲学中,"自由"由消极的意义转向积极的意义,"自由"不仅是"摆脱"而且是"建立","自由"为"自己""产生""自己","出自"于"自己"。

"自由"使"人""摆脱""自然",使人"有一个世界",亦即"有一个""客体",而且,既然"有一个客体",也就"有一个主体","人"从"客体"中"解脱-摆脱"出来,成为一个"主体"。"自由"似乎意味着:"客体""产生"着"自己","主体"也"产生"着"自己","客体""主体"皆"自由";"知识-认识"乃是两个"自由领域"的桥梁。古代希腊哲学经历着"认识客体"到"认识你自己"的过程。

"认识客体"于是有"水-气-火"等"始基";"认识你自己"不仅有了"理念"、"存在",而且有了伦理道德。哲学从"理论"走向"实践"。

柏拉图"理念论"和亚里士多德"存在论-实体论",不仅要"认识""客体",而且也是要"认识""主体","理念"和"存在之存在";不仅仅是为了认识"客体",而且也是指出了"主体"之"结构",而这种"结构",乃是"客体"之所以成为"客体"的"本质"。"客体"之"自由""本质"在于"主体"之"自由",使"主体""有意识"地"摆脱"了"客体",而不是相反。就"客体"来说,情形恰恰相反,"客体"总是努力将"主体""吸收"到"自己"中来,"客体"要"主体""回归"到"自己-客体"中来,"人"不可避免地要"回归自然"。在这个意义上,哲学的任务集中于"认识你自己"、"把握你自己"、"守住你自己",使之"不回归自然",而"守住你自己"、"不回归自然"亦即"守住自由","回归自我-你自己",即把世界-客体"吸收"到"主体"中来。古代希腊开辟的这条"回归之路",奠定了哲学知识论的基础,"知识"即是把"世界客体""吸收"到"人-主体"中来。

当然,在这条知识的道路上,也有不同的走法。有通过感官由"印象"进入"心灵",经过"思维"加工,形成知识判断体系,这是一种经验科学的走法。就其摆脱当下眼前实用言,已是"自由"的,但仍然受到"感觉材料"的"限制",在这个意义上,"主体"的"自由"也受到相当的限制;但是舍此"经验科学"就失去"客体"的"根据"。

古代希腊的哲学,就"自由"问题来看,它的一切努力,也都是在这个框架内进行,因而,是一种"科学性-知识型"的"哲学"工作。他们当中最为杰出的柏拉图、亚里士多德,固然有许多突破,但仍是在这个框架之内。

柏拉图理念论强调"现实世界""模仿""理念世界",后世阐发出更加深刻的思路来,但究其本意,大概仍是在"工程建构"的模式之内,他的"理念",大体上是人们头脑中的"设计方案","理念"和"现实"仍不脱"概念"和"材料"的关系。"感觉经验"对于柏拉图固然是低一等的,但是仍有重要作用;这种痕迹到亚里士多德的"存在-实体"论就更加明显起来。亚里士多德批评柏拉图把"理念""孤立"起来,"脱离"了"现实",而他的"实体-存在"

乃是"现实"的,但又不是"感觉材料",而是"本质",于是出来一个"存在的存在",或者,"存在作为存在"。

恰恰是亚里士多德在这条知识论的道路上,强调和揭示了"抽象"的一面。这意味着,"主体"由"自由"展示了自己相反的意义:必然。原本为原始宗教想象为世界的"命运",被"主体""自由"地"吸收"为"逻辑必然"。"逻辑三段论"成为科学知识追求的目标,科学在"逻辑推论"的"证明"里安身立命。被证明了的是可信的,可理解的,也才是有意义的。"知识型"的"主体"走向"自由"的"反面",以"必然"的"证明"为皈依。

然而,我们看到,"主体"这种"思维逻辑"的功能,以"自由"为基础,"自由"早于"必然"。

"自由""不安"于"必然"的框架,等待着进一步的"解放"。

二、"自由"的挑战:哲学面对犹太-基督精神

基督教和犹太教是宗教,宗教强调"归宗-皈依",凡不信者皆斥之为"异端",于"自由"何干?在实际上,宗教的确和"自由"是南辕北辙,但是在理路上倒也有相当的关系,它揭示了古代希腊哲学曾涉及但未曾深入的问题,将"自由"问题提到更加突出的位置,突破了那"知识型""自由"的"大箍",进入一个新的层面。

在理路上,基督教似乎是建立在"自由"的基础之上的,因为基督教的"神"乃是"绝对"的"自由"。

希腊也有"神",也有种种"宗教",但它的"诸神"同样是"知识型-技术型"的,因而这些"神"的"能"也是"相对"的;基督教的"神"是"唯一",是"绝对","世界"是"神""创造"的。基督教的"创世说",不可避免地将"神"设为"绝对自由者",世间一切都是"神""无中生有"地"创造"出来的,而不是像希腊人想象的那样是"来料加工"出来的。

于是,"自由"在基督教里明确地与"创造"联系起来,"自由"就意味着"创造",这个思路经过尼采发扬出来,虽然他是非常反对基督教的。

不仅如此,"神"还把"自由"赋予了他的最得意的创造物——"人"。

"人"因"自由"而为"恶"。这样我们也可以理解为:"神"把"必然"赋予了"自然",而把"自由"赋予了"人"。"自然"无所谓"善-恶",而"人"因有了"自由"则"兢兢业业"。"人"因"自由"而"抗争""神","偷吃善恶知识禁果",基督教把希腊的"知识"贬为"原罪","知识"乃是"犯错误"的根子,"万恶之源"。但是基督教的这个理路却也透示出,"知识"乃是"自由"的"结果",亦即,"必然"乃是"自由"的"结果","自由"比"必然"更加根本,更加原始。

"神""创世",亦即"自由""开出""万物"。这个"开出"乃是"外化-实体化"的理路,然则,有"外"就有"内","内-外"原是一体。"神"既然"开出""万物",也将"万物""吸收-回归"到"自身"来,连"基督-耶稣"也都"回到-站在""神"的"身边"。在基督教的含义中,每一个世间的"自由者"——在基督教意义上亦即"信教者-教徒",都等待着"回归"到"神"那里,在这个意义上,每一个"人"都是正在由"必然"走向"自由"的道路上。"人""在路上"。"人"以"自由"为"皈依"。

在这个框架内,"知识"——通常意义上的"经验知识"——都是一些"小智慧",甚至是为非作歹的"小计谋",充其量也不过是"谋生手段"。希腊追求的"智慧"被分成了"大-小",二者并非程度上的区别,而有性质的不同。"大智若愚","信徒-使徒"们在常人看来也许"愚不可及",因为他们"视死如归"。

"生死"是"宗教"的大问题,"自由"地对待"生死",乃是宗教理路尚须打通的关卡;就经验科学来说,"生-死"都是"必然"的。"自由"地对待"生死"乃是"超越""必然","超越""生死",于是,在道理上如何有这种"超越"的可能,就是一个应该研究的问题。

"超越生死"对于宗教来说,也是一个难题,因为要在理论上解答这个问题的可能性,宗教必定要求教于一种学说,而一切学说,都须借助希腊哲学所奠定的"科学""理论","宗教"借助"神学"来解释这种可能性,而"神学"在古代希腊本就是"哲学",是一种在"科学"基础上"升华-超越"出来的"神(圣)学",而这种学说对于解决这个"超越-自由"的问题是不充分的,因而"宗教"必定要陷于或借助于某种"迷信",尽管基督教和"迷信"是不相容的。即使是基督教，对于"生死-永生-再生"等问题，难免有"迷信"的影响。

应该说，"哲学"也曾经陷入面对"生死"问题的困境，柏拉图《斐多》篇中苏格拉底所阐述的"灵魂"与"肉体"的"分离"以及"灵魂不灭"的问题，也为基督教所接纳，成为教父们解决这个问题的根据，但无可讳言，其中同样有某种原始的迷信成分。

"超越生死"只有从"超越必然"的视角来切入，才有可能接触问题的关键；并不是"人""有能力""超越生死"，于是才"有能力""自由"，而是相反，因为"人""有能力""自由"，才"有能力""超越生死"。"自由"必定"超越生死"，就如"自由"必定"非-不是必然"一样，"自由"必定"自由"，乃是一个"重言句"。"超越生死"意味着"自由"必定"超越""必然"。

其实，"宗教""设定"一个"全知-全能-全善"的"永生"之"神"的"存在"，也就意味着这个"神"已是"超越"了"生死"，但是，"神"为"不死"，因其"不死"而"永生"，对于"神"，只"生""不死"，他老人家当然是"绝对自由"的。问题在于我们"人类-人族"，乃是"有死者"，"人固有一死"，"有死者"如何"还""生"？这个问题只有在"耶稣-基督"身上才可能突出："耶稣-基督"作为范例如何"死而复生"？循此，或者"因此"，人人才有"死而复生"的问题，于是"耶稣-基督"成为"救世主"，使人人都有可能"得救"。所谓"得救"，亦即"死而复生-再生"，由"再生"而"永生"，由"必然"进入"自由"。基督教设定"人人皆自由"，于是"人人皆可得救"。

然则，"哲学"与"宗教"在这个问题上的分歧在于：宗教为了"神"与"救世主"的特权"判定""人"没有能力"自己"解救"自己"，只有"神"或者他老人家派遣下来的"化身-基督-救世主"才有能力"救赎""人类"。于是"人""需要""神恩"。

就哲学眼光看来，"人"不需要什么"救世主"，"人"作为"有理性"的"存在者"就有能力"自己解放自己"，"人"本就是"自由者"。在这个意义上，"宗教"为了"神"的利益"牺牲"了"人"的利益，从而"歪曲"了"自由"和"超越"的道路。

宗教在这条被扭曲了的道路上，还跌入了一个"陷阱"：它要以逻辑的推论"证明""神"的"存在"。这就是说,"宗教"要以"必然""证明""自由",因而从"自由""退回"到了"必然"。在这方面"宗教"和"哲学"在同一条道路上,走了相反的路线。"哲学"从"必然"走向了"自由",而"宗教"则从"自由"走向了"必然"。

"宗教"向希腊哲学提出了"挑战",以"神"的崇高揭示了"自由""创造"之路,但是这个"神"一"进入"世俗世界,则"落入"巴门尼德的"必然"之"大箍"中,似乎只能借"奇迹"才能"自拔"——"超越-跳出三界","神"对于自己的"创造物"似乎束手无策,尚须借用对手——哲学——的"逻辑"来做什么"神之存在"之"存在论-本体论""证明",受到了哲学至少是黑格尔哲学的批评和嘲笑,黑格尔说基督教神学之"本体论证明",乃是以"知性"的方式来对待"理性""对象"的结果,以此求"证",必定依赖抽象的、形式的逻辑。这就是说,哲学的任务不是将"自由"降低为"必然",而是要将"必然""提升-超越"为"自由"。

事实上,"必然"并非"自然"本身,不是"实质性"的,而归根结底只是"形式性"的,原本也是"主体"的"自由"产生的一种"工具"。为了在"知识"上"把握""自然",所能够把握者,也是"自然"的"现象-表象",而非自然"本身",此理康德阐述甚明;只是康德限于此,复将"自由"也归为"形式"。

"形式"的自由,与"神"一样,不能在"实质"的意义上使"人""超越生死",没有可能真正理解"必然"的"生死"是如何被"克服",因而被"超越"的。

在实质意义上,"自由"地对待"生-死",关键仍在于将"必然"的"人",转化为"自由"的"人","生-死"都是"自由者"的"存在方式",都是"历史性"的"生生不息"的一些"环节","生"和"死"都是"进入历史",进入"时间"。"生""进入-被吸收进""死",乃是海德格尔的"提前进入死亡状态";"死""进入-被吸收进""生",乃是基督教的"再生—复生"。

"自由"迫使人们"进入""时间",进入"历史"。"自由"、"时间"和"创造"的关系,柏格森论之甚详。

在犹太-基督思想的挑战下,"哲学"做出了自己的回应,而在这个交锋磨合过程中,"哲学"也磨炼和提高了自己。"哲学"努力"化解""宗教"的理路。

至康德哲学,"自由"已经占据了"哲学"的"顶峰",由《判断力批判》作为"生活-活生生"基础的"批判哲学""生长出"两大"形式"体系:理论理性与实践理性,而后者之"形式性"更高于前者。"实质性"的"自由",留待黑格尔发展;只是康德在"自由"问题上的工作,为这一思想的进一步发展,奠定了坚实的基础,这一点是无可否认的。

在"自由"的问题上,康德的核心贡献在于把古代希腊传统的"理论性""自由",提高到"实践性"的"自由"上来,指出前者的"自由"——所谓"主体性原理-先天性原则",虽得自"主体",但仍受"客体"限制,因而只有"有限的自由",而只有在"实践"领域,"自由"才不受任何感觉世界的限制,才是"绝对"的。由于康德把"理论理性"限制在"现象界",而按康德的理解,这个领域受"必然律"支配,受主体性的先天"范畴"支配,因此,"主体性"虽为"自己产生自己",但"产生"出来的却是"必然性",在这个意义上,在"理论理性"的范围内,康德把"自由"降为"必然","自由"成为"必然"的"工具";只有在"实践理性"的范围内,"主体"作为"道德体",才是真正"自由"的。康德"贬抑知识",为"信仰""留有余地"。

康德的这个提法受到了严厉的批评,因为他把"知识"和"道德"、"理论"和"实践"割裂开来了,从黑格尔开始,哲学家走了一条把这二者结合起来的道路,但是把"实践"问题突出地提了出来,对于"哲学""化解""宗教"的工作也是有贡献的。

基督教神学家为了在思路上的贯通,不得不求助"哲学"的"论证-证明",使"神"这个"绝对""自由者"向"必然"的"逻辑""求援",神学的"本体论-存在论证明"言之凿凿,但是正如康德所批评的,"思想"并不能"证明""存在","思想"之"贯通",不等于实际的"存在";"神"当从"实践-伦理道德"领域去理解-化解,"实践理性"是通向"宗教"的正当途径。"自由者"当从"自由"角度去加以理解,而不是将其降为"必然"的"环节",而又如叔本华后来指出的,哪怕是"第一个环节-第一因"也还是在"因果根据律"之内,而"自由"与"必然"本不是一个"领域"。

"自由"必以"自由"去理解,"自由者"必以"自由者"的视角去理解,也只有"自由（者）"才有能力"理解-阐述""自由者"。"自由者"之间的关系，不仅仅是"认知者"之间的关系，不仅仅是"主-客"关系，而且是"主-主"关系。"信仰"在"主-主"关系之中，在"自由者"关系之中。

"信仰"不同于"知识"领域里的"证明"与"证实"，"神"不能"证实"——经验中无此"对象"，也不能"证明"，但"宗教"却谆谆教导人们要"信"，知其在"知识-科学"上"不可信"而仍要"信"，其理路机制在于对于作为"自由者"的"他人"，我们无法从"科学知识"上完全把握，但"自由者"之间更有"信"在。

对于作为"必然性"的"客体""对象"，我们有能力作理论的必然"推论"，在已知条件下，我们的理智允许提供确切信息，"水"在温度100℃条件下必成为"气体"；然则我们不可能在相关条件下"预测"一个"人-他人"的"行为"。因为我们或许可以假设已知充足的条件，但有一个"条件"永不得知："知人知面不知心"，他的"心"，他的"意志"是"自由"的。在这个意义上，对于"他人"，我们"认知"他的"条件"永不可能足够，"他"对"我""原则上""永不可知"。"他者"为康德意义上的"物自体"，亦即"自由体"，一切"知识范畴"面对"自由者"皆"失效"。

然而，我们却无时无刻不在和"他人""交往"，"自由者"之间"有""关系"，虽然这种关系不能以"因果律"的"范畴"加以涵盖；但"自由者"之间的"关系"仍是一个"信"字，或者在某种意义上比起"必然者"之间来，是更为"高级"的"信"。

"必然者"的"信"归根结底是"形式"的，而"自由者"之间的"信"倒是"实质的"。"必然"的"信"依靠"推理"和"事实"，而"自由"的"信"依靠"道德"。

"怀疑-不信"原本是"科学"的精神，因为"必然"的只是"形式"，而"科学"除本就是形式性的"数学"、"逻辑"外，大多涉及实质，因此科学不仅需要"推论"，而且需要"判断"，而这种"判断"往往是相对的；"道德"的精神是"不惑"，如康德所言，即使世上并无一人有德行，德行的道理-道德仍然有效。

"自由者"之间"应该""信"，否则不构成"关系"。"必然者"之间首先

"不信-怀疑",而"自由者"之间首先为"信"。在"信"的基础上,生出人间种种道德情操。

这种"信"的关系,仍为宗教-基督教揭示,而为哲学所化解。

"自由者"之间的这种"信",具体要问,"信"什么?所谓"信",乃是"信""对方"之"承诺",亦即"信""他人"之"言",中国汉字之"信"从"人"从"言",得其意矣。

按"宗教"教导,须"信""神"之"言";"神""说""有水",于是世上"有了水"等,或一时没有水,但终将有水。"神"说,"弥赛亚-救世主要来",须"信""弥赛亚-救世主"终要来到,尽管或许还要"等待-期盼"另一个两千年。

"神"为"绝对"之"自由者",故须得"绝对"地"信";"人"或为"相对"的"自由者",则也须得"相对"地"信"。"宗教徒"为"信众-信徒",一般人也须得为"诚信者","人无信不立","言而无信"非人也。

"诚-信"为道德之本。"诚"发自"自己"(中),"信"取信于"人"(外)。"诚者""可信","信"建立在"诚"的基础上,"诚"即是"自由者"之"本性",凡"自由者"必"诚",盖因皆发诸"自己","诚"于"中","中"即"自己","不偏不倚","正"是"自己"。"中庸"乃是"恒常""守住""自己",在这个意义上,"中庸"乃是道德之本,而非"左右逢源"的小计谋。

"信"乃是"信""自由","信""自由者""言必由衷","信""自由者"之"诚","言"必"信","行"必"果"。

这里的"必"与"果",都不是"经验科学-经验知识"型的,而是"实践"型的,是"道德"的,不是"科学"的。"信"乃是"实践"型的"信",而不是"理论"型的"信",后者只是"形式"的,只有前者才涉及"内容"。"实践"、"道德"不允许"空头支票","自由者"的"支票""必然""兑现"。

"神"的"绝对自由","下降"到"人间","神"按照"自己"的模型"创造"了"人","人"被赋予了"自由",于是"诚-信"原则也布满人间。人间固然充满尔虞我诈,但是对于"自由者"的"信"这样一个道德原则,却不可颠覆。人间的"信",只比"天国"少一个字,在人间,"信"而未必"仰"。"自由者"之间乃是一种"平等"的关系,"自由者"不必"仰"而可"信"。

"不平等"的"信",无非加重"必然性"之砝码,以外在权威加重"论证"的分量,犹如"主-奴"的关系。"主子"的"话","奴才""必须"要"信"要"听"。"奴才"执行"主子"的"命令","主子""言","奴才""行",而且也是"行"必"果";此时"主子"或为"自由者",但"奴才"则是"必然者","奴才"的"行"是"必然"的一个"环节","主子"是"因","奴才"使之成为"果"。这种"关系",即使是"主子"的"自由"也被歪曲成"必然"的一个"环节"。"主子"也会被"历史"的"必然性-命运""捉弄","自由"终成"必然"。即使"主子"为"第一因",也只是"因果"的"一个-第一个""环节"。

"哲学"不仅揭示"主-奴"作为"道德"关系的虚假性,而且揭露"神-人"关系的虚假性,主张一种"对等-平等"的"自由者"之间的关系,提倡"信"而不"仰"的结构,在这种"自由"的"社会结构"中,"信"已涵盖了"敬-仰"的内容,对待"他人"无须"仰视"就可"信(任)"。

在这个意义上,20世纪法国的列维纳斯"贬抑""自我"、"抬高""他人",即使将"他人"阐释为"孤儿",也还是"为宗教信仰""留有余地"了。

三、"东方"的"朝霞"与"西方"的"落日"

"西方"的"哲学"经过了几千年历史发展,对于"自由"作为"哲学"的核心问题已经有了一个相当深入的观念系统,道路曲折,内容深入,仍有"希望",从某种意义来说,"西方哲学"的"希望"在于"非西方","希望"在"东方",在"东西方之融合"。

我们不宜说西方哲学已经"没落",尽管他们自己倒常常喜欢如是说;然则,"没落"如作"落日-日落"观,已有其深意在。

世界文明之光从东方升起,犹如太阳从东方升起一样。按照古代传说,古时候不止一个"太阳",则东方升起的太阳也非一个,而中国的太阳在古代或非"最大",也是很大的一个。那么,"文明之日"的升起,在哲学上可作何种之理解?

"太阳"升起,普照大地,世上万物沐浴阳光,欣欣向荣,这是一层意思;另一层意思是对于我们人来说,阳光普照之下,世上万物多姿多彩地跃入眼帘，举凡日月山川、亭台楼阁、江船帆影、小桥流水莫不清晰可视，于是，在阳光的条件下，古代希腊人才有可能有"理念"的观念，也才有"存在"的观念，而在此观念引导下，才有科学技术及科学的理论或理论的科学，也才有柏拉图、亚里士多德的哲学。阳光乃是一切文明的物质基础和条件，就连"神"也是先"有光"，然后再有其他。

东方是世界文明的发祥地，东方为世界文明带来"曙光"。

中华文明肇始远古，中国哲学自成体系，独树自己旗帜于世界哲学之林，虽几经摧折，不仅能自我修复，而且兼容并蓄，发扬宏大，不断更新再生，显示着顽强之生命力。

就哲学言，我国或无"哲学"之"名"，但却有"哲学"之"实"。盖哲学为思考"自由"之问题，已如前说；而"自由"一词，译自西文，但出自中国古籍，老庄之"自由"观尽人皆知；及孔子之"随心所欲而不逾矩"说出了古典"自由"观之精髓，至于孔门倡"克己复礼"之道，至宋儒"天理""人欲"之辨，也都十分强调"摆脱""私欲"。

中国哲学随同中国文明一起，已经给了世界的哲学以"曙光"。古代希腊哲学之父泰利士只留下可疑的一句话，而我们的老子却有五千言的著作流传。

中国哲学以及中华文明在近代之所以被"质疑"，甚至被一些人"否定"，其原因错综复杂，而根本上主要是"非哲学"的原因。近代以来，中国综合国力薄弱，外侮内乱，致使敏感的人对于中国根基的信念发生动摇，这种态度，当会随着综合国力之增强，逐渐消失，自不待言。

不过，就学理来说，中国哲学随着国家之强大，也必定发挥其"兼容并蓄"、"融会贯通"之能力，将西方哲学之精髓"吸收"到"自己"的系统中来，从而也必有一番新的面貌，发扬光大，庶几无愧于先贤圣哲，而不取抱残守缺、妄自尊大的态度。

宋明以来，西方学者及传教士出入中国，惊羡中土文明，直至康乾之世，仍赞誉有加，一度曾有"西方没落"之叹；但他们当中的有识之士，在感叹声中看到希望，从"没落"中看到"再生"之机遇，更有那睿智俊彦，别出心裁，化消极为积极，对于"没落"做出深入之思考，发人深省，不得不引起我们的重视。

无可否认，黑格尔对于东方-中国哲学抱有偏见，但他的批评应引起我们的重视，尤其是他对于东西方哲学文明的分析，很有启发作用，为以前的研究所未曾重视。

在由学生记录整理的《历史哲学》中，黑格尔表达了这样一个意思：世界文明起于东方之"日出"，而"终于"西方之"日落"。"日落"并不意味着世界之"泯灭"，而是"另一种"方式的"存在"："日落"一切归于"黑暗"，此时人们把"世界""吸收"到"内在"中来，加以"反思"，"日落"将"世界""内在化"。

应该承认，黑格尔的这一思路，我个人从未注意过。通常我们只是注意到黑格尔强调"外化-外在化"的思路，而未及相反。"外化"为"开显"，"日出"使"万物-世界""开显"出来，而"日落"则为"内化-内在化"，把"世界-万物""吸收"到"思想"中来。"日落"为西方人提供了这样一个机遇，而不会永久陷于"外化"的"现象"中。"内在化"的"反思""思考""世界-事物"之"本质"。

"内在化"的"世界""摆脱"（暂时地——如叔本华所言）"现象"的"声色货利"，"内在化"使"精神""自由"。"自由"的观念得到深化，"内在化"就是"深化"。西方的哲学，特别是欧洲的哲学，正是从积极方面利用了"日落"这个机遇，"化腐朽为神奇"，将自己的哲学传统推进了一大步，黑格尔哲学就是这方面的一个重要成果。黑格尔曾说他的哲学是头足倒立着的世界，也正是把"外在"的世界"内在化"了的缘故。

西方哲学家抓住这个机遇不放，努力继续工作，开启了欧洲哲学一个个的新境界。

所谓"日落"，即世界归于"黑暗"，而在"黑暗"中，"世界-万物"反倒得以"本质"地"存在"。"内在化"了的"世界-万物"乃是"本质"，而"本质"亦即"存在"，此乃黑格尔"概念"与"存在"之"同一性"思想，也是海德格尔的"存在-Sein"的意思。

法国列维纳斯早年认为海德格尔的"存在"是"暗"的，后来他解释说，"存在-il y a"似乎是一种"创世"之前的"混沌"状态，似有似无，寂静而唧唧，我深有同感；现在我进一步感到，原来黑格尔也有这层意思，"内在化"恰恰是"万物-事物"之"本质",为"世界"之"真在-真实(authentic; eigentlich)存在"。

按照海德格尔的意思,"存在"乃是"时间性-历史性"的,那么黑格尔的"内在化",恰恰也就是"时间性-历史性"的,这又可以和康德关于"时间"为"内感官"之"形式"接续起来。或许,黑格尔的工作重点在于将已经"内在化"了的"概念世界""外化-外在化"出来,所以他说"内在"的"概念世界"是"超时空"的;我们现在看来,只是"超越""外在"的"时空"而已,而实际上,这种"内在化"了的"世界",正是"真正的""时间性"的"世界",亦即"历史性"的"世界"。海德格尔的"存在"之"时间性"和"历史性"似乎牢牢地跟黑格尔的"暗中""内在化"思路"吸"在了一起。

按照这个思路,我们似乎可以把"外在-内在"-"明-暗"问题与"时-空"问题联系起来考虑,同时也就是跟"自由"问题联系起来考虑。

从某种意义来说,"内在的世界"似乎在"神""创世"之前,在黑格尔的"绝对-精神""外化"之前,这样,"历史"似乎要"早于""现实",这是一条古典唯心主义哲学路线。按这条思路,"现实的时间"也是"内在的时间""开显"出来的,也就是说,"空间"是"时间""开显-创造"出来的。然而,我们也未尝不可以考虑另一条思路,即"时间"并非"开显""空间",而是把"空间"吸收进来,使之也成为"内在"的,使"空间"的"必然性""内在""化"为"时间"的,"时间"中的"空间","自由"中的"必然","内在"中的"外在",这就是"历史性",亦即海德格尔所说的,"历史"之所以成为"历史"的"历史性-Geschichtlichkeit"。

"历史"并非仅仅是"过去""事实-facts"之间的"因果""必然"关系,而且还是"时间"中"人-行为-事情"之间的"自由"的关系。"历史"之所以成为"历史",不仅仅因为"人"有"记忆",而且是因为"人""在""时间"中,"人"不仅有能力把"时间""外化"为"空间",使得世间万事万物都有"意义",使"空间""开显"出"时间-历史"的"痕迹-trace(德里达的意思)",而且也有能力"内在化""空间",使"历史事实""开显"出"内在"的意义,亦即使"记忆""自由",使"记忆"不仅是"历史学"的问题,也是"解释学-hermeneutics"的"对象"。

"历史事实"作为"诸存在者",皆已"不存在",由"存在者"转化为"非存在者","而今安在哉"?在"空间"中已经找不到了;然而,这些"历史事实"却不仅曾经"在"过,而且"现在"仍然"在",不"在""空间"中,而是"在""时间"中,"在""时间"的"绵延-durée"中;它们不是作为"必然性"对我们起作用,古人不能"一定-必然"地对今人发生影响,但却"自由地"对今人产生影响,此非伽达默尔所谓"有效应的历史"耶?

在这个意义上,"过去了的"这个"非存在者",就今人"自由地"来看,恰恰"保留"了"存在","非存在"为更为"本质"的"存在"。于是,海德格尔的"存在",乃是"时间性"的,"历史性"的,也是"自由"的。这个意义上的"存在",也是"内在"的,相对于"外在"的世界言,乃是"暗"的,"玄"的。什么叫"玄"的?"玄"乃是"玄思"的,是"思想"的,"思"的,在这个意义上,"思"和"在"完全"统一-同一"。

"思"而又"玄",故非康德、黑格尔意义上的"知性"之"思维",而是"理性"之"思辨",所涉并非单纯之"存在者",而是集"存在者"与"非存在者"于一身的"存在",就黑格尔的意思来说,是为"变者";就海德格尔的意思来说,"非存在(者)"是"存在"的"形式","非存在(者)""保留"了"存在","死-无"的"龛位"里"供奉"的是"生-有"。"语言"这个"思想性"的"非(物质)存在者",却是"存在"的"家"。在这个意义上,"在""住在""(玄)思"中,"(玄)思"为"存在"的"家"。

换一句人们常用的话,这个意思就是说,"历史(性)""活在"人们"心"中,"自由-历史-存在"自"在""人心"。

在这个意义上,"自由-存在-本体"意义上的"时间",也不仅仅是康德现象意义上的"内感官",对于"非存在"的"感觉",已不是"空间"的,凡称得上"内在"的,就应是"思想"的,或是在黑格尔意义上的"概念-理念"的,而不是"感觉"或"感悟"式的。人们尝用"玄(思)",或也因为要强调其"不可感"。

不过既然人有能力将"空间""吸收"到"时间"中来,则似乎也有能力将"感觉""吸收"到"思想"中来。"感觉"与"思想"的"统一",在黑格尔为"思辨-speculative",是为"镜像中之概念",或"概念中之镜像",是为

"思想性之感觉",也是"感觉性之思想"。或许,此其为人们常常说的"感悟"?

然则,"玄思"更有一层"辩证"的意义在。"思"之所以"玄",乃在于其"内在""时间"之"自由性",乃在于"存在论-本体论"意义上的"是-非-有-无"之"变"。"变"为"有-无-是-非-存在-不存在"之"矛盾","变者"为"矛盾体"。"时间"为"自由",亦为"矛盾","时间""吸收""空间"是为"历史","历史"亦为一"矛盾体",对"矛盾体"之"思",故为"玄思"。"玄思"为"辩证"之"思","历史"的"思","时间"的"思",也是"自由"的"思",而不是"形式""必然"的"推论"之"思"。

欧洲哲学已由"日落"中"复生-再生",积极迎接"挑战","沉思-反思-反省"于"落日"之"昏暗"之中,"开显"于光天化日之下,"内圣"而"外王";"王者"以"法""制"天下,使社会按"必然"之"律"运行而不悖;"圣者""崇自由"而"尚智慧",遂使"思""通""古今之变"。于是乎"圣者""自""圣","王者""必""王",二者亦成一"矛盾"之"统一体",而不复古代柏拉图"哲学家"为"王"之单纯抽象"理想"。

反观中国昔日之辉煌,后生小子,敢不自策?就哲学言,能够"反躬自问"之时,能够进入"时间-历史"进行玄思-沉思之日,亦即"再生-复生"之时。

哲学有能力将"空间""吸收"进"时间",中国哲学也有能力将包括欧洲"落日"成果在内的一切"化为""空间-必然"之"事物",重新"吸收"到"时间"中来,"接续-推动""哲学"之"历史"与"自由"。

近代哲学,亦如近代社会之发展,由英国而法国,由法国而至德国,是一大成。19世纪和20世纪初,乃是德国的"天下",列维纳斯说,20世纪哲学无过海德格尔;及至20世纪后半期,法国人做着德国人过去做的工作,也可以说,在哲学上,法国人"代替"德国人在做哲学的事。

我们在中国做哲学,固当以曾是"朝日"之光辉而自荣,更当以"再生-复生"为己任,将"试看今日域中(哲学之领域中),究是谁家的天下?"这个问题,铭记在心。

2007年9月10日

| 上编　欧洲哲学的发展 |

第一章 确信"自由"的"存在",追求"存在"的"自由"的欧洲哲学

一、欧洲哲学上"自由"概念的产生

中文以"自由"来翻译西文的 freedom, Freiheit 等,就词的意义上说,是相当确切的,"自由"就是"由""自己""产生""自己",无需"他"求。这个意思,可以说与"哲学"同在;这就是说,在某种意义上,"哲学"就是"关于""自由"的"学问"。

一般说来,欧洲的哲学诞生于古代的希腊,大约在公元前 5 世纪达到它古代的高峰。古代希腊的社会条件特别是古代雅典的城邦民主制,提供了"哲学"繁荣的有利条件,那时雅典的集市广场曾是讨论"哲学"问题的"自由广场";但是我们看到,古代希腊哲学的主要"范畴"中,并无"自由"这样一个概念,它是被"蕴含-蕴藏-掩盖-潜在"着的。

古代希腊哲学最初的一个"哲学概念"是"arche",中文译为"始基"。"始基"原本是"祖先"的意思,"祖先"被"追溯"到"第一个""始祖",就意味着它已经没有"别的""祖先"了,它"自己"就是"它自己"的"祖先",它是"由""自己""产生""自己"的,这也就是"自由"的意思,是"由""自己""出来"的,不是"由""另一个""生"出来的。于是我们看到,古代希腊的"始基-始祖"的学说,已经蕴含了"自由"的思想在内。

古代希腊早期这个"始基"说,被认为是"宇宙论"的,说我们这个"宇

宙-世界"是由"始基""产生"的，至于这个"始基"到底是什么，受当时科学水平的限制，有的说是"水"，有的说是"火"，还有说是"种子"的，也有说是"原子"的，等等，现在看当然很朴素，很原始，但它的意义在于说，除了"宇宙-世界"是"自己""产生""自己"的，无需"另外"的东西——"神"——作为"产生"的"原因"，应该说，这已经是一个很大的观念上的变化，一种很大的进步。我们"哲学"作为一门"自由的学问"，担负起了这样一个光荣的历史使命。

这个使命也是"神圣"的，因为它把"原始神话"的观念，转化为"宇宙-世界""自己"的"自由"观念，"自己""替代"了"神"在"宇宙世界"中的地位和作用。

然而，这样一种朴素的观念"行之不远"就遇到了困难，因为感官面对的"自然界"是"千变万化"的，"变化"中"万物""无头无尾"。一定要从"自然界"的事物中找出一个（或多个）"定"为"始祖"，未免有些"武断"，无论说这个"始基"是"什么"都带有"独断"的意味，而且也不可避免地带来各个"始基"间的"矛盾"，譬如"水火"之"不相容"。

这样，早期希腊的哲学家就把自己的思路由"感官世界"转向了"理性世界"，于是就有苏格拉底把德尔菲神庙里的两句警世格言"毋过"和"知己"引用成为欧洲"哲学"的两大宗旨，一直传留下来。"毋过"是针对"经验知识"的，"知己"则是针对"理性知识"的。从此，"哲学"的工作就有两个互相区别而又相关联的方面：为"感觉经验""设定""界限"，使其"毋过"，而为"理性""开放-开辟""认识""自己-自由"的"道路"。其意义在于揭示：早期的"始基""宇宙论"的"断定"是"过分"了，"始基-自己"应"在""理性"之中。

于是，欧洲哲学由"向外"求诸"外在"的"感觉世界"，转向求诸"内在"的"理性世界"，苏格拉底为欧洲哲学开辟了一条"认识你自己"的理性道路，提出了"理念论"，由他的杰出的学生柏拉图相当深入地做了记录和阐述，《柏拉图对话录》成为欧洲哲学的奠基性作品。

要弄清楚柏拉图的"理念论"是一个很专业的问题，柏拉图留下的"对话"也有那个时代的制约，但它的基本思路还是可以把握的："感觉世界"是由"理性"的"观念"——"理念"——做出"规定"的。也就是说,"感觉世界""千变万化"是"把握不住"的,只有"理性"对它做出"规定",才有"认识"它的"可能性"。于是,表面上我们的"知识-认识"是对"感觉世界"的"把握",细想起来,却是对"理性"给出的那些"规定"的"认识-知识",所以"知识-认识"原来是"理性""自己"对"自己"的"认识-知识",对"世界-宇宙"的"认识",同样是"理性""认识自己"的工作,是"理性""自己"如何对"感性自然""给出""规定性"的"认识"。

"无规定-无序-混沌"是"不可知"的,而"可知"的只是"理性"所给出-设定的那些"秩序-规定性";"理性"的这种"给出-设定"同时也是对于感觉世界-感性事物之"本质"的"发现-揭示",所以,用我们常说的话语来说,"理性"的这种工作,既是"主观"的,又是"客观"的。"哲学"的工作,正是要"阐述-阐明"这种"主观"与"客观"的"同一性",这种"同一性"的"根据",正在于"感性世界"的"规定性-(合)规律性",也就是"合理性"。

所谓"合理性",也就是"符合""理性"所"给出-设定"的"规则",在这个意义上,"感觉世界"要使自己成为可以认识的,就要从"混沌"走向"有序",也就是说,使自己不仅是"可以感觉"的,而且也是"可以理解"的,是"合理"的。古代希腊柏拉图的"理念论"走的正是这条思想道路:不是"理性""淹没"在"感觉"中,而是"感觉"要向"理性""靠拢-接近",使之成为"可以认识-可以理解-合理的"。

然而,"感觉世界"走向"可以理解"的"合理化"道路是一条"无尽"的长河,它们之间似乎有一道"鸿沟",永远不可能被"填满",而"理性"的"理念"也好像是一个"可望而不可即"的"目标",在感性实际世界是实现不了的。

对于实际上不可企及的"目标"-"理念"要有一种"确信",建立一种"必定会实现"的"信心",而这种"信心"不是"空想",而是"合理"的,是有"理性"上的"必然性"的,因而在"实际-现实"上"一定"会-能够,即有权利、有能力"实现",这项工作,是柏拉图的"理念论"必须要做的,否则他的学说就会被"架空"成为"空中楼阁"。

为确立对"理念"的"信心",柏拉图必须对它做出"理论"的"阐述",而且要有一个"理论"上的"证明",这就是要有"理由""证明""理念"的"存在",亦即无需"外在感性"作为"条件-原因"的"自由(的概念-理念)"的"必然""存在"。

柏拉图之所以能够做出那样的工作,说明那时希腊的哲学对于"存在"已有深入的研究和思考。智者学派以辩证法的否定精神已经把"感性世界"中"存在-不存在"的现象揭示得很深刻,他们的工作已经指明,如果仅仅限于"感觉经验"的世界,那人们唯一能得到的"知识",就是"认识到"自己的"无知"。你刚刚"确信"了的"存在","瞬息"之间已成"不存在","沧海桑田",哪里有"确定"的"存在"?"感觉世界"并不能"真正"地"存在",唯有"理性-理念"才是"真正-真实"的"存在",这一思路已经被揭示出来。柏拉图顺应这个思路,以"自己-自由""理念"之"绝对性","证明"它"存在"的"确定无疑",唯有"理念"才是"确定无疑"的"存在"。

我们这里出现了一个欧洲哲学中常见的概念——绝对(absolute)。

Absolute是拉丁文,古代希腊文没有这个词,相当于这个词的是"to auto-自己-自身-本身",柏拉图所提问题不是"什么是美的花"、"什么是好的人"、"什么是真的马"这类的有关(感性)事物的"属性",而是问:"什么是真本身"、"什么是善本身"、"什么是美本身"。他在《国家篇》里问"什么是正义-公正本身",他认为,这个问题是最基本的,是"判断""感性事物"的"属性"的"根据"。如果你"根本"不知道"真善美""本身"是"什么",那么又有什么理由和根据来说-判断那"事物"是"真的、善的、美的"呢?如果你根本不知道"正义-公正"是什么,又有什么理由说那"国家-法律"是"公正-正义"的呢?

既然我们总是在"说""这是美的"等,就意味着"真善美"这个"理念-尺度""本身"是"存在"的,而且是"持久""存在"的,不像"感觉经验"的"存在"是"一时-一地"的,"此时"是"存在","彼时"就会"不存在"。

"存在"这个概念,"摆脱了""感觉条件"的制约,成为"理性""自由"的概念。

在柏拉图这个意义上,一切"感性"的"存在者"都不是"真正"意义上的"存在",唯有"理性"的"理念"——"自身-自由"才是"真正"的"存在",只有"真善美-正义-公平""自身-本身"才"真正""存在"。"自由-自身-本身""消弭"了"感性存在"的"可疑性",成为"确定无疑"的"存在"。这个"存在"的意义,在亚里士多德那里得到了更进一步的发展,他的关于"实体"的学说,把柏拉图的"理念论"转化为"存在论",在这个理路的框架中,"存在论"为"本体论",虽然这个词是后来出现的,但亚里士多德的"存在"也是应在"自己-本身"意义上来理解的。

我们看到,这个"自由理性"的"存在"在"理论上"可以说被"证明"了,但在"感性世界"还没有被"证实","理性世界"和"感性世界"这两个世界的"距离"并未被"消除",它们的这个"距离"似乎仍然是"无限"的,"感性世界"永远不可能"完全符合"那个"理性世界",世上万物也不可能完全"体现"那个"理念","理念-真善美本身"、"自由"在"感性世界""永远"是一个"追求"的"目标-理想",而不可能哪一天"宣布"已经"完全实现"。

这是"蕴含-潜在于"柏拉图哲学中的一个理路,至于柏拉图本人表露出来的阐述,并没有如此的清楚,他的许多"对话"中,有许多"神话传说"的部分,其真正的意义,需要专门的梳理,也增加了理解上的困难;所幸欧洲哲学后来的发展,沿着柏拉图和亚里士多德所提示的思路,推进了许多,有长足的进步,可供我们参照研究。

二、在"确信自由"和"追求自由"的问题上康德的贡献

我们从柏拉图跨越 2000 年来谈康德,略过了欧洲哲学史上许多重要人物的思想贡献,当然是很不公平的。只是因为哲学本身的特点,我们才被允许有这样的变通的办法,因为在时间跨度上我们是跳跃了,但在思想理论上,并没有忽略历史上任何重要的思想环节,因为康德的哲学已经包含了这些主要环节,被他遗漏的是极少的。在这个意义上,我们学习任何大哲学家的理论,也同时在学哲学的历史,理论的推理体系也是时间、历史的发展过程。

从我们讨论的主题来看,康德是把在柏拉图"理念论"中尚被"掩盖"着的问题清楚地"揭示"出来,使之更加清楚明朗了,在柏拉图那里尚未明确提

出的"自由"问题,成为他的"批判哲学"的"核心"问题,处在了他的"哲学"的"顶尖"的位置。"自由"就是"理性""自己",只要"有-存在""理性",就一定"有-存在""自由"。

然而,"自由""在""感觉经验世界"只是一个"思想体",是一个"理念",一个"观念",这就意味着,"自由"的"存在"并非"感觉经验性"的"存在","自由"的"存在"是"感觉"不到的,在"感觉世界"我们不可能"指出-拿出""自由"这个"事物-东西"来,"自由"与"感官世界"没有"一一对应"的关系。"自由"不是"感性"的"事物",而是"理性-思想"的"事物"。

在康德,在"感觉经验"中的"事物"是"可知的",而只是单纯在"理性"中的"事物"是"不可知"的。康德这个被认为荒唐透顶的"不可知论"实际上只是说,像"自由"这类的"事物"并不是以"感觉经验"为"对象"的"科学"所需要-能够"把握"的"对象","可以感觉经验"的"事物"都"在""时间空间"之中,因而受到它们的"制约",而"自由"则是"在"它们"制约权力"之外的,是一种"思想"的"权力",是单纯"理性"的"权力",因而不可能像对待"感官对象"那样来对待它们,说"因为"怎样的"时空条件",它就"一定-必然"会"怎样",从而对这种"必然性"做出"科学"的"判断",亦即形成"科学"的"知识"。

也就是说,对于"感性"中、"时空"中的"事物",我们被允许做出"必然性"的"判断","因"什么"条件"就"必定"会有什么样的"结果";而对"自由"的问题,这样的"因果""推论"是"不灵"的,亦即不是"必然-必定"的,"自由"可以不顾一切"时空条件"做出"自己"的"决断"。

"自由""被允许"不"迁就-服从""任何-一切""感性-客观-时空""条件"。为什么还要"被允许"?"被""谁""允许"?"自由"不是"放任"的"胡作非为","自由"是"理性"的"本性-本身","自由""被""理性""允许";而不是"被""感性""允许"。"自由"的,必定是"合理"的,亦即"符合理念-理想"的,而恰恰是"感性"的,总是"不合理"的,或者总是"不够""合理"的。

在这里,我们看到,仍然是柏拉图所奠定的这条思想路线。

然而，在理论上，在哲学的思路上，康德对古代柏拉图"理念论"做出的推进在于：为"自由"找到了"自己"的"根据"，使得在柏拉图那里尚是"潜在"着的问题，凸现出来："自由"不是"知识领域"的事，而是"道德领域"的事。这就是说，在"科学理论"里"找不到"的"自由"，在"道德实践"中被"发掘"出来，成为主要的概念，而这个"自由"的概念，竟然成为整个哲学的"基石"；虽然以"感觉经验"为"对象"的"科学理论知识"无权-不允许"干涉""道德实践"领域，而后者却"必定"会-有权利、有能力"规范-引导"前者，于是，不是"理论-知识""领导""实践-道德"，而是"实践道德""规范-引导""知识-理论"。

康德在"道德实践"领域为"自由的存在-有一个自由在"找出的理由在于：如果没有"自由，如果"不存在""自由"，那么"道德"也就"不存在"。"道德"和"自由"相互"证明"并"证实"各自的"存在"。"道德"与"自由""同在"。

当然，就欧洲哲学发展的历史来说，这种"知识"与"道德"的区别，苏格拉底、柏拉图已经意识到了，苏格拉底的哲学工作就是要把"哲学"的"目光"从"天上"拉回到"地上（人间）"，"真善美""本身"的问题，已有"至善"的意义；但是在哲学的草创时期，人对理性意识各个环节之间关系的理解，还很含混不清，"知识"和"道德"具有一种"原始的统一性"，对哲学作为一门"科学"固然给出了很好的基础，但如果不经过各个环节自身的充分发展，无论"知识"或"道德"在各自遵循的"原则"上，不免有"纠葛"的地方。康德的工作就在于把那含混纠葛的地方，离析开来，然后再研究它们之间的"关系"，这就是为什么康德要把"知识"和"道德"严格"分成"——后来被批评为"分割"成——两个"原则"不同的"领域"的不得已之处。

"知识"面对的是"自然"，遵循的是"理性"为"感觉经验"的"自然界""建立"的"必然"的"原则"；"道德"以"理性""自身"为"对象"，遵循的是"理性"为"自己""建立"的"自由"的"原则"。"理性"为这两个领域建立的"原则"虽然都是"理性"的、"先天"的，但因为"对象"不同，性质也有所不同：前者是"为他"的，即要运用到"感觉经验"中去的，后者则是"为自己"的，是"理性""自己"为"自己""建立"的，因而前者是

"他律",后者则是"自律"。

"道德"是完全的"自律",也就是完全"自由"的;这就是说,不受任何"时空外在条件""制约"的,这种彻底"自律"的"道德律"使"人"作为"有理性者"的一切"实践行为"都要承担"无可推卸"的"责任"。"实践理性""设定""有理性者"在任何"时空条件"中,都是"自由"的,只要"人"是"有理性"的,他必定是"自由"的,"自由"是"不可能""被""丢掉"或者"被""剥夺"的。

在这个意义上,"自由"是"永久"的"存在",一切"有理性者",都"有自由"。

我们看到,在感性的世界,亦即在"自然领域","存在"都有"相对性","相对于""一定的""时间地点条件"而言,"某物"是"存在"的,"时过境迁","某物"可能就"不存在","某物""存在"的"时间"是"有限"的,"存在"与"不存在"也是相互转化的。按康德,这个道理不适用于"自由",对于"有理性者","自由"是"绝对""存在"的。

在严格划分"理论知识"与"实践道德"的界限的基础上,"存在"的意义也被一分为二:一方面,在"知识-自然"领域,凡说"存在"都是"感性的-可感的";而在"道德实践"领域,"存在"就只有"理性-理念"的意义,而不是"感觉经验"意义上的。感觉意义上的"存在"是"相对"的、"自然的","理性-理念"意义上的"存在",反倒是"绝对的"、"自由的"。

所谓"绝对"的、"自由"的"存在",就是说这种"存在"是由"理性""自己""产生"出来的,不像在"感觉经验"的世界,"存在"是由"他者-不存在""转化"出来的,有"他者"作为"自己""存在"的"条件",这个"存在"就不是"自己""产生"的,不是"自生"的,不是"自由"的,这个"存在"的"原因"不在"自身",而在"他者",因而这个"存在"是"被决定了的","因为"有了那个"他者"的"条件",这个"存在"就"非出来不可",这个"存在"的"出现"是"必然"的,亦即"被决定"的;而"道德实践"领域里的"使其存在"的"决定"是由"自己"做出来的,因而是"自由"的。

这样,康德就把"必然"和"自由"截然地划分开来了;它们虽然都是"理性"的,但却各自遵循着"理性"在"自然"和"自由"两个不同领域里的不同的"原则-原理",前者为"理性"的"他律",后者为"理性"的"自律"。

何谓"他律"?"他律"集中表现在"因果律":一个"结果"必定有一个不同于这个"结果"的"原因"。两个"不同"的"事物"之间有"必然"的"关系",则"在先"的"事物"为"在后"的"事物"之"原因"。"因果律"乃是"理性(知性)"在"时间过程"中的一个具体应用,是把握"在时间中"的"事物""变化"的"规则"的,"时间"的"过程",不仅有"先后"的"次序",而且有"因果"的"关系"。"因果关系"的"必然性"是指"原因"和"结果"之间是可以"推论"的,从"原因(的存在)"可以"推论""出""结果(的存在)",反之亦然。

不过,在"可感世界","因果律"的应用因"感性材料"的"复杂性"使这条规律只是"理论"的,实际上由于不可能"把握""全部"的"实际材料"而不能排除"偶然性",因而被认识到的"有限"的"原因-因素"的"存在",不能"保证""一定(预期)"的"结果"的"出现-存在"。只有那个被设定为"全知"的"神"才有可能完全地运用"因果律"来"推知""事物"之"出现-存在",不差毫分。

但是,在"道德实践"领域,由于"德性"的"存在"无需"借助""他者",是"理性""自己"就能"决定"的,"道德"的"自由"既然是"不受任何感性条件制约"的,完全是"自己""决定""自己"的,因而这个"德性-自由"的"存在"就是"绝对"的,"无可怀疑"的,也就是说,它的"原因"和"结果"不是"两个""不同的事物",而原本就是"同一个事物"。"原因"无需"他者-外在条件"就是"自己"的"结果"。于是,我们也可以说,从某种意义上来说,在这个领域里,起作用的不仅是"因果律",而且是"同一律"。

这样,我们就可以看到,欧洲哲学何以从康德的"批判哲学"过渡、发展成费希特、谢林、黑格尔的"同一哲学-绝对哲学"。

三、黑格尔对"自由"和"存在"问题的古典式"总结"

经过费希特、谢林,黑格尔把欧洲哲学推向古典的历史高峰,推进了康德哲学，把被康德"分割"开来的"领域""统一"起来，形成一个庞大的"科学体系"，也就是说，使哲学的工作从"批判"走向"学说"，使"哲学"成为一个以"绝对-自身-自由"为"对象"的"科学"。

"科学"必以"存在"为"对象"，"经验科学"以"感觉经验"之"存在"为"对象"，"哲学"以"不受经验条件制约"的"自由"之"存在"-"绝对"之"存在"亦即"理性""自身"之"存在"为"对象"。

所以，黑格尔哲学又叫"同一哲学"、"绝对哲学"。"同一"是说"思维与存在"之"统一性"，"绝对"亦即"自身-自由"。

"哲学"的"知识"，"哲学"作为"科学"，也是以"存在"为"对象"，"哲学"以一个"存在"为"对象"，而不是以"虚构"出来的"海市蜃楼"为"对象"，"哲学"的"对象"不是"想象"出来的，而是真实"存在"的；"绝对"不仅是"思想物"，而且也是"存在物"，甚至唯有"绝对-自己-自由"才是"真实"的"存在物"，亦即，唯有"理念"才是其"存在"不受外在条件制约的"真正"的"存在"。

这就是说，唯有"绝对"，唯有"自由"，是"不受怀疑"、"不容置疑"的"存在"，"哲学"就是以这种"不容怀疑"的"存在"为"对象"的一门"学问"、一门"科学"；"哲学"对于一切"非理性-非自由-非绝对"的"感觉世界"采取"绝对怀疑"的态度，但对于"理性自身"的"存在"，对于"绝对"的"存在"，对于"自由"的"存在"，则"坚信不疑"；"哲学""动摇"一切"貌似""强大"的"必需（必然）"的"感性存在"的"现存""力量"，而"确信""理性""自身"的"自由"的"力量"，"凡是存在的"都"应"是"合理"的，"凡是合理的"都"应"是"存在"的。这个"应该"乃是"理性"的"必然"，它"规范-规定"着"感性现实"的"必然性"。

"理性""自己"，而不是"感性"的"他者"，"给出""存在"的"规定性"。"存在"当然是"具体"的，不是"抽象"的，"抽象"的"存在"只是一个单纯的"概念"，"哲学"的"概念"也不是"抽象"的，而是"具体"的，是"有规定"的，不过这个"规定性"也是"理性""自己""给定"的。按照康德，"感觉"为"理智-知性""提供""材料"，但不能"给出""规定"，"给出规定-建立秩序"是"理性-知性"的"工作"。

同样,"感觉"不能为"绝对-自身-自由"的"存在""给出""规定",这个"存在"的"规定"权在"理性""自身"。

在这个意义上,我们看到,感性世界的一切"规定性"原本都是"理性""自由"地"给出"的,原本是"理性""自己""给出"的,并不是"天生"的、"自然"的,这就是说,一切"感性事物"在"理念"的意义上,甚至是"必需-必定""改变"的,因为一切"感性现实"的"事物"对于"理性-理念-绝对-自由"来说,都是"不够"的,都是"相对"的,"不自由-不得已"的。

意识到这一点,也就是意识到"理性"的"自身-自由-绝对"的"存在"权利。欧洲哲学的历史发展,显示了那些哲学家为"建立"一门"自由科学"——"哲学"所做的努力,也是他们在维护"理性"的"自由"权利上的一种呼吁。

四、由此产生的推想

在这个欧洲古典哲学传统中,"自由"作为"绝对"是"哲学"的"对象",这个"对象"是"自由""规定"的"存在",而既然是"存在",就一定是"个体"的,可以"指出-指证"为"这一个";但由"自由""规定"的"存在"并不是单纯"感觉"的,"自由"的"概念-理念"并不是单纯"接受""感觉"所"提供"的"材料","自由"的"存在性"的"内容"仍是"自由"作为"理性""设定-规定"出来的。

"自由"的"存在"是"理性""自由"地"使""存在"。这正和后来海德格尔所理解的"存在"意义上相通。

何谓"使存在"?

感觉经验的世界是一条流淌不息的"长河",无头无尾,永无止息,其中"万物",瞬息万变,沧海桑田,"存在"-"不存在"轮回流转、此起彼伏,唯有"自由"之"思""能够-有能力""使之""断流",唯有"自由"有"大能""使""万物""成"其为"万物"。这就是说,"理性-自由""使""万物""完成",盖"自由"有权"设定""目的",故有权做出"断-判断""事物""已经""达到目的"地"完成","终结-终止"其"形成"之"过程",而"宣称"其"成其为""这个""事物"。并非仅是"人工制作"之事物有此特性,举凡日月山川天生自然之事物莫不蕴含了这层意义在。"个体-具体"之"事物"之"存在",皆由"理性""不受时空条件制约"之"自由""断-判断"其"已成为""存在",故而这个意义上的"存在"虽同是"个体"的,但不仅是"感觉"的,而且是"自由""理性"的。

这样,"理性"通过"自由"的"判断-断定",将本来只具"感觉变化"形态的"变幻中"之"事物","带进""理性"中来,成为自己的"思考"之"材料"和"对象",同时也就使"理性"对这些"事物"的"认识"具有了"理性""自己认识自己"的意义。

在这个意义上,"哲学"作为"理性的"、"自由的""科学",也就是"理性"的"自己-自我"的认识,是一种"自由"的"认识",亦即"理性""自己"对"自己"的"自由"的工作的"审议-审定-判定",同样也是一个康德意义上的"批判",对"理性"本身的"自由"的"批判"。之所以也是"批判",在于"理性"必须"认识""理性"自身的"责任",因而不仅是"知识性",而且也是"道德性"的。

"使""事物""存在"亦即"使""事物""完成","使""事物""终结","万物"之"终结"也就是"道德""审定"的"出现",这也是康德所指明了的。

"哲学"之"思"既是"自由"之"思",这个"思"亦即"使""万物""完成-终结"之"思",这个"思"既是"知识"的,也是"道德"的,这个"知识""对象"是"自由""使之存在"、"使之完成","理性"在"运用"这种"自由"时已经蕴含了"责任"。这也是从费希特到黑格尔所遵循的欧洲古典哲学的贯通的路线。

由此我们可以说,做"哲学",正因为是"自由""思想",才是一件"严肃认真"的事情,甚至是一件"战战兢兢"的事情,而不是主观随意的"感想"。在这一点上,做"哲学家"兼有中国做"史家"的意义。中国传统"史家""评定""历史"中的"人"和"事",犹如"法官""断案",下笔有千钧之重,不容些许马虎;"哲学"在"推理"中"判断""事物"之"普遍规律",同样容不得些许马虎。史家面对"过去",尚有"未来"可以"补救",时空中事物都在"变化","史家"有"改正-翻案"的"机会","史家"允许"追远";"哲学家"则须得"慎终"。"理性""判定-设定"之"完成-终结"必须就是"终结-完成",不容些许含糊。因此,"哲学家"的"自由"是"绝对"的,即"不受时空条件制约"的,那么,"责任"也是"绝对"的,也是"不受时空条件制约"的,"哲学"不是"有限公司",而是一个"无限公司",在这个意义上,做"哲学"须得"慎之又慎"。

在这个意义上,"哲学家"的"工作"-"著作"是"必需""署名-签名"的,"责任"意味着"责任者-责任人",因而,"哲学"的"工作"-"著作"又是他"自己"的"事",是"哲学家""自我"的"事",是任何"他者"不能"替代"的,犹如"责任"在原则上不能"替代"一样。

犹如"自由"是"个体"的一样,"哲学家"的工作,体现了"个体"的"自由",也如同"哲学"所"思"之"对象",是"个体"的"存在"一样。

于是"哲学"和"哲学工作"的这种性质,开放给"每一个""有理性者"的"自由"的"思",也是开放给"每一个""有理性者"的"负责"的"思"、"慎重"的"思"。

"哲学"的"使命"为"理性-自由"地"使""事物""存在",即由"感性存在者""转化"为"完成了"的"存在","进入""哲学"的"思"之"领域",作为"哲学""对象"的"存在-事物",作为"完成-终结"了的"事物";"从时间"角度来看"似乎"是"过去"了的,"哲学"似乎像"史家"一样,"永远"立在"未来"的角度,"逆料""事物",所以柏拉图说"知识(哲学知识)"是"回忆",但"哲学"意识到这个"过去"乃是"真实"的"完成",因而这个"过去"就仍是"现时","哲学"的"自由之思""令-使其存在""在那里- Da-sein"。

"哲学"以"一己-自我"之"自由思想"的"力量""使""存在者""进入""存在","使""时间"之"流逝"中"保留"着"存在","令""过去"成为"现时","令"一切"回忆-追忆"之"事物"皆"成为""哲思"之"对象"。

于是,哲学上"自由"既是"个体"的"自我",又是"普遍"的"概念";"概念"成为"自由"的,意味着"概念"是"具体"的,黑格尔叫"思辨概念","概念"和"存在"为"一"。这样,黑格尔才有可能由此种"概念"

"建构""理性""自己"的"科学知识体系",因为这个"科学"体系,既是"概念"的"逻辑结构",又是"存在"的"历史发展"。

巴克莱说,"存在就是被感知",一切"存在"都是"可以感觉"的;另一个思路是"存在就是被理解",一切"存在"都是"可以理解"的。前者说,"只有可以被感知的,才是存在",后者说,"只有可以被理解的,才是存在"。

按前者的说法,世上不可能有"无-不存在-非存在""存在","无"是"幻想"的"产物",只是一个单纯的"思想体";按后者,世间确实"有一个无存在","理性""使-令""无""存在","无-不存在-非存在"不比"有-存在""少"什么,甚至"无"比"有"更具有"本质性-实质性"。因为只有"理性""有能力"把"过去"和"未来""召唤"到"现在"来,"使-令""已不存在"和"尚未存在"的"不可感"的"事物"成为某种意义上也是"可感的""存在","无""同样"是"存在",而且由某种意义来看,是"更本质-更实质"的"存在",因而是"更真实"的"存在"。

在这个意义上,"从有到有"和"从无到有",以及"从有到无",乃是"同一"的;从古代希腊的"始基"说,到基督教的"创世"说,到中国的"有无相生",在"理性-自由"的层面上,意义是"相通"的。

只有在"理性-自由"的意义上,我们"有"一个"过去-现在-未来",在"自由-理性"的意义上,"时间"才"存在","存在"才"有""时间"。于是,海德格尔的"时间"与"存在"之"思"已经"呼之欲出"。

第二章　欧洲哲学的起源：在"认识你自己"的道路上

　　欧洲哲学起源于古代希腊，一般认为它的创始者为米利都的泰利士，但是在苏格拉底-柏拉图之前的哲学家只留下了一些著作残篇，对于这一部分的研究，会涉及许多文字考据方面的问题，属于"古典学"范围，留给哲学性科学的研究的资料较少，增加了困难，而毕达哥拉斯学派、赫拉克利特、巴门尼德、德谟克里特等原子论以及直到苏格拉底-柏拉图时代尚很活跃的智者学派，对于后世的思想影响也是不可忽视的。

一、"始基"观念与"存在"问题之提出：古代希腊"科学思想"之诞生

　　任何"思想方式"的产生和流行都和相当的社会条件有关，社会的、时代的实际条件提供了"思想"产生的"土壤"，而从"土壤"里产生出来的"思想"又"超越"了这个"条件"，犹如"生命"离不开"滋养"它的"天地"，但"生命"又非"井底之蛙"，"生命""冲破""时空"的"限制"，"创造""自己"的"时空"，"生命"有"改天换地"的"力量"。"生命-思想-人"的"天地"并非牛顿式的"抽象时空"，"生命"的"天地"是具体的，是"人"的"生活世界"，"天地"就是"世界"。

　　古代希腊人"生活"在何种"天地-世界"中才"有条件"为人类"哲学"做出了自己的贡献，是人们长期探索的问题。为什么是希腊？在"哲学"上为什么古代希腊人"得天独厚"？

当然，最简单的回答可能是造成"希腊哲学"的"条件"是多方面"综合"的，所谓"天时、地利、人和"，使得古代希腊人成为"哲学"的"天之骄子"。

远古时代，人们的生活相当艰苦，得应付种种的挑战，而"无暇"顾及"思考"各类问题，主要面对的"问题"应是"维持"和"提高""生存手段"，于是"技术"当是人类最初的"意识形态"和"智慧之光"。

"技术"同时还可能是远古原始民族"共同"的"智慧"，尽管在具体形式上各有差异，在原则上大同小异，有"一技之长"的"人"都被认为具有某种"神性"，有些技术被"秘而不宣"，也有相当一部分的技术需要特殊的训练，难以普及。

由于这种"技术性"的"意识形态"使得远古各民族的"精神面貌"有更多的"共同点"，尽管相互之间并无"沟通"的证据，但至少在表面上似乎"如出一辙"。"原始技术"虽然常常是某些"秘传"，但其实用的目的把它们"限制"在人类最基本的"物质需要"上，从这种基本需要入手探究种种"秘传"的基本性质，就不应是太困难的事情。

然则，随着由"技术性""知识"到"科学性""知识"的发展，世界各大民族就出现了更多的不平衡现象，古代希腊，特别是雅典的人民，对于这个发展起到的特殊作用，把他们中的一些人推到了历史的高峰。

在世界历史的一个时期，在一个地域，提供了一种"环境"，使一些人有条件去"思考"并无直接"实用"意义的"问题"，他们的工作，不直接为实际生活的实用价值服务，也不"传授"某种"实用"的"技术"，而是"自由"地"讨论"他们认为更为"深入"的"问题"。

这些"问题"之所以被认为"深入"，乃在于它们并不局限于"当下现实"，而着眼于"过去"和"未来"，也在于这种探索"过去"与"未来"，相对于"眼下现时"的"问题"来说，是一种"自由"的态度，一种"摆脱-疏离"的态度。

当然，人类的这种"相对"的"自由"精神，在远古各民族中也都是存在的，各个原始民族不乏自己族类的"历史"意识，而且将自己"族谱"中的远祖追溯到某些"神圣性"的东西之上，而"现在"的"生存技术"也都是由

"远祖""代代相传"下来的。

在这方面,古代希腊人并无例外,他们的"始基"观念,仍保留了古代神话传说的影响,"始基"原本也是"始祖"的意思。

古代希腊哲学早期的"始基"观念保留了早期宗教神化的一个核心内容,就是"超越""当下""相互制约"的"相对"的"东西",而探寻"绝对-至上"的"一个""决定"的"东西"作为"诸事物-万物"的"根基-根据",只是这个"根基-根据"不"在""另一处-彼岸",而就在"这里-此岸";"在""此岸-现实"世界寻求"万物-诸事物"的"决定者-根据",乃是欧洲哲学从古代希腊以来的"永恒的探索"之"目标"和"道路"。

这样,古代希腊的"始基"观念与神话式的"始祖"观念有一点不相同的地方,那就是那个"始基"在"空间"上不"指向""另一处-彼岸",在"时间"上也已不是"现时""不存在"了的"过去"的某种东西,而是就"在""现时"的"现实"中,如"水、气、火"等,是"现实"的东西,而不仅仅只是"过去"了的东西,这样,"时间"上"过去"就不再是可以"想象-杜撰"的"神话-故事",而是"实实在在"的"事物"。

这种"始基"的观念,开始"摆脱"原始的各种"崇拜——动物崇拜、巨石崇拜、祖先崇拜","始基"不再是"崇拜"的"对象",而是"知识"的"对象","事物-现实"的"本质"不再由于具有"神秘性"只限于"崇拜",而是可以"探究"的"自然"的"本质"。

在这个意义上,"始基"观念中的"自然",就不仅仅是一般意义上的"生长",由"远祖""生"出来的许许多多"子孙",而且是一种"开显",这是海德格尔提出的一个很有意义的区别。这意味着,古代希腊的"自然"已有"现象学""开显"的意义,于是,我们对于古代希腊的"始基"说,或也可以作如是观:"始基"脱离了"远祖"的意思,成为一个"本质"的观念;而"本质""在""过去",也"在""现在","本质"为"存在"。

"始基"作为"知识"并不"舍弃""技术",但并不将"技术"理解为"远祖"的"秘传",并不将"技术"理解为只是"应付""现象"的"挑战",而是从"本质"上来理解"技术"的"可能性"和"有效性",也就是说,将"技术"与"(本质)科学(知识)"结合统一起来。"技术"是"科学性"的,

"科学""支配着""技术"。

古代希腊人跨出的这一步,对于人类精神的进步具有相当重要的意义。

人生而"自由",但这种"自由"并非仅仅是"理论"的、"抽象"的,而是"具体"的、"历史"的、"时代"的。远古的各种"崇拜",当然"压制"着"人"自身的"自由",但不能泯灭它。各种"崇拜"是人类精神"受压制"的"自由"的"折射",人类将"希望-未来""寄托"在"他者-异己"的身上,"神"与"远祖"既然"保佑""我"的"先辈",也(相信)会"保佑""我辈"和"子孙辈"。"信仰"以"过去"和"未来"来"证""现在","知识-科学"则以"现在"来"证""过去"和"未来"。

"本质"虽然"在""过去"和"未来"都有"决定"的意义,但"本质"也由"现在""开显"出来,"人""在""现在-现实-现世"就有能力"把握""本质","掌握""自己"的"命运",不必"逃避"到"过去",也不必"幻想"着"未来",而"确信""事物"之"本质"就是-就在"过去-现在-未来"中"经久"起作用的"因素"。

"科学-知识"的态度,是"现实"的态度,"科学精神"是"现实精神",是"现实"的"自由精神",这种精神,在那个时候(公元前5世纪前后)的一些希腊贤哲身上表现得比较突出,引起了后人的重视,也是比较合理的。

这样,通过古代希腊哲人们的工作,远古传统的"始祖"观念,转变为"始基",用黑格尔的话来说,"始基""扬弃"了"始祖";"事物"在"时间""无限绵延"中之"起源-原始"转化成为"事物"之"本质","祖先"与"子孙"的关系,转化成"现象"与"本质"的关系,"生生-生长"成为"开显-显现",于是,"时间""在""空间"中,而不仅仅是一个"混沌","事物"的"变化"成为"有迹(路)可循-有序"的"过程",赫拉克利特的"活火""在""一定的分寸上燃烧和熄灭",这种"事物变化"的"轨迹-道路"为"逻各斯",而事物"本质"的"开显",则具有"事物本身""逻辑"的"必然性"。

"事物"的"本质-始基"不是"(过去曾经存在,)现在已经不存在"的"始祖",也不是"(现在尚)不存在"的"子孙-传人";"过去"和"未来"由于"现在""不存在",不是"此在-在此",而是"在彼-彼在"。

"始祖""在""彼岸""规定着-决定着""此岸",一切"宗教"的"思路轨迹-逻各斯"皆以此为"谱系"的"皈依";而"始基-本质"就在"此岸"乃是一切"科学"的"思维方式"的"逻辑"的"根据"。

当然,这条"科学性"的"思想路线"最初的形态是很朴素粗糙的。被认为哲学创始者的泰利士只间接地留下一句话"万物始基为水",我们当然不必夸大其词地说他是"一句顶一万句",后人之所以重视它是因为它蕴含了与古代神话传统不同的意思:万物的"始基"是那普普通通的"事物-水"。"水"就"在此",人人得而见之,"始基"在"此在"的"事物"中,"万物"中就"有-存在"自己的"始基",这个"始基""使-让-令""万物""存在","始基"为"本质","本质"也是"存在",其所以为"始基",不是因为它只"存在于过去和未来"而"现在""不存在",恰恰因为"现在"也"存在",或者竟是"一切存在(者)-万物"的"根本-基础","万物""之所以""存在"的"根本-根据-基础"就是这个(或这些)"始基","始基"为"存在",这个"存在"因其为"本质"又是"使(万物-诸存在者)存在"。

这样,古代希腊哲学前苏格拉底阶段由泰利士的水,经阿那克西曼尼的"气(水汽)",赫拉克利特、毕达哥拉斯的"火"到巴门尼德的"存在"这一转变,就是很自然的,而且似乎竟有很强的针对性。"存在就是存在,不存在就是不存在",可以理解为"始祖"(现在)不存在就是不存在,"始基""(现在)存在就是存在"。

于是,巴门尼德《残篇》中的"真理之路"与"意见之路"具有"本质"与"现象"的意义,而且后来希腊哲学的发展对于二者的关系有很深入的思考,但是对巴门尼德"存在"问题提出的"针对性"之意义,应是始终要给予适当重视的,因为"存在"与"不(非)存在"的关系,一直是困扰欧洲哲学的一个问题。巴门尼德把"本质""规定"为"存在"而"排斥"一切"不(非)存在"作为"真理"的"对象",对于作为科学的欧洲哲学来说,放下了一块坚实的基石,受到后世特别是黑格尔和海德格尔的重视,自是有理由的。

巴门尼德奠定的这块基石意味着一切"可以思想-可以理解"的皆是"存在",那个"不(现在)(非)存在"的"始祖"因其"在""虚无缥缈"的"彼岸"而"人言人殊",因而只是"意见"而非"真理";"思想"要与"存在""同一-统一"才有"真理性",在这个意义上,巴门尼德提出的"思想"与"存在"为"一",也成为欧洲哲学的一条重要的"原则",而在最初,巴门尼德的意思也许主要强调"思想-思维-认识"要"思想"那些"存在"的东西,不应该对那些"不(非)存在"的东西"胡乱猜想"。

一切"科学"都以"存在"为"思想"的"对象",即使是"始基-本质"也不能例外。

对于"存在"问题的"思考",为欧洲哲学作为一门"学科"和"科学"奠定了基础,"规定"了"发展"的方向,用海德格尔的话来说,"存在"问题的提出,对于欧洲的文化和学术,是一件"大事","哲学"走上了自己的独特道路,"哲学""意识"到"自己"的特点,"哲学""找到"了"自己"-Ereignis:"哲学"是关于"存在"的"学问",关于"本质"的"学问",就"思维与存在同一性"言,也是"思想"的"学问"。

这就是说,"哲学"由古代相当宽泛的"爱智"进入有"自己""内容"-"自己"的"规定性"的一门"学科","哲学"成为一门有"自己"的"具体""对象"的"科学"。作为"科学"的"哲学",当它的"学说-理论-思想"与它的"对象""一致"时,就是"真理","真理"为"思维与存在的同一性"所"保证-见证-证明"。"始祖-始基-本质"是"存在",是"在此-此在",而不"在彼","彼-彼在-彼岸"实际上"不存在","真理之路"是"存在之路",而不是"非(不)存在之路",因而,"真理"并不"渺茫","真理"不是"主观随意"的"偶然"的"思想火花-灵感","真理"有"可以理解的""必然"之"理路","本质"的"存在""在""必然性"的"大籀"中,不能"随意""漂浮","随意""漂浮"的只是"意见"。"意见"有"过时"的,也有"超前"的,"真理"则"永远"是"现实-现时"的。"永恒"的"现时"的"真理"不仅"高于""有死"的"人",而且"高于"奥林匹斯山上"不死"的"诸神","永恒"的"神圣性""高于""不死"的"神圣性",在这个意义上,"哲学""高于""宗教",尽管巴门尼德的《残篇》经常披上了"神话传说"的"外衣",具有初创时期的朴素性。

"永恒"是一个"必然性",不同于古代阿那克西曼德的"apeiron","apeiron"为"不定-无定",充满了"偶然性","水"随它的"容器"而

"定""自身""无定";巴门尼德否定了这样一种"始基"观念,强调的是毕达哥拉斯的"peras-有定","定"而后有"必然性"。

然则,"存在""必在""时空"之中,"在""时空"之外的"彼岸"皆为单纯的"思想体-思想物",皆为"非存在",缺乏"思维与存在"的"同一性",走在这条"分离"的路上,则并非走在"真理之路"上。

巴门尼德这个"有规定"的"存在"的"理路"也为欧洲哲学奠定了基础,"存在"不是充满"偶然性"的"现象-意见",而是"必然性"的"本质",但"本质"又是"存在",并非"超时空"的"抽象",而就"在""现实-现时"中,"永恒"并不是"另一时空-彼岸"意义上的"超时空"。

巴门尼德引导欧洲哲学走上了一条"真理"之路,但却又是一条"困难"的"路"。在"哲学"探索"真理"的"路"上,不但充满了"荆棘",而且充满了"陷阱",充满了"曲折-迂回"。哲学的探索,不但要有"披荆斩棘"、"一往直前"的"勇气",而且要有"百折不挠"的"精神"和"善于思考"的"智慧"。哲学不"躲避""轮回",哲学在"表面上"似乎是在"轮回-折回-迂回"中"螺旋式"地"前进","哲学"的"历史发展"是这个"必然性存在"的"大箍"越来越"大",犹如"水"(我们回到了泰利士)的"波纹"那样,随"时间""推移",不断"扩大""自己"的"空间"。

与一切"宗教"特别是"佛教"观念相反,"哲学"并不"摆脱-超脱-逃避""生死""轮回"以求"永生"之"彼岸","哲学""置之死地而后生"。"死-终结-完成"是"现象"的"终结-完成","本质"的"开始","开始""新""一轮"的"生",而这个"新生",是一个"更为广阔"的"新天地","新""一轮"的"存在"更为"丰富多彩","生死轮回"在哲学上也是"生生轮回"。中国古书(《尚书》)上记载王者以"生生"作为"前进"的"号角",民众"迁徙"的"命令","开辟新天地"的"动员令"。这个"动员令"是"永远""有效"的"命令","哲学""维护"着这道"命令"的"有效性";"永久"的"有效性"就是"永久"的"现实性"。

哲学不"回避""生死-存在非存在"的"轮回",于"轮回"中"生生不息","扩大""存在"的"大箍";哲学也不"回避""思想"与"存在"的"轮回",哲学在巴门尼德的"基石"上,坚持着"思想与存在的同一性","存在"

是"（可）思想的"，"思想"也是"（会）存在"的。在欧洲哲学的发展道路上，我们看到，在"存在"的"理解"上遇到"困难"时，哲学的重心"移到"了"思想"，在"思想"的"理解"上遇到"困难"时，哲学的重心又"移到"了"存在"，"存在论"与"思想（理念）论"的"轮回"构成了"必然性"这个"大箍"上任意"点"形成的"对角线"，随着这个"箍"的"膨胀"，其包容性（内容）也就愈来愈丰富。"存在论"与"理念论"的"轮回"构成欧洲哲学历史发展的"主线-主旋律"。在某种意义上，整个欧洲哲学史充满了康德意义上的"哥白尼式"的"革命"：不是"思想"围着"存在"转，就是"存在"围着"理念"转。在这个"革命"的舞台上，欧洲哲学家演出了精彩纷呈的"活剧"，"形式"多种多样，但究其"内容"，无不受"必然性"之支配，盖因它们都还"在"巴门尼德的这个"大箍"上，万变不离其宗，都受着"必然性""理路"的"制约"，或者说，巴门尼德"大箍"的"必然性""引领"着"欧洲哲学"的"革命"：当"存在论"的"思路"发生"困难"预示着"此路不通"时，哲学转向了"理念论"，反之亦然。

巴门尼德的"存在论"遇到了何种"困难"，"迫使"苏格拉底-柏拉图"理念论"之出现？

"理念论"在苏格拉底-柏拉图那里还只是一个很初步的设想，虽然已经具有"绝对-自由"的含义，但常和"经验"的"概念"相混淆，尚未达到"纯粹"的程度；但是"理念论"已经超出了从"自然"的各种具体"品类"中寻求"始基"的范围，将探索方向转向了"理性-思想-精神"本身，"哲学"跨出这一步，是非常重要的。

在此之前，做哲学思考的希腊诸家也曾有过种种努力，力图"超越""感觉经验"的"限制"进入"思想"，早期毕达哥拉斯学派就是和米利都学派"相对应"的另一思路，这个学派在科学上的贡献，已经载入史册，但在"哲学"上这个学派的成就却常常会引起争议。

毕达哥拉斯学派提出万物始基为"数"，其意义也在于将哲学的思路引向"超越""感觉经验"的"合理性-理性"的问题，但这里我们要考察的是"数学"与"几何学"的关系问题。"几何学"原本也是一种"计算-测量"的"技术"，和当时的"数学-计数"不易分开，但是"几何学"在古代希腊已经埃及的"测量计算-丈量土地"的"技术"发展为"演绎"的"科学理论-理论科学",而"数学-计数"则仍是"经验"的"技术"。这样的观念一直延续到近代仍然有效,康德有理由地指出"数学-计数"乃是"经验性"的,从"7"和"2"的"概念""推导"不出"9"来;而康德自己所依赖的"推理模式"是"几何学"的。

"数学"作为"计数技术"与"几何学"作为"空间"的"理论科学"这个区别,在古代却导致了两种不同的思维方式,有两种很不相同的"结果",前者走向一种"数"的"神秘主义",后者则引向"形而上学"。

这种区别和结果在思想史上应受到更多的重视和研究,因为它们涉及如何从"感觉经验""过渡"到"理性推演"的"有效性"和"科学性"的问题,亦即作为"感性事物""存在方式"的"空间"和"时间"的"区别"和"关系"问题;而"空间性"的思维方式一直是欧洲"科学-哲学"所采用的"基本"形式,至于以"数"来"计算-推演""时间"则会出现种种问题,这是直至20世纪后半期"后现代"诸家所清楚显示出来的不同倾向。

"空间"中的"方位"是一个问题,而"时间"中的"变异"则是另一个问题,一般来说,以前者的"推演""进入"后者的"变异",就会"产生""矛盾-冲突","空间"的"律"和"时间"的"律"乃是"二律背反",从这个视角来探讨"理念论-存在论"的内在"矛盾",是一个新课题。

依靠"空间"的"推演"导致"逻辑",针对"时间"的"推演"则寻求"逻各斯",这种"倾向"在赫拉克利特以"火"为"万物始基"那里已经表明出来,"火"在一定的"度"上"生灭",而"火"作为"始基"也是毕达哥拉斯学派中一些人共同的信念。

赫拉克利特和毕达哥拉斯学派在古代是揭示"矛盾"的大师,但将"矛盾""发展-推想"成一个完整的学说体系,尚待柏拉图的"辩证-思辨"体系。

二、关于"本质-存在"学问的困难:古代辩证法的表现

巴门尼德把伊奥尼亚学派的特殊性物质形态的"始基""推向"了一个普遍性的"存在",摆脱了"水-气-火"这些特殊的存在形式,"进入"这些特殊

形态的"内在本质"。"存在"为一切"特殊物质形态"的"共同-普遍"之"本质",哲学成为一门"普遍"的"学问",成为"本质"的"学问"。

当然,任何"学问"都有自己的"困难",迎接"困难"的"挑战","学问"在克服"困难"中前进,在这个意义上,"困难"就是为了"克服""设置"的,"设置""困难"是为了"克服",为了"磨炼","困难"总是"可以克服"的;但是,关于"本质"的"学问"似乎会遇到一种"不可克服"的"困难",也就是说,关于"本质"人们竟然"可以-允许-有权"说"正-反"两面的"话",做出两种完全"相反"的"判断",而两者都是"合理的"。"辩证法"是指"道理上""(允许)说两面的话",一个"道理-判断""可以-允许""分""正-反"两面来说。也就是后来所说的"二律背反",说两个"相反"的"道理",都是说得通的。

在这个意义上,我们可以说,尽管远古的原始民族不乏"感性"上"对立"的"意识",如"光明(阳)-黑暗(阴)"、"冷-热"等,但在"道理-理性"上"允许""相反"的"话"都能够"成立",乃是古代希腊人的"发现"。

什么情况-条件下会"允许"这种"二律背反-说两面的话"成立?我们觉得,只有在哲学作为"本质-存在"的"学问"时,这个问题才清楚地呈现在"意识"的面前,而被人们注意到它的理论上、道理上的力量。也就是说,当人们"指鹿为马"时,只能被认为是一种"欺诈",而称不上"诡辩"。

于是,当人们"辩论""始基"究竟是"水"还是"火"或是其他"特殊物质形态"时,坚持其中之一的学说,我们称之为"独断",而当人们"辩论""什么是'美-善-正义'"这类问题时,一个"独断"总有"另一个""针锋相对"的"独断"以同样的"理由"得以"成立",使"对方""断"而不能"独";"二律背反"是"专门""破除""独断"的。

在"现象-实际"问题上"破除独断"依靠的是"实际-事实";在"本质"问题上能够"破除""独断"的只有"另一个""独断"与其"对立"而同样"成立","破除""本质"问题上的"独断"唯有"二律背反"。

利用"二律背反"来"破除""本质"问题上的"独断",在古代希腊形成了一个"学派"——"智者学派",到了苏格拉底的时候,已经蔚然成风。

智者学派在"揭示"哲学学说中"独断论"的"矛盾"方面有很大的贡

献,防止了哲学上的"独断"成为一种带有宗教迷信式的"信仰",显示了"哲学-爱智"就要"讲理"的坚定的"原则",同时也揭示出任何"道理"也都还有"另一条道理"与其"对立"而使之不能成为"独一-唯一"。

然而智者学派这种"消极-消解"性的"辩证法""自身"也会走向"自身"的"反面",特别是当这种"消极"性的"消解""力量"进入广大"现象"领域时,会使人们的"思想意识""无所适从",原本"有序"的世界重新成为"混沌",而"智者"们的"理路"也就成为"强词夺理",甚至以"声势"压人。当"秩序"被"打乱"之后,事物进入"无政府状态",就会出现"强者-英雄"以"强力""建立"一个"秩序"的状况,当"时势""混乱"地"造出""英雄"来之后,"英雄"就会"再造出"一个"时势"来。

在这个意义上,后期的"智者"们对于古代雅典奴隶主民主制社会的"瓦解"起到了推波助澜的作用,加速了这个社会的分崩离析,雅典社会"期待"着"现实"中和"精神"上的"强者-英雄"的出现。

雅典哲学精神由智者学派经过苏格拉底到柏拉图完成了这个由"消极"向"积极"的转化过程,经由苏格拉底的柏拉图是古代希腊哲学的"英雄",虽然他未能成为"现实"中的"英雄",但在"哲学精神"上,也可以说是"万世师表"。

三、 苏格拉底的"反讽"

"反讽"是一种"智者"的精神,苏格拉底当是常常被当作一个"智者",喜剧家阿里斯多芬暴露的也还有苏格拉底的"真实"的一面,反映了他在普通民众中的"观感"。这种"反讽"的消极精神理当受到嘲弄,据说苏格拉底本人也是欣然接受的,"理性"精神如果只是停留于"反讽",则活该受到这种嘲弄。"喜剧精神"正是"无情地""嘲笑"一切"严肃"的东西,揭示那"貌似""伟大"背后的"空虚"。智者学派也是"哲学"里的"喜剧精神",苏格拉底的"反讽"是"哲学"上"喜剧精神"的"极端"的表现。

当然,正如智者学派曾经是严肃的"消解"力量,"反讽"也是"理性"的一种不可忽视的"精神力量"。

苏格拉底的"反讽"精神高出智者学派的地方在于它不仅针对那些"现象"中的"细枝末节"的问题，而是直接针对那些"真、善、美"、"公平正义"等"本质"的问题。这就是说，"理性"的"辩证精神-消解力量"不仅在于"指出-揭示""现象"的"变幻无常"，而且在于"揭示"：对于那些"支撑"着"现象"的"本质-始基"力量，我们同样并无"坚实的-真正的""知识"，我们的"知识"只是"似乎-像-貌似"是"知识"，"实际"不是"知识"。"辩证法"的"反讽"不仅"摧毁"一切关于"现象"的"貌似真理"，而且"摧毁"一切关于"本质"的"貌似真理"。

智者学派后期揪住"现象"不放，使人在"实际"上"无所适从"，苏格拉底的"反讽"则抓住"本质"不放，使人在"思想"上"无所适从"。

"现象"有"感觉经验"的"支持"和"检验"，后期"智者""打乱"它的"秩序"引起的"混乱"，为"常识"所拒绝，后期"智者"沦为喜剧嘲笑的靶子；"常识"不容"戏弄"，"感觉经验"的"现象界"有自己的"必然性"，这是后来康德在他的《纯粹理性批判》中的着力之处，这个领域是一个"必然"的"王国"，"秩序"的"王国"，尽管这个"王国"的"先天立法权"在"主体"的"知性"，但"知性""立法"并非"主观随意性"，"自由"在这个"领域"得不到"客观"的"支持"和"检验"，因而不是"知识"的"对象"。康德的这个"批判精神"并非到康德那个时代才有效，用这种精神观察古代希腊的哲学，也多有启发。后期"智者"以主观随意性代替知性为"现象界""先天立法"的工作，使"现象界"陷于"纷乱"。"现象"的"王国"陷于"无政府状态"，必为"生活"在"现象界"的"人们"所"嘲笑"和"抛弃"。后期"智者"的出现意味着智者学派的"没落"。

柏拉图的《对话》中记载的苏格拉底的"反讽"具有与后期"智者"不同的性质，它"揭示-消解"的不是"现象"的"矛盾"，而是"本质"的"矛盾"，这种"矛盾"就其本身来说，是"不可避免"的、"必然"的，这个"矛盾"是"理性"的"本性-自由"带来的。"自由"带来的"矛盾"，是"理性""本性-自身"的"必然""倾向"，是单纯理性"自由"的必然的"命定"，是"自由"的"命运"。没有"感觉经验""支持"和"检验"的"自由（思想）""自身""必然""陷于""矛盾"。这就是柏拉图在他早期的"苏格拉底对话"中要表达的主要意思。

在柏拉图的这些对话中的苏格拉底要表达的是这样一种意思：许多人们似乎都已经普遍"知道"了的"知识"，实际上"一无所知"，那些"知识性命题"，都有一个相反的"命题"可以"消解"它，对这个"反题"之所以不可以"忽略不计"地加以"嘲笑"，乃在于这个"反题"原就"蕴含"在"正题"之中，因为所涉"问题-题目"不是"现象"，而是"本质"。

一个"现象"可以较容易地用"另一个-对立"的"现象"来"抵消-消除-消解"，譬如"黑夜"之由"灯亮"来"解除"，当"光明"来到后，人们也可"忽略"那曾经有过的"黑暗"；但是，如果那"光明"并非来自"异己之物——譬如一个火炬"，而就在那"黑暗"之中，则这对"矛盾"的任何一方，就不可能被"忽略"，"光明"也"无权-无理由""嘲笑""黑暗"。

这就是说，"本质""蕴含"着"自己"的"对立面"，"本质""产生""自己"的"对立面"。这是一种"必须""严肃"对待的"对立面"，在这个意义上，苏格拉底的"反讽"带有"严肃"的"悲剧性"，而不像后期"智者"的那样带有"喜剧性"。

当然，在形式上，苏格拉底在"消解""独断真理"时同样也运用"喜剧"的手法，因为本来"无知"的事情却自以为"有知"这件事情本身就带有喜剧性质，可以为阿里斯多芬所利用。但如果事情涉及事物的"本质"，涉及"正义-公平、真、善、美"这些问题，则这种"嬉笑怒骂"中，蕴含着"严重"的内容，是一篇"严肃"的"文章"，而不是"游戏"的"文章"。

苏格拉底的"反讽"针对人们对于事物的"本质"自以为不成问题的"知识"实际上并无知识，揭示人们"本质"上的"无知"，当然是一件"振聋发聩"的"大事"。对于人们习以为常的"真理"被揭示为"充满矛盾"的"假象"，对于人们"自己"的"无知"，要有"自知之明"，这是苏格拉底提醒人们注意德尔菲神庙墙上的格言"自知-毋过"的最初的意义所在。在"反讽"的意义上，所谓"自知"乃是"自知无知"。"认识你自己"引导到一个"消极"的意义："认识你自己"的"无知"。这个意义，直到康德才清楚地彰显出来，康德斩钉截铁地断言，"事物自身"对于"理性"的"知识功能-知性"为"不可知"。

当然，康德的"批判精神"还在于仔细论证了关于"现象"的"知识"的"可能性"，这方面的工作对于"经验科学知识"的"合法权利"做出了积极的贡献。

同样，苏格拉底对于"现象"的"知识"并不像后期"智者"那样一并加以"消解"。

"现象"作为"知识""对象"来说，有自己的严密的体系，是一个"必然"的"王国"，"消解"这个"王国"的后果，将是场"混乱"：由一个"有序"的"王国"走向"混沌"的"无政府状态"，这种"不可持续"的"状态"，必将通过种种形式，"恢复"一个"新"的"秩序"。古代希腊当年的智者学派的思想倾向，反映了雅典奴隶主民主制已经蕴含"分崩离析"的趋势，而反倒是苏格拉底认识到"感觉经验"的"现象界"必须要有一种"秩序"，才是一个"经验王国"，才是一个"生活世界"。

苏格拉底将"矛盾""必然性"的"根源""引向""本质"，事物"本质"的"必然性"才是"不可避免"的，而正是事物"本质"的"二律背反""支撑-支配-决定"着事物"现象"出现"混乱"的"可能性"，从而在"可能性"的意义上，"现象"在"本质"上，是"必定"会"变化-变异"的；原本"期望""恒定"的"现象界""必定""事与愿违"地"走向自己的反面"，"现象""必定"出现"新旧交替"的"变化-过程"，这是"本质"的"矛盾""决定了"的"现象"的"命运"。

苏格拉底的"反讽"主要针对事物的"本质"方面，不但揭示"正义、真、善、美"这些"概念-本质"的"二律背反"，而且以自己"选择"的"行为"揭示了"现象"与"本质"这两个方面的关系。苏格拉底最后的"自由行为"为"死"，在"可生-可死"的"条件"下，苏格拉底"选择"了"死"。苏格拉底的一切"反讽"都集中到他对"死"的"选择"上，"死"是苏格拉底的最高和最终的也是最深刻的"反讽"。

四、苏格拉底之"死"

关于苏格拉底的"死"已经有很多的研究和探讨，从法律的、从伦理的、从政治的以及神话、哲学的种种视角，都很有意义；我们这里提出的也只是某些视角，是跟我们探讨的主题相联系的，但也力求与苏格拉底当时的实际情形相吻合，或许也能揭示他的这一"行为"的意义所在。

苏格拉底在"生-死前"为他的"生活-活动-工作"做出"无罪"的"申辩-辩护"，"揭示"加诸他的"罪名"的"虚妄"，但按照当时雅典的"法律"，这些"罪名"是"成立"的，"判定""有罪"是"合法"的；而苏格拉底的"申辩"揭示"罪名"是"不合理"的，在"道理"上"不能成立"。苏格拉底当然也举出"反证"来说明自己"无罪"，是被"冤枉"的；但更主要的是苏格拉底的"申辩""动摇"了当时的"法律"，或者当时"法律"中实质性的"观念-概念"，而这些"观念-概念"之所以有"动摇"的可能，正在于这些"观念-概念"本身已经是"不坚实"的。

维系当时雅典社会的两大"支柱"："神"的"崇拜"与"孝道"之"遵守"，一是"宗教"的，一是"伦理"的，早已为雅典的"民主制""精神"所"动摇"；原先认为是"维系"社会"稳定"的"本质-实质""力量""自身"已经发生问题，"民主制"的"自由"的"精神""蕴含"了"摧毁"以这些"宗教-伦理"为基础的"法律"和"法制"，而这些"宗教-伦理"以及"法律-法制"是以一个"（社会）存在"的面貌出现在人们面前的，似乎是一个"不可摧毁-不可动摇"的"实实在在"的"客观存在"，是比之于"桌椅板凳"甚至"日月山川"更为"坚硬"的"客观存在"，谁要去"碰撞"这个"存在"，将会"头破血流"。

然而，这些"坚硬"的"存在"，实际也是被某种"精神""设定"出来的，这个"本质"在它"设定"之日起，就蕴含着、潜在着"内在"的"矛盾"，"精神"可以"设定"它，也可以"消解"它；雅典的"伦理"和"宗教"已经"在""瓦解"中。

雅典社会生活中的"精神支柱"在根子里已经开始发生动摇，那个时代的"有限"的"精神"已经开始受到"自身"的"折磨"，逐渐显露出自身的"矛盾"，这种"矛盾"逐渐被人"发现"，进入人的"意识"中，"人""意识"到当时"时代精神"的"矛盾"，"意识"到"支持"那个社会的"伦理-习俗"以及在这个"时代精神""支持"下的"法律制度"都已经受到"精神"自身的"威胁"。苏格拉底的"反讽"正是"雅典""时代精神"自身的"反讽","传统观念"自身"产生"了-"显现"了"自己"的"否定物",一个与"传统伦理-传统宗教""对立"的"异端""蠢蠢欲动",苏格拉底的"反讽"正是对于当时那种"时代精神"的"摧枯拉朽"的"否定力量",这种"力量"之所以"不可抗拒",乃是因为这股力量原就在"传统精神"之中,并不是苏格拉底"摧毁"了它,而是这个"传统""自己""摧毁"了"自己";这个"传统",这个"制度",并不是为"外在"的"异己"力量所摧毁,而是为"自己""内在"的"异己"所"毁灭"。"有限"的"精神"总是"蕴含"了"自取灭亡"的"因子","自我毁灭"乃是世间一切"有限者"的"死亡基因"。

"反讽"之"讽刺"莫大于此。一切"有限者"无论多么"坚实-强大",无论怎样自诩"饱学多识",拥有"权力、金钱、学问"等,在"反讽"面前皆失去"存在"的光环,而归于"无","反讽"在于揭示一切有限事物在"本质"上的"死亡基因"。

苏格拉底是"人","人"是"有死者",苏格拉底也"有死",也有"死亡基因",苏格拉底作为"有死者"的"人"也逃不出"反讽"的逻辑。

苏格拉底是"有死者",但又是"有理性者",苏格拉底不仅是"在者",而且是"思者",作为"在者"苏格拉底是"必然者",而作为"思者"则为"自由者","死"作为"自然"的"事情"为"必然"的,而作为"人-有理性者"的"事情"则为"自由"的。苏格拉底的"死"是他自己的"选择",在他是一件"自由"的"事情",是由他的"理性"做出的"决定",而不是"自然"的事情。苏格拉底在如此遥远的古代能为人们在"死"的问题上提供一个"自由"的例证,实在是使我们很感佩的。这个问题直到 20 世纪才被哲学思想所重视,做出严肃的思考,固有其历史的原因,但也不能不使后来者感到惭愧。

"死"对于"思者"来说,不仅是一个"自然"的现象,而且是"人"的"行为",是一种"自由"的"表现",苏格拉底"选择"了"死",苏格拉底"自愿"去"死"。

苏格拉底的"选择"并非"认罪-伏法"。他的"申辩"已经"论证"了他之"无辜",他的"反讽"已经"揭示"了雅典"法"之"虚无"。当这个

"法""徒有其表"而拥有"表象"之"存在性"时,苏格拉底"服从"了他的"必然性",而拒绝"利用"它的"偶然性",以"显示"即使在"必然性"的"大箍"中,"人"的"精神"也还可以"保持"自己的"自由",而不必将"自由""归于"一个"偶然"的"结果"中。这种"精神",我们后来只有在康德的《实践理性批判》中可以看到,而在《纯粹理性批判》中"自由"只具有"偶然性"的意义。康德本人在"禁令"中表示了一个"学者"的"自由"态度:作为臣民应服从,但作为"学者"必须保持自己的"思想-学术自由"。这种"精神"的"自由"与苏格拉底的事例是一致的。

"自由"对于"必然"来说,永远具有"颠覆"的"威胁","思者"常常被"看作-指为""颠覆者";但"人们"一旦"意识"到、"认识"到那个"习以为常"的"诸存在者"早已开始"自己""颠覆""自己",那个被他们"消灭"的"思者"原来是一个"先知",于是,被他们"消灭"了的"异己",也就是他们"自己",他们"自己""消灭"了"自己",对于这个"最后"的"反讽"的最初的自然反应,乃是"懊悔"。雅典人"懊悔"处死了他们当中的"先知";这种"懊悔"为"雅典人"带来的"不安"和"烦恼"使他们的"生活""添加"了"严肃性",使他们"慎重"对待"生者","敬重""死者"。

"自由"为"生者"带来"忏悔",为"死者"带来"荣耀"。这种"精神",经过后来基督教的提升,也成为欧洲的传统。"人"在"临终"时"忏悔",似乎就可以"光荣"地进入"天堂"。

于是,在这个意义上,海德格尔的那个"Angst"是对"死"的"敬重",不是"畏惧",不是"烦恼",也不是"忧伤",而是一种"积极"意义上的"敬畏","敬"是对"死"而言,"畏"则是对"生"而言,"生-死"作为"同一"的"过程",则为"敬畏"的"过程",这个思路,是和苏格拉底相当一致的,尽管他要努力"回到""前苏格拉底"去。

"生"之所以"可畏"——不是"后生可畏",而是"今生(此生-Da)可畏"——乃在于它作为"生命"要"创造""自己"的"世界"。"生生"乃是"创生","创造"乃是"自由",必为"除旧布新",而"旧"乃是一个实际的"存在","新"则"尚未""存在",要使"新"也"存在",则"旧"必得"变革"。"新旧交替"乃是一个"僭越","颠覆"既定-现存之"秩序",必将受到

"惩罚",这种"惩罚"带有"公平-正义"的光环,是一种现实的"应该",即"现象"的"应该",亦即"现象"的"本质"。

苏格拉底在"生"时"选择"了"服从""现实"的"法律";但他的"死"又意味着"拒绝""当时-现实""法律"给予他的"生"的"选择""机会与权利",这个"死"突出了"当时-现实法律"所体现的"公平-正义"的"虚无性",苏格拉底以"死"的方式来"揭示"这种"本质"上的"虚无性":原本要"维护""法律自身-公平-正义"的"尊严-可敬-可畏"的"力量"却"让渡"给了"死者","死者""受到了""尊敬",而其时的"法律"的"严肃性"却"受到嘲弄"。后世的一切"革命者""拒绝"在"悔过书"上签字,都把"悲剧"的桂冠加在自己头上,而把"喜剧"给予了当时的"法律"。一切"貌似强大"但"行将就木"的"旧事物"都将"喜剧式"地"消亡",亦即在苏格拉底式的"反讽"中"消亡",而"新事物"将在"死"中"诞生",这种"死"乃是"牺牲"。现代看来很野蛮的古代原始民族的"牺牲"-"祭祀"都是为了"生","死-牺牲"是为了"催生"。

五、苏格拉底作为"助产婆"

苏格拉底赋予"死"以一种"积极"的意义,也就是意味着,苏格拉底的"反讽"也蕴含着"积极"的意义,而不仅是"毁灭性"地"消解""一切";"反讽"的"辩证法"不仅仅是"否定性"的。这也是苏格拉底不同于后期智者学派的主要之点。

当然,苏格拉底作为"助产婆"的意思主要在于"矛盾"本是"事物""本质"就"蕴含"了的,苏格拉底的"工作"无非是"帮助"它们"显现"出来,犹如"胎儿"原已"在""娘胎"里,"助产婆"无非是"帮助"它"出生-出来"而已。"矛盾"不是"主观"地"加诸""事物"的,而是"事物"本就"蕴含-存有"的,"蕴含-存有""矛盾"的"事物"必将"走向""自己"的"反面",这样"蕴含着""矛盾"的"具体-有限事物"必将"转换"自己的"存在方式-形态","现象界"充满了"变化"。

然而,"本质"的"矛盾"-"二律背反",不仅是一种"存在方式-形态"

的"变化",而且是"有无之变",是一个"生死存亡"的"矛盾",是巴门尼德的"存在-非存在"的问题。苏格拉底的"死",迫使人们"直面""本质"的"矛盾","概念-观念"的"矛盾","法律-习俗"的"矛盾","正义、公平、真善美"的"矛盾"。这个"矛盾"的"本质"性,如果"止于""辩证"的"否定性",将如康德在《纯粹理性批判》里所遇到的问题:一个"不可知论"的问题,将"消解"关于"本质"的"科学"的"可能性",而只留下"现象"的科学的空间,所以康德的《纯粹理性批判》里所述的"辩证法"是"消极"的,积极的"辩证法"要"等待"《实践理性批判》和《判断力批判》"催生"出他的"道德-自然"的"形而上学",在这个"助产"的意义上也"催生"出黑格尔的"思辨哲学"。康德在更加丰富的层面上做着苏格拉底的工作。

在这个意义上,如果说,康德"催生"了黑格尔,苏格拉底则"催生"了柏拉图;而他们又都"催生"了"本质"意义上的欧洲哲学。

苏格拉底这个"助产士""催生"了欧洲哲学之"子",这个"子"原本就"孕育"在欧洲哲学的"思想"之中,"哲学之子"是"哲学思想"的"产物",而这个"思想"的"产物"又是"思想""自己""必然""产生"的,不是"主观"的"臆想";苏格拉底"揭示"的"思想"中的"矛盾",揭示了"母胎"中的"非己-异己-异物",一个"胎儿"的"存在",这个"胎儿"的"出生","婴儿"的"产生",意味着"超越-扬弃"了"自己(母胎)"与"异己(胎儿)"的"矛盾",成为"扬弃""原有""矛盾"的"新人-新事物"。

"本质-概念"问题上的"二律背反""催生"了柏拉图的"理念"。

"思想"有了"理念"的"意识",意味着"克服-超越"了单纯"本质概念"的"二律背反",使得"本质概念""自身"得到一个"规定性","本质概念""克服-超越"了"自己"的"抽象性","抽象概念"带来的"矛盾-二律背反"被"化解"为具有"自身""直观"的"理念","消解性-毁灭性"的"反讽",为"建设性"的"建构""学说-理论","消极性""化解"为"积极性","辩证法"的"否定"精神"提升"为"思辨"的"肯定"精神。

第三章 柏拉图的"理念论"

一、柏拉图与苏格拉底

苏格拉底的思想在柏拉图的"对话"中。色诺芬的《回忆录》记载了"雅典公民"一方面的材料，涉及哲学思想方面的，我们主要应依靠柏拉图的记载，色诺芬在这方面的记载价值不大，这是后来克尔凯郭尔所坚持的看法（《论反讽概念》），在这个问题上我们应该相信他的判断。克尔凯郭尔还将柏拉图的《对话》中的"辩证"部分与"神话"部分区分开来，也应该说他已经意识到"辩证法"的精神有"否定"与"肯定-否定之否定"这两个方面的意义和精神，显然他在做这种区分时对黑格尔哲学是有准确的把握的，只是他所以用"神话"来阐释柏拉图的《对话》中的"肯定-思辨"精神，更多带有他自己的哲学思路，这方面的理解，我们可更多地参考黑格尔。

当然，克尔凯郭尔自己所开创的思路已经被欧洲哲学家普遍重视，而且影响之大，也已不容忽视。在有关苏格拉底和柏拉图的哲学分析上，克尔凯郭尔关于柏拉图早期《对话》中"辩证"与"神话"的关系，固然是当时德国浪漫派特别是施莱尔马赫已经提出了的，但是克尔凯郭尔对于"神话"部分的理解，是和他整个的思想取向密切相关的；他强调的不仅是"神话"的一种"形象"的"表达方式"，而且是"反讽"的"辩证""矛盾"经过"直观（神话故事）"方式的"检验"，得到了一种"肯定"式的和"存在"式的"证明-验证"，消极的"思想"上的"矛盾"转化-提升为一个积极的"存在"，"精神"

转化为"现实","抽象"成为"具体","生命"成为"实存",这样,黑格尔的"精神现象学",在克尔凯郭尔那里转化为"实存现象学",其思想转化的基础,应该说是在柏拉图那里已经奠定了。

无论如何,苏格拉底的"反讽""催生"了柏拉图的"理念论",苏格拉底也"分享-参与"了这个学说的"创立"。

这就是说,苏格拉底的学说,虽然侧重在"破"的一面,但"破"字当头,"立"就在其中;当"思想""摧毁"了"自己"之后,"现实"自然就会"出现","思想"因"自身"的"矛盾"而陷于"虚无"时,"思想者"就会"出现","我思故我在"。"我""摧毁"了"思","开显"了"在"。"虚无-虚假"的"存在"被"揭示"后,"真实-真正"的"存在",一个"不可摧毁的存在",就"显露"出来。

何为"不可摧毁"的"存在"?

二、柏拉图的《巴门尼德篇》

柏拉图的《巴门尼德篇》追记了苏格拉底年轻时听巴门尼德的谈话,其中有一些"对话"实际上是巴门尼德的一个演讲,柏拉图的这个追忆在欧洲哲学思想发展史上的意义自不待言,就对于巴门尼德自己(以及整个爱利亚学派)的哲学思想理解来说,也应超过那些带有许多神话传说的"残篇"。

按柏拉图的这个记载,苏格拉底听巴门尼德讲学时年纪很轻,我们把这个事实理解为苏格拉底自己的哲学思想正在初创时期,或者说,苏格拉底式的"反讽"正以雷霆之势"横扫千军",但苏格拉底的思想不同于"智者"的地方正在于他并不满足于"辩证法"的"否定"的力量,在"否定"的过程中蕴含着一种"肯定"的因素,"否定"总是要"肯定"些"什么",从"本质"上"理解""现象"的"矛盾"被揭露之后总要"留下"些"什么",这个"现象"的"剩余者"(胡塞尔)应是"肯定性"的"本质",因为苏格拉底所要探究的正是事物的"本质",他的问题是"什么是真、善、美""本身",而不仅仅是具有这"类""属性"的"事物"。

然而,"本质"是一些"概念",是一些"观念",是"事物""类"的"属性",这些"属性"是"理念","理念"才是"事物本身"。在这个意义上,"事物本身"是"思想体",而不是"感觉(物体)",因此苏格拉底听到阿那克萨哥拉把万物"始基"叫作"努斯-nous"时很是兴奋,但又很遗憾他没有把这个原则贯彻下去,认为阿那克萨哥拉在谈到具体现象时仍纠缠于感性事物的限制中,只是苏格拉底在做这个"贯彻"的工作时,却也遇到了矛盾和困难。

所谓把"努斯"的"原则""贯彻"下去,也就是让"努斯-思想-理智"有一个"现实"的"基础",让"努斯-思想""进入""现实",这样"思想"才不是"空洞"的。

柏拉图的《巴门尼德篇》的主要宗旨在于追忆巴门尼德从各个方面"论证":"空洞的思想"一旦遇到"现实"——与"现实""相撞","必然"会"自相矛盾"。

巴门尼德所作的"证明"或许有很多模糊的地方,不久亚里士多德就用"符号"来"代替""具体事物"而有了一套"思想"的"无矛盾"的"形式规则",而巴门尼德的"一-多"总是被理解为"事物",甚至他还把各种"关系"的范畴如"同-异"、"大-小"等都说成"一个东西",以此"论证""既无同也无异"、"既无一也无多",在"形式逻辑"上会有很多问题;但是他要向苏格拉底表明的是这样一个道理:"思想-理念"一旦具有"存在",则会带来无穷的"矛盾",如何"化解"这些"矛盾",建立一门"科学"的"学问",则是"理念论"和"存在论"都必须要面对的问题。在这个意义上,我们就必须重视他在"残篇"中提出的"思想与存在的同一性"这个命题的哲学意义,以及《巴门尼德篇》中巴门尼德强调的"存在"的重要性。他"教导"年轻的苏格拉底:你还不够成熟,你那个"理念-概念"如果没有"存在"而又要做"存在的事物"的"本质",即"进入""存在"的领域,则必定"自相矛盾"。

由于缺少"存在"的"支持",苏格拉底哲学思想初创期的"理念"就难以"建立"一个"科学体系",这样,苏格拉底的"辩证法"只能起到"否定"的"反讽"作用,而陷于和智者学派相同的境地。

《巴门尼德篇》追忆了"理念论""创建"的思想过程,巴门尼德的"辩驳","敦促"了"肯定性""理念论"的"建立"。

建立一个"肯定性"的"理念论"涉及贯穿欧洲哲学的一个基本问题:

"思维"与"存在"的"关系"问题。这个问题在其草创时期,以"理念"与"存在"的"关系"提出,关键的思路,不仅在巴门尼德留下的"残篇"中,而且在柏拉图所记录的《巴门尼德篇》中。

"理念"如果仅仅是"内在"于人的"主体"的"思想",如果只是"抽象"的"概念",那么"理念"所蕴含的"具体内容"怎样与在"理念"之"外"的"客观现实"有一种"关系"就成了一个"问题",这两者之间的"一致-吻合"就会是"偶然"的,没有一种"必然性"的"保障"。在这个意义上,人类的由"概念""组成"的"知识",也就只能是"偶然"的,或者说,人类的"知识"只能被限制在这种"偶然性"中,得出种种"经验""积累"形成的"教训",而没有理由说达到了"必然性"的"科学"的层面;然则"必然性"的"科学知识"乃是欧洲哲人追求的"目标":"真知-真理"。

"真知-真理"是对"存在"的"知识",而不是对"不存在"的"知识","真理-真知"由于得到"存在"的"支持"而得到"检验",以"证明"其为"真知";一切"感性-感觉"的"知识"当然也可以受到"感觉经验"的"检验"而得到"证实",但"科学必然"的知识,不仅得到"检验"而"证实",而且还得到"理性"的"证明",被"证明"了的"知识"才是"真知-真理"。仅仅被"证实"了的"存在",可以转化成为"不存在",其"可证实性"是可以-容易-甚至"必定会""被动摇"的,而被"证明"了的"存在"则是"不可动摇"的;前者导向怀疑论和独断论,后者则导向"真知-真理",导向"科学知识",前者止于"可能性",而后者继续前进到"必然性"。"存在-理念"的"同一","思维(思想)与存在的同一性",乃是一个"必然性"的"大箍"。其所以谓"大箍"者,乃是这种"必然性"不"在""思维"之外,也不"在""存在"之外,也就是说,它"在""思维"之"内",也"在""存在"之"内"。"在""思维"之"内",因而它(必然性)是"主体"的;"在""存在"之"内",因而它(必然性)是"客体"的。"思维与存在的同一性"也就是"主体与客体的同一性"。

这种"思维-主体与存在-客体的同一性"原则,并非"心外无物","心外"当然还有"物","心外"当然还有一个"感觉的世界-物的世界",但这个"物"的"感觉世界"是"经常不断"地从"存在"到"不存在",又从"不存在"到"存在"而"变动不居",当人们"厌烦"了这个"变幻"的世界时,以"心外无物"来"摆脱"这种"困扰",以"逃避"作"解脱",使"内心""保持"一种"抽象-空洞"的"宁静",也未尝不是一个"解脱之道"。但希腊哲学为欧洲哲学奠定下一条不同的"道路",这条道路,同样把感觉经验的世界判定为"变幻不居",只是赫拉克利特为其寻求了一个"逻各斯"、一个"度",在这个"度"中这个"世界""真实"地"存在",这个"度"具有和"感觉经验"不同的"来源",不是从"感觉经验"中"总结-综合"出来的,而是"理性""自己""确立"的,不受制于"感觉经验",因而是"自由"的。"理性自由"之"度""为天地立心"、"为万物立则",乃是"天地万物"的"真实存在"。"存在"就是"天地万物"的"必然性"的"大箍"。

在这个意义上,柏拉图的《巴门尼德篇》的"存在"——与"理念论"相对应的"存在论"的"存在",就不是一般意义上的"感性"的"存在",就不是"目"之所"接"、"手"之所"触"之"手边之物",而是"本质性"的"存在","持久性"、"普遍性"之"存在","理念"所需要和所支持的"存在"。也就是说,"理念"所具有的"内容"不是"感官"所接触的"世界",而是"适合-符合""理念""要求-需要"的"存在"。

巴门尼德作为爱利亚学派的代表人物所强调的是"存在就是存在"这样一个"绝对"的"命题",也就是说,这个"肯定"的"命题"是"绝对"的,不允许"相反命题"的"存在",亦即,"不存在"是"不存在的"这样一个"命题"同样也是意味着"存在是存在"。巴门尼德留下的著作残篇划清了"真理-存在"与"意见-不存在"的界限,即使"意见"是"正确"的,也只是"一时一地"的,是"受时空限制"的,而只有"真理"才是"不受时间地点限制"的,是"自己"就是"正确"的。

"感觉的世界"是"受时空条件限制","随时间地点条件""变化"的,"一时一地""存在"的,"异时异地"就会"不存在","而今安在哉"是执着于"现世"的"人"的"永恒的叹息"。在这个"叹息"声中"人"透露出对于"不受时空限制"的"永恒"的"向往";而"不受时空限制"也就是"自由","人"对于"永恒"的"向往"也就是对于"自由"的"追求"。古代希腊人在苏格拉底时代把这种"追求"以"追求真理-追求真知识"的形态表达出来,从而成为"哲学"这门"科学"的先驱者。

柏拉图在《巴门尼德篇》中记载巴门尼德针对苏格拉底初创的"理念论"中出现的问题,强调"理念"固然是"不受时空制约"的,但如果没有"存在"的支持,则不但是"空洞"的、"抽象"的、"形式"的,而且一旦与"存在""相碰"就会发生"不可避免"的而且"不可克服"的"矛盾",犹如智者学派后期出现的"纷争"局面那样使"知识""瓦解"。在这个意义上,缺乏"存在论"支持的"理念论"只是将"理念"与"感觉世界""对立"起来,为"保存""理念"自己,"理念"只得从"矛盾"中"逃脱"出来,"守住"自己的"抽象"的、"片面"的、"内在"的"宁静",保持"理念"的"自由之身","孤芳自赏",而缺乏"存在"——使自己"存在"的"勇气"和"力量"。"理念"为"保住""自由","抛弃了""必然";由于"放弃存在"、"放弃必然","理念"成为"空洞"的"自由"。

维护"空洞自由"的"辩证法",是"辩证法"的"消极"的一面,坚持这个思路,必定会走向"诡辩",这是古代希腊智者学派的发展给人们的警示。为阻止这种倾向,辩证法要向积极的方向推进,辩证法不能"停滞"在"否定"的阶段,辩证法要向积极的方向发展,向肯定的方向发展。

在巴门尼德看来,"理念"的辩证法,不可以停留在"既存在又不存在"这样的消极的结论上,"理念"不可以"放弃""存在"、"躲入""思想",而要以"存在"为自己的"内容",以"存在"为自己的"支撑","理念"就是"存在",而且,唯有"理念"才"存在";"理念"正是巴门尼德以及爱利亚学派要说的"存在"。

就我们现在这个论题来说,柏拉图的《巴门尼德篇》的意义在于在巴门尼德的启发下,苏格拉底的"辩证法"要寻求一个肯定、积极的方向,"理念论"要与"存在论"相"融合-同一",柏拉图意识到这条"同一"的道路的必然性,在这个方向上,为欧洲哲学奠定了一个基础,但他在这条道路上仅仅是"开始"。正如黑格尔和克尔凯郭尔所指出的,在辩证法的"肯定性"方面,柏拉图是以一种"神话"的方式表达出来,当时希腊的"时空条件"对于柏拉图同样是一种"限制",无论是"理念"还是"存在"都还没有能力"克服"这样一种"限制",使"辩证法"成为一门真正的"科学",也就是说,"哲学"

在古代的条件下,还不可能成为一门"科学"而真正与"神话"分道扬镳。

在某种意义上,古代各民族在哲学初创时期,"理念"的"普遍性"刚刚从具体感性事物中"脱颖而出",他们的工作侧重在与他们面对的"感性世界""划清界限"而坚持着"理念"的"普遍性";当他们将"理念""推进""感性世界"时,遇到了"不可克服"的"矛盾",于是,他们或者"强行"让"理念""独断地""进入""现实"而为"现实"所"挫败",从而"退出""现实",将"理念""龟缩"于"内心世界","孤芳自赏"、"自标清高"。从中国古代"儒-道"两家之"互补",可以看到这种态度的"转换",反映了那种自发-朴素的"辩证法"尚停留在"消极-否定"的阶段,而"辩证法"要向前"发展"在欧洲竟然耗费了千年的时间,在柏拉图那个时代,用"神话"的方式来"指示"这个发展的必要性也就属难能可贵了。

柏拉图的"辩证法"克服智者学派的"消极性"的"发展"意味着"理念"不仅是单纯"思想性"的,而且要有一个"现实的世界"来"支持"它,"验证-证明"它,亦即要一个"存在"的"世界"来"显现"它,"理念"并非"隐藏"在哪个角落里的"精灵",而是"活跃"在"现实世界"中的"指导-引导-规范"性"能量-力量",在这个意义上,"理念""创造"着一个"(现实)世界";而在古代,柏拉图以"神话"来阐述这个"被(理念)创造"的"世界","神话"是标识这个"理念-理性""支配-引导-规范"的最传统的"存在方式"。"神话"是"思想-理性-理念"的"产物-被生产物","神话"作为一个"感性的世界""显现-体现"着"理念"的"存在",在古代,"神话"是"理念"的传统的、普遍的"存在方式"。

"神话"是"思想-理念"的"产物",是一个"被创造"的"世界",是"理性-思想-理念"通过"想象力"的"产物",这个"产物"仍在"思想"之中,只是"思想"的"直接"的"产物",是"思想"的"直接"的"存在";然而,古代"神话"与"历史"常常融合在一起,"历史"以"神话"的方式"流传-存在",而"历史-过去"与"现实-现时"是有原则区别的。"过去"已"不存在",而"现时"是"存在"。就这层意义来说,"现时"仍"在""思想-理念"之外,是"思想"的"异己"的力量,"神话"的意义是有局限的;然而就"神话"具有"想象"的"感性形式"来说,"神话"显示了这个"感性形式"能够-有能力-有权利"在""理性-理念"之中（之内）"存在"，"历史"虽非"相对于""现时"的"存在"，但却是在"绝对-不是相对于现时，而是超出现时"意义上的"存在"。就这层意义来说，"存在"就有"理由"-有"权利"不必通过"想象力"而"存在"于"思想-理念"之中-之内，"思想-理性-理念"本（在绝对的意义上，在自身-本身）就蕴含着"存在"，"思维"与"存在"在"绝对"的意义上是"同一"的。于是，不仅"神话"与"历史"具有"同一性"，"过去-现在-未来"也具有"绝对（不是'相对于另一坐标'）""同一性"。有了这种"同一性"，有了"存在"的"支持"，"思想"就不再是"空洞"的、"抽象"的，也不会像那些抽象空洞的"理想"那样一碰到"实际问题"就产生"矛盾"而瓦解，"辩证法"因"理性"自身就有"存在-内容"而得到了"肯定"的"意义"。

应该提到的是，柏拉图之所以能够克服智者学派将辩证法引向积极的方向，得力于苏格拉底所提出的"善"的观念，由于"善"的观念的强调，"存在"才"被创造"成为"理性-理念"的"产物"，而不是直接的"感觉性"的"事物"，"善"进入"事物"，"事物"才成为"存在"。

通常意义上的"善"是"目的"之"实现"，而"目的"是"意识到了的""欲求"；"理性"意义上的"目的"，是"自由"的"目的"，"自由的目的"是"绝对的目的"。通常意义上的"目的"之"实现"具有"偶然性"，"目的"并不能"保证"自身"实现"的"必然性"，它的"实现"是"有条件"的，而"自由"的"目的"之"实现"是"无条件"的、"必然"的、"绝对"的，也就是说，这个"目的""本身"就有理由、有权利"保证"它的"实现"，无需"时空条件"，因而是"绝对"的。也就是说，"理性-思想"既然"不受时空条件制约"，它的"实现"同样也"不受时空条件制约"。

在这个意义上，"理性-自由-绝对"的"目的"，"必定""实现"，"必定""存在"。"自由目的-绝对目的"的"实现-存在"，乃是"至善"，于是，"至善"这个"理念""必定""实现"，"理念"是"思想"的，也"必定"是"存在"的。

"思维与存在的同一性"在"至善"这个"理念"中得到了"阐明"，辩证法的正面、积极的意义在"至善"的"理念"中得到了"确立"。

"善"是具有"现实性"特性的概念,"目的"是"思想"的,也是"现实"的;"相对"的"善"之"现实性""受外在时空条件制约",其中相当一部分被认为"善"的"目的",虽有"现实性"之"趋向",却永无"现实性"之"事实",是一些"脱离时空条件"的"空想-狂想-幻想","神话"中的"现实性"只"存在"于"想象-幻想"中,并无"事实"的"现实性";"绝对的善-绝对的目的"——"至善"——与"相对的善-相对的目的"不同,因"不受时空条件制约"而"自身"就具有"现实性","至善"无待外在条件"自身"就有理由、有权利"断定"它"必定"有"现实性","至善""自身"就有"能力""证明""自己"的"事实性","至善"的"证明"就是"证实"。

就某个方面来看,"至善"的"理念"似乎与"神话"很"接近",因为"至善"之"证实"不出"理念"之外,"至善"之"事实"就"在""理念""自身"之中,"理性-理念""自身""提供-产生-创造""自身"的"事实";但"至善"的"事实"并非"想象"所提供,而是为"理性"自身"提供"出来的"必然"的"结果","至善"的"理念""自己""证明"这个"现实"的"结果",而"神话"提供不出这种"理性"的"必然性"的"结果"。"想象力"并不等于"判断力",虽然"判断力"并不"排斥""想象力",但也"不止于""想象力"。

于是,一切"自由的观念",一切"理性的理念",其"存在性-现实性-事实性"是"逻辑必然"和"事实自明"的,它的"证明"不是"形式"的,它的"证实"也不是"感觉经验"的,以"理性理念"和"自由-至善"为"对象-内容"的"哲学学科",就是一门"至善"的"科学"。这门科学,既是"理论"的,也是"实践"的,"理论"的"对象"是"理性""自己""设定"的,"实践"的"目的"和"结果"也是"自己""设定"的,"哲学"作为"辩证法"的"积极-肯定"的"科学",它研究的"事实-材料"是"理性"自己"产生"的"理念",而不是"感觉经验"的,这个"理性"自己"产生-设定-创造"的"事实"就是"理念"的"存在","哲学"以"理念-自由-绝对"为"对象",加以研究、认识,也就是"自己认识自己"。

柏拉图的《巴门尼德篇》记载了苏格拉底的"理念论"的"辩证法"如何从"消极"走向"积极",巴门尼德的"存在"观念为"辩证法"的"积极-肯定"发展提供了"存在论"的基础,注入了新的生命力;为被智者学派"消极性-否定性"的"辩证法""搅得""走投无路"的"哲学-至善之学"开出了一条积极的思路,从"毋过"的"禁令"中开拓出一条"自知"的道路,"自知"不再是"毋过"的"消极"的"结论",不再是"知识"之"终结",而恰恰是"真知识"的"开始"。"自知"之路,乃是"真理"之路。

三、柏拉图的"知识论"

辩证法由消极向积极的发展,使其自身也由否定的"摧毁"力量转化成肯定的"建设"力量,由"方法论"进入"知识论"。

如果辩证法只停留在消极的阶段,就将会像智者学派那样对一切"知识判断"采取否定的态度,将会"摧毁"一切"存在"的根基,而使之转化为"不存在"。对于"不存在",我们不可能有任何"理由-权利"宣称拥有一个"确切的-真实的""科学-知识判断",智者学派"否定"一切"存在"的"真理"和"真理"的"存在",从而也将"毋过-自知"这个古代格言限制在"不可知论"的框架之内,"自知"仅仅是"自知无知",人们唯一能够确切"知道"的乃是自己的"无知"。当苏格拉底-柏拉图在巴门尼德的"指引"下,踏上了积极、肯定的道路后,欧洲的"哲学"走上了一条通向"真理"的"康庄大道","毋过-自知"的古训被注入了新的活力,成为"真知识"的两个包含"消极"和"积极"的"环节","限制经验(科学)"和"自知-认识你自己"成为欧洲哲学的轴心问题。

在欧洲哲学的历史发展中,柏拉图是把"现象"与"本质"明确划分出来的思路的奠基者之一,这个思路可以追溯到早期的"始基"学说,但把"本质"与"存在"结合起来理解为"理念"则是苏格拉底-柏拉图的贡献。

"感觉经验世界"以其"变动不居"之"有无更迭",难以提供"确切无疑""知识"的基础;古人采取"追根寻源"的道路,在"时间"的"源头""寻求"事物的"远祖-始基",这个或这些"始基"因"在""时间"中,也是不确定的,遵循"毋过"的原则,则哲学的工作,也只得"无过于此";"哲学"要得到"确切无疑"的"知识",只能是"独断"的,比如我说(宣称)

"始基"是"水"就是"水"。然而,"哲学"的"独断"必定引发"纷争",犹如"感性世界"充满"纷争"一样。

"人"作为"感性"的"存在者",不能"超出"这个"感性"的"世界"(毋过),"人"只能"止于"这个"变幻不居"的"世界",认识到这一点,亦即有了"自知之明",亦即"认识"到了"你自己"。

表面上看,柏拉图的"理念"似乎已经"超出"了"感性世界"从而"违背"了"毋过"的古训,实际上"理念"并未"超出""感觉世界"之"外",并不是说,"在""感觉世界"的"彼岸"有一个"超感觉"的"世界""在",而应该说,这个"理念"的"世界"就在"感觉世界"之"内",是这个"世界"的"本质",也是这个"世界"的"真实""存在"。"感觉世界"因其"变动不居"而"不存在",唯有"理念"世界才是"真正"的"存在",于是,唯有"内在"的"世界"才"真实存在"。这个"真实"的"内在世界"才提供"真知识-真理"的"存在性"的基础,唯有关于"理念"的"知识"是"真实"的"知识"、"存在"的"知识",也是"知识"的"存在"。"认识你自己"也正是"毋过"。

"毋过"是警示"人"无权-没有可能做"神"的事情,即"超出""感觉世界""之外"寻求"自己""安身立命"的地方,"人"不可能"跳出三界"之外,"能知"世间一切"兴盛荣衰"不差毫分,也就是说,"人"只能-只有权"认识你自己"。

然则,"人"也并非在"面对"一个"异己"的"感觉世界"时"束手无策","人"作为"有理性"的"存在者"有权说,"认识自己"也就是"认识世界"、"认识异己",认识"内在"的,也就是认识"外在"的。"毋过",则"人"不以"神""自居","知己"确能"知彼","知""彼"之"本质","知""世界"作为"真实"之"存在"。就这个"知己"的"知识"言,因其不是"变幻不居"的而具有"神圣性",在这个意义上,"哲学"的"知识",也是"神圣"的"知识","哲学知识"所"面对"的"对象",是"神圣性"的"存在",不是日常感性的"存在",柏拉图的这个"哲学""知识论"传统,一直延伸到海德格尔。

当然,在柏拉图那个时代,如同他的辩证法的肯定性的阐述一样,"哲学知识论"也带有"神话"的色彩，也充满了"比喻"的形式。

我们首先要提到的，是柏拉图的"洞穴之喻"。这个被赞誉数千年的比喻就知识论意义来说，主要在于揭示：我们的"感官"——这里主要是"视觉器官-眼睛"——实际上"一无所见--一无所知"，无论在"黑洞"中或"黑洞"外都一样；而身处在"黑洞"中的人，如果解开了捆绑自己的绳索，其主要的"觉悟-意识"是"发现""自己"一直在受"感官"的"欺骗"，而当他走出"黑洞"外，又被阳光照射得索性闭上了眼睛，虽然不再"受骗"，反倒"一无所见"，于是，在"知识"方面，人们是绝对不可以"信任""眼睛-感官"的。这个寓言的主旨似乎在于揭示："真知识-真理"是作为"感官"的"眼睛"所"看"不到的，"真理"之"光""迫使"人的"眼睛""闭"起来，而使"心思""活跃"起来，"摆脱""当下""时间空间条件"的"限制-制约"，来"建构"自己的"内在"的"知识"，亦即"理念"的"知识"。

固然，"理念"这个词在希腊文来源于"视觉"的"看"，但柏拉图"理念论"的"理念"却是"感官视觉""看"不见的，也不是"想象出来"的"内在""视觉形象"，而是"理智-心智-灵魂"的"产物"，"理念"是"心智""生产"出来的，"建构"出来的，或者说，是"创造"出来的。"理念"是"心智"的"自由"的"产物"；所以柏拉图才以"寓言"的方式，"夸张"地强调只有"封闭"通向"具体时空"的"感觉器官"，以"保证""心智-精神"的"自由"，才有可能"产生""普遍性"的、"概念性"的"理念"来。这就是说，柏拉图的"洞穴之喻"不惜以"闭目塞听"的方式来"切断""感官"的通道，强调"心智-理性"之"自由"和"自主"。

"理性-心智""怎样""结构-建立"自己的"理念"，"现实世界"就"会"是"怎样"的，"理念""规范-引导"着"感性世界"的"存在方式"，"理念"为"世界-事物"的"本质"，"事物""会"按照它的"本质""指引"的"方向""存在"。在这个意义上，"理念"是"世界-事物"的"本质"的"存在"，"认识"了"理念"也就"认识"了"事物"的"本质"性的"必然""存在"，柏拉图的"知识"就不是"偶然性"的"意见"，而是"必然性"的"真理"。

"理性"为"自己""建立""内容"，在这个意义上，"理性"的"建立-结构-创造"活动，是"自由"的，不受当下时空条件的制约，不是瞪着眼睛

"格竹子"（王阳明），而是把"竹子""放在""天地之间"，"思考"它与"万物"的关系，"认识"它们的"普遍性"，亦即"把握"它们的"本质"。这个"本质"，无论"此"竹长在丘壑之中，"彼"竹长于大路旁边，皆无分"彼此"，"一概"为"竹"，只要把握这种起初是很粗糙的"普遍性"，把握"概念"的一般的"规定性"，就不会在大千世界中"丢失-迷失"了它，有了这样的"普遍性"的把握，才有可能作为"基础"，进一步"研究""竹"的各种"特性"，而这种研究，会随着自然科学的进步不断加深。

"竹"只是一个通常的"经验概念"，为把握它，"理性"的作用尚且如此，更何况对于那些"真-善-美"的"理念"，更蕴含着"理性""建构"的深层的作用，而非日常经验和感觉所能"概括"出来的"普遍性"。

柏拉图意义上的"理念"，当然不是"竹子"之类的"经验概念"，而是"真-善-美"等这些并无感觉经验"相应""对象"的"观念-概念"，"理性"所"结构"起来的"知识"，不是"经验知识-经验科学"，而是"哲学知识"。

何谓"哲学知识"？按柏拉图的意思，"哲学知识"不是要去"理解-把握""真的事物-善的事物-美的事物"，而是要去"理解-把握""真-善-美""本身"，只有"知道了-理解了""真善美""本身"是"什么"，才有"理由-根据"说"事物"是"真的、善的、美的"，这个"真善美""本身"就是"理念"，"具有-分享"这些"理念"的"事物"才"可以、被允许"称作"真的、善的、美的"。关于"（感性）事物"的"知识"当然离不开"感觉经验"；对"真善美""本身"的"知识"则是任何感觉经验、无论多少感觉经验都不能提供的，在这个意义上，"真善美"的"理念"知识是"理性"的"能动"的"产物"，而这个产物，又正是"感性事物"的"本质"，它的"存在"是"必定"的，而不具有"偶然"性。

关于"本身"的"知识"乃是"绝对"的"知识"，尽管柏拉图那个时代并无"绝对"这个词。"哲学"作为"理念"的"知识"，是关于"本身"的"知识"，因而也是"绝对"的"知识"、"自由"的"知识"，也是"必然"的"知识"。

"哲学知识"是关于"本身-自身"的"知识"，是按照"必然性""自由"地"建构-创造"而"产生"出来的"知识"。"哲学"的任务就是"认识"这个"本身-自身"-"绝对"。

柏拉图说,这种知识不是"学习",而是"回忆"。

柏拉图的"回忆"说,当然带有浓厚的神话色彩。在柏拉图所处的那样古老的时代,哲学知识论要从单纯否定的态度走出来,建立一个积极的、肯定的知识论体系,依靠"神话传说"作为自己的"内容材料"和"对象",似乎是一条"捷径",也是"摆脱"当下感觉经验现实条件"制约",进入对于"时空环境""自由"运用的一条通路。"哲学知识"既然"不受时空条件"的"制约",就不是通过"时空中"的实践经验"积累"起来的"经验知识",而是一种"自由知识",是由"主体-理性""自己""结构"产生出来的"理念"的"知识",是"主体-理性""本身"就具有的,而不是从"外面""填充"进来的。这种"知识"的"获得",也就不是从外面的经验世界"学"来的,而是"理性"从"自身""涌现"出来的,这些"知识"原本就"潜在"于"主体-理性"之内,它们由"潜在"而"开显",不是"进入",而是"出来";它们之所以未能"出来",是因为"被遗忘"了,于是它们的"出现"就是一种"回忆","想起了""本身"就有的"知识"。

事实上,以"神话传说"为"内容"的"哲学知识",并不能在"原则-原理"上"划清"它和"经验知识"的界限,从而就以为它也"经验知识"一样是在另一个(以前-过去)"时空条件制约"下"获得"的,是"被遗忘了"的"前生"的"经验",这种神话的色彩后来衍生出许多"前世今生"的"故事","神话"败坏了"哲学"。

柏拉图的"回忆"说,只是为"哲学知识"披了一件"神话"的"外衣",他所举出的例子说明"回忆""出来"的"知识"是"理性-有理性者"在"启发"下"自己"就有能力得出来的"普遍-必然"的"判断",是"理性""自己""自由"地就可以得出的,无须"借助""感觉经验"的"积累","有理性者"人人自行得而知之。

这就是说,经验的知识是"学得"的,不是向"他人""学",就是向"自然""学","有知识的"可以"传授"给"无知识的",这种"知识"也有"多寡"、"深浅"之分,这种知识也是"与时俱进"的;但是"不受时空制约"的"自由"的"知识",是"受到启发"和"受到引导"而"自己""产生"出来的，是理性原本就有的，不是"外面（他人和自然）""传授-灌输"给"自己"的，因而是一种"觉悟-觉醒"，是"想到了"、"想起了"、"意识到了"，是"理性"的"自觉"，是"本"该就"存在-有"的。

"哲学"不是"教出来-学出来"的，而是"悟出来"的。"悟"不是"感悟"，不是"感觉"，而是"思想"，是"理性"，因而"悟出来"的是"道理"。就中文来说，"感悟"和"觉悟"似乎是一个意思，但我们也可以说，"感悟"离不开"感觉者"的"时空条件"，"感"而"受动"，"觉悟"则可以是"理性""自己"对"自己"的"意识"，是"理性"对"自身"的"认识"，就是"理性""自己认识你自己"。"觉悟"就是"自觉"。

"觉"也还常常和"醒"相通，人们不说"感醒"而常说"觉醒"。"觉"与"梦"相对应，是一种理智的清醒状态，"梦"中虽有"所感"，而并不"自觉"；"梦"中没有"自己"，"自己"也似乎是"另一个人"，"身不由己"地做一些事情，"梦游者"是"病人"，而非"罪人"，对所做之事"不负有""责任"。"梦游者"的"行为"犹如"动物"的"活动"。

人们总是"记不起""梦"中的事情，或者不可能有"全部"的"记忆"，"梦"充满了"偶然性"，而"梦游者"更是经常"记不起""梦"中的活动和事情。

在这个意义上，"记忆"是"理性"的"特权"，是"人"作为"有理性者"的"特权"。

只有"有理性者"才有"自己"，才有"自觉"，因而才有"认识你自己"的问题，"哲学"只能产生于"有理性者"之中。"有理性者"的"记忆"是"真实"的，也是"必然的"，只有"有理性者"才有"真正"的"历史"。柏拉图的"记忆"不是"心理-生理"意义上的，而是"哲学-历史学"意义上的。动物也有"记忆"，也会在"经验"中"学习"一些"技能"，但"动物"的"记忆"形不成"历史"，不是"理性""自己"在"时间"中的"必然发展"的"记录"，不是"自己认识自己"的"过程"，而是"偶然性"的"堆积"，在这个意义上，动物由于缺乏"理性"而缺少"真正"的"历史"。

作为"回忆"的"哲学知识"，是人类作为"有理性者""自己认识自己"的"过程"的"历史""记录"，这个"记录"不是"偶然"的"思想""闪光-

闪念"的"片段"的"堆积","哲学知识"的"回忆"是一个"全"。

就这个意义说,柏拉图所说的"回忆-记忆"杜绝了"遗忘"的"可能性",是一种"绝对"的"回忆",是"过去的",也是"当下"的,也是"面向""未来"的;一切古代的-过去了的"哲学家-哲学思想",都有一种"召回"到"当前"来的作用,从而也有一种"指向""未来"的意义。"时间"中的所有"哲学家"都"随时""准备着""奉召""回到""当前的""现实"中来。一切真正的-真实的"哲学家-哲学思想"都不会"被遗忘"。

"哲学家"作为特定时代中的"人"当然很可能"被遗忘";但如果他的"思想"真是一个"哲学思想-哲学知识",则决不可能"被遗忘","被遗忘"的只是他这个"人",而他的"哲学思想"总会以某种"标签""进入""哲学知识","被人""永志不忘"。"被遗忘"可能是一个"不幸",但"不幸"的是"这个人",而不可能是"思想";即使像克尔凯郭尔那样,在"被遗忘"多年之后,又被欧洲尊为一个重要学派的创始者,可谓"不幸中之万幸",设或欧洲人永远"记不起"克尔凯郭尔这个人来,甚至他的"著作"也会被淹没,但这个学派向欧洲古典哲学所提出的挑战性问题,早已为叔本华、尼采、马克思、胡塞尔、海德格尔等所涉及,在"哲学知识-哲学思想"中,永不可能"被遗忘",就像不可能"遗忘"掉苏格拉底、柏拉图、亚里士多德的"哲学"一样。

"人"作为"有理性者"不可能"遗忘""哲学知识",因为"理性"不可能完全"遗忘""自己";在一种意义上,所谓"哲学"就是"哲学"的"历史",同时在另一个意义上,也可以说,"哲学"并无"过去","哲学""永久"是"现在",面向"未来"。一切"哲学家"都"奉召""出席""哲学的欢宴",一切"哲学家-哲学知识"都"汇聚"到"现在"来,因其"现在"而"不可-不能-不会遗忘"。"遗忘""现在"则是"丢失""理性"的"病人-疯人"。

在这层意义上,凡认真做哲学工作,作哲学思考的"人",都应尽可能地将"一切哲学家"以及他们的"思想"都"召集"起来,"使他们""在场","使他们""存在",无使"缺席"者过多。"哲学"是"人""亡""思""在"。"哲学"的"聚会"自非"哲学家"作为"不存在"的"人"的"聚会",不是"幽灵"的"聚会",而是"思"的"切磋-研讨",是"灵魂-精神-心灵"的

"神圣"的"聚会","哲学"之"思"因"不被遗忘"而"永存-不朽","永远""活在""记忆"中,"思""永存"于"思"中,是"永久"的"存在"。"思""在""思"中,(我)思,故(我)在","我"因(借)"思"而"在",苏格拉底、柏拉图因(借)"理念论"而"永在"。"想起了-记起了""理念论",也就"想起了-记起了"苏格拉底、柏拉图,而"理念论"是"必定"要"记得"的,苏格拉底、柏拉图作为"哲学家-个人"也就有了一道"光环";不是"思想-学问""附圣人之骥尾",相反的,恰恰是"圣人"因(借)其"思(想)"而成为"(神)圣(人)"。

于是,并不是"神(仙)"、"圣人(准神仙)""不死",而是"思""不死",亦即柏拉图意义上的"灵魂不死"。

柏拉图那个时代的"灵魂不死"的观念,并非可以归结为"灵魂"作为"另一种""实体"不同于"物体"而"永世长存",由于这个"区别"未曾来得及深入讨究,因而这种不同于"物体"的"另类""实体"被设想成"单一体"而"不可分解",犹如"原子"那样,已经走到这个思路的尽头,直至后来莱布尼兹"单子论"亦无出其右;然而,柏拉图在这里想要传出的主要信息是:"思-哲思"、"理性-理念""不死",而不是"个体-实体"的"意识-思想""不死"。

并不是说一切"知识"都是"不死"的,也不是说一切"知识"都"一定-必然""被回忆","被遗忘-被遗失"的"人类文明"当不在少数;只有那"不受时空条件制约"的"绝对的"、"自由"的"知识"——"哲学"的"知识",才是"一定-必然""被记忆"的,因而是"不死"的、"神圣"的。一切"学习得来"的"经验知识"之"被记忆"而"传授"下来,总有一定的"偶然性";只有"潜存于""自己""内心深处"的"理性"之"思"-"哲思",对它的"记忆"才是"必然"的。

打个不恰当的比方,"哲学知识-绝对知识-自由知识"-"哲学"之"思","理性"之"思",犹如人类的"基因",可以"变异",不会"泯灭"。这两种"变异"也许只有一点点不同:生理上"基因""变异"积累多了,也许(偶然)人类基因变异而"变为""非人类-超人类","哲学"作为"绝对-自由"的"知识",不会因"变异"而"变为""非哲学-超哲学",因为"理性"不会

"变为""非理性-超理性"。"哲学"之"变异""在""自身-自己"之内，凡"变异"在"自身"之内的，皆"不灭"，凡"自身运动"，"自己回归自己"的"自由"的"运动"，这个"自己-自身"都不会"泯灭"。这也许就是柏拉图"灵魂不灭"在剥离了神话的外衣之后，所留下的理性的思想部分。

哲学的"绝对-理性-自由"的知识，因其"摆脱""时空感性条件"之制约，首先让人想到的是它的"普遍性"，它是"放之四海皆准"的，问的是"何谓""绝对"，"何谓""本身"。并不是问"什么是美的花"，而是问"美（本身）是什么"；按"理念论"，只有在"回答"了"什么是美（本身）"之后，人们才有"根据-理由"说"这朵花是美的"，"具体事物"之"美"，必有一个"美（本身）"在"支撑"，否则，人们"无权-没有根据-没有理由"说"这朵花是美的"。人们的理性是根据一个"普遍"的"观念-概念-原则-原理"来"判断""具体的事物"，而这个"观念-概念"又不可能从"具体事物"中"抽象概括"出来，如"方圆、大小、颜色"等在"感觉经验"中只有"相对"的意义，是"比较"出来的，而"真善美"的"理念"不是在"相对-比较"的意义上说的，而是在"绝对-本身"的意义上来说的，因而它们不是事物的经验"属性"，而是"本质"，是"美的事物"之所以为"美的""本质"，这个"本质""回答""事物""何以"为"美的"。这里引申出柏拉图的"分享-分有"说。

"事物"之所以为"美的"，乃是它们"分享"了"美"这样一个"绝对"的"理念"。因而，在柏拉图，是"相对""分享"了"绝对"，"有限""分享"了"无限"，"现象""分享-分有"了"本质-本体"，而并非相反；也就是说，"现象"因"分享"了"本体-本质"才不是"混沌"，才是"有序"而"可知"的，但因为"现象"只是"分享-分有""理念"，因而关于"现象"的"知识"也只是"相对"的，"依赖经验"的，而只有"理念"的"知识"是"绝对"的，在这个意义上，"理念"不但是"可知"的，而且是"绝对""可知的"。

如果说，按照巴门尼德，一切"知识"都要以"存在"为"对象"，那么，"现象"因其"分享-分有""存在"而"相对可知"，"本体-本质"则因其"自身"就是"存在"，并非"分有"，而就是"有（存在）""本身"，因而，它就是"绝对可知"的；后来康德把这"绝对可知"的部分叫作"信仰"，把"知识"限制在"现象界",强调的同样是"现象"与"本体"的区别,这两者的"界限"得到了"深化",也正因为如此,黑格尔才有可能又回到柏拉图"绝对知识"的思路上来。

从柏拉图的"知识论"我们看到,欧洲哲学在初创时期,开辟的是一条"知识论"与"存在论"相"统一"的传统,"理念论"所面对的问题是何以"普遍的观念-理念"同时也是"存在"的,而且严格意义上是"唯一真实""存在"的,亦即确立"思维与存在的同一性"这样一个"最高命题"。一切"经验"的"存在"都只有"相对"的意义,而"理性"的"理念"才具有"绝对"的意义。一切"经验性存在"只有"相对性"意义,"在""时空条件制约"之中,而那"不受时空条件制约"的"理念"、那"真善美""自身-本身"才是"绝对"的"存在",因而是"哲学知识"的"对象",而这个"对象-客体"既是"理念",又是"理性""自身-本身",在这个意义上,"哲学知识"正是"理性""认识你自己"。

于是,也在这个意义上,关于"普遍性存在"的"知识"-"哲学知识"-"理性"对于"自己"的"认识",才会是一种可以-允许"排除"一切"偶然性"的"绝对必然"的"知识"。

四、柏拉图的"国家"学说

"理性""自己认识自己"的那种"知识"是不是非常抽象、非常空洞的一些"形式"?"理念"的"存在"是否只是一个理论的逻辑推理的结论,是一种"悬设"?柏拉图的这个"理念论"就创始阶段来看,"理念"的"存在"竟是很"实在"的,并不比"日月山川"的"存在"少了什么,甚至是比"桌椅板凳"更为"实在"的东西。

"国家"不像"日月山川、桌椅板凳"那样"看得见摸得着",但却是非常"实在"的,是人们"生活""在"其中的比"个人"更为"强大"的"存在",无人"敢-有勇气"否认它的"存在"。"国家"是"普遍性存在"的最有力的"实证"。

应该说,柏拉图的《国家篇》是阐述他的"理念论"最多的一篇,在这个意义上，也是他的《巴门尼德篇》的一个发展，是接受了巴门尼德"批评"的一个回应。从理论上说，辩证法已经由消极的否定性发展成了一个积极的、正面的、肯定的"理论体系"。也就是说，辩证法已逐渐由"消解"的"武器"发展成了"建构"的"学说"；"哲学"也由无穷无尽的"辩论"，进入深思熟虑的"科学知识"和"建构方案"。柏拉图的《国家篇》反映了这种"变化-发展"的轨迹，是柏拉图在"理念论"基础上的"建国方略"。

"国家"不是"实物"，但它是"实存"，是比"实物"更"大"、更"强"或许是更"持久"的"存在"。"国家"是由"许多人""组织"起来的，"个体-个别人"无由"组成""国家"，"国家"的"存在"表现了"普遍的东西"是确确实实"存在"的；"国家"并不是一个"感觉"的"对象"，它不同于日月山川那样的"自然""存在者"，也不同于桌椅板凳那样的"人工"的"存在者"，它是"思想"的"存在者"、"理智"的"存在者"。

按照后来的用语，"国家"作为"统治-管理的机器"是一个"上层建筑"，就其"思想性"来说，是体现了一种"意识形态"，亦即"思想形态"，而柏拉图正是这个理路的创始者，是把"国家"作为一种"意识形态"的"实存"来思考的。

"国家"作为人类历史发展的实际产物，有其"经验历史"的"产生条件"，研究这些条件，当然是非常重要的；就这里涉及的哲学意义来说，我们还可以说，"国家"问题的出现或提出，意味着"消解"的"结束"、"建构"的"开始"，"个别性"的"意见"之"争论"的"结束"、"普遍"的"真理"之"同一"的"开始"。不是"（经验的）人"是"万物"的"尺度"，而是"理性-逻各斯"为"万物"的"度-尺度"。

"国家"的"出现"，标志着"普遍性"开始"行使"其"支配-统治"的"权力"。

"普遍性"原本也曾"行使"过自己的"权力"，但被"智者们""消解"掉了，那种"流行"的或"权威"的"意识"被贬低为只是一种"意见"，而并非"真理"；于是，"普遍性"只有以"绝对"的"形态""再次"出现，才能维护自己的"统治""权力"，"绝对的普遍性"天然具有"绝对"的"统治权"，因为它是"绝对"的"真理"。

在《国家篇》中,柏拉图探讨的正是这个"绝对普遍真理"的"存在性",他的问题是:何谓"正义-公平""自身"?亦即何谓"绝对正义-公平"?

"绝对正义-公平"不是"个别公平"现象的"综合",对于"公平""本身"的"观念"不是"个别公平观念"的"总结-综合",一些被"总结"出来、被"综合"起来的"观念"充其量也只是"意见",而不是"真实"的"公平-正义""本身"。这个"本身"乃是一个"理念",是"超越"一切"个别"的"综合-总和"的,它们的区别,不是"量"上的区别,而是"质"的"飞跃","理性""君临"一切"意见",因而"国家"作为"普遍"的"理念""君临"一切"个人"或"个人"的"集合",甚至"一切"的"个人"之"总和"。

从"国家"这个"理念"来看,"普遍性"之"绝对存在"与"经验性"的"个别存在"之间,不是"数学"性的"加减",而是"几何学"性的"推理",一切"个别性"的"原理"都是从一个"绝对普遍"的"公理""推导"出来的。在古代希腊,"几何学""君临"一切"科学","数学"同样遵循着"推导"的"必然性",在某种意义上,是"几何学"的一个"应用";而"数学"如果离开"几何学"的"引导",则常常会陷于一个"神秘"的境地,"时间"如不"空间"化,其"推理"的"必然性"常常带有"命运"之"独断性",这在以后柏拉图的《蒂迈欧篇》关于"宇宙"的学说中表现得比较清楚。空间进入时间这样的问题,在那样久远的时代,显得科学的积累过于薄弱,而对于人们"生活""在"其中的"家园-国家-城邦",人们就亲切得多,理解也就更加深入。

"国家-城邦""君临""个人"是一个人人都能"意识"到的"事实"。"国家-城邦"的"基层"有"氏族-家庭",其"基层的基层-基础"是"个人",但"国家-城邦"并非"个人-家族"的"综合-总和","乌合之众"不成其为"国家","国家"是"有目的"的"组织",是一个"建构"起来的"领域",这个"领域"因其有"疆界"而似乎"可以感觉到"它的"存在",是一个"感性的存在";但它的"目的"和"按此目的""建构起来"的却是一个"普遍"的"存在",是一个"理性的存在"、"理念"的"存在",这个"目的"就是"正义-公正"。柏拉图的《国家篇》要探讨的是这个"公正-正义""本身",

是"公正-正义"的"理念","国家"的"建构""原本"是要"让-令"这个"理念""体现"出来,根据这个"理念"柏拉图提出一套"建构方案-建国方略"。在这个意义上,我们以前把《国家篇》译成"理想国"也是有理由的,"理想"是"理念"的"具体化",根据"理念"自己给自己"给出"种种"规定性",正是在这些具体的"规定性"上,不可避免地出现他的"国家理念论"的种种问题;这些问题之难以避免,在古代哲学的发展中可以说是一种"轮回",经常"反复"出现。

在早期的"始基"阶段,希腊哲学家们把远古神话中的"始祖-神""转化-下降"为"自然"的"始祖"时就已经遇到了这个问题。与"自然""不同种类"的、"高高在上"的"超越"的"神-始祖"一旦"降为""自然"的"种类",则"必定-命定""产生-发生""纷争-矛盾",你说一个"水",我说一个"火","万物"似乎都有"资格-权利"声称自己是"始基",发展为"原子",则"原子"相互"碰撞"。"君临""万物"之"神——在古代希腊为诸神"——"进入""人世间-自然界"尚且如此,何况作为"人"自己的"理念"的"正义-公正",这个原本的"神"的"武器""降为""人"的"武器","诸""武器"相"争",是不足为怪的。

我们看到,为"结束"智者学派所"制造-产生"的"纷争"局面,"辩证法"从"否定"向"肯定""发展",而一旦"进入""现实"的"感性存在""领域"——"国家-城邦"的"空间领土","纷争"又起,而这种"纷争"又因为是"理念""强行""进入"的,是"理念""自己""制造"的,从而"理念"的"纷争"就会变得"咎由自取"。"理念"是这种"纷争"的"挑动者"、"始作俑者",这个"始作俑者"的确是"无后"的,即"在时间中"没有"后继者","理念"反倒被"悬搁"起来,"束诸高阁",而"经验"的"自然"在经过"动乱-搅乱"之"后"又"复归""自己";"理念"似乎被"赶出了""感性经验世界"之"外","相遇"于古代的"神话"的"(诸)神"。

柏拉图的工作,是我们看到的,"哲学"不应像"自然科学"那样向"感觉经验""借用""外在""提供"的"材料"来"建构""积极"的"学说",因为"哲学"的"理念"与感觉经验世界没有"直观""对应"的关系,在感性世界找不出"理念"来,因而"哲学"作为"自由"的"科学",它的"建构"

的"材料"只能是由"哲学""自己"来"提供",而不能如同"自然"的"科学"那样向"经验世界"去"借用"。柏拉图在建立"国家"学说时逃避不开这个问题,但关于"理性"和"理念"的学说此时尚在初创时期,"理性"在"认识你自己"的道路上才刚刚起步,他的"理想国"的"建国方略"在"雅典"和"斯巴达"的"两极"中选择了"斯巴达"为"模式-底本",不足之处,则由"神话-传说"来补充。柏拉图的"理想国"受着"经验现实"和"神话表象"的双重"制约"。

然而,柏拉图的"国家理念"是一定要"贯彻"到"现实"中来的,他的《国家篇(-理想国)》是按照他的"理念"为"现实"打造的一套"设计方案",这一套带有"空想"的"设计方案"如果"硬性""推行",则在理论上是"武断",在实际上为"独断"。这一套"方案"在实际上也离不开"神话-宗教"的"模式"。

按古代神话传说,地上人间的事情最终是由天上的诸神来管着的,这就是说,感觉经验的现实世界是由"超越"这个世界的、在这个世界之外的"因素"和"力量""支配"的,这是"人"的"命运"。"人"的"命运"并不掌握在"人""自己"手中,而是由"另一种-异己"的力量决定的;"哲学"使这个"超越"的"力量""回归"于"人",从"天上""回归"到"地上",但"决定"的"力量"仍具有"超越性",即"感性现实"的"自然"并无"支配-决定""自身"的最后的"力量","决定性"的"力量"仍是"超感性"的,"人"的"理性-努斯"和"灵魂"是"通往""不朽永生"的"神"的,由此而"产生"出来的"理念"也打上了"神"的"烙印"。在古代"理性"蕴含着"神"的"影子",柏拉图也不能例外。

然而,"哲学"在早期"自然-宇宙论"阶段从"自然"本身寻求"自身"的"起源-原因-始基"时,就开始"陷于""自身"的"矛盾-纷争"。"哲学"在"摆脱"早期神话传说的"起源"观念之后,不得不在"自然""自身"寻求"自身"的"决定性"的"原因"和"力量",然则这是一条充满荆棘的道路,因为要在"时间""中"寻求"时间"的"起源"和"终结",要在"空间""中"寻求"空间"的"边缘-界限",本身就是一个"矛盾"的"任务"。当人们以为"已经"达到了"预定"的"目标"时,这个"目标"已经"向前""移动"了。于是,"哲学""不得不""舍弃"在"时空-自然"之"中-内"寻求"决定性"的路线,"重走"在"时空-自然"之"外"寻求"起源-始基-决定性原因"的道路,但在这条"超越性"的道路上人们"遇见"的不再是"神",而是"人"的"理性-理念-自由"。"哲学""发现",是"人"的"理性-理念-自由"在"决定"着"感性世界"的"存在方式","哲学"使"决定性"的问题从"天上""回归"到"地上",实际上是将"外在"的"神""回归"到"内在"的"精神-理性"——早年苏格拉底的"灵机","外在"的"决定",转化为"由内向外"的"开显",原本"内在"于"人"的"理性-理念-自由"要在"感觉经验世界""开显-表现"出来,"理性"要"实现"自己的"决定"权,"思想"要成为"现实"。在这个意义上,"哲学"将"内在"的"神话"代替了"外在"的"神话",将"精神"的"神话"代替了"诸神"的"神话"。"哲学"做着"内圣外王"的工作。"哲学"不满意于"诸神""住在""奥林匹斯""山上","诸神"要"进入""下界-地上"来,"神"要通过"人"的"理性"和"自由""显示"自己的"权力"和"能力",使"人"的"世界",也成为"神"的"世界","人"的"王国",也成为"神"的"王国","神"在"地上""建立-建构""神城"。

柏拉图的"理想国"是一个"神城"的"影子",是按照"正义-公正"的"(绝对)理念""建构"起来的"神城"。"天上"的"神城"的"统治者"是"神","地上"的"神城"的"统治者"则是"哲学家"。柏拉图要"哲学家"来"统治-统领-治理"这个"理想-合乎理念"的"国家"。

"国家"既然是要"合乎""公平-正义",则在"判定""公平-正义"之"事"时,必有一个"公平-正义"的"尺度""在";"先"要有"公平-正义"之"理","后"才有"公平-正义"之"事"。"公平-正义"之"事",可以"变",是"相对"的,而那"公平-正义"之"理"则是"绝对"的、"不变"的。"哲学"的任务就是要"认识"那"绝对"之"理","认识""公平-正义"之所以为"公平-正义","认识""公平-正义""自身",以"不变""应-对付""万变",以"理""驭-御""事",如此则无往而不利。那个"认识到""公平-正义"之"理念"的"哲学家""理应"为"王"。

从某种意义来看,柏拉图的"哲学王"比起古代的"正义女神"还要"武断"些。古代的"正义女神"是在各种"相对"的"事情"中求得一个"平衡",使"万事万物"不得"过分"。一旦"过分"就会受到"女神"的"报复","过分者"受到"惩罚"而使"事物""复归""平衡",这是"女神"手中掌握的"公正-正义",即按照"万事万物""自己"的"度"来"规范""事物"自己的"合理性"的运作;柏拉图手里的"正义-公正"则置"万事万物""自身"于不顾,"强行""推行-使实现""公平-正义""自己"的"理念",在"万事万物-感性事物"中"建构"一个"理念"的"王国",实际上是以"绝对""消解""相对",要在"相对"的"感性世界""建构"一个"绝对王国"。但无论"自上(天上)而下(下界)"还是"由内(圣)而外(王)",都只能是一个"空想"。柏拉图如此,我们的"至圣先师孔子"也是如此,他们当时的遭遇,也都如"丧家之犬",这正是"哲学"的一个"讽刺-反讽"。何以如此?盖也有一说。

"国家"的"存在"虽是"思想性-普遍性"的"存在",同样也是"感性经验"的"事实","国家"也是某种"经验科学"的"对象",犹如"日月山川"是"天文学-地理学"的"对象"一样。对于这样的"对象","理性""理应"以"经验科学"的方式来"研究-把握"其"客观规律",而不排除其"偶然性"。

"国家"有自己的"疆域",在"空间"上是"有限"的;"国家"的"形态"在"时间"中也是"变化"的,"国家""在""时空""中",与一切"在""时空""中"的"对象"一样,都是"经验"的、"相对"的;把"经验性"的"对象"当成一个"超经验"的"绝对",是后来康德所批评的"理性-知性"的"僭妄"。康德之所以提出要防止这种"僭妄",乃是因为人类的"理性"原本有这种"僭妄"的"自然倾向"。柏拉图也在这种"倾向"之中,他的"哲学王"充分表现出这种"僭妄"的"勇气":既然只有"哲学家""认识""公平-正义""本身",则"理应"为"王"。

柏拉图要把他的"理念论"贯彻到现实经验中去,以完成辩证法的肯定的、积极的"建构"任务,在"地上-下界""建构-建立"一个"绝对王国",就必先把"哲学者(家)"理解为"绝对者",必先把"哲学者(家)"变成"神"才"有能力-有权力""君临""万物-众人","哲学王"必是"绝对者",

必是"哲学神";而"人"则必是"在""感性世界"中的"相对者",是"受(时空)限制者",他有能力、有权力"建构"的仍是一个"相对"的"生活世界",他所"建立"的"王国"必是一个"有限"的"王国",在这个意义上,"国家"是一个"历史"的"经验""概念",而不是单纯的"绝对理念"。

凡"相对者"都在"因果"环节中,"一物"必有"另一(多)物""逼迫"着它,而"一物"也"需要""他物"的"逼迫"才"有""自己"的"位置"和"特性",这样的"位置"和"特性"可以成为"(经验)科学"的"对象";如果"脱离"了与"他物"的"关系","孤立-单纯"地把"一物""自己""拿"了出来,这个"物"的"位置"和"特性"则因其无所"依傍"而不能"把握"其"前因后果",因而是"不确定"的,于是,"绝对"在"感觉经验"的世界并无"确定的""存在形态",而只是一个"观念-理念"。早期"始基论"者要在"自然-经验对象"内"找出-拿出"一个(或多个)"绝对"来,被"证明-证实""此路不通",于是转而有苏格拉底的"理念论";如今柏拉图要在"感觉经验"的"人世间""建构"一个"绝对王国",走的仍是"始基论"的道路,也难免流于"空想"。

"空想"之所以为"空"乃是因为它的"判"和"断"都不是"根据""经验实际(在时空中)"的"因果""关系",而是一些"不受时空制约"的"主观""观念",这些"观念"因"不受时空制约"而成为"不确定",把"不确定"的东西"判定"为"确定"的,则为"武断-独断",凡"空想"之"判断"必是"独断-武断"。"独"而必"武","绝对"的"空想""一定"要"实现",则非"暴力-武"不可;"人"要当"绝对者-神",在"人间""建立""神城",则必需"武装到牙齿",而这个"神城"甚至会成为"(人间)地狱"。

这样一个转化,乃是"历史现实"的"经验",也是"理性"的"狡黠",或可以叫作"辩证法""否定性"之"报复",即"空想-妄想""在""时空""中""建立""肯定的辩证法","建立"一个"绝对",则"必定""产生""二律背反",这是直到康德才明确提到人们的意识面前来的问题。

所谓"二律背反"不是一般意义上的"矛盾",本来在经验世界"万事"都是从"矛盾"中"走-产生"出来的,连"人"也是由"非-不是人""变化"来的;"二律背反"乃是指"理性"的"自相矛盾",一条"绝对"的"律"如果"强行""进入""现实经验",立刻就会"自行解体","绝对"立即"转化"为"相对",使"绝对""自身"不能成立。在时空中,任何事物(包括"人")都"绝对"不起来,"时空""中""找不出""绝对",以为是"绝对"的"公平-正义""本身",一旦"遭遇"到"现实"都会成为"不确定"的"空想";"绝对"一旦"有"一个"相对"与它"对立",这个"绝对"也就成了"对立"的一方,成为"相对","进入""相对"的"现实"领域的"绝对"面临的就是这样一种"尴尬"的局面,柏拉图的《国家篇》并未摆脱这个局面。

柏拉图的《国家篇》提出了"公平-正义""本身"的问题,不局限于个别的经验事实,犹如他在《会饮篇》中提出"美"本身是什么的问题一样意义重大,并且由于"国家"作为一个"普遍存在者""体现"出"理性-理念-自由"的"现实性""呈现"的意义,把"理性"的"存在"问题提到了人的意识面前,无疑对于"理念论"的阐明是很重要的。只是"理念-理性-理想"与"经验现实"之间的关系,有一层"不受时空制约"与"在时空中"之间的关系转化的问题,是"理念论"初创时期所难以深入的,这个问题的深入,需要"空间"上的"扩展"与"时间"上的"绵延",亦即需要"经验"上的"积累",使"问题""开显-暴露"得更加清楚,也使"哲学思考"的理路更加明晰。

柏拉图的《国家篇》中对于"国家"的"设计方案"虽然距离他的"理想"甚远,却并不意味着他提出"正义-公平""自身"的"国家""理念"就毫无意义。作为"国家"的"科学理论",柏拉图的"设计"只有"历史学"的意义,但他的"理念论"仍有"哲学"的意义;一如我国传统儒家的"治国方略"对于指导现实的政策制定其参考价值甚微,因为现代国家有着许多"与时俱进"的"先进""管理方法",不是几千年前的孔子所能想象的,但作为传统的"哲学理念",孔子和历代儒家的学说在"哲学-形而上学"层面上仍具有很高的价值,很值得我们后人去研究。

这就是为什么现今绝无人要用柏拉图提出的"国家""治理方案"来"治理"一个现代的国家,但仍然重视研究他的"理念论"的哲学意义的原因。

至于涉及国家作为人类有意识的组织形态的具体方案,柏拉图的《理想国》的阐述只是当时历史背景下的一个选择,也就是他主观上认为是"合乎理念-理想"的,他的"底本"可能跟斯巴达的国家组织结构关系更密切些,也是对当时已经"腐败了"的雅典奴隶主"民主制"的弊病的一种"否定"。就哲学辩证法的思辨来说,又是一种"否定"的"肯定",是对"乱"的"否定",对"治"的"肯定"。柏拉图的《国家篇》,不仅是"批判性"的,而且是"建构性"的,而其"建构"的"内容"又是"经验性"的;"经验性"的"现实"硬要被规定为"理念性"的"实现",必定出现"二律背反",而在"二律"中的"选择",又必定是"武断"的。柏拉图"断定""国家"为"合理念"的"理想"组织,必定具有某种"等级",必定以"哲学者(家)"为"王",必定"建设"一个"普遍"的"共同""生活方式",似乎这才是"绝对"的"普遍性"。而实际上,这种"普遍性"因缺乏"规定性"而成为单调的"一律性",恰恰不是"绝对"的,因为尚有一个"个体"的"有规定"的"个别性"与其"相对",因而这种"普遍性"是"片面"的。它"试图""取消-压制"的东西,正是它"自身"所"需要-缺乏"的东西,按一个"片面"的"原则""建构"起来的"现实-王国"并不拥有"持久秩序"的可能性,因为它仍然是"经验"的,"受时空条件制约"的,而"时空条件"是"变化"的。要想"在""感觉经验的世界""建构"一个"绝对"的"王国",必因产生"二律背反"式的"矛盾"而流于"空想"。

然则,柏拉图的《国家篇》"在""现实"上的"空想性",不意味着已经"否定"了他的"理念论"在哲学上的"合理性"和"理念"本身的"存在性";"存在"的"意识",并不"否定""意识"的"存在",同样,"存在"的"理念"也并不"否定""理念"的"存在";"现时"的"存在"不"否定""过去-未来"的"存在"。"存在论"不"否定""非存在"的"存在",不"否定""无"的"存在"。"理念"作为"非存在者"而"存在",并不能因为"世上""拿不出""一个-多个""理念"来就"否定"它的"存在性"。"世上""有"一个"无""(存)在",恰恰是这个"无"是"自身""存在",而不是"依他"而"存在"。

这同时也意味着,这个"自身的存在"一旦"进入""时空""经验"领域,立即成为"依他"的"存在","自身性"立即因"自相矛盾"而"解体",成为"为条件限制"的一个"环节"。柏拉图的《国家篇》所述的具体方案,也只是历史的一个"环节",或多种"环节"的一个"总和",留待"历史科学"

的考证和研究。

或许柏拉图自己也已经意识到这个问题,他在后来的《法律篇》中就很少谈论"公平-正义""绝对-自身",甚至很少讨论"理念"的问题,而是对于当时希腊各城邦的具体制度详加审评,论其优劣,择(他认为)善(的)而从。就"哲学"的研究而言,人们的注意力当然会放在他的《国家篇》上;不过两篇相比较,人们会意识到"理念"的作用不在于像《国家篇》里那样有"建构性""功能",而应如《法律篇》那样,具有"批判性""功能"。这就是说,"理念"作为"绝对"的"尺度""持久地""引导-规范"着"经验"的"发展",而不能也无权"在""感觉经验世界""建构"起"自己"的"绝对王国"。

"国家"作为人类群体的"组织形式"是一个"历史"的形态,也是历史的产物,"国家学说"是一门"经验科学";"哲学"对于这门"科学学说"当然有"引导-规范"的"作用",如同它对于"物理学"、"生物学"那样,而不是"替代"各种"经验科学","自身"成为一门"经验"的"学说";"哲学"是"批判"的"武器",但不是也不能"代替""武器"的"批判"。"哲学"没有"思想"的"界限","哲学"为"自由"的"思想"-"思想"的"自由","哲学"为"不受时空限制"的"思想"、"无限"的"思想",但"哲学"必定"在""经验实际"上"受到""限制";"哲学""批判""生活",但不能也无权"代替""生活"。"世上""找不出""哲学王",正如"世上""找不出""神"一样。

如果"国家"这样一个"理性"的"产物"竟然是一个"绝对"的"存在者",那么"理性"就将完全"丧失-丢弃"对"自身"的"批判"能力,也就会完全"丧失-放弃""理性"对"自身"的"认识""动力"。"理性"将"无由-没有理由""审批""现实"的"存在"的"合理性"问题,因为这个问题在"绝对"不仅为"普遍存在者"而且为"个别存在者"时,已经"被确认"为是"绝对合理"的。"绝对的"是"现实的","现实的"也是"绝对的";而正是"由于""个别的存在者-现实"对于"普遍的存在者"并不是抽象"同一"的,则"理性-自由-绝对"才对这个"个别存在者""拥有-须有""批判-批审"的"权利",而一切的"批审"归根结底是对"理性""自身""运用(到个别现实中)"的"批审"。对于"现实"的"国家"组织的"批审"同样也是对

"理性""现实""建构"作用之"合法性"的"批审";由于"国家"这个"现实"的"普遍存在者"是一个"经验"的"存在者",是一个"被理性""建构"起来的"经验事实","理性"则不会也不应"放弃"自己的"批判"功能,它将持久地保留自己"建构"的"合法性-合理性"的"审批权"。

一旦"国家"这个"普遍的""经验事实"成了"绝对的事实",则"理性"的"自由"的"批判"权利也就随之"被剥夺",因为"绝对王国"不允许对其"合理性-合法性-合自由性"提出任何"质疑",也不需要为自己的"合理性"提供任何"必然-先天"的"根据",它的"存在""天然合理",一切对它的"质疑"和"审批"反倒是"不合法-不合理"的。

"绝对王国"这样一个"普遍"的"特殊""存在者",这样一个"理性"的"感性存在者"和"感性"的"理性存在者"是人世间-地上的一个"全体",它"宣告"一切"活动-变化"的"终结","时空""冻结""在"一个"永恒"的"点"上。"绝对王国"犹如被火山岩浆"凝固"了的庞贝城,这个"王国"是一座"化石"。在这个意义上,"绝对王国"正是"世界末日",正是"万物终结"。

五、柏拉图的"自然观"和"宇宙论"

柏拉图的《国家篇》以"理念""进入""社会""开始",也以"绝对""退出"而"告终";柏拉图的《蒂迈欧篇》同样以"理念""进入""自然""开始",以"绝对""退出""自然"而"告终"。柏拉图晚年"遭遇"到"社会学-国家学说"和"物理学-宇宙学说"的"困扰",他的"理念论""受阻"于"社会"与"自然"两大"经验科学"的"门前","不得其门而入"。"感觉经验"的"王国"没有"空子"可钻,"经验世界"没有"缝隙"。"感觉经验"的"存在",不仅具有"可以占有"的"空间"的"方位"形式,而且具有"不可占有"的"时间"的"绵延"形式。

当"理念论"在"进入""经验世界"遇到"困难"时,柏拉图"利用"了毕达哥拉斯学派的"数"的观念。他以《蒂迈欧篇》为代表的"宇宙(生成)论"充满了毕达哥拉斯学派的"数"的观念,以这个观念来"解释"宇宙之"创世-创生-存在",这种"时间"的"数"与"空间"的"方位""纠结"在一起,为"神秘"添加了"科学"色彩,也为"科学"披上了"神秘"的外衣。

柏拉图在《蒂迈欧篇》中所显示出来的这个倾向,加重了他的学说的毕达哥拉斯学派的色彩。

不错,在柏拉图那个时代,"数学"和"几何学"的"区别"还在深的层面,并没有那样明显,所以《蒂迈欧篇》中阐述的也还是结合在一起的:"宇宙"的基本"元素"是"三角形",而"宇宙"的"形成"和"变化"又是由许多成比例的"数目""结合"起来的。《蒂迈欧篇》中一些"数字"的关系,耗费了后世许多人的精力,难得其解,显得很神秘,但实际上"天体"的"产生"和"发展"是一门具体的"经验科学","哲学"并不能"包办代替"。正如"哲学"并不能"代替""生物学-化学"一样,世上-天上、天下和地上、地下一切"经验事物"都"在""时间"的"绵延"中,而"时间绵延""无始无终",以一个"绝对"的"尺度"来"断-衡量"这个"绵延",难免"南辕北辙",甚至"风马牛不相及"。"时间"与"空间"虽"同为""(经验)存在(者)"的"存在方式",但却难以"相互"为"尺度"。以"时间"和"空间""互为尺度"则"必定""产生""二律背反"。"二律背反"之所以产生,乃是把原本出自"空间"的"纯粹概念-范畴""运用"到"时间-绵延"中去的"结果"。把原本来自"空间-几何学"的"图式""套用"到"时间"的"数"上,以为同样可以得出"先天综合"的"(科学)判断"来,为一个"充满矛盾"的"绵延""下一个必然性"的"判断",则反倒"必定"为"不可重复-异"的"时间绵延"所"证否"。"数"不可能是"时间绵延"中的"图式"。按康德的思路,也就是说,"时间绵延""不允许"通过"图式"形成一个"先天综合判断",在这个意义上,"时间绵延"之"遵循""自己"的"逻各斯",而不存在一个"先验"的"逻辑"。空间追求的是"无矛盾",时间则是"充满矛盾"的。

柏拉图的自然观和宇宙论,集中在他的《蒂迈欧篇》里。这个"对话",实际上是一个"独白",由蒂迈欧"介绍-宣讲"一种"学说",而不是"对话-讨论"。之所以如此,并非柏拉图转换了一种"文字体裁",而是所涉"内容",

并非"事物自身-自然自身",而是"自然-宇宙""在时间中"的"变化发展",不是"存在-本身",而是"不存在"与"存在"的"转化""过程"。在这个意义上,《蒂迈欧篇》和柏拉图众多的"对话篇"的"思路""顺序"是"相反"的:后者是由"经验""上升"到"本体",前者则是从"本体""下降"到"经验自然"世界,是"依据"一个"模本""创造-制造"出"大千世界"来,这个世界不像在"经验"中"寻求""本体"那样"充满矛盾",需要以"对话"的方式,"展示-探讨""二律背反",而是"描述"一个"有序"的、不允许"自相矛盾"的"合理世界",是一个"经验科学性"的工作,而不是"哲学性"的工作。当然,这种工作并不"脱离""哲学",而是有一个"哲学"的"基础",这个"基础"对柏拉图是"确定"了的,即他的"理念论"。《蒂迈欧篇》是在"理念论"基础上"衍生"出来的一种对自然-宇宙的"科学性"的"描述",而这个"描述",在古代的条件下,不可避免地"充满了""神话"和"独断",仅就"经验科学"而言,基本上只保留有"历史性"的意义,帮助我们了解古人是怎样"看待-描述""自然"和"宇宙"的。

不过,柏拉图的《蒂迈欧篇》却在"思想方式"上透露出一个信息:欧洲哲学和在这种哲学"引导-影响"下的"科学",在"思想方式"上倾向于把"时间""化解""在""空间"中,来使"自然-宇宙""建构"成一个"有序"的"体系-系统"。在这个意义上,《蒂迈欧篇》又把古代希腊的"神话传说"以"科学化"的形式加以"描述",因而不同于赫西俄德的"人格化"的《神谱》,就这一点来说,在"科学思维"的"道路"上也是一种"进步"。

柏拉图的《蒂迈欧篇》也说这个世界是"神""创造-制造"的,世界有一个"创造者",这个"创造者"虽然也有其"人格"的一面,但更主要的,柏拉图把它理解为一个"原因"。柏拉图认为,"永恒"的东西是无需"原因"的,而"生生变化"的"世界"则必需有"原因","原因"使"变化""有序","理解-认知"这个"变化"的"世界"就是"理解-认知"它的"秩序",也就是后来亚里士多德所说的,所谓"认识"就是"认识"事物的"原因"。"原因"使得这个"变化多端-纷繁"的"世界"成为"可以理解"的,"彝伦攸叙",世界-自然-天地就不是一个"完全""异己"的"力量""控制着"一个或一群同样"相异"的"人-我",通过"秩序-彝伦攸叙","人"有一种"主动权","有能力"在"异己"的"世界"中"生存","科学"成为"生存"的"工具-手段","知识"成为"真实"的"力量"。

"人"之所以借助"科学"来"保障-扩大"自己的"生存空间",根子在于那个"创世"的"神"已经把"神秘莫测"的"时间""纳入"了"空间"的范围之内,"变化"是种种不同的"运动"和"数"的不同的"结合"。

苏格拉底曾经试图从伦理道德的角度切入哲学,所以西塞罗才有"苏格拉底把哲学从天上拉到了人间"之说,但苏格拉底的伦理道德并未在原则上-原理上超越知识-科学,因而到柏拉图,他的"创世之神"也还是知识型的,这个最高的"神"是知识的"全能冠军",而他下属的"诸神-诸(小)神",乃是科学技术方方面面的"专家"。或者在某种意义上,最高的"创世之神"的知识是"理论性"的,而"诸神"则是"技术性"的,在这个意义上,"创世之神"是"哲学家","心中""蕴含着""诸理念-诸母本","诸小神"按此类"模本-理念""构造"世界,使世间万物作为"母本"之"模仿"、"理念"之"投影"而"运行不悖"——"在一定尺度上生灭(赫拉克利特)",按"数"的原则"运行演化"。

"有序"的世界,万物皆可"归于""数","数"并非"空洞"的"抽象","数"是"有形"的,但这个"形"又不是单纯被感官"接受"的"具体事物形象",而是一种"抽象"的"形"。于是,"数(学)"与"几何(学)"有了"深度"的"结合","几何学"遵循着"数学"的"原则",而"数学"作为"符号""有理由"经过"几何学""通往"具体的"感性世界"。"几何学"成为柏拉图宇宙论-自然观的基础。古代"数学"的"演算",成为"几何学"的"推理";"感性世界"的"观念",成为"理智世界"的"概念","逻各斯"成为"逻辑"。

在"理念论""引导"下的"宇宙论-自然观"也"引导"欧洲"科学"走上了自己的道路,形成了自己的传统,这个传统使"空间"从"时间"中"脱离-剥离"出来,最初也使"科学"从"神话传说"中"剥离"出来,"技术"也从"巫术-占卜"的"演算"中"摆脱"出来,走向有"科学""基础-根据"的"技术"。

由古代毕达哥拉斯学派奠定的广义"数学自然观",经柏拉图加强了对于自然宇宙的"图形"化观念，向"几何学"方向跨进了一大步，后来由欧几里得形成完整的平面几何系统，这个系统，与亚里士多德所奠定、后来发展成熟的"逻辑学"相结合，成为欧洲"科学-自然科学-物理学"的"思想基础"，直到19世纪才有真正的"推进-发展"；而由这个"思想基础""生发"出来的欧洲"哲学传统"，也要到这个时期才有较大的"突破"。

按照古代"自然哲学"（亚里士多德意义上）的传统，《蒂迈欧篇》认为世上万物以水、火、气、土四大"元素"为"基质"，它们之间"按比例"的"结合"形成"可感"的"物体"。"四大元素"明显是"前苏格拉底"时期诸"始基"说的综合，不过柏拉图的《蒂迈欧篇》把"始基"说按照毕达哥拉斯学派的"数学"精神加以了改造，"元素"的一些"属性-性质"用了空间"图形"加以"描述"，譬如"火"之所以会给人"炙热"的"感觉"是因为"火"是"三角形"的，"三角"的"尖锐"使人有被"刺痛"之感；而"土"的那种"坚如磐石"的"性质"，乃是因为"土"是"四边形-方形"的，给人以"稳定"之感，如此等等。于是，一切的"质"，都被归结为"量"的（"大小-多少"）不同。仔细地描述各种"量-质"的"转化"，对于"哲学"来说，可能并非一项有趣的工作。在这里，我们只是重视这种思路的原则和方向，即如何将"时间""纳入""空间"来"描述"，使"可感"的世界成为"可理解"的，亦即使"感觉"上"纷繁-杂多"的世界成为"有序"的世界。世界之所以"有序"，在于它的"合规律性"。"合"什么"规律"？"合""因果"的"规律"。世上万事万物之"变化"——它们的"产生-消亡"，它们的"生灭"，都是有"原因"的，"知道"万物"生灭"之"原因"，则万物之"变"，才是"可以理解"的。"时间"中万物之"生灭-变化-运动"，并无"神秘"可言，而是可以"认知"的，"变化"之"合规律性"皆因"变化"有"前因后果"，就连"创世"之"神"也是"最初"的"原因"。

然而，现实"时间"的"因果"并非"单一""线性"的系统，一件简单的事情也因其"原因"的多方面性而"难以""把握"，为使"复杂性"成为"可理解"，则要把"复杂性""简约"为"简单的"，"多维"的"简约"为"一维"的，于是"时间"也被"想象"为"流"。"一维"的"流"是"线"，"时间"通过"流-线""进入""空间"，这个"空间"是"平面"的，欧几里得几何是"平面几何","平面几何"是由"线""组合"起来的"图形"。把"时间""简约"为"流-线",就可以说"前因后果","前-后"都是"合规律"的,"过去-现在-未来"是"可以理解"、"可以知道"的,在这个意义上,也是可以"推论-推算"的。

在这样的思想基础上,欧洲"科学-自然学-物理学"是"平面"的,"单线-线性"的"视域"。当然古人也知道有"立方形",《蒂迈欧篇》里已经有"立方体"的观念,但它的"原则"是各"平面形""组合"起来的,要"回归"到"平面形"来理解;而"圆"是"线"的自身"相接","球"是"圆""自身"的"转动",这些特性也都"蕴含"在《蒂迈欧篇》中,要发展出来,也需要上千年的时间,因为人们的注意力仍集中在将"复杂性-多面性""简约-回归"到"单面-平面"视域中来。欧洲科学家从"理解""平面"到"理解-论述""球面"付出了巨大的辛劳。

不过无论是"平面"还是"球面",也都还是"空间"的,而就"空间"的"科学思考"来说,古代对于"平面"的"圆"和近代对于"立体"的"球面",都有深刻理解,即使是"球",也是一个"面",是由中心的"点"向"外"的"扩张",犹如吹起来的"泡",虽要有一种不同于"平面几何"的"科学体系"来加以"描述",但仍然是"几何"——"(罗巴切夫斯基)黎曼几何"。两种"几何"也都是对于"空间"的"丈量-计算"问题,而"时间"则被当作"空间""运动-变化"的"尺度"和"过程"来理解,"时间"成为"蕴含"在"空间""内部"的一个"维度"来"处理",于是,"空间"是"三维"的,而"时间"则是"一维"的,"时间"为"空间""增加"了"一个""维度"。

"时间"是"一个""维度",在这个"维度"中,"空间"中"发生"的"事(件)"之"变化"才有"规律"可"循","事(件)"才有"前因-后果","历史"才是"前因-后果""组成-建构"起来的"一根""因果-必然"的"(红)线"。

"历史"——无论是"人"的"历史"还是"自然-宇宙"的"历史"——之所以是"必定真实"的,正是因为"时间""贯穿"了"因果"的"(红)线","因果律""保障"了"现时""必定"有一个"过去"和"未来";在古代

"缺乏""实证材料"的"条件"下,就用"神话-传说"来"填补""前因-后果"的"空白-空间","实际发生"的"事件"和"神话构想"的"事件""混杂"在一起,"科学地""厘析"这些"事件"成为一门专门的学问。

柏拉图的《蒂迈欧篇》按照"因果律"的"线索",提供了一幅"开天辟地"的宇宙论"画面",也提供了远古人类"生活"的"途径-图景",可以看到,这些"描述"与后来基督教之"创世"说有不少共同的"元素",甚至古代各"分立"民族的"传说"中,常含有种种"共同"的"元素",这种"共同结构"的特点,当有"单线——线""因果律"的作用在内。

《蒂迈欧篇》中关于人类远古时期的历史传说,记载了埃及人的说法:古代许多民族曾被"洪水""毁灭"过多次,对于"自己"的"过去""一无所知",没有什么"经验""保存"下来,所以"万事"都要"从头学起",而唯有埃及因尼罗河之利,得以保存自己的"历史经验"。

柏拉图的这个记载的意义可能在于,当时希腊人比较普遍地"向往"埃及人的"生活"能够"保持""千年不变"的"一种模式",过着"稳定"的生活,而希腊却经常处于"纷乱"之中。对这种"生活"的"向往",竟然也"促进"了苏格拉底-柏拉图"设定"一个"永恒"的"理念""母本",这个"母本-理念-理性"的"合理性","保障"了作为它的"模仿-投影"的"现实生活"有一个"稳定"的"希望","努力"向这个"理想""靠拢","时间"之"变异"就被"凝固""在""固定-稳固"的"空间"中,人们得以"安居乐业"、"颐养天年"。古代埃及的这样一种"生活方式"犹如埃及人对尼罗河的丈量技术那样,对于苏格拉底-柏拉图的"理念论"有一种实际上的"促进"和"支持"作用,把"时间""凝结"在"空间"中作"圆周"式的"重复-轮回""运动",是"人间"所能求得的"最佳""模式"了。

人世间如同宇宙自然一样,被认为是从"混沌"走向"有序"的"演化",在古代自然科学尚未具有从"九维""简约"为"三维-四维"这种认识时,由"混沌"走向"有序"的力量在于"创世"的"神","神"有"能力""使-令"人世间走上一条"必由-必然"之路,"时间"如"矢","一往直前","时间"不可"倒流";为"阻止""时间"这种"坏的无限(黑格尔)",古人似乎常常"画地为牢",让"直线"成为"曲线","首-尾"相交,成为一个"圆圈"。

然则,"时间"为"王",不可能在真正的意义上"凝固"起来,"神"虽然是"没有嫉妒之心"的,他让他的"被造者"与他一样,但他是"不死"的,而包括"人"在内的一切"被造者"都是"有死的","时间""不可逆转"和"时间"之"圆圈式轮回"的"矛盾",就由"螺旋式"的"图形"来"化解";不过无论是"圆圈"或者"螺旋",也都是"直线"的"变形"——"螺旋""拉直"了就是"直线","直线""卷缩"了就是"螺旋",也都是"空间""图形"的"变换"。

"时间"被"空间"化,成为"三维""外加"的"一"个"维度",于是"时间""走出""混沌"(的"九维"),成为"可以理解"的、"有秩序"的、"合理性"的;"时间"也和"空间"一样,是"一根线""变化-勾画"出来的"图形"。

"一切"都"出于""一",也都"归于""一","九九归一","一"生"二","二"生"三","三"生"万物","九维""演化"为"四维","万物""各得其位"、"各得其所",而又"前后相接"、"因果相续",于是"万物"皆可"理解","因果-因缘"皆"一线相牵"、"一脉相承"。"思想"上的"理由",也就是"事实"上的"原因","万物"以"因"而"明",是为"因明"。

为"理解"这个"世界",唯有将"时间""空间"化一途,古代世界各大民族,概莫能外,古代希腊如此,古代印度和中国,亦复如是;只是由于对于"空间"的学问取向各有不同,东方未能像希腊那样形成理论上系统的"空间科学-几何学",以后的"道路"也有不同。

第四章　转向"经验"的亚里士多德哲学

亚里士多德和他的老师柏拉图在哲学思想上的关系，有许多专门的问题需要探讨，一般认为，他在批评柏拉图"理念论"的基础上开辟了一条"存在论"的道路，以后欧洲哲学思想的发展，似乎离不开他们师徒二位所奠定的这两条思路。这样一种认识大体上是言之有据的，只是再进一步追问下去，就会发现，这两条思路并不是互相分离甚至平行的两条线索；这两条思路，不但交错渗透，而且是同出一源的，即他们都在寻求事物的"自己"，寻求"事物""自己-本身"是"什么"。

柏拉图已经在探讨"事物-自己"的问题上遇到了麻烦。"理性理念""进入""感性经验世界"后遇到了"不可克服"的"矛盾"，在"感觉经验世界"随"时间"推移而"可以""弱化"的"矛盾"，在"理性理念""强行""进入""感性经验"时成为"坚硬"的"二律背反"，使得"理性-知性"在这些问题上"建构"一种"科学"的"知识"成为"不可能"。

为"摆脱"这个困境，在巴门尼德的批评下，柏拉图后期已经将目光转向了"看得见"的"经验世界"，企图在"自然"、"天体"、"宇宙"的万事万物中"找出""可以认识"的"秩序-规律"来。当亚里士多德进入柏拉图学园时，这个学园大概已经知道如何用一些"检测手段"来"把握""经验世界"的"现实事物"的问题。学园门口的那块"无数学知识者莫入"的牌子或者也已经立起，亚里士多德对于后来所谓"诸经验科学"的兴趣或许就是那个时期培养起来的。

整个希腊哲学的旨趣从"理念""知识论"转向了"经验"的"知识论"。人们在"理念论"上遇到的麻烦，企图在"经验论"上求得解决。

"理念论"在"经验现实"世界所遇到的麻烦首先是出现两种完全"相反"的"道理-知识判断"而不能-不允许"（相反）相成"，"科学-知识"里不可以"自相矛盾"。"知识判断"作为"真理"的"原理"，如"自相矛盾"，意味着"自行毁灭"，而不可能"相成"。

于是，人们需要一套不同于"理念"的"观测手段-工具"来"避免""自相矛盾"，即建立一个巴门尼德所指出的"存在就是存在-是什么就是什么"的"真理"。

亚里士多德在主要哲学旨趣上跟他的老师分道扬镳。亚里士多德将注意力转向了"经验"。"经验世界"固然瞬息万变，现实世界充满了种种矛盾，有许多"纷争"，但"在时间"中总是有"和解"的可能性，不至于发生"无时空-超时空"的"理念""强加"于"现实"那样的"二律背反"，这就意味着，索性"回避-放弃"探求"（事物）本身-自身"而寻求"经验现象""变化"的"可理解性"，寻求现实事物变化的"尺度"，以把握这个"尺度"为"真知识"。在这个意义上，我们甚至可以说，亚里士多德竟是把柏拉图的"理念"的"存在论"转向为"经验"的"知识论"，而不是相反。

亚里士多德由于对于各门经验科学浓厚而认真的态度，被后世推崇为"百科全书"式的学者，尽管他那些具体的科学知识早已过时，而那些错误的"知识"曾被利用以禁锢古代欧洲人的思想，产生过很严重的负面作用，但在亚里士多德自己，是真诚地做他的研究工作，追求的是"真知识-真理"。

然则，要从变化的"经验现实世界"寻求其"尺度"，已是早期赫拉克利特探讨过的问题，他以"逻各斯"来规定这个"尺度"，指出这个世界的变化固是"一去不复返（流逝）"，但"时间-流逝"必在"空间"中"留有""痕迹"，因而"流逝"的"变化"是"可以-被允许""辨认"的，是"可以理解"的，是"可知"的。"时间"是"儿童"，是"王"，但"进入""空间"的"时间"是有"轨迹"的，因而也是可以"度量"的。"速度"与"距离"是可以互相"计算"的。

就这个历史发展线索来看，亚里士多德在"经验知识"上面临的问题就是如何将赫拉克利特的"逻各斯"具体化，使之成为在"经验知识"领域中的一个"普遍有效"的"观测工具"，于是有后世倍受重视的"工具论"诸篇。

一、认识世界的"工具"

亚里士多德是欧洲"逻辑学"的奠基者，但他自己并没有用"逻辑"这个词来指称这门"形式科学"。他的"（前后）分析篇"涉及逻辑"三段论"的基本推理形式，后世研究这方面的材料不计其数，而这个"工具"为欧洲人在探求真知的道路上成功地服务了 2000 余年，直至近世才有所推进发展，可谓是欧洲"知识论"的"长效工具"。仅此一项，亚里士多德当受欧洲人及全人类的永久崇敬。

长期以来，人们常常对"工具"的意义没有足够的估计，特别在"知识论"上，提到"工具"似乎就是可以"搁置"的问题，总是认为"工具-手段"是为"目的"服务的，"目的"高于"手段"。

诚然，在"技术"层面，人们从未忽视"工具"的重要性，中国人有"工欲善其事，必先利其器"的经验总结，虽说是在"器"的"形而下"的层面，也算是强调了"工具"的"优先性"；不过如果把"工具"的意义限于"技术-百工"的层面，这个"工具"就常常会被理解为是为主观感性"需要（目的）"服务的，就会为怀有"大智慧"的人视为"小计谋"，而不屑深入研究。

事实上，一般来说，"目的""引领"着"工具"，"工具""规定"着"目的"，使"目的"成为"现实"，而不流于"空想"。"工具"的"性质"，"规定"着"目的"的"性质"，所以"考古学-历史学"常以"工具"的"特征"来"标识""社会历史时期"的"阶段"。

我们这里想进一步说明的还有一层意思：不仅"实际-技术"层面上有"工具"问题，"理论-知识"层面（知识论）上也有"工具"问题，而且，从某种意义上也可以说，是"知识"的这些"工具""规定"着我们"面对"的"客观世界"的"特征"，"工具""给"这个"客观世界"以"规定性"，"规定"着我们作为"认知者""如何""描述"这个"世界"。"我们"的"工具""规定"着"我们"的"世界"。

这样一个思路，是亚里士多德为我们开辟的。"知识"的"工具"问题，是亚里士多德为我们"系统化"并使其自己也成为一门独立的"知识-科学"，后人把他这部分的论述称作"工具论"是很合适的。

与"技术"的"物质性""工具"不同，"知识"的"工具"也许可以叫作"精神性""工具"。"物质性工具"是对"物质材料"的"加工定型"，使"物质材料""归一"，以不变"应"万变，使"物质世界""符合"我们的"目的"；"知识性-精神性""工具"，是使"精神性"的"材料-杂多""归一"，成为一个"有序"的"（知识）体系"，而保持"物质材料"的"客观性"，避免这些"材料"为"满足"我们"需要"而被"消灭"。"物质材料"既可成为"为我的"，又可成为"自在"的而不被"消灭"，唯有使这个"物质材料"的"世界"成为我们"知识"的"对象"，"世界"才有可能。在这个意义上，"物质的世界"成为我们"知识"的"（客体-客观）对象"。

在"知识"中，"对象"作为"客体"与"主体-人"的"关系"，就不仅仅是"物质"意义上的"反应-作用和反作用"的关系。"客体"通过人的"感官""进入""主体"，也不仅仅是"刺激-反应"的关系，在某种意义上，这种"作用-反作用"的"过程"，并不构成"知识"意义上的"关系"，它们是"物质-物理世界""自然变化""过程"中的"环节"；"认知"的"对象"通过"感官""进入""知识"的"环节"，而"让""对象-客体""保持"着"自身"的"相对"的独立性，"知识"是对"客观世界-对象世界"的"认识"，于是"感觉-感官"成了"知识"的"窗口"。凡我们想要"认知"的一切，都要"放到"这个"窗口"的"外面"，"呈现""在"我们的"面前"，这样，即使是我们"意欲""消灭"的东西——"食品-敌兵"等，也都可以-也应该（暂时）放"在""窗口"外面，作为"对象"来"认知"。在这个意义上，人的一切主观欲求的"对象"，也都可一并"欲擒故纵"地"保持"其"存在"，而成为我们"知识"的"对象"。"欲求"的"对象"只有"暂时"的意义，因为早晚会"吃掉"它们的；而既然作为"知识""对象"，其"存在"，就总是带有"永久性"，即使为深入"认识"而将"对象"加以"解析-解剖"，其目的也并非是"消灭"。

"解析-解剖"是为了"建构"，"知识"是一个"建构性"的"工作"，被

"解剖"了的动物,固然支离破碎,但对于被解剖前的那个(类)动物,却可以有更确切、更深入的"反映"。"反映"不是"自然"的"物质反映",而是"知识"的"建构"。

希腊早期的哲学家侧重探讨他们所"看到"的"世界",为使这个"世界"成为"知识-可知"的"对象",苏格拉底-柏拉图提出"理念"作为"认知"的"对象-客体",在巴门尼德的批评下,这个"客体-对象"带有"永恒""存在"的特性;但是在柏拉图那里,"理念"摆脱不了它那"非感性-与感性对立"的"高贵出身",当它"进入""感性世界"后因"二律背反-自相矛盾"而"被污染了","天使""毁灭"了"自己"。"理念"未能"在""世间-经验世界-感性世界""建立-建构""自己"的"地上天国","理念论"缺少"建构"的"功能"而不能成为"(科学)知识",于是只能"蹲居"于巴门尼德的"存在"之中。

在这层意义上,亚里士多德推进了柏拉图的工作,为"科学性"的"知识论"奠定了"哲学性"的"基础",使"知识"突破了"经验技术积累"框架,进入了"理论"的层面,而成为"科学性"的"知识"。也就是说,亚里士多德找到了"通向""科学知识"的"途径-道路",找到了"建构""科学知识"的"工具",使"知识"的"工具"本身也成为一门"科学知识"。

二、"概念"之为"科学知识"的"核心工具"

亚里士多德并未使用"概念"这个词,但他在阐述三段论逻辑推理形式时,必有这个词的意思在内,"概念-判断-推理"的逻辑结构形式,被亚里士多德相当深入和完善地揭示出来,一直到现在,固然有所推进,特别是近代以来,"形式逻辑"有长足的进步,但亚里士多德所建构的形式,在日常的范围内,仍是"思维"行之有效的规则。

"知识论"中对"推理"的重视,意味着人们在寻求一种"确定不移"的、"可靠"的"必然性""知识",亦即"科学性"的"知识",而不是未经"论证-证明"的"意见",尽管某些"意见"也有相当的"普遍-可靠"的程度。希腊的哲人,自古以来就把"真理-真知识"与"意见"严格加以区分。柏拉图之所以提出"理念论",其中有一个意思就是要把"理念"的"真理性"与"意见"的"变幻不居"在原则上区分开来。

至于"推理"的重要,古代希腊的哲人们从来就是很重视的,早期的形式集中在几何学和数学,这方面毕达哥拉斯学派的贡献当然是最重要的。据说毕达哥拉斯曾把"数"定为万物的"始基",由"数""生长"出来的"万物"当然是"合理"的,可以"推论"的,也是"必然"的。

几何学是"空间"的"抽象","数"或许跟"时间"的"抽象"有一定关系,而在善于把"时间""空间"化的古代希腊人那里,"数学"和"几何学"是相通的,"几何学"是"数学"的一个部分,按后世的说法,也许都是"感性直观"的一种"抽象"。而按康德,"几何学"研究的是"空间"的"先天形式规则",而"数学"离不开"经验",但同样是为"经验材料""设定"的"(抽象)规则",在这些"预设"的"规则"下的"演算-推演""结论",也是"必然"的,只是不像"几何学",一切"结论"都由一个"非经验-超验"的"公理""推论"出来。

不过,无论是"数学"还是"几何学",一方面它们是"抽象"的、"形式"的,它们的"经验材料"、它们的"内容"要从"外面""灌输"进去,但另一方面,它们又是些"直观-感性"的"形式",对于"经验现实事物"来说,它们只涉及"量"的层面,尚未"进入-深入""事物"的"实质",未曾进入"质"的层面,离把握事物"自己-本身-实质"尚远。

柏拉图早年的"理念论"固然抓住了事物的"本质",但也许是因为这个"本质-本身"缺少某种"量"的规定性而进入不了"经验现实"世界,所以柏拉图在后期反倒更加重视毕达哥拉斯的"数"的关系。而亚里士多德作为柏拉图较晚的学生,赶上的正是柏拉图重视"量"的关系之"推演"这个时期,他重视探讨的也是"事物"之间的"可推理-可理解"的关系,这种关系后来叫作事物"概念"之间的"逻辑"关系,于是他重视"三段论"的"推理形式",也重视"范畴"在"推理"中的作用。

"三段论"的"推理形式"反映了"事物-事物观念"之间的"蕴涵"关系,而"蕴涵"则是"数-量"固有的特性,将"事物-观念""数-量"化就可以运用"推演"形式,得出它们之间的"蕴涵"关系。于是,"事物"以及我们对于它们所具有的相应的"观念"也就有"大小-多少"等"数-量"关系,而不仅仅像柏拉图的"理念"那样,只有"分离"的"独立"的"并列"关系。亚里士多德批评"理念论"固然是强调那些"理念"与"现实事物"被"分离"开来,而且也意味着诸"理念"间也是"分离"的,它们是各自独立的"绝对","日月山川"各为"理念",甚至"鞋子"也有"自己"独立的"理念",众多"理念"就像"原子"一样发生"碰撞",只是在"随机-偶然"中"呈现"一个"现实"的世界来。"理念"像"原子"一样"失去"了"秩序"——或许是产生"二律背反"的另一个原因?因为它们遵循着各自不同的"规律",或许竟然不仅是"二律背反",而且是"众律背反"了。

于是,"理念"必须是"经验"自身的"理念",而不是脱离经验、在"经验"之外的"另一种"事物。"理念"同样也是"经验"的"存在者",巴门尼德的"存在"又"回到了"、落实到"现实经验"世界。

"回到""经验"中的"理念"就成为"概念"。"概念"是大千世界众多事物的"本质",而"具体事物"之间的"本质"的"关系",也就是"概念"之间的"可推理-可认知"的"逻辑"关系。亚里士多德的"知识论"不脱离经验世界的具体事物,寻求的是具体事物之间的"规律性"的"真知识",因而他"建构"的是一个"真知识-真理"的"知识体系",而不是个别事物堆积的"仓库";在这个意义上,亚里士多德的"知识"也就不仅是"记忆",而且是"理解"。同时,以"感官"与"世界""交流"而"被感知"是"动物"的"生活世界",只有经过"理性-逻各斯""被理解"才是"人"的"生活世界"。"知识-理解"是人类"精神启蒙"的最初的觉醒,也是人类"自由"的最初的步伐,在这个方向上,亚里士多德跨出了坚实的一步,是人类"精神启蒙"的"教导者",也是人类"自由"的"奠基者"。

亚里士多德奠定的蕴涵式三段论逻辑,给人类理性思维以"规则",有了这个"理性思维"的"工具",人类不仅在"精神"上获得"启蒙",而且在"实际-现实"上得到"解放"。"理性"不必"超越""时空-现实"之外,"守护"那"彼岸"的"理念",以求"自己"之"永恒","理性"通过"概念体系""在""经验现实"中就有能力-有可能使"理性""自己"获得"永存"的"必然性"。亚里士多德的"概念体系""阐释"了"经验世界"的"必然性",

这种"必然性"就"在""时空"之中。依据"概念"的"工具",人们"在""经验"中就有可能获得"必然性"的"知识"。"概念"的"知识"是"真知识",是"真理",也是"自由"的"知识",不受"偶然"的感性材料"束缚"的"必然的知识"也就是"自由的知识"。科学性知识-理论性知识是人类"自由"跨出的第一步。

"概念"由于从充满"偶然"的事物中"抽象"出来而成为"自由"的"产物",但"概念"又是"事物本质"的"反映","概念""描述-指称""事物"的"本质";由"概念""建构"起来的"逻辑""判断"和"推理",不是"事物"表面"现象"的"描述",而是"事物""本质""规律"的"描述-陈述"。

"概念"从"感性事物"中"抽象"出来,但并不像柏拉图的"理念"那样"脱离-剥离""感性事物",而是"深入""事物","抓住-接触到""感性事物的本质","掌握""事物发展变化"的"规律","概念"的"逻辑"完成了赫拉克利特的工作:在"变化"的"流"中,"掌握""尺度-逻各斯"。

"逻各斯"是"时间"的尺度,"概念"的"逻辑-推理"则与"几何-数学"密切相关。在这个意义上,"逻各斯"与"逻辑"二者的"出身"不同。亚里士多德创建的"概念-判断-推理"的"蕴涵式三段论"推理形式,将"逻各斯""压缩"为"逻辑",将"时间""转换"为"空间",奠定了将"时间"的"变化发展过程""约束"为"逻辑推理过程"、使"空间"的观念成为欧洲哲学思维的主要"模式"的基础,直至 20 世纪才有所改变。

就与"感官"的关系言,"空间"主要是"视觉"的,"时间"则主要是"听觉"的,前者的"抽象"为"图式",后者则或为"语言",为"留住""话出如风"的"语言","语言"的"逻各斯",也被"概念化"为"逻辑";亚里士多德既然尚没有"概念-逻辑"的明确用语,他的"逻辑规则"与"语言规则"可以相通,他所用"语言"的"所指-所说-所谓",也都是希腊文"逻各斯"语词的变体。

通过亚里士多德的"概念-逻辑-推理"这一系统,虽然不是在实际用语上,而实质上已经为欧洲哲学将"时间""归约"为"空间"这种思维模式打下了很深入的基础。亚里士多德哲学里蕴含的"概念论"已经不再是柏拉图的

"理念论","时间"这个"坐标"不再为适应"理念"而"脱离-剥离经验现实"成为"永恒",而是以与"经验现实"相"对应-结合"的"推理系统""进入""现实世界",成为"认识世界"的"工具"。

亚里士多德以"概念"为核心的"工具论","规定-规范"了欧洲传统"知识论"的"视野",一个重要的结果就是把"时间"的实际"进程-流""简约"为"空间-方位"的"推理-推演""过程-程序"。

毕达哥拉斯的"数"之"始基"说,使"时间"成为"可计算"的,使"时间"中的"事物"转化成为"可量化"的"算子";与"几何学"结合起来,使"可计算"成为"可推理",在这条思路上,亚里士多德可以说是"完成者",也是"开创者",他完成了这个"转化"过程,"开创"了以"概念-逻辑"为"工具"的"理论""构架"。

"概念论"初创时期,重要的是要阐明这套"工具"何以可能"进入""经验现实"世界而得到"真知识-真理"。亚里士多德除了使这套"工具"尽可能"自身完善"外,尚要阐明它和它的"对象"的"关系"。

三、"范畴"作为"概念"与"经验现实"关系的"纽带"

"蕴涵式三段论"和"范畴"是亚里士多德"工具论"的主要内容,而"范畴"之所以独立成篇,除文本流传等外在原因外,恐怕和"范畴"在"认知工具"中的重要性有关。人们对经验现实世界的"认知"除"概念"之间的"蕴涵"之"三段论""推理关系"外,尚有"可能"、"必然"、"实然"、"原因"等"关系","认识""事物"之间的种种"关系",同样是"掌握真理"的"工具",或许是更为重要的"工具"。

亚里士多德的"三段论"所侧重的或许是事物"种-属"之间的"量-大小"的"关系",而"范畴"则更侧重在"不同-事物"之间的"可推论"的"关系",由于这层"可推论"的关系,人们可以"合理地"用一些"概念-事物""描述-阐述-述谓('范畴'的本意)""另一些""事物-概念"。这一层意义,在"原因(性)"范畴上,显示得比较清楚。

也许,在"诸(十个)范畴"中"原因(性)"范畴是最重要的,亚里士多德认为只有"认识-把握""事物"的"原因",才可以说掌握了"真知识-真理"。"原因性"清楚地说明了"一事物(概念)""述谓""另事物(概念)"的"关系"。

关于亚里士多德"原因性"范畴的研究材料,数不胜数,在欧洲哲学史上保持着持久的影响力,我们这里所探讨的,只是某些侧面。

首先这里想说的是:"原因性"范畴侧重指出,"任何事物"的"存在-实存"都为"一个先在"的"原因"而"产生"。我们注意到,"原因性"范畴正是将"时间性""转化-简约"为"空间"的一个重要"工具"。

"时间"之"流"中,"事物""交相纠结"、"相互渗透"而充满了"偶然性",也就是说,任何作为"实存"的"事物"都具有"种种""成为""另一事物"的"可能性",因此就一个"实存事物"来说,在"理论"上并无"一定-必定"的"把握"说"必然"就"产生""另一事物"的"实存";但是,对于"任何""实存事物"来说,却有十成的"把握"说,它"必定"为某种(一个或多个)"原因"而"产生"。因此,"任何""实存事物"都是"必定"有"实存"的"原因"的。"原因性"范畴具有"普遍必然"的"有效性"。在这个意义上,"原因性"范畴是"上溯"性的,它面对的是"时间"的"过去",而难以面对"时间"的"未来";当然,人们在熟悉了由"果"推论"因"的程序后,也会运用"原因性"范畴以"因""推论""果","预测""事情发展"的"未来",但无论"由果及因"还是"由因及果",其"推断"往往是一个"推测",后来不少科学家和哲学家曾很怀疑这个"原因"范畴的"可靠性",也并非没有道理。

"原因"范畴只是一个"逻辑形式"的"工具",它不像"理念"那样难以进入"经验现实"世界,它是"理性"为"认识-理解"现实世界所"设定"的,如同"铧犁"是为"耕地"所"制造"的,至于能否把地"耕种"成功,尚在具体"运用"。"原因性"作为"范畴"只是说,用"原因"这个"述谓词""描述""经验现实"中"事物"之间的"关系",是"可能"的、"允许"的,在"道理-逻辑"上不会产生"矛盾-二律背反",因而它是"真知识-真理"的"有效""工具";至于具体到"何者"为"何者"的"原因",则需要进一步花力气去研究,不是"独断"的。

在这个意义上，亚里士多德的作为"知识论"的"工具"-"（诸）范畴"又具有"目的"的意义，"认识""事物"的"原因"是"知识"的"目的"；它的基本意义在于：经验世界中的一切事物都有其"原因"，探求"事物""真实"的"原因"，是"科学知识"的"目标-任务"，而这个"任务-目标"是"开放的"。

于是，我们可以进一步体会："原因性"作为"知识论"的"范畴"，并不完全是"种瓜得瓜，种豆得豆"的意思，不完全是"有什么因"就"有什么果"的意思。"种瓜"可能"得不到瓜"，作为"什么"的"因"，也许得不到"什么"的"果"，"原因性"范畴只是说，如果"得不到瓜"，也必有"原因"在，这个"原因"要你好好去研究，去找。"寻找""事物"之"原因"乃是掌握"科学知识-真理-真知识"必定要做的"工作"，在这个意义上，"原因性""范畴"具有"必然性"：凡事"必有""原因"。

还有一层意思须得辨明："原因性"范畴指的是"两个-或更多""事物"之间的"关系"，是经验世界"杂多"的"规律性"概念，是"知识论"的"本质""工具"，而不是"同一事物"的"持续-持存"；只有在"形而上学-哲学"意义上，才涉及"自身原因-自因"或"第一因"的问题；在"经验知识-现实知识"里，"原因性"的"必然""范畴"，涉及的是"两个（以上）""不同""事物"之间的"关系"。

同时，就"时间"的实际过程来说，它的"过去"、"现在"、"未来"的"实际情况"并不是"推理"所"能够-可能""推"出来的。"推论-推理-推算"的意义只在于"现在""必定"有一个"过去"和"未来""存在"，这个"现实"的"现在""必有"它的"前因"与"后果"，"实存-现实的、实际的'存在'"必有"非存在-不存在"的"存在"为其"理论前提"，否则，这个"实存"就会是"荒谬"的、"不可理解"的。而一切"实存"都是"可以理解"的，包括"荒谬"的、"偶然"的，只是我们尚未"知道"它的"前因-后果"；一旦"知道"了"前因-后果"，"时间"也就被"理性"的"逻各斯""召唤"而"呈现"在我们"面前"，"时间"中充满了"偶然"，也就会"被排除"，而构成一个"合理"的"可以言说"的"逻各斯""程序"。"时间"不再是"混沌"，而"允许"被"结构"为"有序"。

于是，在这个意义上，后来通常的汉译"因果律"与其他"范畴"一样，只是"连接""概念"和"现实"的一种"形式"和"工具"，我们得到的众多"感觉材料"依靠它得以"建构"成一个"合理"的"推理过程"，并不能代替对具体的材料的"搜集-分析-研究"；而在进一步的意义上，"原因"范畴又是一个"目的"，而"达到-完成"这个"目的"的"过程"又是艰苦曲折的。

之所以会有这样"复杂"的"过程"，只是因为"知识"面对的"对象"是"具体的-感性的""经验世界"，而不是"抽象的""概念世界"。"经验"为"时空"条件"制约"，"时间"的"复杂性""制约"了"空间"中"事物"的"现世"都有一个"充满偶然"的"前世"和"来生"，人们只能-只允许在"理论"、"逻辑"层面上做出"推论"，而不可能-不允许在"事实-实际"层面上做出"推演-判断"。

"知识"面对的"对象"是"具体"的、"现实"的"经验世界"，这个世界充满了"异"，"原因性-因果律"所涉的是"异-不同""事物"之间的"相对"关系，而不是"同一"的"绝对"关系。

于是，在"知识论"层面上，人们通常说的"善有善报，恶有恶报"这句话，就需要考量它的"合理"程度。这个来自佛家的"果报"观念，说出来有警世作用，就"教化"来说，或是一种"正能量"；但是因为它常常不能"兑现"而减少了自己的"分量"，因遭到"质疑"，而由"时辰不到"来"化解"。

"善恶果报"说的是"道德"层面的"原则-规律"，这条规律能否成立，也须得从道德层面来论证和检验；而就"理论-知识"层面来看，这条规律的不可能性倒是可以"证明-反驳"的。

"因果关系"中"原因"和"结果"乃是"两个（或以上）不同事物（具体事物）"之间的"关系"，因其"不同"而又有"因果关系"，人们在"认知-知识"上才值得重视：原本是"不同"的"事物"为何会有一种"必然"的"关联"。就此意义说，"善-善"、"恶-恶"是"同一"的关系，而"善-恶"之间才构成"不同"的关系，于是只有"善-恶"之间才有"报应-因果"关系，这种"合理"的"结论"显然与"立论者"初衷相反。

于是，在"原则"上，"因果律"只适合于"知识"领域，而不能"僭越-侵入"到"道德"领域中来。

四、"第一哲学":"知识论"中的"存在论"

"形而上学"不是亚里士多德自己的用语,这一部分的内容,他自己叫作"第一哲学"。按这里的思路,"第一哲学"与"形而上学"是一个意思:"第一哲学"意味着"原因""系列"中的"第一-开始-始基";"形而上学-元物理学-物理学之后",即在"物理学-自然学-自然科学-自然知识"之"上"或者"之后",即"一切""自然原因(系列)"之后-之前的"始基"——按亚里士多德,从其"开始"又回归之,是为"始基"。

汉语将"元物理学"译为"形而上学"也自有理路,"形而上"谓之"道",与"形而下"之"器"相对应,近代"形而上学"用得很普及,但很少用相应的"形而下学",或许犹如亚里士多德有"第一哲学",并无"第二、第三""哲学"之说,因为"第二"、"第三"等等,各司其职,都有专门的"学名"之故。

从"原因"系列的角度来看,似乎"第一哲学"更加契合亚里士多德的意思,比较清楚地表现了亚里士多德是把"形而上学"放在了"知识论"中作为"第一原因"的"存在者"这个重点上的。"形而上学"作为一门特殊的"科学知识",以"第一"个"原因性""存在者"为"对象","认识"了"第一原因",也就"认识"了事物一切"运动-变化"的"最初""动因",在"原因"系列里"追"到了"(源)头"。如果"知道""原因"就得到了"真知识",则"追溯"到"第一源头"的"原因"也就"知道"了"真理自身-绝对真理",即关于"绝对-自身"的"真知识"。

我们知道,亚里士多德在欧洲哲学史上的地位常常被放在了与柏拉图的"理念论"相对立的"存在论"位置上,当然有相当的理由,只是我们要注意到,柏拉图的"理念"正是"存在",而亚里士多德的"存在"正是"理念",都是属于"知识论-概念论"的范围。亚里士多德的"存在"是"原因性"的"存在(者)",而"第一原因",也就是作为"第一个原因"的"存在(者)"。关于这个作为"第一原因"的"存在(者)"的"学问-学科",是"第一哲学",也是"形而上学",也是"本体论-存在论"。

"存在论"也不是亚里士多德用的词,用来指他的"第一哲学"应有特殊含义;这个词后来海德格尔说得比较清楚,但他须得再三强调他的"诸存在者"与"存在"以及由此而来的"存在的"与"存在论的"之间的区别,才能避免通常的混淆。

汉语"存在论""论的-说的"是"存在",不是"诸存在者"。"诸存在者"已由各门具体学科"论-说"过了,"剩下-剩余"的是作为"诸存在者"之"根源-基质"的"存在",亚里士多德叫作"存在的存在"。我们这里也许可以引申为"诸存在者"之所以"存在"的"原因",这个"存在"的"原因"或"原因"的"存在","规定"了"诸存在者"的特性——特殊具体的"存在形式-形态"。这个"存在"是"第一"个"原因",这个"原因"的"存在"成为"形而上学-本体论""论-说-描述"的"对象"。亚里士多德的这个思路也就是我们后来"免去""第一"而称作"哲学"的那种"学问-科学",也就是说,是关于那个作为"第一个""原因"的"存在"亦即作为"诸存在者"的"第一个""存在"的"知识"。

"第一个""存在者"不在"诸存在者"之中-之间,因为如果"在之中-在之间",则就不是"第一个""原因",而只是"因果"系列的"一个环节",也就是说,它只是有"另一个原因"的"结果",不能是"纯粹"的"原因","纯粹原因"只能是"第一个""原因"。

亚里士多德在哲学上的这个推进,固然有柏拉图"至善"的"理念"作为根据,但他将"至善"转换为"存在"作为"第一个原因"的意义,还在于这个"始基-元祖"并未"退回到"古代"始基论"的道路上去,而是在巴门尼德"存在论"指引下的一个具体发展:如何去"认识"作为"诸存在者"的"原始原因"的"存在",这个"存在"不同于"诸存在","原始-第一个原因"是"纯粹原因",这个"存在者"也是"纯粹"的"存在",也就是并无"前因"在"经验现实"上与其"相对"的"绝对存在",是为"存在""本身";"哲学(第一哲学-形而上学-本体论)"乃是关于"纯粹存在-绝对存在"即"存在本身"的"知识-学问-科学"。

亚里士多德的这个作为"(诸)存在(者)的存在"给整个欧洲哲学传统开辟了"形而上学"的道路,在这条道路上也遇到许多麻烦,这些麻烦的"纠结"问题，在亚里士多德那里已经很突出，欧洲哲学经过 2000 年的殚精竭虑，才有了一些"解决"的头绪。

"作为（诸）存在（者）的存在"首先要"排除"的一个"误解"是，这个"存在"虽然是"纯粹-绝对"的"存在""本身"，但不能把它理解为单纯"抽象"的"概念"、一个单纯的"思想性"的"东西"，因为巴门尼德早就说过，"存在"就是"存在"，所以亚里士多德说，"存在"不仅是"思想"，而且是"实存"，"思想体"也是"实体"，在中文中也都有一个"体"字。

亚里士多德的"实体""范畴"有多种的含义，有"普遍"的意思，也有"特殊"的意思，可以是"本体"，也可以是"个体"，可以是"概念"的，也可以是"感官"的，于是也可以说，亚里士多德的"实体"范畴自身，就"充满"了"矛盾"。

何以如此？就我们的论题说，亚里士多德既然要把"存在"纳入"知识"的领域，以"范畴"作为"认识""存在"的"工具"，则这个"工具-范畴"就必然暗含着"矛盾"：以原本在"经验知识"范围内适用的"工具""运用"到"绝对-纯粹"的领域中来，其"不适合性"立时可见。亚里士多德在"知识论""框架"内的"存在论"揭示了欧洲哲学形而上学的"内在矛盾"："存在"作为"本体"一旦"进入""经验-现象"就会出现"不可克服"的"矛盾"。这个"矛盾"之所以"不可克服"，乃是因为一切"经验"中出现的"矛盾"，皆可以"时间"来"克服"，唯"本体""矛盾"因其"不变"——"无时间性-非时间性"——而"不可能""被克服"。它们不是"感性事物""属性"之间的"矛盾"，而是"理性-规律"自身的"对立"，后来叫作"二律背反"。在由亚里士多德开创的欧洲哲学形而上学的传统中，"充满"了这种"二律背反"。

欧洲哲学家为"克服"这个"不可克服"的"矛盾"付出了艰辛的思想劳作，虽然在"克服"这个"矛盾"上收效甚微，但在"描述-阐明"和"揭示"这个"矛盾"方面所做的大量工作，并非徒劳。这个哲学传统，"丰富"了我们"理解"这个"矛盾"的"工具"，增加了我们"阐述-陈述"这个"问题"亦即"哲学-形而上学"的"基本问题"的"话语权"。

亚里士多德在"理解""存在之存在"的"问题"中，有一个影响深远的陈述:"不动者"如何成为"(推)动者"。"存在之存在"亦即"动者之不动者"。

"存在论"的"存在""不动"这个论断,根据他的"原因系列"中的"第一"是很好理解的。"原因"是"运动"-"变化"的"原因","原因"和"结果"是两个"不同-相异"的事物,因而"第一个""原因""不同于-异于"它"产生"的一切"结果"。"一生二,二生三,三生万物"的"一、二、三"不是"数量"的增加,而是"质"的"异化",以至于"万物各各殊"。在这个意义上,那个"不动者""不同于-异于"它"推动"的一切的"被动者","存在论-本体论"意义的"存在"不同于-异于一切"感性经验世界"的"(诸)存在(者)"。

按照古代希腊思想传统——这个传统由巴门尼德的"存在就是存在,不存在就是不存在"命题得到理论的陈述,亚里士多德的"存在之存在"仍是"存在",而不是"不存在",不是"无",于是"动者"为"存在","不动者"也是"存在",或者说,"主动者"是"存在","被动者"也是"存在",但是"主动者"正因其为"主动者",要保持-坚持这个"主动"的特性到底,做一个"绝对-纯粹-永恒"的"主动者",那它"必定"又是一个"不动者",否则它就"一定"是个"被动者"。

"永久的""主动者"必是一个"不动者";然则,集"(主)动"与"不动"为"一",则使这个"一"陷于"矛盾",使这个"一"自行"瓦解-消解"。

在这个意义上,亚里士多德"制造"了一个"永久性"的"矛盾","制造"了一个后世叫作"二律背反"的"理性"上的"矛盾"。这个"矛盾"之所以"出现",根源在于亚里士多德要"让-令"这个"不动者""进入"一个不是"自己"的"另一个领域",即"不动者"的"概念"要作为"动者"的"原因""进入""动者"系列。"一"要"生""二","生""三","生""万物",也就是"寂静者-不动者"要"生"出"变化万千"的"花花世界","同"要"生""异"。一个"同一者",要"进入""异"的世界,并要成为这个"异己世界"的"统治者","不动者""君临""动者","必定""产生""不可克服"的"矛盾"。

感觉经验世界的"主动者-被动者"是"相互交替"的,是一个"永恒的轮回",作为"统治者"或"致动者",是"轮流坐庄"的,而"不动者"这个"统治-支配"的"地位"是"不可替代-不可轮回"的。对它来说,不是"永恒轮回",而是"永恒不动","大权"牢牢"掌握"在"自己"手里,它不仅"以不变应万变",而且"以不变致-制万变","一声号令"能使"地动山摇"。

然则,"永恒的寂静者"固然"叱咤风云",但它"产生-制造"的"矛盾"也是"永恒"的,因为"不动者"并不"甘心"于"固守""自己"的领域,而要"进入""动者"的领域。也就是说,它"制止-摆脱""永恒轮回"并非为了"出世-离世"成"佛",而是为了"入世";也不是"甘于""不动"之"寂寞-寂静","在""云端"被"尘世"所"架空","不动者"是"最为积极"的,是"永久-绝对-纯粹"的"主动者"。

"不动者""进入""动者"世界,犹如"理性概念""进入""经验世界"一样,"出现""不可克服"的"矛盾";"不动者-永恒的主动者""制造"了"不可克服"的"矛盾","永恒者""制造""永恒的矛盾"。于是,"人世间""永恒轮回"的"秩序",转化为"永恒矛盾"的"无序"。

然而,亚里士多德所"建构"的"知识"大厦是容不得"矛盾"的,他的"逻辑"体系就是要为各种"概念-范畴""设定"规则和范围,以免"相互冲突"。"知识-科学"是一个"合理"的、"和谐贯通"的"体系"。在这个"知识体系-概念体系"中,有一个"概念"可以把亚里士多德的"存在"和"(诸)存在者"两个领域"沟通"起来,我们可以从亚里士多德的"目的"概念的理解上来考虑这个问题。

"目的"是兼有两个领域特性的概念,是一个"能动性"的概念,"目的"从"可能性"向"现实性""过渡",从"潜能"向"现实"转化。在某种意义上,世上的一切现实事物,都是"合目的"的"现实",不是"主观的""合目的性",就是"客观的""合目的性",不是"道德"的"合目的性",就是"自然"的"合目的性"。"不动者"之所以"能动",乃在于它"蕴含"着"目的","目的"作为"原因"的"能力",是为"目的因"。

"目的"作为"原因"在某种程度上的确可以帮助"避免""原因"系列"第一-始基"的"独断性","第一"之所以可能成为"第一","目的"似乎可以作为一个"理解"的"理由";同时,"目的"也有"可能"作为"原因""推动"其"实现"。"目的"作为"原因"蕴含了"现实"的"结果";但是,我们马上看到,在这里,"目的"的"实现"-"结果",和"目的"作为"原因"是"一个东西",不是"原因"范畴所要求的"两个不同事物"之间的关系。"目的"作为"原因"和作为其"实现"的"结果",在"知识性-概念性"的"内容"上是"同一"的。"同一性"当然就"避开"了"矛盾"的尴尬,但仍然不能"摆脱""自相矛盾"的困境。

"目的"要坚持作为"原因"的"第一性",则必使"目的"自身"分裂-异化",才能说"目的者"作为"原因"和其"结果"为两个"不同-相异"的"事物"。"目的"原本就是"潜在"的"异化",否则不可能成为"原因"。

就这个思路来说,"不动者"作为"原因系列"的"第一者",作为"目的因",这个"纯粹-绝对"的"存在""自身",为了在"知识论-概念论"上"自圆其说-避免矛盾",必须"蕴含""自身"的"异化",也就是说,"自身"就是"矛盾"的。"不动者"的"目的"就是"动者"。

"第一个""原因"如果要(意欲有一个目的)"进入""因果系列",也就是说,"第一原因"要进入"自己"的系列,必先"自身异化","不动者""异化"为"动者"——"推动者"。这意味着,作为"推手"的"第一原因"一旦"起念-产生一个目的"就已"产生"了一个"异己",因为"目的"已经是一个"趋向""外化"的力量,"推动者"以"目的"的"方式""产生"一个"不同于""自己"的"事物"。

于是,世间万物是"不动者"作为"(第一)原因——第一因-原始因""异化-外化"出来的,"不同于自己",亚里士多德的哲学形而上学已经"孕育"着黑格尔的"哲学""基因";只是黑格尔的思辨哲学努力将"异己"重新"吸收"到"自己"中来,使"矛盾"在"精神"的发展中得到"化解",而亚里士多德面对这个基本矛盾却显得有点"束手无策",因为他"化解"这个"矛盾"的"工具"仍然离不开那些"抽象"的"概念-范畴""推理",这些"形式"可以"装进-兑现"为各种不同领域的"内容","不动者"与"动者"的"内容"因分属原则上不同的"领域"而产生不可克服的矛盾,也是意料之中的事情。

然而,"第一"必需"保持""第一"的"位子",任何"矛盾""阻挡"不了这个要当"第一"的"目的";也就是说,宁可"陷于""不可换回"的"困境",也要守住这个"第一"。"第一"要对世间万事万物"行使""原因"的"权力","君临""万物"。

这个"第一"就"不同于""世上的人",而是"天上的神",于是,在亚里士多德,"第一哲学"是为"神学"。

"神学""不同于""人学","神学"是"不动者"的"学问","人学"是"被动者"的"学问";"神学"是"永恒-不死"的"学问","人学"是"生灭""变化"之道;"神学"是"形而上学",而"人学"为"形而下学";"神"之道"统治"着"人"之道,"原因-原始因""支配"着"因果系列"。世间万事万物可以互为因果,皆为"因-果""轮回",而相对于"神-原始因-第一因"来说,都可以目为"结果";然而,"神"为了"保持"自己的"独特性"和"绝对性",绝不"公然-向人-向公众""显示""自己","令-让""人世间""堕入""因果-生灭轮回","研究"这个世界的"因果关系"成为"物理学-自然科学"的工作,于是"第一哲学"与"自然-人文哲学""脱钩","神""在""天上""永享太平",把"纷争"留在了"人间"。

然而,"神-神圣、寂静、永恒的存在"既然是世间万物之"第一(推手)",则要"回避""始作俑者"的"责任"是不可能的。

在古代希腊语的用词中,"原因"原本也有"肇事者-可归咎者"的意思,则"原因者"就是"责任人";只是在经验现实世界,"责任人""永恒轮回",每个"责任人""前面-时间的前面"总还有"另一个(些)""责任人",就这个意思说,人世间的"责任"总是允许"辩驳"和"推诿-推卸"的,只有"神"作为"原(始)因"是"前无古人"但"后有来者"的"责任人",他对人世间的万事万物,负有"不可推诿-不可推卸"的"责任"。"第一推动者"必是"唯一责任人"。

于是,从引申开来的意思说,人世间的万事万物都"在""因果系列"的"必然"环节中,而这个"系列"的"开始-始基-第一"则是"绝对-自由"的,唯有"自由者"才是真正意义上的"责任者",这个"责任者"因"以天下为己任"而为"高贵者"、"神圣者-神"。亚里士多德的这层意思,从经验伦理学不容易理解，而这层"自由者"的意思，由于亚里士多德只是从"知识论"-"概念论"的框架阐述"存在论"，于是似乎只能说到"最高的-最重要的"这类意思为止。

在欧洲的哲学传统中"知识论"与"存在论"原本是一致的，"最高-最重要-最神圣"的"存在"——"神"，也是"概念"的，"存在之存在"也是"概念（性）"的"存在"，而正因为它是"第一（级）"的"最高"，也就没有"经验内容"，这个"概念"是"空洞"的。以"抽象-空洞"之"概念"来"肩负"天下之"责任"，自有其"为难"之处，于是，这个"神圣者"就被认为是"至善"的，而"人世间"一切的"恶"，都是"人"之所为，"神"把一切"功劳"归于"自己"，把一切"过错"归于"他者-人"。"人世间"的"轮回"，也就是"恶-恶轮回"。在这个意义上，"善"的"结果"又恰恰是"恶"，"神"真可谓是"独善其身"。

"独善其身"的"神圣永恒存在"与"罪恶深渊"中的"（诸）存在者"之间的"关系"成为欧洲哲学传统中的"第一"大难题，也蕴含了欧洲哲学中的"二律背反"，"知识论-概念论"由"两条""矛盾"的"（定）律-原则"所"支配"。

实际上，所谓"独善其身"只是概念上的，"独善其身""脱离"一切"关系"，不但没有"前因"，也不会有"后果"，不"在""时间"中；但"神圣存在"不允许成为"僵死"的，亚里士多德说，它恰恰是"纯粹"的"能动性"，凡"第一（者）"都是丝毫没有"被动性"的"纯粹主动性"，这个"主动性""必定""产生""结果"，于是，"独善其身"之"独"也就要"一分为二"，也就是说要"异化"。如果没有这个"异化"，"第一（者）""产生"的"结果"，只能是这个"第一（者）""自身"，是"自我复制"，"产生不出""二"和"三"来；如果要说"二"、"三"毕竟在"数量"上有所"不同-增加"，则只是"同一"的"关系"，而不是"因果"的"关系"。这个"同一"的"关系"，欧洲哲学家要经过几千年的反复思考，才明朗起来，而在亚里士多德，"同"和"异"乃是一个"二律背反"。亚里士多德的侧重点在于对"充满异"的"大千世界"之关注和探讨，他对"经验科学"的许多分支都有认真的观察和建构，尽管他这方面的许多工作都已过时，但他那个"独善其身"的"神（圣）学"

作为"哲学-形而上学"的基石,至今仍然值得重视,也的确通过"历史"的"时间"之"流","保持着"自己的影响力。

亚里士多德的在"知识论"框架内的"存在论"似乎有这样一个启示:"存在"是"概念"的,"概念"是"存在"的,将"时间-空间"中各各"相异"的"事物""凝聚"为"一个""存在"作为"基质",于是,各各"相异"的"具体经验事物"似乎只能是这种"基质"的"具体存在形式",是它的"不同-相异"的"显现","大千世界""保持"着"基质"的"同一性",这个"基质"是"第一"-"至善"-"神圣"。然而,"同一"的"基质"与"显现"出来的"各各相异"的"事物"仍是一个"二律背反":"第一"与"杂多"、"神圣"与"世俗"、"善"与"恶",而"世俗-杂多-恶"这条"律"如果同样也出自"第一",则"第一"本就是"自相矛盾"的。要"坚持"这个"知识论-概念论"的"存在论"路线,就必须"正视"这个路线所带来的"自相矛盾-二律背反"的困境,而亚里士多德只得将巨大的哲学-形而上学工作,留给后人。

第五章　欧洲中古的神学"天国"

欧洲古代希腊哲学留下一个"纷争"的局面，在古代的种种条件下，要在"二律背反"的"基础"上"建构"一个"形而上学"的"统一"的"哲学王国"，亚里士多德未能完成这个"大业"，他的"哲学"显得那样"庞大"但较少"纯粹性"，所以后世对这个古代的"百科全书"也有"折中"之议。

于是，当亚里士多德"统"不起来的时候，人们又"回到"了柏拉图，遂有"新柏拉图主义"的出现，而这个学派对于后来成为"一统"的"基督教""神学"在理论上和思想上的影响当然是不可忽视的。

"哲学"原本是要在古代原始宗教"迷信"的"纷争"中"收拾山河"的。古代希腊哲学将人们的思想集中到"事物自身"来，"排除"那些"超越自身"的"武断-迷信"之"判断"而建立"合理"的"理性王国"。通过"理性"，人们得到了对"事物""正确"的"判断"，"认识"到"事物"的"前因后果"，"时间"成为"可以理解"的，而不再是"神秘"的；人们不可以到鸟的内脏中去"预测"人们的"命运"，而"人们"的"命运""掌握"在"人""自己"手里。"人"用自己的"理性""掌握""异己"的"事物"的"自己"，在"认知"的意义上，"异己"也是"自己"，"异己"是"自己"（设定）的"对象"。

古代希腊的先哲要在"异己"的世界建立起"自己"的世界，"对象-客体"的世界，也是"合理"的世界。不过，我们看到，这个"合理"的"世界"仍是一个"纷争"的"战场"，"（第一）哲学"的"一""产生"了"多"，"产生"了怀疑派、斯多亚派、伊壁鸠鲁派等，"哲学王国"成为一个"战场"，

"众多"的"自我"不仅"各霸一方",而其"战祸连绵",并不"各就各位","理性-自我-自由"成为"僭越者-侵犯者";"哲学"作为特殊的"科学"-特殊的"知识",由"建构"走向"解构",而"哲学"这种独特的"二律背反"使任何"建构"都不可避免地要"被""解构","一时"的"和谐"敌不过"永久"的"纷争"。

人们的"思想-意识""需要-缺乏""一个""安身立命"的"地方","思想-意识""没有-缺少""自己"的"家园","思想-意识""不存在"。

基督教的产生有许多的社会历史条件,当从各个角度仔细研讨,在这个论题中,我们想说它顺应了人们的"思想宁静"的要求,而在很长的时期,它将"哲学""压制住",其理由也在于"哲学"只会"引起""纷争"。尽管基督教神学要"利用""哲学"的"理论"来"维护"自己的"存在",但"哲学"只是处在"婢女"的地位,"哲学"为"宗教"所"用"。"哲学"是"宗教"的"工具"。"基督教""用""哲学"之"一"与"多""关系"之理路为"宗教"的"一""服务"。

在"基督教""归一"的主导下,"哲学"只能以其"一元论"才能为它更好地"服务"。希腊"哲学"的"自己-绝对"-"理念"是由新柏拉图学派发展起来的理论,对于基督教"神学"也就发挥了重要的作用。当柏拉图为感性事物的"经验概念"所"困惑"时,基督教神学强调的是"理念"的"绝对"之"一"的意义。同时,基督教神学也是从它自己的角度把"哲学"从"多元-混乱-纷争"中"拯救"出来,"神""拯救""世界",也"拯救""哲学","令""哲学""意识"到"自己""陷入"了"纷争"的境地,"哲学"的"自己"已经"分裂",无能-不可能"建立"真正的"自己"的"家园","哲学""分崩离析"而又"相互攻击","哲学"无以为"家"。

当欧洲"哲学""无家可归"时,基督教给了"哲学"一个"家",但这个"家"不是"哲学""自己"的"家","哲学""住在"一个"异己"的"家"里,只能是一个"仆人"的"地位",从理论上做一些"服务"工作。"哲学""寄养"在基督教神学的"家"里。

在这个"神圣家族"里,"神"为一家之"主",而且是"唯一"的"主"。基督教为"一神教",唯有"一神教"才有可能"敉平"这个"家族"中的一切"纷争"和"祸乱"。

基督教之"一神（教）"向"水深火热"中的"世人"显示，也向"争论"得"不可开交-难分难解-难分上下"的"哲学"显示：凡求"宁静"、"平和"者，"入我门来"。

然而这扇"门"却是一个"时间隧道"，"门里门外"是两个不同的"世界"。"神"的"世界"是"另一个""世界"，对于"世俗世界"来说，是一个"异己"的"世界"。"神""住在""彼岸"，"天国-神城"与"人世"是"两个""不同"的"世界"，在这个意义上说，"人"必须"异化""自己"，"脱胎换骨-洗心革面"，才能"进入""神城"。"人"为"领取"通向"神城"的"通行证-护照"，必经一番"程序-手续"，这些"程序-手续"的目的在于将"人"的"自己""转化"为"异己"。"人"为求得"和平-宁静"，不能"近取诸身"，必须"致远"，才得"宁静"，不但"静"则"远"，而且"远"则"静"。

然则，"世间"之"纷争"此起彼伏，"神城"又在"彼"不在"此"，于是便有"教会组织""垂示"一个"人间天堂"，成为"远离""尘世"的"世外桃源"。基督教"许诺"：一旦"弥赛亚-救世主"降到"人间"，"普天之下""莫非桃源"，则"开万世之太平"，这样，"彼-此"之"区别"也被"敉平"，"异己"又"复归""自己"，而"自己"为"同"，"自己"就是"非己"，"神学""化解"了"哲学"。"九九归一"，"众人"也是"一人"，"团结起来"，"拧成一股绳"。"克己复礼"，"人-己"为"一"，"无分彼此"，"同（礼）""恢复-复（覆）盖"一切"差异-区别"。

于是我们看到，古代希腊的"哲学"固然受到"东方"思想的种种影响，而真正在西方-欧洲世界"推行-扩大"这种影响的，早期基督教神学可以当仁不让。

当然，基督教很快就被"西化"，成为"西方-欧洲"文化的"核心价值观"的重要支柱。在这个"西化"的"过程"中，传统的欧洲哲学起到了"催化"的作用，使这个宗教更具有"理论"的"深度"，渐渐地成为一股强大的意识形态和思想力量。

这个宗教的"教化人心"的力量在于把"信-信仰"放在"知识"之上，而经由"哲学"之助，它的"信仰"不是"迷信"，而是"理性"的，有"理论-理路"根据的,故而有"凝聚"为一种"力量"的可能性。

一、为"知"而"信"

"为知而信",也就是说,"信"在"知"前,"信"而后"知"。

"哲学"因为"追求""真知识"(亚里士多德),引起许多"纷争",陷入"不可自拔"的"矛盾"。虽说可以"设定"一个"终极目标",但"知识"要以"无穷"的"探索"来"接近"这个"绝对",这个"绝对"似乎是"可望而不可即"。于是乎"知也无涯","纷争""难免";"智者""沦为""蛊惑者",甚至"欺骗者"、"挑起争端者"、"唯恐天下不乱者"。

"天下分久必合","人心思一",基督教神学教人"信"字当头,"知""在"其中。"信"为"不疑","信""规定""知","不疑"才能"真知","不信-疑"出来的"知",只是"一知半解",没有"力量""克服""疑","知也无涯",则"疑也无涯"。于是,人生-甚至人类-人族无非是一群"疑疑惑惑"的"懵懂者"。

于是,基督教"开启""人族"心中的"信念",唯有比"知识"更为"强大"的"信念"才有"力量""克服"人心中的"疑惑"。

我们看到,在这个意义上,欧洲文化在"知识就是力量"(培根)之前的格言乃是"信仰就是力量","知识"永处于"疑惑"之中,何来"力量"可言?

"信"的"力量"来自"权威","哲学"则"不信-怀疑"任何"权威"。古代希腊哲学将"真理"和"意见"严格区分开来,"权威"的"言"只属于"意见",只有经过"证明-论证",才是"合理"的"真理";"意见"为"多","真理"为"一",只是希腊哲学的实际状况很难"证实"这个"理论",它们"纷争"不断。

基督教神学"颠倒"这个关系,认为"知识"只"停留"在"意见"上,"知识"为"多",而"权威"则只能是"一","多"和"权威"本身的意思相左,唯有"唯一"才是"权威",这个"权威"则是"超越""众人-多"的"唯一"之"神"。"信"就是"信"这个"唯一"之"神",因为他"高高在上","超越"一切"众生","超越""万物",故而中文在"信"的后面加上一个"仰"字,"仰"为"下面依赖上面"的意思,应是相当"传神"。

这样,欧洲文化传统中,就有了"信仰"与"科学(知识)"的对立。

基督教设定的"权威"是它的《圣经》,唯《圣经》所"言",不"可以-允许""质疑";凡"质疑"《圣经》-"圣言"者,必受到"惩罚"。盖"质疑"《圣经》即"挑战""权威",当这个"权威"为"唯一"时,这种"挑战"就是"犯罪",因而必受"惩罚","罚"与"罪""相随",才能化"纷争"为"和谐",将"多"转化为"一",维持着基督教《圣经》之"唯一性"。在这个意义上,"知识(哲学与科学)"皆因"质疑"而受到"惩罚","权威""迫使"它们"放弃""质疑","回归"到《圣经》的"道理"上来,而《圣经》的"道理"在于"信仰":"信而后知"。

二、唯"圣言"可"信"

"圣言"之所以"绝对""可信"是因为它是"立法"之"言",世间"万物"皆"按""言"而"存在",这是与希腊的哲学传统观念不同的。希腊的"始基"只是从"万物"中"寻求"一个"原始之物",以此来理解万物之"元祖";至柏拉图的"理念",理解为万物之"原型",类似一些"设计图形","神""设计"出这些"图形-图式"以此"创造-制造""万物",力求让实际的"事物""接近"他的"图形",这个(或者"这些")"神"有点像世间万物的"总工程师-总设计师","神"是万物的"设计者"、"制造者";至亚里士多德遂有"形式"与"质料"之分,探讨的是"世间万物"的"构造"的"原理"。

基督教《圣经》的教导就很不一样。《圣经》教导人们,"神""说"(有)光(存在)","光"果然就"有"了,"存在"了;"神""说""水",于是"水"也就"有"了,"存在"了;以此类推,"神""说""有""什么",就"有"了"什么","神""说""什么""存在","什么"果然就"存在"了;"神"从"没有-无"中"产生"出"万物","神"的"创世"是一个"奇迹"。

如果按希腊以来传统的哲学观念来理解这个"圣言",未尝不可以将它当作"概念"讲。万物本是"混沌",唯有"概念-语词"将其转化成"可以理解"之"事物",在这个意义上,"神"为"万物""命名","名正"而"言顺","顺"者"有序","言"将这个"序""开显"出来,"世界""有序"而"可知",成为"宇宙"。"混沌""开显"为"宇宙","质料"而有"形式",是为一个"奇迹"。于是,《圣经》的"圣言"是"逻各斯"。

"逻各斯"是"名正言顺"。在这个意义上,不仅"道成肉身",而且"肉身成道","天下纷争""归于""和谐";因为有了"(圣)言","世界"才有了"理",因而"逻各斯"是"言",也是"理"。

"言"使"万物""存在","(语)言"是"存在"的"家","存在""居住"于"语言"中,在《圣经》的意义上,也就是"神""令""万物""存在",亦即,"神""令""奇迹""发生","神""创造世界",也就是"神""使(用)""奇迹""令""万物""存在"。

于是,"神"为"创造者",天下万物为"被(创)造者"。

三、"人"作为"神"的"独特被造者"

"神""创造""万物",也"创造""人",但"人"是"神"的"独特被造者"。"人"是"神"按照自己的"形象-模样-模式""创造"出来的,"人"是"神"的"宠儿","人""接近""神"。这就意味着,"人"最"有可能"打破"唯一"的"信条"成为对"神"的"权威"的"挑战者"。凡是"接近者",也就会是"挑战者";越是"接近",就越容易"挑战"。

"人"之所以有可能-有能力"挑战""神"的"权威",其实也是"神""赋予""人"的一种"权利","神""给予""人"一种与生俱来的"力量",这个"力量"就是"自由","自由"是"神""赋予""人"的"天赋人权"。

"自由"就是"自己"。万物混同,本无"自己","圣言"使万物有了"自己",有了"自己"的"存在";"神"更"赋予""人"以"意识-思想","人"遂有能力"意识"到"自己","意识"到"自己"的"存在",也就是"意识"到"他者"的"存在","意识"到"万物"的"区别",而不是"混沌"的"同一"。

"人""在""世界"中,意味着"人""有"一个"世界"。"动物"也"在"

"世界"中,"万物"都"在""世界"中,但只有"人"有权力说"万物"之"存在",因为"万物混同","万物""没有"一个"世界";在这个意义上,"自由""令-使""万物""存在","人"也跟"神"一样,"有权""说-判断"这个"世界"。

既然"自由"的"意识-觉悟-觉醒""令-使""万物"不是"混同",而是有了"区别",有了"各自"的"自己",则"人"也"有权""自由"地"判断""自己"的"世界"。

对于"神"来说,"自由"的"纠结"在于:既然给了"人"以"自由",就有可能"丧失""神""自己"的"权威",这是一个"神学"的"二律背反"。"自由""建构""权威",又"解构""权威"。"神"将"自由""赋予"了"人","自己"只"剩余"了"权威",则"权威"必以"惩罚"来"维护",即"消灭"已经"给出去"的"自由",来"维护""权威"。

"神""创造"了"人",也就是"制造"了"麻烦",在"万物混同"的"伊甸园"里安放了"定时炸弹"。

从"消极"意义来说,"偷吃禁果"并非"积极"的"自由行为",是受到了"美食"的"诱惑"之"(被动)行为",谈不上"自由";然而,一切"自由行为"都可以通过"感性"的"途径"来表现,"自由"不等于"克己",而"正己-证己"——"证明"和"证实""自己"的"自由"——才是"现实"的"自由",因而"偷吃禁果"才可以被看作一个"自由"的"行为",而并非一种"贪欲";于是"神"的"震怒",也不是因为"人""过于贪欲",而是在于"违反禁令","挑战权威"。"神"警觉地意识到,如此大胆妄为下去,"人"就会跟"神""平等"了。"人""挑战"了"神"的"唯一性"。于是,"神"必须对"最近者"——自己身边的"叛逆者"——施以"惩罚"。

四、"自由"之"诱惑"

"偷吃禁果"是"人"的"原罪"。"人"并非"吃""果子"而获"罪","偷-盗"才是"原罪"。"吃喝"乃是"人"的"自然"禀性,而"偷盗"则是"挑战"一个由"权威""颁布"的"禁令"。"原罪"并不在于"顺从""人"的

"自然禀性",而是"挑战""权威禁令",并"维护"自己的"自然禀性";不是"克己复礼",而是"无礼复己"。"自由-自己""挑战"一切之"礼","自由-自己""胆大妄为"。

在这个意义上,"神""视""自由"为"万恶之源",而并非"人"的"自然禀性"。"万恶淫为首","自然禀性"之所以会"泛滥(淫)",乃"植根"于"自由","自由"为"无度",打破"界限"。希腊人告诫世人"自知-毋过",阿那克萨哥拉的"无界"观念,受到柏拉图、亚里士多德的批评,"事物"的"自己",正是"事物"的"度"。

基督教的"神"把"自由"给了"人",也就把"无度-无定"给了"人","无度-无界-无限"不是"人"的"自然禀性",不是"贪欲"。"人"之所以"欲壑难填",乃因"自由"的"恣意","我要"而无视一切之"度"。"自由"不是"自然"的事,而是"理性"的事,"自由"乃是"理性"的"僭妄"。"理性-自由""努力尝试""挑战"一切之"度",无论是"自然"给出的,"人"给出的,还是"神"给出的。

"理性"的"僭妄"也是"理性"的"诱惑"。

《圣经》(圣言)告诉我们,"人"之所以"犯禁"乃因"蛇"的"诱惑",因受"诱惑"而"堕落"成为"偷盗者-挑战者"。"人"在"神"的"禁令"与"蛇"的"诱惑"之间做出了一种"选择","选择"是"自愿"的,"人"居然不"听命"于"神",而"听命"于"蛇",此种"选择","加重"了"神"的"愤怒",也"加重"了"神"的"惩罚"。实际上,"神"对"蛇"的"惩罚"无非是永远匍匐于地,永世不得"翻身",这原本也是"蛇"的"本性",而对"人"的"惩罚"则是"人"必须付出"艰苦劳作"来"维持""人族"之"存在"。

"人"从"悠闲"走向"劳作","人"从"思想"的"智慧"走向"劳作"的"技能","人"必须永久地"学习""技能"和"知识"。"知识"和"技能"是"自由"的"成果",这个"成果"以"放弃""悠闲"为"代价"。

"人""自愿"地"放弃""伊甸园"的"悠闲"而"甘愿"以"劳作"来"维护"自己的"存在","人"不惜"流汗-流血"来维护"自己"的"自由","鞠躬尽瘁,死而后已","子子孙孙"永久地为"维护""自由"而"斗争"。

于是"人"意识到,"神""赋予""人"的"自由",并不是"逍遥自在"的"自由",而是"沉重"的"自由"。"自由"是一种"担当","人"要"承担""养活""自己"和"他人——家人以及鳏寡孤独"的"重担"。在"自己"面前的"他人""有权"向你"要求""一切",因为"他人""一无所有"。"自己""拥有"的"自由",使"他人""属于""你";"他人""为你","你"也"必须-应该"为他人"。"你"的"自由"使"你""意识"到,"你""为己",也就是"为他","他人-他者"使"你"的"自由"成为"现实"的,而不仅仅是"思想"的,"他人""有助"于"你"的"自由"的"实现","保障"了"你"的"自由"的"现实性","他人""施恩"于"你","他人"将"自己"的"一切""用"来"维护-促使""你"的"自由";"他人""牺牲"了"自己"的"自由","奉献"给"你",以便"你"的"自由"得以"实现","他者""一切"皆"属于""你"。"自由者""不仁",以"万物"为"刍狗","他者""一无所有",则"有权"向"你""要回""一切"。

"人"作为"自由者""以天下为己任","天下万物"都与"你""息息相关","任务"当然"繁重","责任"自然"重大",于是乎"自由者"并不"逍遥",而是"战战兢兢,如履薄冰"。"自由者""受""神"的"重托","自由者""受命于天"。

"神"因"人"的"自由""挑战"而"震怒",使"人"的"自由""脱离""自由天放"的"原始状态",进入一个"文明道德"的时期,"自由"与"责任"永远"相随"的时期。

"神"因"震怒"而"遗弃"了"自由","令""自由""一切自理","人"不可以以"神""赐""自由"而将"责任""推脱"给"神"。"神""遗弃-不要"了"自由",也就"遗弃-不要-不负"了"责任"。"人"作为"自由者""承担"着"世间"的"全部""责任"。

于是,"自由"的"诱惑",也就成为"责任"的"诱惑"。"自由者"作为"负责人",自有一种"威严";"责任"越大,"威严"越大。"以天下为己任",也就是"天下"的"负责人","威严"不可谓不大。

"负责人"的"欲望",也就是"权力"的"欲望"、"权威"的"欲望"。"权力欲"不是"自然"的"欲求",而是一种"理性"的"欲望",是一种

"自由"的"意志",因而是"不可""满足"的"无限"的"欲望"。

"人"作为"自由者",不仅要"他人""理解",而且要"令""他人""崇拜","自由者-责任人"行使着"信而后知"的"模式","令""他人""信仰"。

"人""挑战""神"的"权威",要"树立-建立-建构""自己"的"权威"。

五、"圣言"与"人言"

"圣言""启蒙"世人,使芸芸众生"得知""人""有"一个"世界","人""有""日月山川"、"小桥流水"。"人""听信""圣言"而"有知"。"神"为"世界""立言","立言"即是"立法";"法"自有"权威","神"因"圣言"而"树立""威严"。

在"神"的"(被)创造物"中,只有"人"才会"说话","神"按自己的"形象-模型""创造"了"人"。

"言为心声",有了"言",则有了"内-外"的"分别",有了"心-物"的"区别",有了"主-客"之分。"人"因有"内"而成为"主体",也因"言"而"有"一个"客体"。于是,按照"神""创世"的"模式","人"的"客体",也是"人"之"主体"的"创造物"。

"名正"而"言顺","言顺"而"有序"。"言必有据",这个"据"乃是"证据",也是"根据"。"动物"或可有"表情",只有"人""有能力""说理","语言"的"本质""根据"于"理性"。"人"有"语言",是"人"有"理性"的"证据"和"证明"。

在这个意义上,"人""立言"也就是为"万物""立法",也就是"理性"为"天地""立法"。"人"因"言"而有了"立法权"。"人""有权"按照自己的"意志-内心声""替""天地""立法","自由"地"建立""自己"的"王国"。在"天下-地上""建立""人的王国"是"人"的"理性"的"神圣使命",因为"人""言"之权,原本是"神""赋予"的,是"神授人权","人"乃是在"天下-地上""替神立言"、"替神行道","理应"得到"神"之"嘉许";但是"人言"不是"神言-圣言","人"按照"自己"的"意愿""行使"自己的"权力","人言"既然是"理性"的,也就是"自由"的。

于是，古代希腊的"理性""自身"的"二律背反"，就转化为"圣言"和"人言"的"二言背反"，"言"即是"律"，是"自由律"与"自然律"的"背反"，也是"自由"与"命运"的"背反"。

"圣言"并非根据"自由律"，而是根据"必然律"。"神"并非按照自己的"自由意志"来"创造""世界"；如果"神"按照"自由律"来"创世"，则将对于世间一切"负有责任"，因而对于世间的一切"恶""负有责任"，也就是说，世间的"恶"其"原因"也在于"神"，而"神"不可能是"恶"的"原因"。"神"固然也"惩恶扬善"，但"神"之"罚"不是希腊式的"平衡"，"惩罚"不是"终极目的"，"拯救"才是真正的"神"之"意愿"，"惩罚""属于""救赎"，"拯救"出于"神"对自己的"创造物"之"爱"，"神""爱""世人"，凡"忏悔-赎罪"者，一律可"回到""神"的身边。"坦白"一定"从宽"，乃是"神"的"千金一诺"，"神"的"许诺"从来不可能"收回"，"神"之"圣言"乃是"必然"的"命运"，"过去-现在-未来"皆在"必然"的"大箍"之中。

在"必然律"中不存在"恶"的问题，"恶"只是"命定"的"过程"中的"现象"。在"神"的眼里，"为恶之人"犹如"迷途的羔羊"，早晚会"归队"，"回到""牧人"的身边，对于"迷途"的、"归队"的，"牧人"一概充满了"爱"。

"神""拯救""世人"并非"神"的"责任"，"神"因"爱""人"而"救""世人"。

一切"责任"皆在"人"，在这个"天下-地上"，"人"是"责任者"，因为"人"是"自由者"，"人""自由"地"发号施令"，"人言"遵守"自由律"，因而"人言"尽管"模仿""圣言"，"申言""服从""神"的"权威"，但"骨子里"却是按照"自由"的"原则""发言"，"借用""圣言"的"权威"来"建立""自己"的"权威"。

按照"宗教神学"的理路，是"人""借口""自由""行使"种种"恶行"，"自由"为"万恶之源"。"人言"与"圣言"的"二律背反"，也就是"善-恶"两种"不同原则"的"言"，乃是"相互""对抗"之"言"，尽管它们在"语言"形式上是"共通"的，但在"精神-原则"上是"对立"的。

可能最初的"言"都有"令-命令"的意思在内，尽管在语句的形式上未必全采用"命令式"语句。"圣言""有光"，内含着"令其有光"；"人言""吃禁果"，也是"让我们吃果子去"。作为"语言-概念""基础"的"命名"，就有一个"令-让"的意思；一个"这是什么"的"判断"，不仅是"描述"，也包含着"令其"为"什么"的意思在内。"圣言"是"发号施令"，"人言"也是"发号施令"，是从"两个司令部"发出的"号令"。"人"这个"自由"的"司令部"因"言"而"建立"了自己的"权威"，而因其"自由"就有"对抗""另一个""权威"的可能性，又因其"自由"，"人言"为"维护"自己的"权威"，就会将这种"可能性"发展成为"现实性"，从而使"自由"在"另一个""权威"的眼里是一种"犯上作乱"，"为非作歹"为其"本性"。

六、"善"-"恶""原则"的"二律背反"

在这个意义上，"圣言"与"人言"的"二言背反"，也就是"善"与"恶"的"二律背反"。这是"神学"的断定。

基督教"神学"不愿意把世间的"恶"归因于"神"，于是"人"的"自由"就"背上了""恶"的"罪名"，因为"人"是"自由者"，也就是"恶"的"责任人"；"人""改变了""世界"，承担着"恶""名"。一切的"科学发明"都曾受到过"神"在"地上"的"代表"——"教会"——的"谴责"和"惩罚"，"教会"的"宽容"是"相对"的、"暂时"的，"谴责"是"绝对"的、"永久"的。"神"的"律条"要"行使"在"人世间-大地上"，必定与"人"的"律条"发生"不可克服"的"矛盾"，"人"按照"理性"的"自由律""行为"，终究是要使"人"成为"僭越者"。"僭越"是"自由"的"本性"。"人""愿意""肩负""责任"的"重负"，"不断地""僭越"，"不断地""超越"。

在这个意义上，"圣言"是"宗教性"的，而"人言"是"科学性"的。"圣言"突出一个"信"字，"人言"则突出一个"知"字。"宗教""信而后知"，"科学"则"知而后信"。只有在这两个"原则""划疆而治"、"各不相干"时，才因"避免接触"而不发生"二律背反"。这是欧洲人晚近才知道的道理。

"神管神的事"，"人管人的事"，是一个理想的"境界"，但"裂土分疆"

又常常是"纷争-战争"的"根源"。"神"为避免"纷争",力求"一统天下","神""要""管""人"的"事",其结果,仍然是"二言背反"的"纷争",因而,"二律背反"是一个普遍现象,也可以说是"不可避免"的现象。

在"神"看来,"人"作为自己的"子民",在得到"自由"、有了"人言"权之后所做的第一件称得上"自由"的"事",居然是"反抗""神"的"禁令",可谓"大逆不道"、"忘恩负义"。而在"人"看来,如果永远"安于现状-忠实服从","自由"则是一个"虚设"的"空位","自由"不在"人"的"言行"中"显现"出来,则同样"违背""神授自由权"的"初衷";"人"不能让"神"陷于"虚伪",则"人""勇敢"地承担起"自由"的一切"责任",宁可陷"自己"于"为恶"之"险境",也要"勇敢"地、"愉快"地、"心甘情愿"地"行使"自己的"自由权","承担""自由"的一切"后果",将一切"荣耀"归于"神",而将一切"苦果"自己"吞吃"了。

在这个意义上,"人"是"神"的"替罪羊"。

"人"能为"自己"寻求的"出路"和"理由",只是努力将"为非作歹-犯上作乱"的"自由",转变成就其本质言乃是"绝对""善"的。

"人"为自己的"自由""辩护":"自由"的"根据"在"理性",并不"受制于""自然","偷吃禁果"并非为"自然情欲"所驱使,而是"理性"的"尝试",是"我要知道",由"无知"而"知"。"自由-理性"有"权""怀疑"一切"现成"的"事物",为"知识""敢于""挑战"一切包括"权威禁令"在内的"权威","自由""动摇"一切"既成事实",通过"知识","建立""自己"的"事实"。

于是,"圣言"固然是"至理名言",而"人言"也是"合理"的。人"自由地""按照理性"来"构建""自己"的"人的王国"。

"自由"当然承认自己一定会"犯错误",而恰恰是"人"的"自由理性"承认"恶"是"不可避免"的,在"人世间"要想"避免""恶"是一个"空想";但"自由理性"也可以承认,"恶"不是"绝对"的,"恶"是要"被克服"的"消极"的"负能量",但"恶"是"自由"在"开创""自己"时会"不断"出现的,"人"与"恶""斗争"具有"持久性";而"神学"的"观念",则是要"建立"一个单一的"天国",一个"全善"的"王国"。

"人"没有"能力""在地上""建立"一个单一的"全善王国","人"持久地与"恶""抗争",只有"神"才有"除恶务尽"的"大能";于是,"神""派遣"他的"特使"做"人"的"救世主-弥赛亚"。"人""期盼"这个"特使"的来临,但至今"人"尚在为"自由-理性-善"而"斗争","人"仍处于"二律背反"之中,在做出"自由"的"选择"中"付出""沉重"的"代价","肩负着""自由"的"责任","鞠躬尽瘁,死而后已"。

"人"之"死"意味着把"自由""交还给""神","交出"了"自由",也就"交出"了"责任","摆脱了""二律背反","回归""单一"的"纯善"的"存在方式"。

七、 欧洲的"世外桃源"

中国的"世外桃源"在"人间",无非是"避乱隐居",在那个"小天地"里,照样"生生不息",也有"变化-运动";只是因为"小国寡民","矛盾"经常"协商解决",这样,"桃花源"只是一个"在""时空"中的"王道乐土";基督教神学"克服""纷争-矛盾"之道要"彻底"得多,它的"伊甸园""在""天上","超越""时空",是一个"永恒"的"天福乐园"。于是,"地上"的"桃花源"只是"时间"中"长短"的问题,而"天上"的"伊甸园"却是"超时空"的"永恒"。

古代人民无论中外,无不"向往"从"纷繁"的"世界""解脱"出来,从"因果律"的"必然大箍"中"解放"出来,"有"一个"自由自在"的"天然"的"乐土",在那里"也无风雨也无晴"(苏东坡),"永享""天福"。

只是欧洲的基督教神学提出了一个"超越时空"的"永恒"问题,将古代希腊哲学中比较"含糊"的"时间长短"的问题推进到"绝对"的层面,改变了"神"只是比"人""活得更长-更强有力"这类的"经验""尺度",而建立了一个"绝对"的"尺度":"神"真正成为"不死者"、"永生者"、"永恒者"。

"永恒"问题从"经验尺度"中走了出来,"超越"了这个"尺度",成为"绝对"的"尺度";"尺度"而又"绝对",则为"无度","永恒"完全从"经验时空"中"超拔"出来。"经验世界""需要""度",而那个"超时空"的

"绝对世界-天堂",则不需要"度","无度"为"无需度"。

于是,在这个意义上,基督教神学改变了古代希腊德尔菲格言的方向:不是"勿过",而是"超越";不是"知己(此岸)"而是"信他(彼岸)",将"科学""颠覆"为"信仰",从而也"颠覆"了"自由"的古代"自然天放"的意义,"自由""摆脱"了"自然",也成为"超越"的"意志"。"自由"一旦"进入""自然-经验世界",则"辛辛苦苦"并"战战兢兢"地在一个"异己"的"世界-自然界""开辟""自己"的"道路"。"天上"的"自由"是那样"无忧无虑"、"逍遥自在","地上"的"自由"则没有那样的"有趣-好玩"。

在某种意义上,"自由"是"万能"的"神"手中"惩罚""人"的一个"武器",也是一个"计谋"。"人"满以为得到了"自由"就立即可以"自在",却不曾想到,"自由"不能"马上""自在","自由"要付出很大的"代价"才"看得见""自在"的"可能性",而将这种"可能性""转化"为"现实性",需要"历史发展"的"无限的长河","自由"是一个"无限"的"绵延"。在"自由"的"压力"下,遂使许多"人"宁愿"利用""自由"的"选择权","选择""放弃""自由","回归""自然",将"自由""归还"给"神"。"人""回归""自然",于是乎,"优哉游哉","逍遥遨游",或者甚至"无知无识","归于""涅槃",已经是东方道家和佛家的一种"选择"。

"自由"只有在"地上"才会"遇到"难以对付的"对手"——"自然",产生"不可克服"的"矛盾"——"二律背反"。因为"自由"原本"在""天上",如今"被罚下地来",原本是"超越时空"的,如今"被罚"到"时空"中,要求"两全其美",就怕"难矣哉"。

欧洲的哲学向"自由""提供了""理路"而"挽救"了"自由","自由"不必"放弃""自己","交还"给"神",而是从"现实"思路上,为自己找到"根据"——"自由"为"自己""创造""时间"。

"自由""搁置""现存"的"时空",通过"自由者"的"行为","创造""自己"的"时空",所以,就"自由者"(这个视角,这个观测器)"看来","时间"是"自由"的"绵延","历史""铭刻"着这种"绵延"的"轨迹","历史"不仅仅是"事件"的"因果链"。这是"历史发展"的"二律背反","自由"与"因果"遵循着"两种不同"的"原则"。以"因果关系"来看,一切皆为"自然","人""听命"于"自然规律"的"摆布",无非是"随波逐流";但就"自由"的眼光来看,则"人"作为"责任者",对一切"貌似""自然"、"无可选择"的"事件"有"不可推卸"的"责任",每一个"事件","人"都是"肇事者",是"始作俑者",因此"历史学"不仅"断""因果",而且"评""功过"。"史家"的"笔",乃是"春秋"之"笔","历史"让"乱臣贼子""惧",不仅"口诛笔伐","令"其"无遗族",而且"载入史册","警惕后世",亦即"令"其"无后",于是,"史家"之"笔",也是"刀笔"。

然而,"自由"既然与"自然""相遇",这种"二律背反"就"不可避免":"现实"的"历史"是一部"纷争"的"历史",不仅"因果"的"关系"有种种"不同"的"证据",就连"史家""评判"的"功罪"也有种种"对立";"史家"固力求"公正",但毕竟不是"神"的"末日审判","翻案"文章屡见不鲜,"后人"的"评说"也难得"同一",即使寄希望于"人民",无奈"人民"也会"众说纷纭"、"因时而异",不是完全"固定"的。

于是,"自由""开创"的"时间",是"异",而不是"同","权威"(包括现实政治的)只能求"一时"之"同",不能"永久"地"泯灭""异"。

然而,一个"绝对"的"权威"——"神"——则在"道理"上有"可能""消弭"一切之"异","建立"一个"完全"的"同"。在"天国"的"大同世界",不允许"异"的"存在";这个"大同"世界,"避免-克服"了"二律背反",只有"神"的"一条""律令"——"听从""神",则"同享太平","神"为"万世开太平"。

为此,"神""收回"了已经给予"人"的"自由","消灭"了"自由",也就"消灭"了"异"。为"收回-剥夺""人"的"自由","神""令""人"为"有死者"。"有死者"而又"自由",是为"有限的自由者",而"自由"本意为"无限-不受限制",这样,"人""自身"又成为一个"矛盾体","人""自相矛盾","人"的"生活"、"人"的"意识"、"人"的"智慧"意味着对"死"的"抗争","克服""自己"的"二律背反"。即,"人"既是"自由"的,又是"自然"的,"人"依靠"理性"的"智慧""保持""自己"的"自由",使"死东西"也成为"活东西"的"轨迹","自然"成为"自由"的一种"存在"方式,使"死东西"成为"活东西"的"记录","自由""激活""自然"。

"人"不必把"自由""交还"给"神","人"努力使"自由"在"时间""中""永生"。

"人"一旦"意识-觉悟"到"人间""自由"的"永生",也同时"意识-觉悟"到那个"超越时空"的"永恒"乃是一个"僵死"的世界,"自由"被"贬抑"为"自然","神""收回"了"自由",如同"宝物"一样"藏诸深山"、"束诸高阁",只是"以备不时之需"。

于是,这个"神"的"伊甸园"虽然"自然天放",甚至"其乐融融",但犹如"一潭死水"、"水波不兴",园中一切"生物",也如"行尸走肉","了无生趣",其"处境"远不如"桃花源"。

"神"的"伊甸园""冻结""时间","终止""变化",也就是"万物"的"终结"。"神"是"异"的"终结者",使"万物""绝对""保持""自身同一"。"瓜果梨桃"固然不会"腐烂",但"种子"也不会"发芽","种子"就是"种子","存在"就是"存在"。就哲学的眼光来看,那个"伊甸园"以最坏的方式"图解"了巴门尼德的"存在"和柏拉图的"理念"。由"终止""自由"得来的"伊甸园"因"避免"了"二律背反"而取得"永久和平",似乎是"万物"在"神"的"唯一律条""安排-控制"下,"各安其位";然则,如果真有"神""在",当不会"满意"于这样一种"永恒"的"局面",就"神学"的眼光来看,这种"死寂"的"世界",只能"炫耀""神"的"权威",而无法"增添""神"的"荣耀","伊甸园"将成为"神"的"玩物",而不是"神"的"光环"。

"自由""在""时间"中的"创造"给"人"带来"功业",也给"神"带来"光彩":"自己"的"被造者"同样也会"创造"。"人"的"自由"的"创造"如何"显示""神"的"荣耀",这个课题,给"神学家"留下了"工作"的余地。一旦"神学家""完成"这个"课题"而被"神"以"优良"成绩"通过",则"人"、"神"都不再"需要"那个"铁板一块"的"伊甸园"的"存在",这样,"终结"的就不是"自由",不是"时间",而是"伊甸园"。

八、"人世间"的"纷争"、"和谐"与"同一"

"人世间"与"天上"的"伊甸园"完全不同,那是一个"征战之地",因

"自由""进入""自然",是两个"不同来源"的"规律"的"相遇","两个""原则"的"激荡","纷争-冲突""不可避免"。"自由"通过"人"的"意志"和"行动","自己""创造"着"自己"的"时空","自由""改天换地"。

当然,"人"不是"神","人"在"创造""自己"的"世界"时,须得"审时度势",不仅"自由地",而且也要"聪明地"(尼采)做自己的工作。"人"固然努力"摆脱""现存"的"时空条件","创造""自己"的"新时空"、"新世界";但"人""必须""在""既存""时空条件"的"基础"上,"建立""自己"的"世界";而对于"神"来说,那个"伊甸园"恰是一个"既存"的"世界","人""被罚""进入"一个"新世界",要用"血汗""开发"出来;而"开发"出来的"成果"却又"归于""神",是"神"的"奇迹",是"神""证明""自己""存在"的"证据"。"人""被罚""有死"而使"自己"一切的"劳作"皆归于"无","赤条条来去无牵挂","人"的"自由"也因"死"而归于"灭寂"。

于是,"人"既然"带着""自由""被贬""下凡",第一要务则为"争取""自由""存在"的"权利",而不使"自由"成为"空谈"。亦即,"自由"不仅是"思想"的,而且也是"现实"的;但"现实-既存"的"时空"是"铜墙铁壁",是"自然"的"必然",于是"冲突"变得"不可避免"。"自由""藐视"一切"既成"的"铜墙铁壁","确信""自己"有"摧枯拉朽"之力,有能力在"废墟"上"建立""自己"的"时空";"时空"是"属""自由"的,而不是"属""自然"的,"自由"为"自然""立法",而不是相反。"自由"不像"孙悟空"有"大闹天宫"的本领,而只能"大闹地宫";"自由"的"证据"在"地上",而不在"天上"。

于是,"自由""需要""科学","自由"要"通过""科学"来"实现""自己"。"自由"通过"科学"使"自己""自然",也使"自然""自由"。于是,在这个意义上,"科学"来自"自由",是"自由""创造"了"科学","自由"为"科学"的"创造者",而"被造者""出","创造者""隐","雕塑(像)""完成","雕塑家"就"隐"去,除非刻上了自己的名字。一切科学艺术之"作品"之所以多有"署名",初不在"维护""知识产权",而是"彰显""自由"。

"自由""创造"了"科学",同样为"自己"树立了一个"对立面"。"科学"的"原则",不是"自由"的"原则";"自由"由"确信""自己"开始,而"科学"以"不信""自己"开始。"自由"以"确信""求知","科学"则以"不信""求知";反过来说,"自由""不信"任何"他者""有可能""限制""自己",而"科学"则"确信""有一个""他者-客体""正在""给""自己"以"限制"。"自由""高傲"地宣称"自己"为"无限","科学"则"谨慎而自谦"地"承认""自己"为"有限"的。"科学"的"可能"的"对象","在""经验世界"。

"科学"在"经验世界""建立""秩序"。"科学"在这个"世界"也"发号施令","令""万物""各安其位-各行其道",在这个意义上,"秩序世界"也就是"和谐世界";只是这个按"科学""原则""建构"起来的"和谐世界"并不是"永恒"的,"科学"的"和谐"并不"终结""万物"的"变化发展","变异"留下了"纷争"的"可能性",而已经"进入""经验世界"的"自由",虽然"被""隐蔽"起来,但却"暗潮涌动","搅动"这个既存的"和谐世界",不使"陷入""死水一潭"的境地,"自由"给这个世界"注入""活力"。

"科学""治理"这个"经验世界",是这个世界的"管理者";"自由"却"引导"着这个"世界"的"方向","自由""维护"着"科学"在"时间绵延"中"无限"发展的"权力",但"科学""面对"的是"有限"的"时空""世界","承受"着这个"时空"的"制约";"自由""引导"着"科学""超越""当下直接"的"时空"而"协助""自由""开辟""另一个""新"的"时空",于是"科学"同样具有了"自由"的"权力"。"科学"不仅是"维持""现实"的"和谐"的"手段",而且是"改造""当下现实"的"强有力"的"武器"。"科学"是"自由"的"武器","科学"为"自由""工作","科学""协助""自由""开辟""理性""自己"的"(新)时空"。

"科学"的"旨趣"在于在"现实世界""建立"一个"和谐"的"王国","确信""自己""建立"起来的"和谐"是"合理"的;但"科学"的"精神"又自"怀疑""开始","科学""总是""打破""自己""已""建立"起来的"和谐体系","重新""取得""更高级"、"更深入"的"发展",在"科学领域","学无止境"。

"科学"由"疑"而后"立""信",似乎"疑"是"绝对"的,而在"怀疑""暂停"时这个"信"是"相对"的、"与时俱进"的,"信""在""时间"中。

"自由"则似乎有一种"相反"的"过程":"自由"的"理性"似乎是确立一个"无可怀疑"的"信","信""自由""自己"的"现实性",由此"怀疑""一切""现存"的"持续-和谐","推动-引导""科学""打破""已建立"的"和谐","重新""建立""和谐"。

在这个意义上,"和谐"是"经验"层面的,而"自由"的"同一性"则是"哲学"层面上的"意识";也只有在这个意义上,即"理性"有了以"自由"为"同一""核心"的"哲学意识","理性"才有"化解""宗教"的"可能性"。

就"知识论"来说,"有理智"的"人"有了"人、手、足、刀、尺"的"知识",并不能与"宗教""抗衡","人"或许有资格"候补"一个"神"的"天使"的"差事",发挥一些"管理"的"才能";"人"只有具备"自由"的"意识",亦即"有了""善恶"的"知识",才"触怒"了"神","被赶出""和谐"的"伊甸园",因为这种"认""自由"为"绝对"之"善"的"知识-意识",将"破坏"包括"伊甸园"在内的"自然和谐",使"人"这个"被造者"成为"创造者"。

所谓有了"善恶"的"知识",也就是说,有了"善恶"的"评判""权",而"人"在没有"自由意识"之前,这个"权杖"一直都在"神"的手中。

"在""人世间","人""自己"来"评判""善恶",尽管"神学-宗教"会说,尔等所做一切比起"绝对神圣"来说,都是"恶"的。"恶"是"善"的"缺失","人"的"自由"的"抗衡",则意味着"善恶""人"自"评判"。如果"人间"之"事"只是"不同程度"的"恶",则任其为"恶的轮回","此亦一是非","彼亦一是非","科学""尊重"一切"人"的"评判",但并不"僵化"一切"评判",唯"理性"是从,唯"自由"为"绝对"。

于是,在欧洲文化传统中,"哲学"是一门很"特别"的"科学-知识"。"(经验)科学"以"感觉世界"为"对象",而作为"超越科学"的"哲学"则以"理性自由"为"对象",以"绝对"为"对象",以"(同)一"为"对象",亦即以"理性""自身"为"对象"。于是,在这个意义上,古代希腊德尔菲神庙的两句格言都有了"交代":"勿过"是对"经验科学"说的,"知己"则是对"哲学"说的。

"勿过"为"谨慎"的态度,而"知己"则为"确信"的态度。"我思故我在"(笛卡尔),"确信""自己"之"存在";在这个意义上,"经验科学""面对"的是一个"可能"的"世界",而"超验哲学"反倒面对的是"必然"的"世界"。"经验科学""在""外在""时空""内""工作","哲学"则"在""自己(内在)"的"时空"中"工作"。哲学作为一门"不同于""经验科学"的"特殊学科",后来欧洲哲学家经过对"超时空"的"本体-思想体"的"理解",到"在""时间"中"同时-瞬间""工作"(克尔凯郭尔)以及"时间性""运思"(海德格尔)的发展,理论阐述固然并不相同,对于基督教神学的态度各异,但在这个"尘世间"坚持对"自由"的"确信"态度则一。

"人"的"理性""在""人世间"有自己的一套,"原则"上无须求助于"神","理性-自由"自己就是"立法者",而又以"科学"来"管理",犹如"神""身边"的"天使""管-令""世间万物""井井有条"、"欢乐和谐","在""异""中"求"同";"和谐"者乃因"异"而"求""和",故曰"和而不同"。"科学""求""不同-异"中之"关系",以探索"万物""运行"之"规律",使"万物""和谐相处"、"和谐发展",如古人仰望之"星空","群星灿烂"而"各有其位"、"各有其道","科学""探索""种种""不同"的"位(置)"和"道(理)"。

然而,"科学""面对""大千世界",只能"与时俱进","不断修正""自己","和谐"总是"相对"的,而"纷争"倒是"永在"的,"科学"永远是"未完成",是"杂多"而不是"同一"。"暂时"的"和谐"不意味着"同一"。"同一"为"出于""一"而又"归于""一"。

于是,"理性""在""人世间",不仅"要""建立""科学王国",而且"要""建立""哲学王国"。哲学"出于""一",而又"归于""一"。

"神学家"常批评"哲学""制造""纷争",当然"事出有因"。古代"哲学"以"科学"的形态问世,"科学"原本从"怀疑"开始,才有"经验知识"在不断"争论"和"积累"中的"发展";"哲学"作为"科学"的一种形态,当然也在"疑"字上下功夫,甚至是"于不疑处生疑"。"理性"之"自由"更是一种对一切"既成观念"的"否定者"和"挑战者"。"自由"是一个"消解"的"力量"。

不过,"自由"除了"否定"的"消极"意义外,尚有"积极"的"建构"意义。"自由""怀疑一切",但不"怀疑""自己","自由""确信""自己"的"现实性",因为"自由"的"现实性""来源"于"自由""自身","自由"的"理想性"与"现实性""同出一源",皆"出于""理性"自身。"万法归一","同出心源"。

于是,"哲学"是一种"特殊"的"科学","哲学"以"自由""自身"为"对象","客体"也是"主体","哲学"遵循着"认识你自己"的古训,为"自由"的"科学",在"主体客体"为"一"的意义上是"同一"的"科学"、"纯粹"的"科学",亦即,"纯粹自洽"的"科学"。

在这个意义上,出乎"神学家"意料之外的,我们说,唯有"哲学"才有"避免""纷争"的"可能性"。"哲学"的工作,包括了"论证""终止纷争(同一)何以可能"。

欧洲哲学的传统,由于"披上了"一件"科学"的"外衣",也会像"经验科学"那样"纷争四起"、"学派林立",又由于"暗含着"(无论有意或无意)"终止纷争(同一)的可能性"这个问题,"哲学"的"诸学派"又各自摆出一副"唯我独尊"、"唯一真理"的架势,遂使"哲学学派"之间的"争论"也都成了"二(众)律背反",不能像"(经验)科学"那样,有较为明显的"进步"。"哲学"在"历史时间"中的"发展",会令"哲学山头"越来越多,各种"主义-论""层出不穷",每一个"哲学学派"都有可能成为"铜墙铁壁",成为一个"没有窗户"的"单子"(莱布尼兹),"单子-学派""内部"力求"自洽","单子"之间则"一片混战"。

于是乎,"哲学""退居""内线","修整内部","苦心经营"起"自己""内在"的"一片乐土",使之"天衣无缝"、"自洽融通",而又"与世无争";并不是说,"哲学""放弃""世界",欧洲的"哲学"传统中固然也有像斯多亚派那样的"逃离""现实世界"的,但在尝试各种"逃离"方式之后,发现可以像基督教那样用一种"超越"的方式,从"自由"的"创造",再"回归""自由"的"基地","哲学"的"工作"就可以在"认知-认识-意识"这条道路上寻找出自己的立足点。

"哲学"仍是一种"科学知识"的形态,但是一个"特殊"的"科学知识形态",它不再以"(经验)科学"为"外衣-形式",而是将"(经验)科学""吸收-融化"为自己的"内容",使之成为"哲学"的"内在"的"世界",成为"自由理性""开创""自己"的"世界"的"经历",也就是在"经验"的"世界"中"意识到-认知到""自由""发展"的"历程",在"种种""可能性"中"认出-识别出""自由""实现""自己"的"必然性"。

在"必然-绝对"的意义上,"哲学"果然有"化解""宗教"的"可能性":一切"纷争"在"哲学"的"同一"中被"化解"为一个"必然"的"过程","哲学"由"始基""出发",又"回到""始基"(亚里士多德),"哲学"的"一""经过""多",又"必然"地"回到""一"。

第六章 "感性世界"的挑战

基督教按"神学"的"理论经营","躲进"一个"超越"的"世外桃源",将纷乱的"人世间"撒手给了"人";"人世间"以"教会"为"楷模","等待""弥赛亚"的"拯救"。无奈"基督教教会"常常是一些不成功的"样板",他们似乎也相信"克己复礼",以为任何的"礼"都可以运用"教会"的"权威""强加"于"人",都能"有效地""克服"那个"不安分"的"己"。事实说明,这是一条无论中外都"不成功"的"路线",打着"天理"的旗号,要来"消灭""人欲",用一个"空洞"的"普遍性""泯灭""具体的现实的""存在",却是"与虎谋皮",其结果适得其反:"天理"因其"空洞"而树立不起来,"人欲"因无"真正的-现实的-有效应的""道理"来"引导",却"泛滥成灾",竟然将那些"圣孙"们置于"伪善"的困境,中国的"道学先生"也多产"伪君子"之类人物。

欧洲思想的运行,到文艺复兴时期,首先出现一股"反虚伪性"的思潮。从正面说,他们提倡的则是一个"真"字,他们"争取"这个"真"的权利,向"教会"的"权威""挑战",要求"收回""率真"的"自然权利",举凡"七情六欲"皆须有"合理性"的"承认"。这股思潮对"教会"犹如洪水猛兽,而当时多数"教会",也因自身已然腐朽,合该将这种"虚伪性"暴露于光天化日之下,成为"反面教员"。

文艺复兴时期的巨匠们向人们昭示,"感性"的"自然"固然"反抗""教会"的"独断",但并不是"无序"的"混沌","自然"有"自己"的"规律",亦即"自然"有"自己"之"理"。"感性自然"与"独断天理"乃是"二律背反-二理背反",只是"独断天理"是"空洞"的,它的"内容"是"想象"的产物,而"自然之理",才是有"现实根据"的"真理"。

于是,那个时期的巨匠们又都是伟大的"科学家"。

"思想""回到"它的"科学"形态,亦即"回到"它的"出生地"——古代希腊,故曰"文艺复兴"。文艺复兴在哲学上的意义在于:使"天理"与"情欲"相结合,使"理性"有了"感性"的"内容",使"思想"有了"存在"的"基础"。所谓"文艺复兴"实际上是"科学复兴",而这正是英国培根的经验哲学追求的理想。

培根是近代欧洲哲学的奠基者,而这块"基石"是"感性"的"自然"。

一、培根的经验主义哲学

欧洲近代哲学从英国经验主义开始应该没有多少悬念,那是一种冲击中世纪神学的思想力量,在那个时代,唯有将欧洲文艺复兴以来的"自然天放"的"情怀"提升到"科学知识"的层面,这个"思潮"才找到了自己的现实和理论的依据,才有了一个哲学学理上的基础。也就是说,"自然天放"的"情怀"才有"权利"和"力量"站在"天道权威"的"对立面",真正形成"二理背反"。

培根的这种"力量"来自"思想方式"的"变革",亦即"思路-思想道路"的变革,而促成这个变革的,又是"思想-思维""工具"的"变革"。培根提倡一种不同于传统的"新"的"思想工具",这个"新工具"和"新道路"乃是从"感觉经验"出发,经过"思想-思维"的"概括-综合",使原本驳杂的"感觉材料""组合"成"有序"因而有"普遍性"的"科学知识"。这样,培根被认为是一种不同于"三段论-演绎逻辑"的"归纳逻辑"的创始人。应该说,"归纳逻辑"对于"经验概念"的形成提供了"逻辑"的"根据",对使"抽象"的"推理逻辑""回归"到"经验现实"的"逻各斯"有巨大的贡献,"经验概念"总需要"概括-综合";由于这种"概括-综合"的"经验性",遂使培根的"归纳逻辑"难以为基督教"神学"所用,因为依靠"经验""概括"

出来的"普遍性",离那"至高无上"的"绝对普遍"的"神"总保持着"无限"的"距离"。"归纳逻辑"只适用于"感觉经验世界",这个"世界"因其由"经验归纳"而"建构"起来,则绝无"神"之立锥之地,于是它是一个"禁区":"拒斥""超越经验者""入内","经验"之"归纳"在这个领域拥有自己的"权威",只允许"科学知识-经验知识"执掌"自然-经验"的"权杖",行使自己的"权力",唯有"知识"才有"力量"。

于是,培根的"知识即力量——知识与力量为一"成为与"宗教神学权威"相"对立"的另一个"科学-知识权威","二律背反"不仅是"二理背反",而且是"二权背反","二力背反"。

就哲学思路来说,培根走的是一条从"特殊"到"普遍"的路线,"感觉经验"是这条路线的"源头","理性"的作用被"限制"在"综合-概括"的层面,犹如蜜蜂由采集到酿造蜂蜜一样,而这种"采集-酿造"的工作,是"产生""蜂蜜"的一个"力量",唯有经过这个"工序",我们才"得到""蜜","采集-酿造"的"知识"则是一种"产生""蜜"的"力量"。

然而"知识"之所以是"力量",乃是因为"知识""创造""财富";在人类"知识""积累-发展"到相当的水平时,人类就有可能"点石成金"。培根的"知识即力量"可能也包含了他所迷信的"炼金术"在内。

培根经验主义的"知识即力量"的"信念",为"人世间"筑起一道"铜墙铁壁","拒斥"一切"超越"的"神学""迷信",却"邀请""炼金术"这样的"迷信"入内,贪婪而认真地"经营"着这个"迷信"。

然而,就"迷信"来说,"科学"与"宗教"也有"原理"上的不同。"宗教"的"迷信"是"超时空"的,而"科学"的"迷信"是"在时空"中的。"宗教"要把"超时空"的"奇迹"在"时空"中"实现"出来,只能是一个"幻想";而"科学"要把一些尚不具备"条件"的"思想"在"一定"的"时空"中"实现"出来,固然注定会"失败",但不排斥在"另一种时空条件"中有"实现"的"可能性";当"物质"在"运动""速度"达到相当的"速率"时,"物质"具体形态的"转变",也还是现代科学家研究的课题之一。"点金术"并不是"绝对"的"不可能性",培根对于古代那种条件下的"点金术"的"信念",故可以批评为"迷信",但他"相信""科学知识""有能力""解决""物质形态""转化"的问题,却是一个"科学"的、"合理"的"信念",其"实现"只是"时间"的"到时"和"空间""条件""具备"的问题。

因此,"知识即力量"乃是一个"科学"的、"合理"的"信念",这种"信念"具有"现实"的"力量",即"科学知识"所"认定"的,都必将"实现"。在这个意义上,同样可以说,"凡是合理的,都是现实的",而且也可以说,"凡是现实的,也都是合理的"。即一切"可知"的,都是"现实"的,而一切"现实"的,也都是"可知"的。只有那"超越时空"、"彼岸"的"神",既不是"现实"的,也不是"可知"的。

就某种意义说,"知识即力量"不仅是对"知识"的"确信",也是对"力量"的"确信",但这种"力量"是要来自"知识"的,而不是来自"独断"的,因而不仅"迷信"不是"力量",而且"宗教"也不是"力量","神"因其不能"建构"一门"经验科学"而不能"产生""力量";或许可以说,对于"神"的"崇拜"会有一种"内在"的"力量",但却不可能有"外在"的、"现实"的"力量"。"神"对"现实""无能为力","神"的"管区"和"人"的"管区"被培根的这一道"科学-知识"的"律令""截然"地"分隔开来"。

这样一个"分割"的"律令",成全了英国作为一个现实的"国家"实体的繁荣富强,"增加"了人们的"精神力量"和"物质财富",使"权力"和"财富"打上了"知识-科学"的"金字招牌",使之不仅是"私人"的事,而且是"公众"的"事业",得到"科学知识"的"研究"和"实验"。"科学"的"概括性"和"普遍性",使得"凡科学的,也必定是可以普及"的,"知识"必定是可以"掌握""大众"的,因而,"财富"和"权力""原则上"也是"科学"的"事业",也是"大众-公众"的"事业",而不仅仅是某个"家族"或"个人"的"特权"和"私产"。

这样一个基本的思路,对于欧洲现代社会的建设和发展,会起到积极的推动作用,也是意料中的事情。

"知识即力量",离开"知识-科学",一切都是"无力"的、"软弱"的;而"知识"是"公众"的,凡是"科学知识"就有可能"令"一切人都"不得不""承认"。"科学知识"有一种"普遍性"和"必然性",不以"私人"的"好恶"为转移。

所谓"力量"亦即"改变现状"的"力量","知识即力量",也就是说,"唯有""知识-科学"才有"改变现状"的"力量"。即使如"教会"那样的"权威",也只能在它那"小天地"里"发号施令";只有遵从"科学知识"的"意志",才是"有力"的。单纯的"意志"或成为"空想",不是"权力意志",而是"权力科学","权力"也要有"科学知识"的"支持"和"组织"。培根这样一个"科学复兴"的"律条",奠定了欧洲现代"国家-政治"学说的科学基础,英国从培根到洛克特别是霍布斯,对于"国家-政治"学说都有相当的贡献。

不但"自然"的"事",而且"人"的"事",都成为"科学知识"的"对象";"人"原本是"自然"的一个"部分",而并非"神"的"宠儿",这个观念的转变,使人们原则上可以以与对待"自然"相同的态度对待"人","研究""人"的"普遍必然"的"规律",建构一个"科学"的"知识体系"。

二、霍布斯政治国家学说之哲学基础

英国哲学在洛克将培根的经验主义知识论原则作了深入推进以后,国家和政治的问题也进入经验哲学的视野,霍布斯在理论的深度上将这个问题推进了一大步,提出了后世凡在这个问题上要"追根寻源"的探索者绝不可忽视的"理论",即"国家"作为"政治组织"的"出现"乃是"理性""脱离""人"的"自然状态"的"结果"。

如何理解霍布斯著名的"自然状态"?"自然状态"并不是"动物状态","动物世界"并不一定是互相厮杀的场面,那么"人"的"自然状态"——那种"一切人反对一切人"的"状态"——就是连"畜生"都不如的"野蛮状态"。

"人"的"野蛮状态"是比"动物"还要坏得多的一种"自私"状态,"一切人-每个人"都"为""自己"的"利益""反对-恐惧-整治""一切人",所"坚持"的不是"自然"的"普遍原则",而是"自然"的"个别原则",尚未将"经验"的"个别性""提高"到"经验"的"普遍原则","个别的""意识"尚未"提高"到"科学知识"的"普遍意识",这就是说,"统治-支配"着这个"世界"的不是"科学知识-理性"的"普遍性-公众性",而是"个体"的"自私性"。在这个世界里,只有"偶然性",没有"必然性","人人"都"意欲"从这种"偶然性"中攫取"个体"的"最大利益",一个人一个"原则"。于是,不仅是"二律背反",而且是"万律背反",从而是一个"无原则"的"混沌"的世界。人人都有"机会"成为"创世主",人人都有"称王称霸"的"意欲",人人都"唯我独尊",于是也是"人人自危","人人以邻为敌"。霍布斯的"自然状态"的"世界",是一个"恐怖世界",与"动物世界""无意识"地趋向"平衡和谐"的"世界"完全不是一个境界。东方观念中的"桃花源"把这种"人吃人"的"世界"反衬得鲜血淋漓,当是欧洲现代"财富竞争"的一个对照。这是在哲学理论上企图指出一种"经验普遍性"-"科学知识"的"必然性"的"需要",现代欧洲社会"需要"培根经验哲学的"知识即力量"之"引导"和"规范","知识"必须有"普遍性-公众性"才会产生"力量";否则各种"力"就会"抵消"或"湮灭"。

舍弃"公共性-普遍性"的"知识"实际上是一种"无知",是一种"野蛮"。

霍布斯的"自然状态"的"人",并非"动物",他们也有某种意义上的"智慧",有时候还"聪明得很",他们的"智慧"局限于种种"计谋",他们把"聪明才智"都用在了个体的"利害关系"上,即"维护"和"扩充"个体的"财富"和"权力"上,即使"得势"于"一时",仍然"惶惶不可终日",感到"众人"都在"或明或暗"地"反对"他。

霍布斯的"自然状态"下的"人",或许"人人"都有很高的"谋略",他们有一套"计谋"来对付"他人",也会发明一套"高明"的"技术"来对付"自然",攫取"自然"的"财富"。然而这种种"计谋"和"技术"都不是培根意义上的"知识",这些"技术"的"力量"因缺乏"普遍必然性"而"行之不远"。这些"控制""他者"——"自然"和"他人"——的"能工巧匠",充其量只是一些"小智慧"和"小计谋",相比"科学知识"的"普遍必然性"来说,只是"雕虫小技"。

这些"技术",因为脱离了"科学知识"的"规范"和"指导","坚持"着、"执着"于"自己"的"个别性",不能甚至"拒绝""上升"为"科学"的层面，就难免带有浓厚的"私人"的"私密性"——"大内秘方"，"不得外传"；"科学知识"或因科学家的个人品质以及种种环境而"保密"于"一时"，"私密"的"技术"则因本来缺乏"公开性"的品质而常"藏诸深山"、"束诸高阁"，本无可能"传诸久远"，一旦被"发现"或会有一时的"轰动效应"，但"终究"会被善于"解密-揭秘"的"科学知识""戳穿其""虚假"之本质。

"非科学性"的"技术"依靠的"理由"和"根据"是单纯的"偶然性"，凡有"一次性""成功""纪录"者，都令那"心怀鬼胎"或"心怀叵测"的"某个（些）人""有理由-有根据""产生""信心"：凡"过去""有过""成功纪录"者，"未来"也总有"成功"之日，尽管"现在"屡试屡败。虚假的"过去"将"未来""推"到"无限-不定"，因而"设定"的也是一个"虚假"的"未来"。

当然，"科学性""技术"也有"失败"之时，但"科学知识"的"普遍性""规范-指导"着"技术"的方向，"技术"也"检验"着这个方向，"科学-技术"相互"校正"，"必然性"通过"偶然性""显现"出来。就"时间"来说，我们关于"过去-现在-未来"的单纯"知识-所知"都"充满"了"错误"和"偶然性"，唯有"科学知识"之"普遍性""信念"能够-有能力给它们的"确定性"以"信心"，不仅"确信""有一个""过去"，"有一个""现在"，而且"有一个""未来"。"科学知识""保障了""未来"的"确定性"和"现实性"，遂使我们对于"未来"的观念不"流于"-"止于""空洞"和"不着边际"的"无限绵延"。"科学知识""使-令""未来"也具有"现实性"，"科学知识"之"普遍必然性""令-使""未来""存在"，而不仅是空洞的"思想"。

一切"雕虫小技"都"许诺""有"一个"未来"，但这个"未来""在"遥远的-无限的"将来"，基督教"许诺""弥赛亚""终将""来到"，甚至说"弥赛亚""曾经""来过"，只是"现在"还没有"来"。"希望"的"现实性""在""过去"和"未来"，就是"现在"没有"现实性"，这样的"矛盾""理路"，唯有"科学知识"有能力"克服"，有能力"赋予""未来"以"现实性"，也"赋予""希望"以"现实性"。

"科学知识"的"普遍必然性"特点，并不将人的"视野"只"局限"于"过去"和"现在"的"既成事实"，培根、洛克、霍布斯从"感觉经验"出发

"建立"的"普遍必然"的"科学知识"的目光注视着"未来",他们要"建立"一个"新世界","宣布"一个"新世界-新大陆""必然""诞生",他们"期待"着这个"未来"的"来临"。

就社会思潮来说,霍布斯还"扭转"了由"文艺复兴"加重了的"复古主义"的倾向。其实,自古以来,无论中外,社会总有一种关于"古代黄金世纪"的"情趣"。"现实世界"总不那样"万事如意",有时候甚至是"坏透了","未来"如果又那样的"不确定",于是人们常常"幻想"着"过去"的"好时光",中国古代的孔子难免,希腊古代的贤哲也难免。欧洲文艺复兴尽管在当时对现实有一种冲击的力量,也开创了一个不可逆转的"新世界",但仍然有一件"复古"的"外衣"。

霍布斯的关于"自然状态"的"描述",尽管是为一个"哲学理论"所作的"设计",并非历史考古的"证据",却揭示了人的"原始(自然)状态"被"隐藏"着的一面,以其"自我的原始自然意识状态"的"真实性""震撼"了"人心":原来人的"自然原始状态"是一个可怕的"人人不得安宁"的"恐怖世界"。

"万律背反"、"强者为王",所谓"强者"包括了"体力的"和"智力的"方面。"体力"是"有限"的,"智力"似乎可以"无穷无尽",所以总是那"诡计多端"的"强者"为"王";而似乎有"无穷潜力"的"智力",当然只是"相对"的,"强中自有强中手",以"阴谋诡计""攫取"的"权力",也总是被"另一种""阴谋诡计"所代替,似乎人人皆有"彼可取而代之"的"野心"和"力量",人人都可能是"阴谋家"、"野心家",人人都可以是"窃国者","王""警觉地""监视"着"一切的""他人",而"他人"又都"觊觎"着"王者"的"权位"。"权位"和"占有"是"一切人"的"本质欲求"。在"权力意志""支配"下,历史是"阴谋诡计"的"轮回"。

霍布斯在"自然状态"中"发现"了"国家"这种"社会组织"的"起源","国家"使人们"摆脱-脱离""自然状态",进入"文明状态"。

"国家"之所以是"文明"的"产物",是因为"国家状态"标志着由"私密技术"到"公共知识"所跨出的现实的一步。"国家"是一个"知识状态",具有"普遍"的"力量";"国家"的"君主"是"众人""意欲"的"集中",

在"国家状态"中,"一切人""各安其位",每个人行使着"他人""认同"的"权力",得到"他人""认同"的"报酬"。"国家"是一个按照"知识"原则"建构"起来的"组织",在这个"组织"中,"每个人"不是一个"自在-自为"的"原子","人"的"自己""在""关系"中,"自己"由"关系"决定,亦即"自己"由"异己""决定","人际关系"和"人的行为"由"因果律""规定"。在"国家"的"组织"中,"人"不能-不允许"随心所欲"、"为所欲为","人"须得"克己复礼",才能在"国家组织"中"各行其道"而"相安无事"。人人都按"共同""规定-指定"的"轨道""作息","摆脱""私欲"的"无限膨胀"和"扩张","获得"一种"理智"的"有限"的"自由","心甘情愿"地做一颗"有理智"的"螺丝钉";由于"国家"这部机器运转的必要,各种"螺丝钉"都能发挥作用,原则上不会被"取而代之",它尽力发挥作用,直至因"磨损"而被"废弃",也算是"鞠躬尽瘁,死而后已"。在此意义上,不仅是"克己复礼",而且是"复礼克己","复礼"而后才有可能(强制)"克己"。

表面上,"自然状态"似乎很"自由",人人"各显身手","强者""为王""天经地义";然则"自然"的"原则"不是"自由"的"原则",人人"为所欲为"是人人受"欲-欲望"支配,是一种"受支配"的行为,而不是"自由"的行为,各种"智慧"也是对"兵来将挡,水来土掩"的一种"因果律"的"利用"。霍布斯的"国家""组织"恰恰给了"民众"一道"自由"的"曙光",尽管这种"自由"是"有限"的,是"一定程度"意义上的"自由",但毕竟向人们揭示了"人"的"理性"有"克制私欲"的能力,"人"有"摆脱""私欲"的"能力",亚里士多德所谓"人是城邦的动物"也不是一句空话。

由此我们或许可以说,"国家"的产生,是"自然状态"-"万律背反"-"矛盾""不可克服-不可调和"的一种"产物",其目的是希望由"纷争"走向"和平-宁静"的第一步。

然而,既然"自然状态"中人人都有"暴力"倾向,都有成为"恐怖分子"的可能性,则"国家"这种"组织"就必须是"更为强大"的"暴力组织"才有可能"压制"其"臣民"的"暴力"倾向,而"国家组织"中的"人"比起"臣民"来总是"少数","少数人"要"压制""多数人",除了依靠

"组织团结"的"力量"外，尚需"统治"的"技术"，而"组织"原也是"技术"的一个部分。这种"技术"要来"对付""多数人"，须得有"普遍性"的"知识"，而不能仅靠"私密"的"权术"，传统的"统治权术"需要披上一件"知识"的"外衣"，要让人人都"懂得"，不仅"君主""需要"这个"强权"的"国家"，"臣民"也"需要""国家""强大有力"，以"维护"自己的"利益"。"国家""保护"在其"治下""臣民"的"既得利益"不被"他人""随意""剥夺"。在"国家"中的"臣民"，遂得"安居乐业"。

就霍布斯的理论来说，"国家"既"脱胎"于"自然状态"，这种"状态"当然谈不到"普遍"的"意志"，人人各怀鬼胎，"国家"无由"寻求""共识"，也就无由"代表"一个"统一"的"意志"，而是将"统治着"的"意志""强加"给"臣民"，"令""臣民""接受""君主"的"意志"，这样，"君主"的"唯一"的"意志"，也就是"统一"-"普遍"的"意志"，是人人"必须"要"接受"的"意志"。

在这个意义上，"国家"组成的"社会"，就只是一个"经验性"的"实存"，"国家"作为一个"政治组织"来说，主要是"经验地-有条件地""协调""臣民"的"利益"，制定"法律"和"律条"来"限制"种种"越权"的"暴力"行为，保持人民"恒久""摆脱""自然状态"而"安居乐业"。在这个条件下"建构"的"国家组织"当然是"有序"的，人的行为也是有"道德"和"法律"的"准绳"的；然则，这样建构起来的"组织"本质上仍是一个"自然"的"组织"，而不是一个"自由"的"组织"，在这个意义上，"国家"以及它所标榜的"公众意志"只是一个"经验的普遍性"，它所"摆脱"的只是"无组织"的"自然状态"，这种"无组织的自然状态"进入"有组织的自然状态"，但尚谈不到"道德自由"的问题。在这个"政治组织"中，只须"智者-知性"向"人民-臣民""颁布""法令"，"智者-王者"为"自然-臣民""立法"，"道德"只是"遵纪守法"，"德性"也只是涉及一些"经验性"的"道德规范"，以此"建构"一个"各安其位"的"自然和谐社会"，人民在"君主""法律"的"保护-限制"中过着"循规蹈矩"的"生活"，这种"生活"被"美化"为"自然天放"或者是"田园牧歌"式的"世内桃源"。为保持这种"生活方式"，这个"有组织的自然状态"要"避免"的是"纷争"，要"争取"

的是"和谐"。

于是,在哲学的审视下,霍布斯的这个"国家"学说并未涉及真正意义上的"道德"和"自由",因而,也就没有真正意义上的"责任","责任"也只是"协商"或"智者-知性-王者""审时度势""设定"出来的,只有"经验"的"必要性",而无"理性"的"必然性"。

三、 卢梭政治思想的哲学意义

事情似乎是:在政治哲学方面,英国的霍布斯没有跨出的一步,由对岸法国的卢梭做到了。卢梭所做的工作,后来德国的康德评说牛顿为"自然""立法",卢梭则为"自由""立法",于是我们可以说,卢梭乃是"政治哲学"里的牛顿。

关于卢梭政治哲学一直有许多争议,就与我们现在的论题有关的,我们首先的印象是他的态度和霍布斯似乎是完全相反的:他对人类的"原初状态"是肯定的。霍布斯的"自然状态"是要"克服"的,由"自然"进入"文明"是一个"进步";而卢梭则认为,"文明""社会"使人陷入罪恶的深渊。卢梭早年那篇获奖的论文,以丰富的感情和犀利的笔法,对当时社会的种种黑暗发出了强烈的抗议,赢得很多民众的共鸣,也使他自己一举成名,而那个"道德"和"科技文明"的矛盾备受重视,成了欧洲哲学持续的问题,直到胡塞尔、海德格尔仍然认为"(高)科技"的"发展"和"泛滥""掩盖"并"损害"了"人文"的"根基",欧洲哲学似乎处处都要迎接卢梭问题的"挑战"。

事实上,卢梭本人也未能"摆脱""早期(文明冲突论)"与"后期(契约论)"的困境,要为自己思想的"一致性"辩护。

在那篇获奖的论文中,卢梭看到了两个原则-两种状态的"二律背反",这两个原则的互相"渗透",必然形成"干扰","冲突"不可避免。"道德"所"建立"的"原则",对"科学技术"不断"僭越"、"突破";而对"科学技术""建构"起来的"世界","道德"按照"自己"的"律条"则又不断"颠覆"。这就是说,这两条"律令"不是"同步"发展的,"科学技术"的"进步",恰恰是"道德"的"退步",因为"推动"它们"进步"的"原理-原则"不仅是

"不同"的,而且是"相反"的,它们之间的"磨合"是一个"问题",在"现象"-"现实经验世界"所突出"显现"出来的是它们的"矛盾",这一点被许多有学识的人抓住,而卢梭则抓住了这个矛盾在"现实"中的"不可调和性",抓住了这个"矛盾"的"本质"。

卢梭的这项工作,在哲学上的意义大于它直接表现出来的"历史"方面的意义,他因为设定了一个"道德"的"原始状态"而备受批评。实际上,卢梭的这个"德性的世界"本是"理论"的"设定",而不一定是"历史"的"事实",他也没有用多少当时"考古学"的"材料"来"证明"这个"状态"的"存在",但却把人们的眼光引导到这条"历史学-人类学"的道路上来,产生了许多"误解"。

实际上,无论是霍布斯的"自然状态"还是卢梭的"德性状态"都是一个"理论"上的"设定",而不是"历史"上的"事实"。历史上人类的"原始状态"要靠"人类学"、"历史学"等"经验科学"不断的"探索"才会有比较清楚的面貌;霍布斯和卢梭所说的,应是一个"理论"的"假设"——为了"设定"一个"原始"的"出发点","设定"一个"原则"——他们认为这个"原则"是被当时的"现实状况""掩盖"着的,因而要"揭示"出来,"揭示"它们原来是"最根本"的,"现实状态"是由那个"原始状态""发展-变化"而来的,截至此点,卢梭和霍布斯是一致的,所以卢梭政治哲学受到霍布斯以及洛克的影响,也是很明白的;但循此以下,他们的理解则采取了相反方向,"向上的路与向下的路"原本是一条路,只是"坐标-视角""转了",也是一个"革命性"的"转化"。

霍布斯将人类的"原始状态""定位"在"自然",卢梭将这个"状态""定位"为"自由(德性)",卢梭将霍布斯的"定位""颠倒"了过来,"进步"成了"退步",倒也顺理成章。

卢梭有一句著名的格言,"人是生而自由的,但却无往不在枷锁之中","自由"是"天生"的,"锁链"则是"经验"的,由此将"理论"的问题转化为"历史"的问题,引起了"理解"的"混乱"。卢梭自己也未能摆脱自己设下的"陷阱",因为"天生-生下来"都还是"经验"的,于是"经验"越少,则"自由"越多,反之,"经验""积累"越多,"自由"就越少,犹如"年龄"增长使人"失去""童年"的"天真"那样。如果"思想""止于"这一步,则中国传统"道家"要比卢梭更加深入透彻。

问题是,"生下来"的"自由"实际是"想象"中的"自由",无非尚未来得及"沾染-熏习"上世间种种"习性"而"显得""自然天放",这种"自由"仍然是"自然"的,不是"道德"的。卢梭后来再三强调他绝不是要将人类引回到原始"野蛮"的"状态",也是因为有霍布斯的"前车之鉴",如果那样,他的"坐标"又"转"回到霍布斯那里去了。

"自由"和"自然"遵循着两个不同的"原则","初生儿"固然"天生童真",但他"尚未""自由","婴儿"不同于"宠物"的地方在于他"孕育"着"自由"。

表面上看,婴儿似乎很"自由",通常"被允许""无视一切规矩",甚至在一定年龄内可以"童言无忌",在这层意义上,他可以"超越""时空条件"的"制约",享受"天生"的"自由"。但是,婴儿-儿童的这种"自由"仍然"在""时空"条件中,尤其是在"时间"的"条件"中,他可以"摆脱""外感官"的"制约",但不能"摆脱""内感官"的"制约"。不用说他受到"饥渴"的"驱使",要依赖"他者-父母"的"喂养","冷暖"要依赖"他者"的"呵护","风雨"要"依赖""他者"的"遮盖",他的种种"需求"全部都是"感官"的,而他得到的种种"呵护",一般也是"有条件"的,而且是"有时限"的。每人的"童年"都不相同,而且"童年"犹如"青春"是"留不住"的,是受"时间""制约"的。"怀念""一去不复返"的"童年",是"诗人"的"情趣",不是"哲学家"的"思想"。"哲学"的"眼光""注视"着"成熟",探讨着"理念","思考"着"事物"之"本质","研究"着"人"之所以为"人"的"根据"。"哲学"的"视角""显示"出来这样一条道理:如果"人"皆为"长不大"的"婴儿",则必得有一个"神"来"呵护"他们,"神"是"他们"的"主",是"他们"的"在天之父"。在某个意义上,"长不大的人",可能永世不得为"人"。

什么叫"成熟"的"人"?"成熟的人"是为"成人","成为了人","他"是"人"了。在哲学的视角看来,"成人"的"标志"在于"他"有了"理性","理性"使"他""独立",使"他""成为""人"。然则,这里的"理性"

意味着什么？

有许多"聪明"的"儿童"，有的是少有的"天才"，但他们还不是"成人"，这样，"成人"的"理性"的意义不全在"聪明才智"，不全在"自然"方面，而在于"道德-德性"方面。这正是卢梭的"原始状态"的真正意义所在，而他自己并未清楚地揭示出来，只是在那篇获奖论文中蕴含了这层意思："科学技术"的发展之所以"退步"，不是相对于"儿童天真"而言，而是相对于"道德自由"而言。他所鞭笞的社会是"道德-自由遗忘"的社会。

"道德自由"不同于"儿童自由"，"道德自由"是"责任"的"根据"。而按照古代赫拉克利特，"儿童"为"王"，"令""他人"围着他"团团转"，但却并不负任何"责任"。

在这个意义上，"道德"的"问题"将"自由"从"自然"中"超拔"出来，成为"理性"的"纯粹"的"领域"。对于这个"纯粹理性"的"领域"，卢梭在他的获奖论文中用现实社会状况作了对比性描述，但在道理-理论上界限得不是很清楚，只有在道理-理论上作出更深入系统的"划分"后，他所揭示的问题才能以更清晰的轮廓展现出来。

当然，"理论"上的"混淆"必有"实际"上的"效果"，当"道德自由"问题被掩盖、被遗忘时，"自由"与"自然"的"二律背反"并未因人们的"疏忽"而"偃旗息鼓"。当法国雅各宾派以为他们的"革命"可以如同"儿童游戏"那样"为所欲为"时，等待他们的则是"事与愿违"的"后果"，因为他们作为"成人"，对于一切所作所为，都负有"不可推卸"的"责任"。"革命"不是"儿戏"。

"科技社会"在"时间"中（一时、有时）或可能"遗忘""道德法则"，而"道德法则"绝对是"疏而不漏"，它会以自己的"绝对性""警示"一个"败坏"了的"社会"。"道德法则"之所以有这样的作用和"权力"，乃在于它的"根据"在"理性"的"自由"，而"科学知识"与"科学性""技术"同样也要"根据""理性"和"自由"，"科学知识"不仅仅是由"盲目"的"感性需要"所驱使。"科学技术"之所以可能有"高度"的"发展"，不是"人类""本能需求"的"结果"，而是"理性"和"自由"的"创造"——"科技"的"发展"是对原有现实条件的"突破"，没有一种"自由"的"精神"，人类

"科技"也就"安于""丰衣足食"的"自然乐园";正是有了"理性-自由"这种"无限"的"精神",人类"历史"才有"进步",尽管这个"进步"会付出很大的"代价",但"推动历史进步"因植根于"理性-自由",也就成为人类自身的"责任"和"使命"。

"儿童"并无此"责任"和"使命"。我们之所以"寄希望于""下一代",称"儿童"为"祖国的花朵",并不是"希望""他们-儿童""永远长不大",而是"寄希望"于他们"长大"、"成熟"后"理性-自由""意识"的"可持续发展"。

就中国传统语境来说,也许我们把"儿童""成长""成人"理解为"寄希望"于"他们"由"道家""成长为""儒家",由"自然""走向""社会国家",由"赤子之心"走向"精忠报国"。"赤子之心"固然"可爱",但"精忠报国"则更加"可敬"。

"儿童"的"天真烂漫"的确非常"可爱",尤其是"成人"已经不可能"回归"到"儿童",则"童年"就更加"珍贵",但是很少情况下人们会以"可敬-敬重"加之于"儿童"。"敬重"只会被加之于"德性","天真烂漫"不会"引发""敬重"之情,"儿童"不是"敬重"的"对象"。

就这层道理来说,我们要退回到在卢梭之前的法国大哲学家也是欧洲近代哲学奠基者笛卡尔那里,他曾说过,我们刚生下来是儿童,理性意识尚未成熟,但已经对许多事物有所"判断",这些"判断"的"根据"是"感觉经验",因而可能是"不可靠"的。这样,笛卡尔突出的问题则是"可信"-"真理",也就是突出了"知识论"的问题。

于是,欧洲哲学(以及宗教)围绕着"可爱(美)-可敬(善)-可信(真)"展开了自己的思路,形成了自己的"历史"。

第七章　近代欧洲哲学发展的另一条思路：笛卡尔的理性主义

单就法国哲学发展来说，我们这里的阐述把时间颠倒了，但就哲学思路来说，我们先把经验主义思路整理出来，然后重新开始整理另一条思路，也还有方便之处：笛卡尔正是和英国培根不同的另一条思路。不过，我们马上就要来研究，笛卡尔固然与培根的出发点、立足点皆"异"，但在哲学精神上，也还有一致的地方，这种"哲学的精神"深深植根于"欧洲"这个大的"精神文明"圈子里，所以，尽管按传统哲学史的说法，有"经验主义"和"理性主义"的"对立"，但在这种"对立"的"背面"，有着一个"同一"的"根基"，这就是为"探索""认识对象"的"可理解性"、"规律性"而做出的努力。在这个"大方向"下，培根走的是从"感觉经验"到"理性理智"的"向上"的路，而笛卡尔走的是从"理性理智"到"感觉经验"的"向下"的路，两条道路上都会遇到"困难"，因为"道路""方向"不同，遇到的"困难"也有所不同。他们为"克服"各自的"困难"想出了各自的"方法"，丰富了欧洲的"哲学""园地"，然而"向上"和"向下"的"路"毕竟是"同一条路"，即使是一条"笔直"的路，他们也有"瞬间"的"相交"，如果是一些"圆圈"，则"相交"就会是相当"频繁"的。

一、从"感觉的挑战"到对"感觉"的"怀疑"

笛卡尔的哲学从"怀疑"开始,却不"止于-终于""怀疑",所以他不是严格意义上的怀疑论者,而是以"怀疑"作为准备扬弃的"过程",引导到"不疑"。笛卡尔哲学旨在"建构"一个"不可怀疑"的"世界",这个被"建成"的"世界"是一个"思想体系",而这个"思想体系"因其具有"必然性"而"无可怀疑"。

于是,在笛卡尔的"思想体系"中,没有"偶然性"的位置,也就是没有"感觉经验"的位置,它们被"悬搁"起来"存疑";但由于笛卡尔的这种"悬搁-存疑"对于"感觉经验""保留"了另一种"理性主义"的"思路",由"悬搁"而"开放"给"另一类型"的"科学"。

当其时也,笛卡尔的这种"存疑"态度实际上"颠覆"了一个"传统",否定了欧洲从文艺复兴以来把"感觉经验"作为"思想"的出发点的传统,这个传统,在英国培根那里已有很好的"总结",培根将"思想-概念""建立"在"感觉经验"之"概括-综合"的基础上,发展成为"经验科学"的"哲学"思路。

这条"经验"的路线,笛卡尔认为是"不可靠"的,因为通过"感觉经验""给予"的"材料"是"不稳定的","存在"与"不存在"只是"时间"的问题,也就是说,"感觉经验"的"稳定性"只是"刹那间"的事,"感觉经验"不可能提供"稳定"的"材料",用这种"材料""建构"起来的"知识",因其处于"存在-不存在"的实际"矛盾"中,就"思想"来说,则又处于"是-非"之"二律背反"中,"知识-概念-判断""自己""毁灭""自己"。"今日之非,昨日之是",反之亦然。于是,"时间"原是"存在"的形式,如今却成为"消解"的力量,遂使"空间"中"存放"之"物"也成为"瞬息万变"难以"捕捉"之"物","刹那间"发出"如今安在哉"之感叹。

"哲学"要追问的正是这"安在"的问题。"世间万物""在"哪里?"世间万物"并不"在""感觉经验"里,"感觉经验"里的"万事万物"皆"空(无)",唯有"思-思想-思维-理性"有不受"时空""限制"的可能性,而不被"时间""吞噬-湮灭";在这个意义上,"感觉经验"不能"拒斥""怀疑",只有"思-理性"有"理由"、有"权利""不接受""怀疑"。"思-理性"之所以有这种"特权",乃在于它"自身""独立","无需""外在-他者"的"支持","自成一体"。此处之"体"是为"体统",而非"物体-事体",故中文为"本体",又为"实体"。当然,笛卡尔把"感觉经验"的"事物"也叫作"实体",是与"思想-理性"相对立的"实体",所以笛卡尔也被称作"二元论者"。但在某种意义上,我们也可以说,世间"万物"——"感觉经验"之"事物"——既然没有"坚实"的"基础",则我们或可把它们叫作"空体"。

这样,笛卡尔的"怀疑论"之宗旨,也可以说是"破空体"而"立实体-立本体"。

我们也可以说,"我思故我在"中的那个"故",并不像黑格尔说的不是"推论"的词汇,这个命题仍然可以理解为是一个"蕴涵式三段论","思"已经"蕴含"了"在",这在安瑟伦的"神存在"之"本体论论证"中已经被运用了:"神"为"全",则必然"蕴含"了"存在",故"神""必然""存在",在这个意义上,笛卡尔的这个命题并未脱离这个理路;但是黑格尔之所以把这个命题不作"推论"看,乃在于这个"蕴含"不同于一般"三段论",这里的"前提"中"蕴含"的是一个"否定","在"是"思"的"否定",因而"前提"是"能动"的,向"自己"相反方向"转化","思"自己"否定""自己",成为"存在",这个辩证过程,笛卡尔是没有的。

二、"我思故我在"

笛卡尔的"怀疑论""落实"到"我思故我在"这句名言上,对此欧洲学者有众多的研究,这里想侧重强调的是,这句话的意思当然把重心从"感觉-经验""转移"到"思想-理性"上来,建立了一个"理性主义"的哲学体系;但是这句话还有一层意思,即强调了"存在"的哲学意义,将重心从"感觉经验"意义上的"存在""转移"到"理性-思想"意义上的"存在",在这个意义上,笛卡尔也是近代"本体论"的"重建者"。

对于如何理解笛卡尔的"我思故我在"欧洲近代哲学史上多有争议,笛卡尔自己阐述的意思是接着他的"怀疑论"来说的。他指出，你可以"怀疑"一切，但"你在怀疑"则不容"怀疑"，否则你就"自相矛盾"，你的"怀疑"就会"自行消解"。然而，这个"论证"固然有相当的力度，但毕竟还只是一个"反证"，而"正面-积极"的意思还需要进一步的阐述。

在后来的德国古典哲学视角中，笛卡尔这句话的正面意义受到了批评，康德认为"思维"和"存在"是不同的领域，不能互相"推论"，因而不可以用"思维"来"证明""存在"。就康德的严格的"批判-批审"精神来说，从"理性（领域）"的确不能"直接""推断""感性（领域）"的"事情"，他的"知识论"是要把两个"不同""领域""结合-综合"起来，否则"思想"就是"空洞"的，"感觉"也是"盲目"的。问题是，笛卡尔的这个命题中的"存在"，并不一定就按"单纯"的"感性存在者"来理解，它也可以是一种"理性的存在者"；也就是说，它不一定就是"被感觉"的"存在者"，也可以是"被理解"的"存在者"，而且可以是"理解-思维"的"主体"－"我"。"我"不仅是一个"能感觉者"，而且是一个"能思想者"，"思""必""有"一个"能思者""在"。在这个意义上，"思维"与"存在""必然"具有"同一性"，而不仅仅是两个"相异者"的"结合-综合"，"思"与"在""原本"为"一"。这是康德以后，欧洲古典哲学从费希特开始所走的一条思路，而这条思路，笛卡尔有开启之功。

这是一条"本体（论）"的思路，而康德之所以批评笛卡尔"我思故我在"的命题，也正在于他的"知识论"只"限于""现象界"，"本体"是"不可知"的。康德无意将他的"知识论""扩展"到"本体（界）"中去，但他又有意识地为"本体"问题"留有余地"，这个"余地"被黑格尔"占领"了去，因而黑格尔虽肯定了康德的批评，"存在"的确不允许从"思维""推论"出来，但笛卡尔从"思维"来"证明""存在"的"思路"则是应该推崇的：这个"证明"，不仅仅是单纯"形式逻辑"的"推理"，而且是"辩证"的"发展"，"我思"原本"蕴含"着"我在"，"（我）在"是"（我）思"的"否定"，也是"（我）思"的"开显"。在这个意义上，"我思故我在"也可以说是一个"证明"的"推理"命题，只是不仅是"形式"的、"逻辑"的"推论"，而且是"辩证的""发展"，由"思"到"在"的"推进-发展"。

从这个角度出发，黑格尔也从与康德不同的方面对笛卡尔的"我思故我在"提出了批评：笛卡尔的这个命题只"限于""我"。"思"和"在"皆"归于""我"，"思维与存在的同一性""归结"为"我"，这种"同一性"只是"抽象"的，"抽象"的"思"与"抽象"的"在""同一"于"抽象"的"我"。

就这一方面来看，笛卡尔不很容易避开黑格尔的批评的锋芒，他在奠定了"我思故我在"这一理性主义哲学基础之后，所致力的工作重点不在"建构""哲学""本体论"，而在"经验科学"的"形式"方面，对于"几何学"和"数学"做出了巨大的贡献，而这些"形式科学"是为将"混乱"的"感觉经验世界""转化"为"有规律的-合理的"，即"可以理解"的"世界"。笛卡尔以"我思故我在"奠定了"理性主义"基础后，他的眼睛注视着被他"怀疑"的"感觉世界"。

三、"保持"就是"创造"

笛卡尔的以下这层意思被后人注意得较少，黑格尔认为这是一个重要思想：世间"万物"之所以可以"持续""存在"，是因为"神"在"持续不断地""创造"它们；否则一切都是"刹那-转瞬"间的"过眼烟云"，人们就不可能"获得"关于"它们"的"可靠"的"知识"。

这个思路当然和笛卡尔"疑"与"不疑"的原则划分密切相关。笛卡尔为"现象"的、"自然"的"知识"给出了一项"保证"：因为有"神""在""不断创造"，"万物"得以"持续存在"，从而成为"知识"的"对象"。

这项"承诺"之所以重要，在于它"保障"了人们有"建构""经验概念"的可能性，使这种"概念"有一个"稳固"的"现实""对象"，也使这种"概念"有"被检验"的"客观基础"。

笛卡尔"提出"的这个"承诺"当然有多方面的意义。"神"在笛卡尔哲学里是一个"绝对必然"的"存在"，就"神"的"观念-思想"言，"绝对""蕴含"着"存在"，或者是"蕴含"着"一切"的"存在者"，因为"神"是"创世者"，"神""创造""世间"一切"存在"，"绝对""创造"了"相对"，而"相对"意味着"变化"，"世间万物"皆"变"；我们"认知"这些"相对"的

"事物",也包括了"认识-把握"它们"变化"的"方式","事物"的"存在方式"也就是"变化方式","变化"得愈"快","把握"起来就愈加困难。而"快-慢"是个"速度"问题。在某种意义上,"速度"、"变化"和"存在"具有"同一性"。

笛卡尔说,一切"事物"都有"广延",这通常被理解为一切事物都"在""空间"中,"时间-空间"被牛顿定义为"绝对"的,"运动-速度"都在"其间"测量。笛卡尔的"广延"当然也有这层意思,但是他的"广延"本身就又有"扩展-延续"的意思在内,应该说,他的时空观和牛顿的并不完全相同。就这一层意思来说,或许20世纪法国"后现代"的德里达用的"延异"这个概念就更值得注意了,只是有了这层"延续"关系,"延异"就不很"后现代",而是"现代"的了。

笛卡尔的这个"广延"观念与牛顿的"空间"观念的"异"又可以是根本性的,"事物"的"存在"并不"在"本身"静止"的"空间-时间"中,而是"在""运动"的"广延"中,中文中的"广延"也是有"扩展"、有"延伸"的"运动状态"。

尽管笛卡尔的"广延"观念被他自己"抽象"为几何学的"形式空间"观念,他在"几何学-数学"上的贡献已经被载入史册;但他在哲学上的贡献也许可以与古代希腊的毕达哥拉斯媲美,他们都把"既成"的"事物"观念"抽象"为"几何-数",认为"数"是"事物"的"本质-始基",而不是"水"这类的"事物",同时也就把作为"事物""存在方式"的"时间-空间""几何-数学"化,这在哲学上有一种被欧洲传统掩盖了的"量"的意义。

欧洲哲学有一个注重"事物"的"质"的传统,也就是注重"概念"的"传统",在这个意义上,也可以说这个传统是"概念论"的。这个传统,从"经验概念"到"超越概念-绝对概念"可看成一个"小结-大全",黑格尔可以被看作这个传统的"集大成者",甚至是"终极者";但这个"传统""蕴含"着自己的"另外一面","量"的问题固然被这个传统"安置"在"非绝对-相对"的意义上,但经常会"僭越"地显示出自己的重要性,直到20世纪似乎对这个传统有一个"颠覆-革命"。

就"思路"来说,"概念论"用的是"推理",而"概率论"用的则是

"计算"。

欧洲哲学从亚里士多德以来强调的是"逻辑推理"。安瑟伦用逻辑推理的方式"证明""神""必然存在","蕴涵式三段论"发挥了重要作用,但尚需"启示-天启"来"证实"这个"神";而"启示"则是一个"几率"问题,是个"机遇"问题,只是如果这个"几率""不可计算",则是"天启"。这个"几率"也是"天机",不是"科学";然则"几率"也应成为"科学",即"可计算"成为一个"科学"的问题,而不是"神学"的问题。

"概率论"当然也要有"理路",也要"合乎逻辑"。如同"概念论"要从"经验"进入"超越",从"相对"进入"绝对","逻辑"也要从"形式"进入"内容","形式逻辑"进入"科学-知识论",进入"思辨逻辑",但其核心仍是"推理"的程序。黑格尔要把"经验世界"的种种"变化""转化"成"思辨概念"的"逻辑""推演",使得大千世界成为一个"合理-合逻辑"的"过程","历史(现实)发展过程"也就是"逻辑推演过程","历史-逻辑"的"统一";而"绝对"作为"始基",因自身蕴含了"否定","异化"为经验世界,"异化"也是"推理",这个经验世界则也可能是一个"必然性"的世界。

"概率论""计算""经验世界-现实世界""变化"的"轨迹",不是"可能性"蕴含于"必然性"之中,而是"必然性"蕴含于"可能性"之中。"概率论"也就是"可能性论"。也许,它需要的"逻辑",不是传统的"形式逻辑",而是"数理逻辑"。

"数"是"可计算"的,而且这种"可计算性"也是"必然"的,对于"经验事物"是"形式"的"量"的一面,但却是任何"经验概念"必不可少的一面。"概念论"者为了"摆脱"这一面的"几率"之"干扰",令"无限-绝对-超越"的"概念"为"无量"的"纯粹""质"的"概念"。"绝对"不是"计算"的问题。

在笛卡尔那个时代,"概念"的"推理"和"概率"的"计算-推算"的"界限"大概是不那样分明的,或者"概率"常常"蕴含"在"概念"之中,"广延"的意义常被"归结"为"几何学","计算"也就是"推理",所以在这个意义上,笛卡尔也可以说是欧洲近代"概念论"的奠基者之一。笛卡尔和牛顿分别在"主观"和"客观"两个方面对"概念论"做出了贡献,而他们又都是真正意义上的"科学家";只是牛顿将"时空""客体化","设定"了"世界"的"框架",笛卡尔则将"时空""吸收"为"我思"的"内在""形式","空间"的"几何图式"和"时间"的"数学"的"连续计算"成为"广延"中"事物存在"的"内在"根据。

这种"概念论"的哲学"思路"在"经验"的现实世界遇到了相当的困难,"概念"与"经验"似乎也"产生"了"二律背反":"概念"的"原则"为"确定性",而"感觉经验"的"原则"是"不确定性",这两个"对立"的"原则"需要一个"第三者"来"协调",这个"第三者"在笛卡尔为"神"。

"神"之所以能起到"第三者"的"调节"作用,是因为"神"作为"世间万物"的"创造者",为了使"感觉经验"不至于"刹那-瞬间"成为"虚无",以便允许"人"之"思"形成关于"事物"的"概念",则"一定会""不断地""创造"这些"事物",使"事物""持续存在","存在"就是"持存",就是"保存","神"以自己"不停顿"的"创造"来使"事物""存在",亦即"保护""事物"的"存在"。

对于"概念论"来说,世间万物有一个"持续存在"的局面应该是重要的,因为一切"经验概念",举凡"日月山川-人手足刀尺"如果"瞬间"即变,则缺乏恒定的"存在""对象","概念"就难以"概括",难以"建构",因"经验概念"以"存在者"为"对象"。于是"存在""需要""神"的"创造"的"支撑",相应的,"概念"也以"神"的"创造"为"根据"。

然而,笛卡尔的"神",作为"第三者-协调者"并不会"令""感觉经验世界""不变",因为"神"的"创造"不受"限制",不可能只创造"同一个-同一批""事物","神"维护自己的"无限"的"创造能力",必须"令""事物""变化"。

在这个意义上,我们可以引申出的一层意思是:"神""掌控着""事物""变化"的"速度"。这使得"概念论"在"经验领域""覆盖"着"概率论"问题;在这个领域,实际上是"概率""支持"着"概念"。

就"概率论"言,我们只有在"较慢"的"变速"中,才提供"建构"一个"经验概念"的"良好""几率"。

并不仅仅是说"风云变幻"的"速度"使人难以捕捉,而且是"速度"为

"事物"的"存在方式,""速度"的改变也"变化"着"事物"的"存在方式"。

这种观念,也引起了欧洲传统"时-空"观念的变化,"事物"不仅仅"在""时空"中"运动",而且"运动"及其"速度"也"改变"着"时-空"的性质:"空间"不仅是"存放""事物"的"容器","时间"也不仅是"追踪""事物""连续性"的"意识",它们都真正成为"事物"的"存在形式","事物"是"运动"的,"存在"也是"动态"的。"存在"不是"货物""堆放""在""仓库"里,也不是"内在意识",允许"分割"为"原因-结果"的"范畴"。

欧洲哲学的传统,习惯于将"时间""容纳"于"空间"之中,"存放"着的"事物""等待"着被"思维""概括"为"概念",以此"建构""事物"间的"必然(因果)"关系;"概念论"的"思维模型"是"几何学"的,关心的是"事物"的"逻辑推理"关系,是一种"静止""事物"之间的关系,"事物"的"表现-现象"固然是"变化"的,但"事物"的"本质-概念"则是"稳固"的。"概念"将"事物""本质"化,也将"事物""固定"化,"思维""喝令""世间万物""保持"其"自身"。实际上,后来康德想到,"事物自身"乃是一个"思想体",是"思维"的"产物",并非"在"我们"可知的""大千世界"中,即不"在"那为"概念"作"窗口"用的"时空"之中,"关闭"这个"窗口",仍有一个"世界""存在",一个"活跃"的、"目不暇接"的"世界""存在",这个"存在(事物)自身"就是"运动-速度","存在"以"速度""创造-开辟"着"自己"的"时空"。

于是,在这个意义上,"神"作为"速度"的"调节者","勿使""过速"而"超越"作为"直观形式"的"窗口","勿使""冲溢"出"时空""窗口"之外,而"逃逸"出"人"的"直观-视线";在这里,"神"不可"直观",却将"万物"纳入"人"的"直观"中,"等待""抽绎"出"本质","建构""概念",以便"合理地-合逻辑地""把握""世界"。

当然,不"在""时空-窗口"中的"事物自身"也可以"概念"化,它的"无直观性"并不妨碍其"有概念性",这种"非直观时空"的"概念",正是笛卡尔的那个"无可怀疑"的"我思"之"思",是一个"包容万有"的"绝对"之"概念",那"直观"的"时空"也都"包容"于"绝对概念"之中。在某种意义上,这个"概念"以"神圣"的"全能""生化""万物",无须"另设"一个"万能"之"神""掌控""万物"之"速度","概念"的"逻辑-必然性"使"万物"的"运动-变化"有"度",只是这个工作要等待后来德国古典哲学来做,而至黑格尔,欧洲传统的"概念论"方告"大成"。

然而,当"概念论"忙于"建构"自己的"超越体系"时,"概率论"也在"极速"推进。在欧洲,"哲学"与"(经验)科学""齐飞"。

"自然科学"的"突飞猛进"揭开了"事物自身"的"神秘面纱":原来"事物自身"就是"能量"及其"蕴含"着的"速度","事物"的"速度-速率""规定"着"事物"的"存在方式"。"什么样"的"速度-速率""确定"了是"什么样"的"东西","速度"的"快-慢""确定-规定""事物"的"大-小"。"极速"是"事物"的"极大"和"极小"。

"概念"需要"推理","速度"需要"计算";前者是"几何学"的,后者则是"数学"的;前者是"图像(图式)"的,后者是"数字"的。两者之间的"区别"和"关系",在古代希腊已经被意识到,从柏拉图哲学思想的发展也可以看出这种关系并未被忽视,但从哲学上如何理清它们的关系,似乎还需要进一步的研究。

从一个方面来看,似乎"速度""太快"就不太可能进行"概念"式的"推理",因为"概念"作为"概念",其本身"速度"为"0";"事物-对象-客体"的"运动-变化"如果"太快",则难以"减速","刹那"间"沧海桑田"则既无"海"的"概念"也无"田"的"概念",这个"客体-对象"对于"概念"式"思维方式"说,乃是一片"混沌",不可"理喻","想象力"无法形成"图式",从而不能"建构"一个"(抽象)概念",在哲学上也不能"出现""(具体)理念",即不能出现笛卡尔所设想的"在""广延"中的"经验概念"。笛卡尔请出"神"来"限制""速度","限制""事物"之"运动-变化"于"经验知识-经验概念""可能(形成)"的"领域"内,"超速"就是"超越",而"超越"——在欧洲哲学传统意义上是为"超时空"。

"超时空"是什么意思?"超时空"是"超越"牛顿意义上的"时空",也就是说,"概念"式的"思维方式"是"有限"的,只适用于"时空"作为

"感性直观形式"的范围，也就是说，在我们只是"通过-借助"这种"时空"来"看-感觉""世界"的"条件"下，"（经验）概念"是"把握""事物本质"的必然"方式"。在这种"时空"中，"万物"的"变速"是受到"限制"的，人的"感官"是有能力"直观"的，"概念"的"思维方式"（理性-知性）可以将它们"抽象"为"概念"，"概念"与"对象"可以形成一个"一一对应"的关系；这种"时空"是我们获得"知识"的第一道"关口"、第一个"观测器"。

在这个"观测器"中，"概念"的"逻辑推理"是达到"真理"的途径，这里的"计算"，是受这个"观测器"制约的。在这个"领域"，"计算"不能"代替""概念逻辑推理"，如果发生"替代"，则"科学"就会成为"算卦"，将原本是"概率"的问题误当作"概念"的问题，将原本是对"几率"的"计算"，当作"必然"的"推理"。

但"几率"的问题并不完全被"限制""在"牛顿"感性直观条件"的"时空"之内，就这个"时空"观念来说，"几率"是"超时空"的，是不受那种"时空条件""限制"的。"几率"的"时空"是"事物自身""创造"出来的。"事物""自己""创造""自己"的"时空"。

四、几率-时空-自由-未来

凡以牛顿（客观形式）-康德（主观形式）意义下的"时空"作为"观测"窗口的，"概念"是达到"科学知识"的必经之路，以"概念"为推理方式的"逻辑"，是基本的"工具"。这就是说，凡经过人类"自然感官""进入""思想"的"表象"，必通过"时空""直观"被"思维""建构"为"知识"；而不能被"直观"的，亦即"不能"通过"时空"这个"窗口"的，不能通过"时空"这道"关口"的，则被拒之于"科学知识""门外"，是为"事物自身"，这就意味着它们对于"感性直观"为"不存在"，但对于"思维-思想"来说，它们"存在"。笛卡尔"我思故我在"的命题可以在另一种意义上来理解，即，允许"被思维"的，就有"可能""存在"。"科学""发现"了"不通过""经典意义上"的"时空观测器"的"事物"的的确确为"存在"的，现代科学的发展自觉不自觉地向着康德那个"不可知的""物自体""进军","证明"并且"证实"了那些"不在""经典时空"中的"事物"的"存在"。

把"我思故我在"的"我""括了出去",成为"思故在",这个"故"不是"概念论"的"逻辑""词汇",或许为"概率论"的"词汇"。在"概念论"的"绝对"意义上,"思维-存在""同一",在"相对"意义上,则只有"同一"的"可能性",而"概率论"的思路则是"凡可能"的,"必将""存在"。

从某种意义上说,"概率论"一直"蕴含-隐藏-潜伏"在"概念论"之中,因为在"经典时空""观测器"中,"必然性"要"通过""偶然性""显现"出来,单纯的"必然性"只是"形式"的,只有到了黑格尔那里,"概念论"才告大成,把"可能性""纳入""必然性"的"概念"体系中;而"概率论"的发展,似乎以"可能性"作为"必然性"的"根据-基础","概率论"似乎在说,"凡是可能的都(会)是现实的"、"可能的",也就是"合理的"。"事物自身"固然没有"经典意义上"的"时空",但它们"(必定)会""创造""自己"的"时空"。

于是,在"概念论"意义上只有"超出"它"自己""利用"的"观测器——经典时空","思想"才有"可能""创造""自己"的"时空",这就是"自由";但这种"自由"不是"科学知识"的"对象",而是在那个"时空"中并无"对象"的"自由","自由"是"道德领域"的"事",而不是"自然领域"的"事"。在"自然领域",绝对意义上的"自由"只是一种"可能性",只是一个"悬设",凡"可证实"的,都只是"受限制"的"自由",而"有限自由"、"自由"而"受限制"命题本身为"自相矛盾"而"自身消解"。

然而以"可能性"为基础的"概率论"似乎在"支持"着"自由"之"现实性"的"信念","概率论""令人""相信","凡可能的,皆会实现","凡合理的皆是现实的"这句话的意义在于"合理的"与"可能的"为"同一"。

"量子论"被"证实"曾引起"哲学"的"恐慌",似乎"事物本身-物质实体"这些观念全都被它"消解"了。事实上,"量子论"与更早的"相对论"对于"哲学"只是对传统"思维方式"有种"冲击",对欧洲传统的"思路"有种"革命性"的"转化",而对"事物本身"的理解只是"深化"了,而并未"消解"。"物质-物体"只是"换了"一种"存在方式",因而人们对它的

"认识",也要有个"新"的"视角"。

按照笛卡尔,我们"在"牛顿-康德"时空"框架内的"生活世界",乃是"神"的一个"恩赐",他以"无所不能"的"神力""不断创造","保持"了这个"世界"的"存在",使"人类""安居乐业",而"人类"这个"相对持存"的"世界",在"茫茫宇宙"中竟然是一个"特例"、一个"例外"、一个"奇迹";"浩瀚宇宙"可能是一个"瞬息万变-亿万变"的"广漠区域",它"在"牛顿-康德"时空"之外"开辟"着"自己-各自"的"时空",亦即以"速度"来"建立""时空",不同的"速率""规定"着不同的"时空"。"时空""在""瞬息"之间。"速率""未决定","时空"也就"未建立","速率"的"量","规定"了"时空""维度"的"量",也"规定"了"事物-物体"的具体"形态"和"性质","量""规定"了"质";"量"的"规定性"作用,使得"量"成为"物",中文译为"量子"。"量"的"尺度"即是"物"的"尺度","什么""速度"就是"什么""事物","事物"的"什么""在""速度"中"显现","物""出现""在""速度"中。在这个"区域",不仅是"量变引起质变",而且是"量""引起"了"质",亦即"产生-生产"了"质"。

当然,并不是"神""操纵"着这个"速度",而是"自然"本身"在""速度"中"变化发展","人""模拟"着"自然"的"能动性","制造"并"操纵"着"速度","探测""事物自身"的"秘密"。

"人"之"思"面对这"三个"似乎是"不同"的"世界":我们"生活"的"世界"和我们"观测"的"两个世界"——"宇宙"和"量子",一个是"大世界",一个是"小世界"。三个"世界"原本理应是一个"世界",但科学家为"建构"一个"三合一"的"同一-统一""世界观",至今尚未成功。

在我们的"小世界"里,那些"物质"似乎因"高速"而与我们的"生活世界""遵循"着"极不相同"的"物理规律",对"观测者"来说,这些"极微粒子"似乎只能给出一个"数据",我们不可能"同时""测量"到"粒子"的"速度"和"位置",而在我们"生活世界"里的"物体"这一点是容易做到的。这个"测不准现象"被理解为"极微粒子"似乎是"自由"的,而不像"生活世界"的"物体"那样"遵守""必然"的"物理规则"。

有一种"不遵守必然律"之"物质存在"的观念对传统哲学的冲击是可以

想见的。"小世界"和"大世界"的"时空"是"速度""自己""创造"出来的,就连我们"生活"的"世界"之"时空"也是因为"速率"被各种"力""平衡""稳定""住"才"出现"的一种"直观""形式",其间"万事万物"才有可能通过"思想"的"能动""建构"一个"概念"体系,被"认知-把握""住"。在这个意义上,我们才"有权"说,这个世界是"有规律"的,而"偶然性"只是"必然性"的一种"表现方式",连人们的"社会生活"也是"乱"中"有""治","乱"也是"治"的一个"存在方式"。

如今突然有"两个""异类""世界",不"在"我们的"时空"之中,也就是我们"不可能""直接"地"通过"我们的"感官""观测"到它们,我们不仅要"延伸"我们的"感官",而且要"改造"我们的"感官",来"适应"它们。也就是说,我们要"改造"我们的"观测器"和"观测方式",来"把握"那些"异己"的"世界"。

"延伸""直观方式"要"依靠"我们的"理性-思想",而不是"依靠""千里眼-顺风耳";"改造""直观方式"则更需要"改变"我们的"思维方式",我们要在"概念式"的"理解方式"中,"突出""概率-可能"的重要性;不仅"概念"是"事物"的"本质",从"现实事物"中"概括-抽象"出来的"概念""理应""允许""回到""现实"中去,而且"概率"的"量-数"也是"事物"之"本身-本体",同样"理应""允许""回到""现实"中去。这就是说,"概率"和"概念"同样都具有"实在性"。更进一步,如果说,作为"事物""质"的"超出""感性直观"则"不可知",但作为"事物""量"的"超越性",则反倒是"可知的"。就我们的"生活世界"来说,"质"的"超越""一去不复返",而那些"超越""感官"的"量",通过"理性""技巧",是"可能""回到"我们的"生活世界"来的。"量子论"不仅得到"实验"的"证实",而且我们"生活世界"里"运用"这个学说"制造"的"产品",在当今社会已经成为"生活必需品"。

对"概念论"的"弥赛亚"我们仍然在"唱""魂兮归来",而"概率论"的"弥赛亚"正陆续"移民"至我们的"生活世界"来,"造福"于我们这个"世界"。

"小世界"如今能被"生活世界""利用"而"产生"巨大影响,"大世界-

宇宙"的"规律"如何被"把握-利用"则"几率"相对"小",尽管我们这个世界也"在""大世界"之中,而且是从那个世界"分"出来的。之所以难度大,关键也在于"速度",我们这个世界或许是"中速"和"匀速""变化","小世界"的"速度"虽"快",毕竟离"光速"尚远,那个"大世界"的"速度"却"接近""光速";于是人类的"能人——科学家""尚未"给我们"派出""弥赛亚",则只有"让-令-等""神"来"掷色子"。

爱因斯坦说"神不掷色子",也许事实上"神"就是"掷色子者-博弈者",只是他老人家"精力旺盛","有能力""不断"地"掷"下去,总能-有可能"掷"出个"规律"来,"神""掌握"着"统计学-概率论"的"秘密","遏制-限制""人"以"概念"来"掌握""规律"。在这个意义上,"概念论"与"概率论"又是一场"人-神""争夺战",对"理性"来说,是一个"二律背反"。

然而,"神""不断"地"掷色子",对"人"的作用又如同"不断"地"创造"那样,恰恰正是"给出"一个"机会",使"人""有可能""掌握""概率"的"规律"。

"人"的"理性""意识"到"概率"的重要性,使"哲学"的"超越"不限于"概念"的方式,尚有"概率"的方式。"理性"不仅以"概念""必然"地"推论"出"事物自身"的"存在",而且"允许"以"概率"的方式,"计算"出"事物自身"的"存在";"推论"是"理论"的,而"计算"则是"实际"的。在这个意义上,"事物自身"-"事物"的"本体"-"本来的物体"正就"在"我们的"生活世界"之中,只是"在"我们"直观-感官"的"时空""外","在""另一个""时空"之中,对我们"感性直观"表现为仅仅是"在""思想"中,是为"思想体";实际上,那些"事物自身"也具有"真实"的"实在性",是允许"科学地""计算-预算"出来的"现实性"。

于是,就哲学来说,不仅"概念"具有"实在性",而且"概率"也有"实在性"。这就是说,不仅"必然性"有"实在性",而且"可能性"也有"实在性",而不至于被"永久悬搁"起来。

"概率"的"可计算性",使"可能性"不仅仅是一个"希望",而且是一个"预言-预测",这个"可能性""保证"了"未来"的"实在性"。"未来"不停留在"尚未存在",而且是"将来","未来"是"将会存在",因而就哲学意义说，对我们"理性"，不仅有一个"永恒"的"现时"，有一个"永恒"的"同时"，亦即有一个"无时间"的"永恒"，而且还有一个"永恒"的"将来"，这是一个"有时间"的"永恒"。"在""时间"中的"永恒"，它的"超越性"在于"超越""现时"。"将来"是一个"超越""现时"的"存在"，是一个"可能性"的"存在"。"将来""超越""现时"，"可能性""超越""必然性"。

"概念"面向着"过去"，面向着"完成"；而"概率"面向着"未来"，把"未来""转化"成"将来"。我们的"生活世界"就是这样地"来来往往"，"往事"不可"追"，"来者"尚可"待"；"确信""将来"之"存在"，乃是因为对于"来者"我们已经"知道"它"存在"。不仅对它们的"质"可以"推断"，对于它们的"量"也可"测算"，这个"将来"的"事物"不仅仅"可以-有能力-被允许""预言"，而且"可以-有能力-被允许""预测"。

笛卡尔的"我思故我在"的这个"在""思"中之"事物-内容"，就"现时"言只有"在"之"可能性"，"思-在"之"同一性"只是"理论"的、"概念"的，而在"概率论"的视角下，这种"同一性"就具有了"实际-实在"的意义。

第八章　斯宾诺莎和莱布尼兹在欧洲哲学发展史上的意义

一、斯宾诺莎作为"概念论"的近代奠基者

斯宾诺莎哲学是笛卡尔哲学的承续和发展，由于那个时期的欧洲科学还未能为"概率论"提供一个良好的平台，斯宾诺莎的发展方向只能是向着"概率论"推进。他的哲学工作，以"普遍性"的"概念"，"简化""感觉经验"世界的纷繁现象，"建构"了一个"绝对"的"概念""体系"，"世界"在他的哲学中"凝固"为一个"必然"的"科学系统"，其间没有任何"偶然性"的"可能性"。斯宾诺莎的哲学，可以说是在欧洲哲学史上"重构"了古代巴门尼德"存在"的"理路"，将"理性"在"现象界""遇到"的"二（众）律背反"统统"规约"到他的"概念体系"之中，使得众多的"可能性"无"机（会）"可乘，使得他的"概念体系"真的成了一个"没有缝隙"的"大箍"。

斯宾诺莎的这个"概念论"体系，"箍"住了欧洲哲学的发展，以后欧洲哲学作为"古典"的形态，其任务主要是为这个"箍""注入""活力"，使这个"箍""活动"起来，也就是使"概念"成为"能动"的，而避免"僵化"，以"化解"这些"概念"在进入"感觉经验"世界所"产生"的"二律背反"。在这个意义上，欧洲近代"古典哲学"可以说是一个有"伸缩性"的"圆圈-大箍"。

1. "实体"即"绝对"

"实体"是斯宾诺莎哲学的主要"概念"，而这个"概念"正和古代"理

念"、中世纪"神"的观念一脉相承,由于经过了文艺复兴和经验论哲学的"冲击",斯宾诺莎在笛卡尔"我思故我在"的基础上,推进了"概念论"的"存在论",吸收了亚里士多德的"实体论",将"实体"提高到"绝对-自己"的位置,推进了从"概念论"到"存在论"的理路,以后的欧洲古典哲学都是走在这条道路上。

中文译为"实体"似乎比拉丁原文(substance)更贴近斯宾诺莎的意思,只是这里的"体"不必理解为"物体",而应理解为"体系";"实体"为"实在"的"体系"。

斯宾诺莎的"实体",不仅仅指一种"基质",一种"深埋在底层"的"物体",而是一个"实在"的"体系"。这里,"实在"和"体系"可以分别开来阐述。

何谓"实在"?"实在"是"真实-实际"的"存在","实在""针对""虚(空)在"而言,一切"感觉经验"的"存在"都是"虚(空)在",于是"虚(空)在"亦即"非(不)存在"。在这个意义上,所谓"世界"被分成两层意思:"实在"的"世界"和"虚无"的"世界";"实在"的"世界"是"理性"的"世界",而"虚无"的"世界"则为"感性"的"世界"。"理性"具有"普遍性","普遍"的亦即"概念"的。于是,不是"个别"的、"特殊"的"世界""存在",反倒是"普遍"的、"概念"的"世界"为"真实存在"的"世界",这个"视角"被欧洲哲学传统确定为"哲学"的"基本立场",古今中外概莫能外,连东方的佛教思想,亦复如是。

然则,对大千世界、芸芸众生,哲学也得有个"交待"。"宗教"或因其"虚无"而可以采取"弃世绝俗"的"修行"态度,"遁入空门(其实是'实门')"而成"佛";"哲学"是"科学","执着"地"追求"对于"世界"的"真知识","拥有"而非"舍弃""世界",在这个意义上,"哲学"既要"求实",又要"务虚"。"哲学"不是把"实"和"虚""分割"开来,并不是"世界""这一部分"是"实"的,那一部分是"虚"的,最好也只是将"虚"和"实"两部分"结合(综合)"起来,这样的"绝对",在"概念"上不能成立,乃是"想象"的产物;欧洲哲学的传统是力求"务实"而"驭虚","实"中原本"有""虚","虚"由"实""生"。

"实"为"绝对",非"绝对"之"外"尚"有""相对""在","相对"即"在""绝对"之"中","虚"即"在""实"中,"实在""开显-生化""假(虚)象",于是"一""生""二","二""生""三","三""生""万物"。"世间""经验事物"之"变化万千",概由"一(实体)"而"生",故"实在"不是"一物",而是"一"个"体系"。

斯宾诺莎之"实体"难以把握之处也许跟拉丁原文词义有关。"实体"如为"一物",即使为"基质"之"物",犹如古代希腊之"始基",则如何"生化万物"则很费周折。为维护"理性(概念)"之一贯,斯宾诺莎强调他的"实体"为"(唯)一",不允许有"第二个""实体""在",于是这个"实体"则为基督教之"神(唯一之神)"。我们看到,欧洲哲学的这个"概念论"传统,都可以"归"诸"基督教神学"。"唯一之神""创造"一个"大千世界"。在欧洲古典传统"哲学","理性""创造""感性","概念""创造""世界","哲学"所做的工作,或许在于"坚持"了"实在""创造""虚无",而不是像宗教那样强调"神"从"虚无"中"创造""世界"。

然则,斯宾诺莎认为他的"实体"就是"神",以"实体""代-代替、代表""神",故他的"实体论"被认为是"无神论",实际的情形可能正相反:是基督教"神学"以"人格"的"神""代替"了"哲学"的"理念-自身-绝对",斯宾诺莎不过是把颠倒了的事情再"颠倒"过来,在这个意义上也可以叫作"革命",叫作"拨乱反正"。

斯宾诺莎以"实体"与"神"为"一","神"就是"实体",将"神"的"创世"说"回归"到柏拉图的"分有"说,实在是"接续"了"希腊哲学"之"正统"。

欧洲哲学的这个"传统"一方面揭示眼前现实的世界都"不够""真实",不是"真正"的"存在",都会向"不存在"转化,唯有"理念""永在"。强调这层意思,则"看"着这个世界"坏透了",处处不合理,"丢弃"了一点不可惜。其实,欧洲哲学的"概念论-理念论"传统还有另一层积极的意义在:我们"眼前"的这个"世界"虽不是"十全十美",但都还"分有"了"理念",因而我们才"有可能""根据"这种"分有"去"建构"一个"更为""合理"的"世界"。有"理念"的"指引",我们虽然"不满意"这个"现在",

但却有"理由"寄"希望"于"未来",于是,我们"眼前"的"世界"也是"有意义"的。"理念论-概念论"给了我们以"信心",这个"信心"为"理性"的"确信"。

应该说,这层意义,经过基督教的"神学"才更加明显起来。我们的这个"世界"既然是"神"从"无"中"创造"出来的"有",则"被造者"固然不是"创造者",但"被造者-有-存在"既"来自""神",则无不"分有""神"的"某种""性质","万物"无不"程度不等"地"打上""神"的"烙印"。这就是说,世间"万物""多少"都有点"神圣性",而所谓"无中生有",也就意味着"万有"——"一切存在"皆"分有""神圣性"。

在这个意义上,我们的这个世界固然不是"尽善尽美",不是"至善",但我们也有"理由""爱护"它,"珍惜"它,按"神圣"的"理念""令"其"趋于""至善"。

这样来看,欧洲"哲学""理念论"和"基督教神学"的"超越性"也有"入世"的意义,而"哲学"的"概念论-理念论"传统无非是将宗教的"天国彼岸""拉回""人间此岸"来。

就这种积极的意义来说,中西传统并无二致。中国传统儒家积极地"入世"的态度是众所周知的;道家"遁世",也是"躲避""人事纷争",而对于"自然",则不仅"热爱",简直是"拥抱"的态度;可能原始小乘佛教是真正"出世"的态度,但传到中国,"禅宗"实际上也是很"入世"的,连一花一草都"透着""禅意"。

斯宾诺莎以"实体"与"神"为"一"的"哲学",让"基督教神学""化解"为"人世间"的"科学"的"基础-基质",世间一切"存在"皆是"唯一""实体"之"属性-分殊",皆"分有"着"实体"。这样,斯宾诺莎的"实体论"就是一个"分有""实体"的"诸概念""体系",一个"概念"的"结构",一个"科学知识""体系";这个"体系","出于""实体","属于""实体","分享-分有"着"实体"的"永存-神圣-必然"性;在这个"体系"中,没有任何"偶然性"之"可能",一切"分殊"都在"必然"之中。"科学知识"中没有"偶然""因素",因此"自然"中也不允许"偶然东西""存在",一切都"必然"地"出自""唯一"的"实体"。

"实体"当然不是"感觉经验"的"存在者",而是"概念-理性"的"存在者",是"唯一"、"永恒"的"存在者",大千世界的"众多""存在者""分享"着这个"唯一者",是这个"唯一者"的众多"不同形态","相异"从"同一""产生"出来,如同"相对"从"绝对"中"产生"一样。因此,在这个意义上,斯宾诺莎把"否定""限于""规定",一切"规定"和"区别"都是"否定",反之亦然。在这个意义上,一切"不同于""实体"的"他者"也都只是"实体"的一种"特殊形态",而不是真正意义上的"实体"的"否定",不仅"广延",就连"理性-思维"也都是"实体"的一个"形态"。

于是,在后来欧洲哲学的发展中,斯宾诺莎"实体"说,缺乏一种真正的辩证否定的精神,他从"实体""延伸-推论"出来的"世界",只是一个"抽象"的"概念世界",这个世界,带有它"母胎"里的"先天的""抽象性"。

2. "自因"说

"自因"是斯宾诺莎建立一个"绝对"体系的基本方式,其实也是古代希腊哲学传统的一个承续和推进,和柏拉图、亚里士多德"理念论-存在论"的思路大致相同,他的"自因"也具有"第一因"的意思,当然是更为精确和清晰了。

对于传统来说,斯宾诺莎"自因"概念不仅如同"第一因"那样"自己"没有"前因",它"自己"是"自己""存在"的"原因",而且似乎也没有"后果",它的"结果""已经""包含""在""原因"之"内"。何以如此?

斯宾诺莎"自因"的"定义"界定为:"事物"之"概念"已经"蕴含"了该"事物"的"存在",是为"自因"。斯宾诺莎的这层意思显然受安瑟伦"神存在之本体论论证"的影响,而他的"神-实体-自因"也是一个意思,"自因"是为了从"因果关系"方面"阐明""神"和"实体",唯有"神-实体"才是"自因"。

世间万物之间的"因果关系"是作为"因"的一物"产生"作为"果"的另一物,这层关系是"异"的关系,或者,凡"相异者"才有"关系"问题;如今"神-实体"为"自因","因-果"为"一",则"因-果"之间只能说是"自身同一"的"关系",这"关系"为"无关系-非关系",因而,在"因果"

的"关系"上,"实体-神"也只能是"一",不能是"多","多个实体-多个神"是一个"自相矛盾"的命题,不能成立。

"第一因"只顾前不顾后,它自己没有"前因",却有(产生)"无穷"的"后果",大千世界都是它"生"出来的,所以它是万物的"始祖-始基";但这个"自因"的"实体""顾前顾后","产生"出来的全是它"自己",似乎只能是"自我复制",如何"出"得来"大千世界"则成了问题。"变异"在"原则-原理"上被否定掉,一切的"异"都要"归结"为"同"的"不同"的"表述"方式,即那个唯一的"自因者-实体-神"的"绝对概念"的"模态形式",世间万物"逃不脱"这个"绝对概念""自身"的"逻辑形式"。在这个"自因"的"逻辑怪圈"中,没有"偶然性"的"可能性",一切都"被决定"了,以"原因"和"结果"的"同一性"来"保证"它们的"必然性",当然就万无一失。

于是我们看到,斯宾诺莎的"自因"居然"消弭"了"第一因"原已蕴含的"自由"意义,"自因"不是"自由",而是"必然"。甚至斯宾诺莎认为,"意志"作为一种"思维模式"也是"被决定"的,不是"自由"的。

"意志"作为"思维模式"具有"自因"的意义,"意志""意味着"它的"概念"已经蕴含着"存在","立意"是要这个"意""实现"的;但既然"概念""蕴含"了"存在",则这个"存在"也就是"被(概念)规定"了的,这是一种"原因"与"结果"的"必然"关系。但"概念"蕴含"存在"是唯有"实体"才有的性能,"实体"才是"自因",由"实体""属性""产生"的一切"事物",本质上只是"实体"的"变项",种种不同的"模式(形态)",因而都是被"决定"了的,"必然"的,"意志"作为"思维"的"模式(形态)",也不例外。在这个意义上,我们可以说,"意志"并非"实体"自身,而只是它的一种"思维模式"和"状态(形态)","意志"似乎只是"在""经验"之中,受着"因果律"的"支配"。

"实体"与我们的"经验世界"原本有一种"二律背反"的"关系",为"消弭"这种"矛盾",把"经验世界"当作"实体"的种种"模式",这样,"实体"与它自己的"模式""统一"起来,"经验世界"也就是"实体"的种种"存在方式",有一种"概念"式的"推论""关系",都是"实体"这个"自因""必然""生化"出来的。在此意义上,"自因"就是"自然","自然而然"地"生化""万物"之"模式",如,"广延"中的"几何学""关系",也"生化"出种种"思维模式",如,"知情意"等,都是"被决定"的,这就是说,"实体"作为"自因"也是"自然-必然"地"产生"出"事物",包括种种"思想-思维"的"事物",其间没有"自由"的"缝隙"。

斯宾诺莎的"自因"概念,是为了"实体"的"铜墙铁壁",而不是为"(意志)自由""网开一面";"实体"虽然作为"万物"的"基质""生化""万物",但"万物""在""实体"的"大箍-大网"中"被拧成一股绳",斯宾诺莎作为"自因"的"实体",犹如一个"大原子",是一个"无所不包"的"绝对原子"。

二、莱布尼兹在欧洲哲学发展中的重要性

莱布尼兹在科学上的贡献已经得到较充分的肯定,但他在欧洲哲学发展中的地位却被他的直接继承人沃尔夫败坏了,人们常把他们连接起来作一个学派来批评,当然也是事出有因,但尚欠公平。莱布尼兹对于德国哲学,有承前启后的功劳,德国哲学从康德到黑格尔的发展,追溯到莱布尼兹去看,脉络会更加清楚,他的基本哲学思想,在康德那里都有回应。

1. 何谓"单子"?

莱布尼兹把斯宾诺莎的"实体""分解"为"单子","单子"为"实体"的"具体存在形态",斯宾诺莎的"实体"为"普遍"的"一",莱布尼兹的"单子"为"一"之"多"。斯宾诺莎说,"实体"只能"唯一";莱布尼兹则说,"实体"必须为"多",否则无法"解释"世界之"多样性"和"综合性"。"世界万物"不仅有"普遍"的"模式",而且是"具体"的"事物",而"事物"皆"组合"起来的"复多",则必有"单一"为其"基础",犹如古代"原子"那样"不可再分"。但莱布尼兹的"单子"又非"原子","原子"是"物质性"的,而"单子"则为"观念性"的,"单子"在"观念上""不可分"。

莱布尼兹将斯宾诺莎的"实体""分解"为"单子","单子"如同一个个

"小实体",一个个"具体-个体"的"实体",为斯宾诺莎"实体"学说"注入"了"个体"的原则,也"注入"了"生命"和"活力"。"单子"不仅仅是"概念",而且是"活力",或者说,"概念"因有了"个体性"而"具有"了"活力"。"单子"是"能动"的。

"单子"不是"可见"之"物",在这个意义上,它是"观念性"的,只是"概念",也可以说它是"物自身",具有"个体性"的"物自身",是"经验概念"所"对应"的"物"的"本质",是"日月山川-桌椅板凳"的"内在本质",它们会给我们感官以各种不同的"样式",其"本质"仍是"自己"。但"样式"之所以"能动",乃在于"本质——构成它们的单子"原本就是"能动"的,"能动"的"单子""决定"了"千变万化"的"感官世界"。于是,"经验世界"之所以"会变",不是因为我们"主观感官"的"变化",而是"客观世界""在""变","组成""可感世界"的"不可感"的"观念性-可思"的"单子"本就有"能动性",这也意味着,"物本身"也是"能动"的,而不是"僵死"的"概念"。

于是,莱布尼兹的"单子"这些"小实体"就不是一些单纯的"概念",它们之所以仍可以是"实体",乃是因为它们是"自身同一"。它们不可"再分",它们如同"原子"那样,没有任何东西可以"进入",也没有任何东西可以"出来",它们是"实心"的"自身同一"的"自体",是古代希腊哲学追求的"自己",只是它们是"多"中之"一",因而是"一"之"多",也是"异"之"多",众多"单子"是"各各相异"的。

2. "单子""间"的"关系"——从"万律背反"到"二律背反"

"单子"既然各各相异,则"其间"的"关系"就成了问题。

"单子"没有"窗户",不可互相"进出",则"单子"之间,只有一种"外在"的"关系";但"单子"是"观念性"的,因而它们之间就比"原子"多了一层"概念"的"关系",亦即"逻辑"的"关系",它们"遵循"着"逻辑"的"合理"的"关系",而不像"原子"那样在"碰撞-混沌"中才"归于""秩序"。"单子""遵循""自然"的"规律","单子""之间"有"因果"关系。

"单子""遵循"着亚里士多德指出的"作用因"和"终结因-目的因"的"规定"。

然而,莱布尼兹从他的"单子"角度,看到了这两种"因"之间有一种"不协调"的"关系",其间隐含着"自由"与"自然"的"二律背反"。莱布尼兹不回避这个"矛盾",提出了他的"解决方式"。

在"单子论"体系中,唯有一个"至高无上"的"神""有能力""化解"这个"矛盾","协调"这个"二律背反",而包括"人"的"智力"在内,无法做这项工作。"作用因"与"目的因"之间的"不协调关系""预设"了一个"至高无上"的"因"的"存在",亦即"神"的"存在"。这个思路,后来常被批评为把"神""降低"为一个"救急"措施来"设置",但在"解决""二律背反"问题上,也是一种思路。

莱布尼兹的这个思路并非一个"急就章",而是他的"单子论"的直接的产物,因为"单子"既没有"窗户",而"自身""能动",成为一个个"独立"的"小世界",则"众多""小世界"的"关系"则会有"问题"。按莱布尼兹的分类,单子在"低级层次",可以受"作用因""决定",有一个"原因-结果"的关系;但在"高级层次",亦即在"心智"的层次,则会受"目的因"支配。而这两大"原因",作为"单子"言,是完全"独立"的,它们要"进入""同一个世界",则"必然"产生"二律背反","矛盾-冲突"是"不可避免"的,也就是说,这个"世界"会"陷于混沌",而如何"建立"一个"有序"的"王国",就会成为"问题",莱布尼兹"请出""神"来"解决"这个"问题"。

按莱布尼兹的"单子论","神"是一个"至上"的"单子",犹如斯宾诺莎的"实体",是"唯一""全知-全能"的"单子",只有这样一个"单子"才能-有能力"协调""众多""单子"的"关系",包括"协调""作用因"和"目的因"两种"原因"相互间的"关系"。

这种"协调"的作用,还意味着一层意思,即"自然"与"自由"的"协调""需要"一个"至高无上"的"神",而不是在"时间""无限绵延"中的"悬设"。"悬设"意味着在"现实经验世界""不存在"的"虚设","自由""要""通过""自然""无限"的"过程""应该""达到"。"自由"对于"自然"——

"目的因"对于"作用因"——只是一个"可以希望"但"不可企及"的"理想","理想-自由"和"现实-经验"永远（无限）"隔着"一个"应该"；而在莱布尼兹，"自由"与"自然"因"神"的"全能"而"统一"，这就是说，"自然"的也就是"自由"的，"自由"的也就是"自然"的，"合规律"与"合目的"是"协调一致"的。

这样，在莱布尼兹，我们这个"有秩序"的"世界"，也就是"神恩"的"世界"，"神""赐予""我们"这个"世界"以"和谐"。反过来说，我们这个"世界"之所以"有秩序-和谐一致"也"证明了-显示着""神"这个"至高无上"的"单子"的"存在"。尽管我们的"感官"并不能"感觉到-看到""神"，但因"秩序-和谐""显示"了"神""无所不在"，而且"随时都在"。我们不必"期待""时空"的"终结""出现""神-天国"，"神""随时-随地"会将"世界""转变"为"天国"，"此时此地"就是"地上"的"天国"。

莱布尼兹所处的那个时代，正是欧洲人"向往"东方文明的时期，从莱布尼兹的"单子论"中我们看到"一滴-一粒-一花"即"世界"的"影子"；但莱布尼兹对于"现实经验世界"的"肯定-积极"态度，却是欧洲传统的"科学"与"宗教"的精神，这种精神，使欧洲人集中"注视"着"此生-此世-此地-此时"。欧洲哲学精神，努力将"宗教-基督教""开拓"的"彼岸世界""拉回"到"现实经验世界"中来，使这个"世界""变得""可以理解"。这是一个欧洲哲学的"古典精神"，也是受到后来的尼采以及更为晚近思潮批判的原因之一。

3. "充足理由律"与"可能世界"的"选择"

我们看到，这样一个由"神""协调"了的"世界"，当然也是一个"令人满意"的"世界"，"人"的"满意"也是来自"神"的"满意"，之所以"满意"，乃是因为"神""令"世上万事万物之"存在"都有一个"充足的理由"。

何谓"充足理由"？莱布尼兹把"真理"分为两类，一类是"推理的真理"，另一类是"事实的真理"，似乎也就是后来所谓的"先天的-后天的"、"先验的-经验的"这种原则的区分。而"先天的-先验的-超验的"，并无"充足理由"的问题，它的"真理"是"必然的"，这是自笛卡尔以来的"双重真理"观念；但莱布尼兹进一步阐明，只有在"后天经验"的领域，"真理"才有"充足理由"的"需要"，这个"需要"引导到一个至高无上的"智慧-理智"的"设定"，只有这个"设定"，才能解决（回答）"为什么是存在，而不是非（不）存在"这个问题。

为什么"存在"？必有"充足"的"理由"，有一个"至高"的"理智"按照这个"理由""令"其"存在"，世上万事万物之所以"如此-如是"，无不有"足够"的"理由"。

世间万物的"秩序""显示"了一个"最高智慧"的"存在"。希腊诸神各司其职，"规范"着万物的"合理"的运行，基督教的"神""创造"这个"世界"，也必有其"足够"的"理由"，这样，这个世界之所以"如此"，才得到"充分"的"解释"。如果没有这个"设定"，"世界"乃是"混沌"，没有"规定性"，也没有"规律"，"世界"只是单纯的"存在"，而"什么"也不是。"是"必定要"是"些"什么"，"神"作为"最高理智""规定"了"万物""是什么"。

莱布尼兹的这个思想意味着，"无神"的"世界"只是"可能"的"世界"，还不是"现实"的世界，"神"做着将"可能世界""转化"为"现实世界"的工作。

"神"作为"最高理智"，不是"随意"地、"独断"地做自己的工作，而是在众多的"可能性"中"选择""最佳方案"，于是，"神""创造"的这个"现实世界"乃是"神"在众多"可能世界"中的"最好的世界"。"神"不仅"全知-全能"，而且"全善"。

于是，在这个意义上，莱布尼兹眼里的"现实世界"，乃是"神恩"的"世界"。

第九章　德国古典哲学的基本观念及其发展路线

一、"理性"的"求（务）实""精神"

这个题目想阐述这样一个意思："精神"以自己的"能动性""发动-驱动-令""理性""要-求""证明""自己"的"存在"，即不但"有能力""证明"自己，而且"有能力""证实"自己。

"理性"要"证明"自己的"合理性"，当然是一件由理性自身就必须提出的重要的工作。关于这项工作，欧洲哲学家2000年的努力表现在"逻辑学"上的成就，足以令世人惊赞不已。

然而欧洲哲学的另一项更足以令人称赞的成就，是他们努力阐述"理性"不仅能"证明"自己的"合理性"，而且能"证明"自己的"现实性"。这项工作同样是欧洲哲学的"传统"，甚至是更重要的传统。

在欧洲古代，亚里士多德不仅是"逻辑学"的奠基者，而且也是"第一哲学"的奠基者，他关注的不仅是"思想"的"形式"，而且更是"思想"的"内容"。"第一哲学"为"元物理学-形而上学"，"理性"必是"物理学"的"基石"-"第一"，"理性"能够通过"诸范畴"来"证明-显示"自己具有"现实性"，亦即，"理性""要""证实"自己。

我们看到，欧洲哲学的这个传统在18、19世纪的德国古典哲学中，得到了发扬光大。

哲学史上所谓康德的"知识论"的"转向"离不开"改造""形式逻辑"

的工作,他的这项"改造"工作并不是"改进""形式逻辑"自身,而是使这个"逻辑学""转变"为"知识论",使"形式"具有"内容",这也就意味着,"理性"不仅是"形式"的,而且也是有"内容"的。"理性"不仅"涉及""自身",而且也"涉及""不同于""理性"的"感觉经验世界"。康德所谓"先天综合判断何以可能"的问题,也就是"理性"和"感性"这两个"不同"的世界,如何有可能"先天"地"综合"起来的问题。康德认为,这个问题的解决是具有"必然-合理"的"理性"的"科学知识"之所以"可能"的关键所在。

就这里的论题来说,康德的这个"先天综合判断何以可能"的问题,也就是"理性"不仅"可能-有能力""证明"自己,而且也"有能力-可能""证实"自己。"理性"是(可能-能够)"存在"的。"理性"的"求真",也就是"求实"。"真理"是"概念"与"对象"的"一致",缺少"对象"的"知识"只是"空洞"的,"形式"的。这就是说,"理性"只有在"可能""证实"时,才是"真理",它的"知识"才是"科学知识"。

这样,通常所说的"求真"-"务实(求实)"的"精神"就有了一个哲学的-科学的"基础":"求真"就是"务(求)实","理性"与"现实"在"道理"上"应-要"是"一而二,二而一"的。

然而,在康德的批判哲学看来,"理性"与"现实"在"知识论"上虽"应"为"一",即"经验"和"经验对象"是"一",但它们的"来源"是"不同"的,"理性"与"现实"就"来源"说,是"二",而不是"一"。康德的这个观点,在哲学史上被批评为"二元论",但就"科学知识"的"求真-务实"来说,指出"理性"与"感觉材料"的区别也是很重要的。康德的这个观点强调了"科学知识"要在"哲学""一统精神"的"指引-规范"下,"承认""理性"在"科学知识-自然知识-经验知识"领域内要受到一种"限制",要有自己的"界限",因为在"知识"领域内,"理性"要从自身以外"接受""感觉经验"的"材料",尽管这些"材料"可以被"理性""建立-建构"成为"自己"的"对象",成为"知识王国"的"臣民"。

康德的这样一种"限制",出现了一个"物自体"的问题,康德的"物自体"是"不可逾越"的"限制"。这个"物自体"之所以"不可知"正在于它没有"现实性",对知识来说,它只是"思想体"。在这个"理性""自己"的

"产物"面前,"理性"反倒"不可能""求实-务实",但它却又是"存在"的,"有一个物自体存在",这样一来,这个"存在"也就是一个"抽象"的"设定",因为一切"知性范畴"都不适用于它,因而或许可以如古代安瑟伦那样加以"证明",但却正如康德批评的那样,是无法"证实"的,它只是一个"抽象"的、"无内容"的"概念"。

就这方面来说,康德哲学也还缺少一种"精神"。

当然,康德哲学的"批判精神"是贯串始终的,其意义可以说是"科学"的"指路明灯","照耀"着"准确"的"航向",使"理性"的"各项工作""各行其道","确保""行程"之"安全"。然而,"理性"还应有一种"开创-创造"的"精神","理性""确信""自己""可能-能够-有能力""开辟"自己的"航道","理性""确信"自己的"现实性","理性"的"求实-务实"的"精神",不仅是"谨慎",而且是"信心","理性""必定"会在"现实"中"证明-证实"自己的"存在"。"理性""确信""自己"就是"一切"的"实在"。

这样,我们已经进入到德国古典哲学的集大成者黑格尔的哲学平台。

也许,黑格尔哲学的重要工作在于把康德先将"感觉材料"置于"理性"之外然后再通过"感官""接纳"进来的这条"经验主义尾巴""割"掉,使得"世间一切"都"在""理性"之中。这项工作,使黑格尔"完成"了"理性""大一统"的任务,"理性""理直气壮"地宣称:我就是世界,我就是一切。

我们看到,康德因为把"理性"和"感性""分割"为"两个领域",而"理性-知性"又要"组建-建构""感觉材料"这个"异己"领域,使"理性"这个"形式"具有"内容",不得不"煞费苦心","设计"出种种"关键",如"图式",而"统觉"之类又是从经验心理学中借用过来,又要和一些带有经验性的"关键"划清界限,于是在这些"概念"前必得冠以"先验的",以示区别。

也就是说,康德的批判哲学必定先要面对经验主义所遇到的基本的问题,要在他的"先验性"的原则下加以"化解",这样,那个"外在于""理性"的"感觉材料"才能"被允许""进入""理性-知性-科学知识"的"王国"。

在这个意义上,我们也许可以说,就"知识论"言,"理性"的"现实性"须得"外在的""感觉材料"来"支持";也就是说,"理性""在原则上"自己不能-不可能（无能-无权）"保证"自己的"现实性"，因为"理性-知性"和"感性"为两个不同的领域，遵循着各自不同的"原则-原理"。正是在康德让"理性""止步"（受外在因素限制）的地方，黑格尔让"理性""冲破""界限"，勇往直前，这种"冲破"，是一种"力量"，"理性"自身的一种"精神"。黑格尔"赋予-揭示"了"理性"自身就具有"现实性"的"可能"与"权利"，"理性"自身就有一种"求实"的"精神"，"理性"不仅仅是一个"思想"的"形式"，而且"会有""现实"的"内容"。

何谓"精神"？"理性"意识到、觉悟到自身具有"现实性"，这种意识到的"信心"，就是"精神"。

这样就意味着："理性"不仅"静止地"（等待）"接纳""感觉材料""进入"自己的"形式"，加以"组合"，而且是"主动地""进入""感觉材料"的"世界"，使这个"感觉"的世界也成为"理性"世界的"环节"。"理性"不是"静止地""等待""感觉材料"的"进入"，而是"主动"地自己"进入"这个"感觉"领域，"征服"这个"异域"。

也就是说，黑格尔使"感觉"世界"理性化"，使"感觉材料的世界"成为"感性世界"。所谓"感性"，乃是"感觉世界"之所以为"感觉世界"的"根据"。"感觉材料"也有了"性"，有了"属性"，也"可能-允许"以"概念"的方式去"陈述"，"感觉世界"脱离开"直接性"而成为"可陈述"的"感性世界"，"感觉经验世界-自然界"也成为可以陈述-可以交流的"合理的-有规律"的"感性世界"。"感性世界"成为"知识"的"对象"，不必经过"想象力-图式-统觉"等诸多"设定"，皆因"理性"本就有"实践"的能力，"理性"要"在""感性"中"证实""自己"，因而，"理性"对于"感性世界"的"知识"，也就是"理性""在""感性世界""自己""认识""自己"的"知识"，"认识""理性""在""感性"中"实现"的"成果"，从而"确信""自己"的"能动性"和"现实性"；"理性"的"能动性"不仅在于对"感觉材料"的"来料加工"，而且还在于"确信"："理性""有能力-有可能""在""感觉材料"的世界，"建立""自己"的"世界"。"异己"的"感觉材料世界"转化为"自己"的一种"存在方式"，在黑格尔，"感性世界"被理解为"理性"的一个"较低级"的"存在方式"。

我们还可以进一步说，黑格尔这一视角的转换，对于"感觉材料"的世界，也有重要的意义，即通过理性的作用，黑格尔使"杂乱无章"的"感觉材料世界"成为一个"有序"的世界，有"规律"可循的"王国"。

从这层意思，我们还可以进一步说，在这个"王国"的"空间"里，"感觉材料"得到了"理性"的"保护"，"王国"中的"子民"受到"呵护"，使之在"时间"的"流逝"中，得以"生存-持存"。"日月山川"等这些由"感觉材料组成"的"感性事物"，以"概念-语词"的"形式-形态"得以"保存"。

在某种意义上，"概念（语词）"是"时间""中"的"空间"，是"时间"的"中流砥柱"，是"流"中之"住（驻）"。

"时间"并不可能"中断"，"时间"是一种"绵延"，对于"感觉材料"来说，则是"不断"的"变异"；"理性"只能以"概念"的方式，"捕捉""时间"的"瞬间"，将这个"瞬间""保存"在"理性""自己"的"王国"中。"瞬间"是"时间"中的"空间"，是"空间"中的一个"点"，这个"点"是"时间"与"空间"的"交汇"，有点像禅宗的"机"，"有-无"之"际"，"时-空"之"机"。这个"点-瞬间"并无"体积-重量"，因而仍然是"时间"的，但它又并无"变化"，而是"持续"、"持久"的，在这个意义上，从康德到黑格尔都认为"概念"是"超时空"的，"在""时空"之"外"。

"超时空"的"概念"要"确信""自己""有能力""进入""时空"之"内"，"展现-证明""自己"的"现实性"，就要"抓住"作为"时空交汇"的"点"——"瞬间"，使"流变"中"事物"之间的"关系"，成为"瞬间-点-概念"之间的关系，这样，"瞬间-点"又是"事物之间的事实关系"与"概念之间的合理（逻辑）关系"的"交汇点"。这个"交汇点"，也可以理解为哲学中"知识论"与"存在论"的"交汇点"，在"知识论"为"概念"，在"存在论"则是"瞬间-点"——在"时间"为"瞬时"。

"瞬时"——"瞬间-点"可以理解为"时间之流""中"的"永恒"；"理性"在"感觉材料"中"随波逐流"时，"确信"不会"丢失""理性""自己"。"理性""否定"了"感觉材料"，"坚守"着"自己"，也就是"保持"着"自己"的"自由"。当"理性""意识"到这种"自由"仅仅具有"形式"上的"权利"而"超越"成为一种"脱离"时，"理性"又必定产生一种"求实"的

"精神",这种"精神""激励"着"理性""不放弃-不脱离""现实世界",在"时间之流"中"乘风破浪"。"理性"的"自由""在""现实经验世界""游刃有余"地"建构""自己"的"王国"。

"理性-自由""确信""自己""有权利-有能力""成为""现实",乃是"精神"的"绝对命令"。所谓"绝对命令"乃是"不受外在条件制约"的"自由"的"命令",这样,"理性"的"现实性"就具有多种的意义:它不仅是"知识论"的,也是"存在论"的,而且同时是"道德论"的。"知识论"的"概念"、"存在论"的"瞬间"和"道德论"的"自由-善"具有"同一性",在"精神"的不同层面上,相互贯穿。"瞬间-时间之驻"意味着"事物"之"可以理解-可以认知",也意味着"事物"之"完善-完成",同时也意味着"事物""自身"的"独立-自由-自在"。在这个意义上,"感觉经验世界"中的一切"事物",都可以理解为"理性""能动性"的"成果",从而是"理性"之"能动性-现实性"的一个"证明",而对"理性"的"证明-证据",也就是对"感性事物"的"保存"。"感性事物"之所以得以"保存",并非仅仅因为"人"有"记忆"这个"心理功能",而是因为"人"有"理性"的"结构",在"时间之流变"中的"感觉经验事物","保存"在"理性"之中。

"理性"为"存在的家"。

"理性""在""感觉经验世界"中得到"证实"——"证明自己的实在性","实现""自己"的"目的",同时也就"证明"了自己的"德能","证明"了"理性"自身为"善"。"感觉经验世界"中的"事物",在"理性"的"概念"中"保存"着,也在"理性"的"德性-善"中"保存"着。"经验事物"在"概念"中成为"完成-完善"的形态,"概念"也是"事物""完善"的形态,于是"事物"反映在"概念"中的就不仅是"自然"的"本质",而且也是"德能"之"完善","事物"通过"理性"获得了"德"。

在这个意义上,我们可以说,"精神"这条"绝对命令"是"理性""确信""自己""能够-有能力""在""感觉经验世界""证明"是"真-善-美"的;换句话说,"事物"之"真-善-美"皆"在""理性"之"现实性"之中,是"理性"的"存在方式"。

"理性"为"真-善-美"的"家园"。

也就是说,"理性"是"万物"的"家园","万物""住在""理性"这个"家园"里,"安居乐业"。并不是说,世上如无"理性",作为"感觉材料"的"世界"就"没有"了,而是说,那个"变动不居-躁动不安"的"混沌世界",没有"安顿之处",而"理性"之光,"吸收-接纳"这些"材料""进入"自己的"王国-家庭","各就各位",得以"存身",不致"流逝"。

就"感觉材料"之"流变"言,一切皆"归于""无","万物"皆"空","沧海"、"桑田"皆是"假名";但在"理性"的"光照-启蒙-启明"下,"空"却是"无明","概念-语言"不是"假",而是"真",是"万物"的"本质","万物"的"真理"。"沧海"已经"变"为"桑田",而"沧海"是"桑田"的"前世","桑田"是"沧海"的"今生",人们将"沧海桑田"的"本质",从"时间之流变"中"捕捉"出来,也就"拯救"了它们。"沧海"虽眼下"不再-不在",但就"时间"之"瞬间"言,它仍然为"存在",而且要和"桑田""在""同一个层面"上"存在",在"理性"之"照耀"下,"沧海-桑田"为"同时",皆为"瞬间"。这样,在这个"理性"之光的"照耀"下,人们才"有权利-有理由"也"有可能""探索""沧海""变"为"桑田"的"原因","科学"之"精神"才有"可能"为"感觉经验世界""建构"起"自己"的"知识家园-知识王国",而不是为"避免"尘世"轮回"之"苦""遁世涅槃"。

同样,"理性"使"感觉经验世界"中的"万物""存在",也使"人"之"感官感觉""存在",使人的"意识""存在",使人的"七情六欲""存在",使之"不灭"。"理性"在"邀请""万物""入住"的同时,也"邀请""感官-感觉""入住""在""自己"的"家"里。于是,凡"入住""理性"的"感觉-感官"皆有"可能-权利"成为"美感",遂使"嬉笑怒骂皆成文章"。

"美感"不仅是"快感",或许是"快感"在"理性"的"呵护"下的一种"升华"。"美感"是"理性化"了的"快感";"美感"也是"理性"在人的诸"感官"中的一种"确认","理性""实现"在"诸感官"之中,犹如"理性"在"万物"中的"确认"一样。但"美感"并非"设定"一个"美"的"事物属性",将"事物""提升"为抽象的"概念-性质-本质",而是将"感官""提升"为一种"特殊性"的"判断",这种"判断"将"事物"给予"感官"的"愉快","判断-确认"为"事物"的"美"的"属性",以"理性"具有的

"普遍性""要求""有理性者"的"认同","理性""呵护-提升"了"感官"的"普遍性",因而使"感官的感觉-快感"得以"保存"。一切"保存""美感"的"艺术品"都"凝结"了"艺术家"的"感官感觉"而同时又具有"理性"的"普遍性",以致这些"感觉-快感"不随"时间之流"而"流逝",如同"概念"那样"跨越时间","有可能-有权利""要求""持久性"。

"美"不是一个单纯"理性概念",也不是一个"经验知识概念"。"理性概念""追求"的为"善",而"感觉经验概念-知性""追求"的为"真",二者都是"概念"性的,而"艺术品""追求"的为"美";但是,"真-善-美"都"住在""理性"这个"家园"中,唯有"理性"才"有能力-有可能-有权利""呵护""真-善-美"。严格来说,"真-善-美"是"理性"的"存在方式","真-善-美""证明"着"理性"的"现实性"。

我们的"鉴赏力——对美好事物的鉴赏能力"体现了我们"知识-德性"的"状况",表现了我们"文化"的"综合水平",也就是我们"理性"的"启蒙-启明-开化"的"程度","展现"了我们的"精神""面貌"。

然而,我们的"精神"借种种"面貌"得以"展现","精神""确信""理性""能"在"面貌"中"存在",在这个意义上,不但"面貌"因"理性"而"保存","理性"也因"面貌"而"存在"。"知识-道德"以"概念"的方式"保存"了"感觉经验事物",而"艺术"则以"感性"的方式"保存"了"理性"。

"理性"在"知识"中以"理论-概念"的方式"存在",在"道德"中以"实践-行为"的方式"存在",在"艺术"中,则以"感性-自然"的方式"存在"。"艺术-美为理性的感性形态"。如果说,"知识"与"道德"是"理性""现实存在"之"证明","艺术-美"则是"理性"之"现实存在"的"明证",是一种"现实"的"证据",因而,作为"理性"的一种"存在方式"的"艺术-美",也可以说是"真理-真实"的一个"存在方式"。

"艺术-美"是"理性""存在于现实中"的一种"证据",凡"有理性者"都可能-可以"识辨"这种"证据",即"分辨出-分析出"这种"感官""对象"中"存在着"的"理性",而且,如果"有理性者"又是"有鉴赏力者",则,他就可以-可能通过"自己"的"感官感觉"来"体会"这个"审美对象"

中的"合规律"之"理性"内容。

在这个意义上,"艺术-美"的"鉴赏",或许也可以叫作"感悟",但并非人的主观有一种"特殊"的"功能"叫作"感悟",并不是有一种"可感觉"的"悟性-知性-理性",也不是说有一种"概念性"的"感觉",更不是单纯经过"感官感觉"就可以得到"非常"的"道理"。"感悟"是一种"经验"的"综合","理性"使"感觉经验""存在",而不至于是"心血来潮","理性""呵护""感觉经验"以自身的形态"保存"起来,"传诸久远",不仅是"视听",而且大凡"喜怒哀乐",以及"烦恼-焦虑-震颤"等复杂之"心理状态",无不可以"存贮"于"艺术品"之中。在这个意义上,我们也许可以说,"感悟"即"领悟","理性""引领""感觉""进入""理性"也是"领会","理性""引领""感觉"与"理性"在"理性领域""相会"并"交汇"。

"理性"通过"技术"来"迫使""自然"作为"自身""现实性"的"明证-证据","艺术"原本是"技术","美"原本是将"自然"不具备的"属性""赋予"了"自然",在这个意义上,"美"为"理性"的"创造";"美"虽然不是"自然"的"自然属性",但却是"自然"的"(理性)自由属性"。"美"并非"自然"的某种"属性",而"一切""自然属性"都可以"显现"为"美"。"理性""令""自然"为"美"。

"理性"就在"感性"的"形式"中"发现""自己","认出""自己"的"技巧",因这些"技巧"而把"自然"从"实际-物质"的"因果必然"中"拯救"出来,"保存"起来,使其成为"精神"领域中"虚拟化"的"环节",因而是一种"自由"的"因果关系",为"理性""自由设计"的"因果关系"。在"艺术-审美"中,"理性"拥有"自主"的"设计权-解释权",无论对于"自然事物"或是"历史事件","艺术"都拥有在"理性""引领"下的这个"自由权","可以允许""自由"地对待它们。

就"艺术-审美"言,"理性""使""感性"也"拥有""自由",在这个意义上,"艺术-审美"不是"知识",也不是"道德"。如果说,"知识"所涉"对象"为"必然王国","道德"所涉为"自由王国",那么"艺术"似乎可以理解为"从必然向自由"的"过渡环节",或亦为"交汇之处",是一个"机际"。"艺术-审美"中的"自由"是"虚拟"的,而"理性""确信"这种"虚拟""会-可能"转化为"现实"的,因而"虚拟"的"自由"成为"现实"的"自由"之"号角"与"征兆";人世间因有了"艺术-审美",人们"增强"了"理性-自由"的"信心","艺术-审美""表现"了"理性-自由""要""在人世间""实现"的"决心"。

"美是理性的感性显现","理性""显现"在"感性形式"中,并不是说,"感官"能够-有能力"思想",或者"思想"就能够-有能力"感觉",而是说,"理性"通过"经验综合"的途径,不但能够-有能力以"概念"的"体系""建构"一个"知识"的"王国",而且能够-有能力在"理性""引领"下,在自己的领域内,"建构"一个"审美-艺术"的"王国"。这个"审美-艺术"的"建构"因其"虚拟性",所以是"虚构",而"虚构"之所以也是"(建)构",乃在于它的"基础"仍是"概念","理性""同时""运用了""自然"和"自由"这两种不同的"概念"使之"融合-和谐-贯穿",使"必然""自由"起来,也使"自由""必然"起来,以"显示""理性"这两种"概念"的"现实性"。

"人-有理性者""生活""在""知识王国"中,也"生活""在""道德王国"中,同时"生活""在""审美-艺术王国"中,"人诗意地栖息在大地上"。

"人""生活""在""现实"中,"人"也"生活""在""理想"中;"理性""反映"着"现实","现实"也"反映着""理想","现实"与"理想""交相辉映"。所谓"现实""反映着""理性",也就是说,"现实""显现"了自身的"合理性","现实""表明"了自己是"美好"的,在这个意义上,"美-艺术"是"理性"的"证据","现实"是一件"艺术品",而"艺术"则是"理性""真理"的一种"存在形式"。"自然-现实-生活"的"美化-艺术化""证明"了"理性"的"现实性","体现"了"理性""确信"自己的"现实性"这种"精神"能够-有能力"活跃""在""现实生活"中。

"理性"在"证明"自身的"现实性"的"同时",将"自由"转化为"必然",由于这种转化,也提供了"理性"从"自然-必然"中"认识到""自由"之可能性,当"理性""认识"到"自然"中的"自由"时(之际),"同时"也就是"理性""认识"到"自己""之际"。

"理性"通过这种"认识","确信""自己"不仅是"合理的",而且也是"现实的",这种"理性"的"自觉",就是"哲学"的"科学"。

二、"否定"在德国古典哲学中的意义

1. "否定"作为"逻辑"的范畴

通常意义上的"否定"比较容易理解,大体上是"理性"对"感觉经验"的"规定性","是什么-不是什么"的问题,譬如"桌子""不是""板凳"。如斯宾诺莎所说的,一切规定都是否定;有了这个"否定",大千世界-经验世界才"显得""多姿多彩-万紫千红"。而要在这个"经验世界"寻找一个"源头",从古代希腊开始,费尽了欧洲人-哲学家许多心思,也就是说,要在"万紫千红"中"寻求"那个"总是"的"春",是一件很困难的事情,不可"止步"于"诗意的朦胧",大而化之地过去。这正是"哲学"要"着力"的地方。

这里所说的"哲学",是指传统意义上的欧洲哲学,我们可以简单地说这个传统是"概念论"的,把世间万物"抽象"为种种"概念",然后从"概念"之间的"逻辑",来"推论"它们的"必然性",从而"把握""事物"之间"变化"的"规律",以求得我们"合理"的"知识"。

为求得这种"规律性"的"知识","逻辑"是重要的"工具",这个"工具""提供"了"经验知识""必然性"的根据。而这个"逻辑"之所以只是"工具",乃在于它是"没有内容"的,需要"感觉经验"的"材料"来"填充"它的"内容"。这个道理在"经验世界"大体通行无阻,似乎是相当"完美"的。

但是"哲学"恰恰不"满足"于"填充-兑现"一个"经验"的"内容",它要追问"经验"的"根基"和"源头",也就是欧洲哲学常说的,它不仅要"认识""现象",而且要"认识""本体"。

欧洲哲学到了康德的阶段,事情有了新的转折:康德认为"本体"原本是"思想体",因无"感性直观",故无"经验"的"内容",因而对于"本体"的"思维",当然可以是"合逻辑"的,但却是"空洞"的,没有"内容"的,不可能成为"科学知识"。这就是说,"逻辑"在"本体"的"运用"上,只剩下了"无矛盾"地"思想"这一条,如安瑟伦那样从"大全"的"前提""推论"出"神"的必然"存在",只是"同一性"和"重言句",没有任何"内容";如果

把"逻辑"的其他"范畴"(如"因果"、"或然"、"有限"、"无限"等)"运用"到那(几)个"本体"上,"必然"出现"二律背反",这样,"本体"的"逻辑"因"自相矛盾"而自行解体。

康德揭示的那些"二律背反"言之凿凿,"哲学"面临抉择:要么甘心停留在"空洞"的"概念"上,以"诗意的朦胧"来"弱化""逻辑";要么"正视""二律背反","设法""强化""逻辑"而使之"适应""本体",使"逻辑"成为"知识"的"建构"。黑格尔所"设"的办法之重点在于"强化""否定"在"逻辑"中的作用,使"哲学"成为"有内容"的"知识"。

黑格尔将"否定"引入"本体论-存在论"的"逻辑"体系,在古典的意义上"完成"了德国古典哲学始于康德的"改造""传统逻辑-形式逻辑"的任务。

我们知道,从康德开始就着手"改造"传统的形式逻辑,使其具有"内容"而成为"知识论"。但康德的"改造"工作,就"哲学-形而上学"来说,是不彻底的,他的"逻辑"仍然是"形式"的,只是"添加"了从"外部""引进"的"内容"。他的"先验逻辑""需要""外部""感觉材料"的"支持",而那些不具备"感性直观"的"本体论-存在论""概念",正因为其不具备"感性直观"而不能"进入",于是"本体论-存在论"的"概念"就只能是"空洞"的。在这个"限定"条件下,康德所"阐述"的各种"形而上学",都只是一些"概念自洽"的"无矛盾"的"逻辑体系",而不是一种"知识论"的"建构",因为他的"建构"需要将"不同来源"的"材料""组织-结构"起来,而"本体论-存在论""概念"只有"理性"一个"来源",因而在这个意义上,他的"形而上学"就不是一个"知识论"的"建构",而原则上、原理上只是一些单纯"概念"的"体系"。

康德的这个问题,因黑格尔"强化"了"否定"作用,将"否定""引入""本体论"的"逻辑范畴"而得到"缓解",而为这个"否定"范畴奠基的则是费希特。

费希特为克服康德在"知识论"上的二元论,在"逻辑概念"上强调一个"否定"的范畴,使它成为"一元本体"的"逻辑""环节",从而使一切"非逻辑"的"感觉经验"都成为"逻辑概念"的"否定",这样,一切"客体"

都可以作"主体"的"否定"观,一切"存在"都可以作"思维"的"否定"观。费希特"设定"的这个"办法",在某种意义上,似乎在哲学上运用了一个类似数学上"二进制"的方法,将"经验世界"作"理性世界"的"否定",使之既"同一"又"区别"开来。

"理性世界"通过"否定""自身"而"生化""感性世界",这个"被否定"的"感性世界"就不是"理性"之外的"另一个""世界",无须将二者"结合-建构"起来,就可能有一个"合理性"的并且是"有内容"的"知识论","概念"的"知识"就可能既是"自身自洽"而又是"有内容"的"科学"。

这样,费希特就不是像康德那样把"感性世界"从"理性"的外部"接纳"进来,而是由"理性"自身的"否定"运动自己"建立"起来,成为"自己"的"对立面",从而也推进了康德所说的"经验知识"的"条件-原理",也就是"经验对象"的"条件-原理"这样一层意思。"经验"的"对象",原本是"非经验-理性"自身"建立"起来的。康德的意思只是说,"知识"及其"对象"的"条件"和"原理-原则"是"同一个理性",而"材料"的源泉,是"外来"的,"原理-原则"和"源泉"是"二",不是"一";费希特则说,"知识"的"材料"也是"理性"自身"提供"的,是"理性"自己"否定"自己产生出来的,"肯定-否定"都"原出"于"理性",经验世界千变万化,"原-源"出于"一"。所以,在费希特,从 A＝A,"生化"出 A 不等于"非A",成为欧洲哲学的"第一原理",但须得经过"中间"的"否定"环节。

黑格尔把费希特奠定的理性一元论思想从逻辑方面发展完善了,利用"否定"这个环节,把"思维"与"存在"、"逻辑"与"历史"、"现实"与"理想""统一-同一"起来,使"一切现实的都是合理的"和"一切合理的都是现实的"成为哲学的"第一原理",在这个"原理"中"蕴含-调解"了康德的"二律背反",使之成为"发展-生化"中的"否定""环节",也成为"逻辑""推理"的一个"环节",从而建立了一个有"矛盾发展"的"科学知识"的"逻辑体系"。这时,"逻辑学"就不仅仅涉及"思维"的"形式",而且是一门"有内容"的"可以推理"因而是"可知"的"本体"的"知识论"。"本体"之所以也可能成为"知识"的"对象",乃在于它已经"蕴含"了"自身-本体"的"否定"——"现象",通过"本体"的自身"否定",成为"现象",

成为"知识对象",从而"本体论"也就成为"现象学","形式性"的"逻辑学"也就成为"有内容"的、"知识性"的"逻辑科学"。就康德"改造""逻辑"的工作来说,黑格尔在德国古典哲学思路的基础上,推进了,完成了。

2. "否定"作为"理性"的"精神"

"概念性"的"思维"是"理性"的"存在方式","否定"如果涉及"概念"本身的"否定",即涉及"概念"与"非概念"的关系,则并非作为"逻辑形式"的"概念"所能"建立","理性"进入"自身否定"——将"非概念-非理性"亦即"感性"转化成为"理性"自身——的"环节",则需要将"理性""提高"为"精神",就像由"感觉-非概念""提高"到"概念-理性"需要一个"(知性的)飞跃"一样。"精神"使"理性"摆脱"静观","精神"使"理性"在"内容"上也是"能动"的,而"否定"则是"精神"的"第一推动力"。

在"精神"的"推动"下,"理性"不仅"建立"了"意识",而且"建立"了"自我意识";而"理性""建立"了"意识"使"人"作为"有理性的生物"从"客体"中"剥离"出来,形成与"客体"相对立的"主体"。"理性"使"意识"作为"主体",但这个刚刚脱离出来的"意识",在"理性"方面还只是"抽象"的"形式",它对于与其"对立"的"客体",只"拥有""立法权",允许"服从"所立"法则"的"感性材料""进入""知性逻辑形式",成为"知识王国"的"组成部分",于是"理性"在充满"偶然性"的领域,能够"建立"一个"有序"的"王国"。但只有这个"王国""法则-规则-亦即形式"是"理性"自己的,因为"理性""意识"到尚有一个它"力所不及"的充满了"可能性"的"(本体)世界-事物自身",理性"意识"到"自己"的"权力"是"受到限制"的,"理性"在"知识-科学""王国"只是一个"思维"的"形式",它"运用"它的"思维逻辑形式"和"范畴"到它"力所能及"的"领域"中去"建立"自己的"王国"。在这个阶段,"理性"的"意识"还不完全是"自我意识",而可能是一个"异己意识",它"意识"到,"有"一个"异己"的"领域""存在"。

黑格尔的"精神"的能动性,就在于"推动""理性"将这个为单纯

"知（识）性"的"异己意识"转化为"自我意识"，使"理性"的"自我意识"成为"精神"表现自己"能力"的又一个环节。"精神"使"理性""自己""认识""自己"。

"精神"首先使"理性"从"客体"中"脱离"出来，"脱离"也是一种"否定"，"精神""否定""意识"对"存在"的"依附"关系，使"意识""独立"出来。在这个意义上，"意识"就不是七情六欲，"意识"是"理性"的，是"思维"的。"精神"又"进一步""否定"这种"意识"的"形式性"和"抽象性"，"否定""客体"与"主体-意识"的"分裂"，使"客体""回归""主体"，"存在""回归""意识"，使"意识""意识"到，它的"异己"的"知识对象-客体"，原本是它"自己""建立"的。"否定"一个"异己"的"客体"，使"异己""自己"化，是"精神"的能动性的又一次表现；"精神"使"意识""意识"到，与"自己（意识）""对立"的"异己"原来就是"意识自己"，"理性"从"意识"到"异己"，到"意识"到"自己"，乃是一个"飞跃"，是一个"否定"。

在"精神"的"推动"下，"理性"的"自我意识"不仅"意识"到自己是"意识"，也就是说，不仅"意识"到"理性"有一种"形式-抽象"的"独立性"，"意识"到一个"抽象"的"我"，一个"能-有能力""思维"的"我"，而且"意识"到这个"我"是"实质性"的，是"存在性"的，因而是"有内容"的"具体"的"我"。"理性""否定"了"自己-我"的"抽象性"，"理性"的"我"，费希特的"大我"，不仅是"思维"的"形式"，而且是"思维"的"内容"，"思维"是"存在性"的"思维"。于是，"意识"就由"存在"的"否定"，经过再一次的"否定"，又"回到"了"存在"。这个第二次的"否定"，"否定"之"否定"，成为"肯定"，但不是单纯抽象的"肯定"，而是"蕴含了-经过了""否定"的"肯定"，这个"肯定"，也就是"肯定"了"否定"。"精神"的"作用-能动性"，也就是"肯定""否定"的"作用-能动性"；"精神"以"否定"来"建立""肯定"，没有"否定"的"肯定"是片面的、抽象的、静止的，因而在德国古典哲学的意义上，只是"知性"的。

缺乏"精神"的"知性"，只有"逻辑形式"上的"否定"概念，缺乏"理性"的"否定"、"本体-存在"的"否定"，亦即缺乏"否定"的"精神"。

这种"知性-知识"强调的是"逻辑推理"的"一致-和谐",与"经验世界"的"关系"只是一种"结合"的"综合",而并无真正的"同一",也缺少"同一"中"发展"出来的"相异"的意识,"科学"所涉及的是一些"给定"的"规定性"之间的"综合""关系",这样,在"知识论"的"真理"问题上,强调的是"知识概念"与其"对象"的"符合一致","真理"即是"主观观念"与"客体对象"的"符合一致";而"精神"一旦进入了"理性",人们意识到,对"真理"的理解,不应"止于"这种单纯的"符合一致",因为"主体-客体"原本是"源于""同一性"的"根源",它们"原本"是"同一"的,但"同一"之所以有"真理"与"假象"之"区别"与"规定",乃是"理性"之"同一性"本就蕴含着"否定"的"精神"。

在这个意义上的"真理"观,已经不是康德的"知识论-知性"所能"限制"得住的"理性-精神","理性"的"真理",因其固有的"否定性"之"精神",其需要注意的问题在于:"真理"意味着"主体"对于"客体"的"否定","客体"与"主体"的"不相符合","真理"的"精神"不在于"符合一致"之"同",而在于"不符合-不一致"的"异","真理"在于"变异",而"变异-变易"亦即"发展"。

"精神"的这种"真理"观,并不会被理解为一种"主观随意性",而只是"理性"的"主观能动性",它的"根据"恰恰在那"客观世界"之中,只是"理性"的"精神""意识"到了"客观世界"不是"静止不动"的,即使是"知性逻辑"的"因果"范畴,也意识到"一事物""跟随""另一事物"(时间)的"必然性"(原因与结果范畴),"因果"之"异",原本就是"时间-感性直观"的"真理"。

3. "精神"的"创造"与"自由"

"精神"进入"理性",使"理性""增强-强化"了"能动性",不把"客体"看作一种具有"给定"的"规定性"的"静止"的"对象",在这个方面来看,康德的"批判哲学"实际上"保存"着这个"对象"的静止性,"批判-批审""理性"的"权力范围"而在"知识论"范围内"维护"着"对象"的"存在"。只有到了理性的"实践"运用中,"理性"的能动性才得到充分的发挥,"理性""令""自己-思想""存在",从而"承担"一切"责任"。按照"批判-批审"的原理,"知识(是什么)"与"道德(应是什么)"之间没有"桥梁",而它们之间如果说"有"一个"过渡"环节的话,在康德看来,那只能有"反思-想象"的"过渡(判断力-审美-目的论)",而不可能有"知识-理论"的"中介"。这就是说,在康德哲学的意义上,从"存在"到"应该"——即从"知识"到"道德"之间——没有"理论"和"实践"上的"过渡"的环节,只有"想象(力)"在"反思"上的"判断",而没有"知识"上和"道德"上的"建构"。问题之所以如此,关键可能在"否定"这个"理性"环节的作用发挥得不够;而黑格尔强化了"否定"的意义,从而也"肯定"了从"知识"通过"精神"之"否定"的"中介""进入""道德"的领域"有-存在着"一条"通道"。当这条"通道"打通之后,"知识"和"道德"这两个"分立"的"领域"自身也"改变"了各自的"存在方式"。"知识"不是"静观"地"观察""外在"的"对象",需要"接纳"这个"对象"来"充实-充当"自己的"内容","道德"也不仅仅是"无内容"的"至上命令-无条件命令",而是有自己的"具体内容"和"存在方式"的"伦理""过程"。在康德那里"分立"的两个领域,通过"精神"之"否定"环节使"理性"意识到,它们原本"同出一源"。

"精神"的"否定"环节揭示出"知识"和"道德""同出"于"理性",而"理性"对于"知性"的"否定",就是"道德"。"道德""不同"于"知识",其间之"异"亦出于"精神"之"否定"环节;于是"精神"揭示"知识"与"道德""同出一源",而同时也是"否定"的"产物"。

"否定性""产生""异",而"产生""异"则可以说是"精神"的"创造",而"知性""接纳""外在材料""加工整理",并不可以说是一个"创造"。"创造"为"有-无"之"变",而"精神"之"否定"性作用,揭示一切"变化"皆可以作"创造"观,因一切"变化"皆是"异化";甚至单纯"数量"之"增加"亦可作"创造"观,原本只有"一个"的,现在有"两个",于是,"生生不息"乃是"创生不息"。

"创造"为"无中生有"。"知性"的"变化""限于-受制于""外在存在","存在"是"既成"的"事实";"精神""令""理性"意识到这些"存在-事实"

原是"自己"的"产物"。不是"知性""赋予""感性存在"的"名称-语词-概念"是"假名",而是这些"存在"原本是"无名-空无","理性"自己建立自己的"对象","理性"使之"有",使自己"有""对象",于是,在"对象-客体"的意义上,"存在"为"使存在-令存在"。不仅"理性"是"能动"的,"存在"也是"能动"的,"理性"在"精神"的"鼓动"下,使"非存在-意识""存在"。"精神"的"否定"作用,表现在"令""非存在""转化"为"非非存在"。

并不是说,世界没有了"人"的"意识",世界就"没有-不存在"了,世界之"存在"不以人的意志-意识而转移;只是说,"知性"虽经过"批审-批判",仍"保留"了这个"不以人的意识为转移"的"感性世界"。作为"生物-动物"的"人"与这个世界作感性的"交往",而"理性"之"光",首先使"自己"与这个"感性世界""分立"出来,并使两个独立来源的"实体""结合-综合"起来,"意识""服从""存在",亦即"意识""服从"原本是自己建立起来的"对象";"精神"的能动性,使得"理性"进一步"意识"到自身的"能动性",也就是"意识"到"自身"的"否定性"。"建立""对象",也就是"意识自身"的"否定",使"意识""转化"为"非意识","对象"是"意识"的"外化",而"外化"亦即"异化"。

于是,"外化-异化"是"人的本质力量"的"对象化","对象化"也是"否定",是"异化","人的本质力量"-"自我"的"非我化",在这个意义上,就是"人的本质力量""创造性"的"表现"。"对象-非我"的"世界",为"我-大我-理性-精神"的"否定",也是"大我"的"产物","大我""建立"了一个"非我"的"对象-客体-文明-意义"的"世界"。"神"的"创世"说,转化为"人"的"创世"说,"精神"的"创世"说,"理性"的"创世"说。"理性"是"有序世界-合理世界"亦即后来叫作"意义世界"的"创造者"。"精神"为"理性""创世"之"力"。

在"创造"的意义上,"精神-理性"为"自由"。"自由"首先是一个"否定"的"力量"。"精神"让"理性""意识"到,"客体-世界"为"理性"自身之"否定",这就是说,"精神"的"否定"首先并不是"否定""客体",并非首先"否定""客观世界"的"存在-实在性",而是"否定""主体",是一种

"理性""自己""否定""自己","理性"自身"创造""异己",因而,"异己""出于""自己","理性""自由"地"创造""异己"。

"精神"并不是让"理性""随意"地"创造""异己",而是"按照""理性""自己""创造""异己",因而也是"理性"地"创造""异己",按照"理性""自己""内在"的"规律-必然性""创造""异己"。在这个意义上,这个"被造者-异己"同样也是"合理"的。"理性""自由"地"创造""世界-异己",也就是"理性地-合理地""创造""世界-异己",于是,"理性""自由"地"创造"了一个"必然-合理"的世界,"必然"是"理性"的"产物",也是"自由"的"产物"。

然而,"理性"既然"自由"地按照"理性自己"的"规律""创造一个""异己",则这个"异己"必定又不是"理性自己"。于是,"理性""创造"了一个"非理性",从而又是被"精神"所"否定"的世界,这个"非理性-感性"的"世界"又"注定"要为"理性"的"精神"所"否定"。在这个意义上,"精神""支持""理性""持续"地"创造",也就是说,"精神""支持""理性""持续""自由"。

黑格尔的《精神现象学》就是一部"精神"通过"理性""自我""持续否定"的"发展史"。

4. "精神-否定-发展"与"未来"

"否定"的"精神",在哲学上并非斯多亚主义,也不是怀疑主义;"否定"不是"虚无主义",而是"存在主义-实在主义"。"精神"通过"理性""开创"一个"新世界",于是,在某种意义上,"否定"的"精神"又是一种"未来主义"。

由于"非精神-物质"被理解为来自"精神"之"否定",我们也可以如同黑格尔那样,在这个"否定"中"见出""被掩盖"着的"精神",在"感性"中"见出""理性",一如基督教那样,在"被造者"中"见出""创造者",在"世俗世界"中"见出""神恩"。这就是说,"精神"的"否定"并不把"现存世界"简单地看成一个"坏透了的世界";人们也可以在"精神"的"激励"下,意识到"精神""否定"的"可持续性","确信""有"一个"更好"的

"未来"世界"必将""来到"。

这个"未来世界",并不像基督教的"彼岸世界"那样"超越时空",但却"超越""过去"和"现在",是一个"此岸"的"超越性世界";"过去-现在"固然给"未来"以"规定性",因为"历史"原本就是"合规律"的"理性"自身的"发展",然而"理性精神"的"否定-创造",却"引领"着"历史"的"发展",不仅"过去-现在""规定"着"未来",而且"未来"也"规定"着"过去"和"现在"的"意义"。"新世界""规定"着"旧世界"的"意义",在这个意义上,不仅一切历史都是"当代史",而且一切"历史"的"意义"都"在"于"未来","历史""依靠""未来",没有"未来"也没有"历史"。"历史""在""未来"中;"未来"的"理念-理想"是"历史""自身"的"否定",但没有"未来","历史"也是"非存在","未来""规定"着"历史""存在"的"意义"和意义的"存在"。"事物-历史-自然""在""否定"中"存在",也就是"在""未来"中"存在"。

"未来""不是""过去"和"现在","未来""否定""过去-现在",也就是"未来"是"过去-现在"的"创造","未来""异于-新于""过去-现在","超越""过去-现在"。"未来"是"此岸"的"超越","未来"是"过去-现在"的"异化"。

"创造""此岸"的"超越-未来"不需要"彼岸"的"神",而需要具有"自由精神"、"理性"的"人"。"创造未来"需要"自由者","自由-理性"的"人"是"此岸"的"救世主","人"是"自己"的"救世主"。这个"救世主"早已"来过",还"将来到","人""在""未来""挽救""自己"。所谓"挽救-拯救"也就是"持续"着"自己"的"理性","自己"的"存在","自己"的"自由","人"不可能"永久持续""自己"的"自然",但却"有能力""持续"着"自己"的"精神"。"人""在""过去"和"现在",其"自由"都有"实际"的"规定",是一种被"必然""掩盖"着的"自由",而只有"在""未来","自由"的"超越性"才"显现"出来,成为"规定性-规范性"的"创造力"。"未来"是"在世"的"超越","在""时空"中的"超越","此岸"的"超越"。

在某种意义上,只有"在世-此岸"的"未来",才有可能"构成"一个

"科学"的"对象",从而成为"科学""研究"的"领域"。"彼岸"的"超越"只是"宗教"的"信仰","天国-天堂"的"内容",是"想象"出来的;"此岸"的"超越"则是"概念"、"逻辑"有可能"把握"的"知识","此岸"的"未来"有可能成为"科学"的"设计"和"预言"。于是,让"超越""回归""时空","在时间中"的"未来"作为"过去-现在"的"否定"之"肯定",乃是"哲学""化解""宗教"的一个"途径",在这个"途径-思路"上,我们不妨"颠倒"康德"命题":"限制'信仰',为'科学'留有余地"。当"(对在世-此世'超越'的)信仰"被"限制""在""尘世-时空"之内,"信仰"就成为"信念-信心"。

"精神-自由"之"否定"观念在欧洲哲学历史发展上具有重要意义,对于黑格尔完成"概念论""绝对大全"之哲学体系,应是必不可少的环节。如果没有"'否定'作为'逻辑'的'范畴'"这一部分阐述的道理,"哲学"作为"科学体系"的"逻辑""建构"在道理上会有欠缺,也就是说,在从"概念"如何进入"经验实际"的问题上,就会显得"武断","概念"的"普遍性"与"具体性"之间的"关系",在"逻辑"上也不容易理顺。在这个意义上,欧洲哲学"需要""否定"的"自由精神"来"维护""科学(概念)体系"的"必然性";同时,也只有通过这样一个"否定"的"环节",才有可能"顺利"地、"合理"地"建立"一个"理智直观-直观理智"的观念,即"直观"与"理智"才有可能"内在地"具有"同一性":"理智"有可能"内在"地"统摄""直观","直观"也有可能"内在"于理智,在这个意义上,"艺术"甚至"宗教"才有可能"内在"于"哲学"之"科学体系"。

第十章　欧洲哲学中"知识论"与"存在论"的关系

一、欧洲哲学从"知识论"向"存在论"的转向

欧洲哲学自古代希腊以来的传统,"存在论"与"知识论"经常是"统一"在一起的,"存在"为"知识"的"对象","知识"是"对于""存在"的"知识";但是它们之间的"关系"又不是很单纯的,而是"矛盾-对立"的,古代的"辩证法"由此而凸现出来,从而有经过巴门尼德"存在论"到柏拉图"理念论",又进而为亚里士多德的"真知识"、"存在之存在",以求二者在"理论"上之"统一"。

古代希腊早期智者学派和苏格拉底的早期"理念论"以"辩证法"之"否定-消极-批判"精神,揭示了对于"存在-事物本身-本体"的"知识"之困难,如果不是巴门尼德对苏格拉底的一番教训,这条思路,已经是走在了"不可知论"的道路上。然而巴门尼德的"存在论"和柏拉图从积极方面建构的"理念论"以及亚里士多德的"存在之存在",都难以使哲学"存在论-本体论"真正摆脱自身的困境,以至于基督教神学还要为自己的"神"的"存在"作出"理论"上的"证明"。

欧洲哲学的这种"存在论-知识论"的"纠结"到了近代康德,有了一个"明快"的"了断":"存在-本体""不可知","存在-本体"不是"知识"的"对象","存在-本体"被"括了(搁置)起来";"知识"只是以"感觉经验"所能及的"世界-经验世界-现象界"为"对象"。康德的哲学工作长期以来被

称作"知识论转向",他将"知识论"和"存在论-本体论"严格划出了"界限","知识"进入"存在-本体"则被斥为"知性之僭越"。

关于康德的哲学,已有很多学者的研究成果足资参考,这里试图从"经验科学"的角度,寻求他的"知识论转向"的一种意义。

"存在-本体-事物自身"的"不可知",不等于"感觉经验"的"存在者""不可知"。我们人类面对的"经验世界-生活世界"是"可知的",我们有可能-有权力"把握"它们的"规律",我们有权力"拥有""科学知识",正因为我们"面对的"不是"事物自身",而是提供给我们"感官"的可以"接纳"的"经验对象",在这个意义上,它们是"感性存在",不是"理性存在"。在这个领域,用得上巴克莱主教的那句名言"存在就是被感知"。

然则,"存在-感性存在者"如果单纯是我们的"感官"的"对象"而对于"感官"没有一个"界定",则这个"存在"作为"知识"的"对象"就会是很不可靠的。康德在"知识论"上的工作首先是要为"感觉"作出一个普遍性的"界定",为"感觉""给出""规定性",以避免依赖感官自然结构的主观随意性。康德以"时间-空间"作为"感性直观"的"先天形式"出现,以"保证""感官"作为"知识"的"感性器官"的"普遍有效性"。

人们常说,康德的"时空观"深受牛顿"绝对时空"的影响,这话是确实的,当然康德把牛顿的"客观绝对时空"转变成"主观绝对时空"以完成他的哥白尼式的"革命(转向)",其"绝对性"意义是一样的。在某种意义上,康德的"时间-空间"是一个"主观"的"接收器-观测器","事物-自然"必须通过这个"接收器-观测器""给予"我们,就必定要受这个(或两个)"器具"的"影响",因而所"接受"的已经不是"事物自身-本体",而是"经受""接受器-观测器""影响"了的"对象",康德称之为"现象"。"现象"不是"本质-本体"。"本体-本质-事物自身"因"不接受-或通不过""时空"这两个"接收器-观测器",因而不为我们"感官"提供任何材料,从而它们"不可知",不是"知识-科学"的"对象"。

"时间-空间"这两个"接收器-观测器"是"先天的",它们在"绝对性"的基础上和"概念"有统一的可能性,因为在"概念"中,也有"先天"的"概念"——"范畴",是无须通过"经验"形成的。这样,"直观-时空"和

"概念"的"先天性-绝对性",就"保证"了"知识"在根基里有一种"先天绝对-必然"的"可能性",而不必"等待""穷尽"一切"经验"才"允许-有权""推论""普遍必然"的"规律"。也就是说,"时空"和"范畴"的"先天性-绝对性"提供了"经验知识-科学知识"的"普遍必然"的"可能性","先天综合判断何以可能"得到了肯定的阐述。也就是说,"感官""接受"的"杂多材料"得到了"规定性"。

然而,"可能性"不等于说凡"经验知识"就"一定"是"普遍必然"的。因此,康德的"知识论"并不能"替代""经验科学",而是为"经验科学"自身"可能"具有的"普遍必然性"求出"根据",作出"阐述"。

就康德那个时代来说,牛顿的时空绝对性的巨大影响,给予了康德的"知识论"以"普遍必然"的"根基"。但"经验知识"的"获得",仅仅依靠"直观"之"先天原则-时间空间"是不够的,它们只能给出"形式",而不能给出具体"内容",要具有"内容",还需要不同于"绝对时空"的"非先天-非绝对"的"现实的""接收器-观测器"——"感官",它们对于"被接受-被观测"对象"的"影响","迫使""经验知识"在"存在者-非存在者"二者之间,"不可能"作出"绝对-先天"的"判断";"经验知识-经验科学"不仅依靠"推理",而且要依靠"实验",多次"实验"的"归纳(综合)",仍然对一个"进一步"的"实验-归纳"保留"开放"的"未来",这就是康德推崇"实验-归纳之父""培根"的原因。

在某种意义上,我们的"接收器-观测器""限制"了我们的"知识"。

又是在某种意义上,在"知识"领域,康德接续了古代希腊智者学派和早年苏格拉底的传统,严格阐明"事物自身-本体-本质"是"不可知的",其理由也正在于一旦"知识-知性""妄图-僭越地"要"认识""事物自身",必定要陷于"自相矛盾"而"自行解体",康德的"二律背反"揭示了"事物自身"的"不可知"的"理论"上的根据。

我们"认识""事物"的"接收器-观测器""独立"于"事物"之外,而"事物自身"乃是"绝对",我们因缺乏(也不可能有)与其"相对""独立"的"工具",因而对于"事物自身-绝对"则"认知"无门-无法通过。

于是,我们看到,就康德来说,只有在"知识论"的意义上,我们才可以-允许以消极-否定-批判的态度谈论"事物自身-绝对-本体",而并无"德本体一情本体"一说。康德的"道德"不问"时空条件",以"形式"的"自由"为根基,而其"审美"与"目的"并无"客观"的"建构性",乃是一个"反思判断"。它们都不是"为自然立法",不是"为客体立法",只是在"至善"的第二层意义上,"道德"与"知识-经验-幸福"才达到"同一",达到"绝对",不过也已不是"本体-事物自身"的"知识"问题,而是"信仰"问题。就这方面来说,康德的"知识论"的"转向",并不是很彻底的,"限制知识为信仰留有余地",使这个"转向""半途而废"。

真正"完成"这个"知识论""转向"的是黑格尔。黑格尔的"哲学-科学体系"拆除了康德"批判哲学"所设置的各种"界限-限制",使"哲学"不仅是"批判",而且是"学说",是一个"科学体系-知识体系"。

黑格尔能够把"哲学""推进"到这一步,有其深厚的欧洲哲学的传承;同时或许我们可以说,跟他"改造"了"知识"的"接收器-观测器"也有关系。在康德那里的只适用于经验世界的"纯粹概念-范畴"被"改造"为适用"本体-事物自身-绝对"的"思辨概念",这个"思辨概念"也"吸收-扬弃"了康德的"时空""先天直观形式",成为"思辨概念"的一个"环节","思辨概念""蕴含了""直观","直观"是"概念"的"外化"形式,而并无"独立"的"来源"。"感官"并不"单纯"地向"概念""提供""感觉材料",而是在"概念"的"范导"下并且同时也是"建构"下为"概念""充实""具体内容":"质料"与"形态"的关系转化为"内容"与"形式"的关系,而这种"关系"使"概念"不是单纯的"抽象",也使"感性"不是单纯的"材料";"思辨概念"使"概念"成为"具体"的,也使"感性"成为一种"显现"。

"哲学"在黑格尔那里成为一门"包罗万象"的"知识-科学体系","克服"了康德设置的种种"障碍","跨越"各种"界限",使之"归顺"为"绝对知识"的一些不同层次的"环节"。黑格尔毫无顾忌地做了康德所警告过的"僭越"的事情,使原本有自己的"疆界"的"知识王国""无限制"地"扩展","建立"了"知识王国"的"一统天下"。

当然,这个"一统天下"的"绝对王国"并不"绝对""太平","积极-肯定"地"对待""矛盾"是黑格尔"推进"康德"二律背反"的着力之处。

康德所揭示的"二律背反"是一条铁律,康德"知识论"所使用的"接收器-观测器"只适用于"在时空中"的"感觉经验世界",一旦"超越""时空"之外,则必有"二律背反"出现。康德为"回避""二律背反",毋使"知性""僭越",另设"超时空"的"道德-自由"领域;黑格尔不采取"回避"态度,以积极肯定的态度"迎接""矛盾",改造自己的"观测器",以"思辨概念""建构""绝对哲学",也同时"建构"了在"知识论"涵盖下的"存在论-本体论"。"本体-存在"不仅"可知",而且"哲学"作为"科学"的"知识论",其任务和目标就是"认识自己-认识事物自身-认识本体"。

黑格尔做的正是柏拉图"理念论"因缺乏适当的"观测器"想做而未曾做好的事情:积极、肯定地"建立""辩证法"体系。柏拉图的"理念论"未曾达到"思辨概念"的深度。

"知识"必定要运用"概念(判断、推理)",康德的"知性范畴-纯粹概念"一旦进入"本体-存在-事物自己"立即出现"二律背反"而"毁灭自己-自己泯灭",黑格尔"改造"了这些"纯粹概念-知性范畴",使它们从"必然"的"范畴""转向"为"自由"的"范畴",使其不仅在"源头"上具有"不受经验制约"的"先天性",而且在"进入""经验世界"之后仍然"保持"其"独立-自由"的特性。于是,"经验"不仅在"形式"上是"合法"的,而且在"内容"上也是"合理"的,"自由"的"范畴""建构"着"经验"的"合理性";"矛盾——二律背反"不仅并不"毁灭""概念-范畴",而且成为"概念-范畴"之"自由"的"开显-显现""过程"中的"环节","矛盾""推动"着"概念-范畴"的"自由""发展"。

"自由概念"亦即"思辨概念","概念""本身"的"具体性",无需从"感官""引进""外来"的"材料"。

"必然的概念""转化"为"自由的概念","知性概念""转化"为"理性概念",在这个"转化"的基础上"建构"了"思辨哲学-积极肯定的辩证科学体系",黑格尔彻底地完成了"知识论"的"转向"。

于是,在这个"无所不包"的"科学体系"中,"存在论-本体论""建立"在"知识论"的"论证-证明"的基础上,在整个体系中,"知识论""涵盖"着"存在论","存在"不"止于"一般的"感性存在",而是"本质"的"存在",

"理念"的"存在","本体"的"存在"。"思辨哲学"的"科学体系""保证"了"本质-本体-理念""存在"的"合理性"与"现实性";"思辨哲学"的"科学体系"宣称,单纯"感性存在"处于"存在-非存在"的"过渡-变化"状态,这个"状态"具有某种"模糊性",而"唯有""本质-本体-理念"的"绝对""存在",才是"真正"的"存在";也就是说,"唯有""概念-思辨概念"才是"真正"的"存在",不具有任何"模糊性",回到了巴门尼德的"存在就是存在"。

在这里,黑格尔之所以有可能作出这种"承诺",其中有一个根据就在于他的"存在""不在"(感性)时空"之中,"本体-理念-绝对"具有"超时空性";而"唯有""概念"具有这个"超越"的"可能性"。"科学"作为"知识体系"是一个"概念"的"逻辑体系",黑格尔的"绝对知识体系"也并不例外,只是他的"概念"既非一般的"经验概念",也非"先天必然"的"知性概念",而是"自由"的"理性概念"。这个高于"知性必然"的"自由概念",将"知性必然""吸收"为"自己""矛盾-发展"的一个"环节",成为"自己"的"内容","摆脱"康德"知性概念"的"形式性",无须受"时空"中"感觉经验材料"之"制约",而使这些"感性材料""转化"成为"理性-自由"之"合理性"的一个"显现"。"现象""显现"了"本质-本体"的"存在",从而对于"思辨理性"来说,它是"可知的";而且"唯有""本体"才克服了那因"受时空条件制约"而具有的"模糊性"成为"绝对""可知的"。

一切"经验科学"的"知识"都具有"相对性",而"唯有""哲学"的"知识""有可能"成为"绝对"的。"在""时空"中的"存在"是"相对"的"存在",具有一切"相对"事物的"模糊性";"超越-脱离""时空"的"存在"是"绝对"的"事物存在-存在事物",从而也"摆脱-克服"了"相对事物存在"的"模糊性"。"绝对存在"乃是"事物自身"的"存在",没有一个"非存在"与其"相对",而从"相对"到"绝对"成为一个"矛盾-发展"的"过程","绝对""外化"为"相对",又"复归"于"绝对""自身"。"绝对"之所以"有可能""回归""自身",乃是因为"在""相对"中,"绝对"并未"丢失-泯灭""自身","在""时空"中仍"有可能-有权力""保持"着"绝对自身"的"自由",使"绝对""引领-范导"并"建构"着"相对"的"变化-运动"

而不至于"迷失""自身",遂使"在""时空"中的"相对""有可能""摆脱""时间绵延"中"坏的无限",使"经验科学"有向着"绝对科学-哲学""回归"的"可能性"。

然则,"绝对""唯有"以"概念"的形式"存在",因为"唯有""概念""有可能""不受时空条件制约","脱离""时空"而"自身"成为一个"逻辑"的"体系";只是因为黑格尔的"概念"是"自由"的"绝对概念","自由""自己""产生-创造""自己"的"内容","自由概念""使""自己""存在",无须"借助""外来"的"材料""使自己""存在"。"绝对概念""产生-创造-外化""自己"的"时空-直观",在这个意义上,黑格尔的"存在"乃是"绝对"的"存在",也是"概念"的"存在";随着"自由概念"的"发展","存在"从"抽象"走向"具体"。

不过,"概念"既是"绝对"的,"绝对""无对","概念"自成"体系",原则上一切无出"概念"之外。"概念""涵盖""直观","创造""直观",于是也"涵盖""时空","创造""时空","时空"与"逻辑-辩证"之"概念""同一","历史"与"逻辑""同一"。

"存在"成为"概念"的"存在",也成为"存在"的"概念"。

黑格尔的"思辨哲学"把世间万物都"吸收"到"绝对概念"中来,"概念"犹如一个"黑洞","吸收""万物"而"融"成一个"自圆其说"的"逻辑体系"。一切现实的,都是合理的,而一切合理的,又都是现实的。换句话说,一切"存在"的,都是"概念"的,而一切"概念"的,也都是"存在"的。

在某种意义上,传统的"存在论"被黑格尔的"思辨哲学-绝对知识论""吞噬"掉了。

然而,"在"云端里的"存在-本体-本质"并不可能"穷尽""在""经验现实"中的"事物","自然"和"社会"并不完全"在""概念"这个"观测器"里,"实际"的"世界""充满"了"偶然"性,"时间"中的"偶然性"并不因为被黑格尔斥为"坏的无限"而顺从地"进入""合理"的体系。"自然"总是"隐藏着"它的"秘密"(赫拉克利特),"合目的性"又只是"主观"的"反思判断",而不是"客观"的"知识判断"(康德);黑格尔的"绝对哲学"也只是对"现实世界"的一个"观测"方式,是一种"视角",这个"视角"号称

"大全",却是"挂一漏万",总会有"东西"从黑格尔精心建构的"绝对"的"黑洞"中"逃逸"出来,被另类的"观测器""发现"出来。这些"逃逸"出来的东西,对于黑格尔的"绝对知识体系"来说显得那样的"荒谬-悖理","时间"这个"坏的无限"不可被"吸收",不可被"驯服";"存在"也不可被"概念化","存在"常常是"不合理-不合逻辑"的。"存在"不可能被以"概念"为"元素"的"逻辑-知识"所"穷尽","存在"难以被完全"知识"化。

于是,问题又"回到康德"。不过康德的问题是"本体"的"存在""不可知",其原因正在于这个"本体"乃是"超时空"的"思想体",在这层意义上,黑格尔把"思想体""吸收"到"概念"中来,就有充分的理由"砍掉"康德所留下的"尾巴",以"绝对思辨"的"知识论""一统天下"。

然则,康德的问题依然存在:"知识论"不可能"囊括""本体论"。从某个方面来看,所谓"知识论"的"转向"也是不可能"彻底"的。

因为"本体"既是"存在",则难以"超越""时空"。

"存在论-本体论"要从黑格尔"绝对概念"的"黑洞"中"逃逸"出来,则要认真严肃地考虑"本体"如何"在""时空"中——不脱离"时空"——而"保持"着"存在",即"在""时间""绵延"的"长河"——黑格尔的"坏的无限"——"中",仍有"本体""存在"之"可能性"。

"在""时空""中""保持"了"本体""存在"之可能性是"古典哲学""知识论转向"之又一次"转向"——"存在论-本体论"之"转向"。"知识论""涵盖"下的"存在论-本体论"因其"概念性"-"超时空性",又会"重新"给予"存在论-本体论"以"机遇"。

当然,这个"存在论""转向",并不是简单-单纯地"回到""朴素-常识"的"感觉主义"立场,这样的"重复""回归"对于"哲学""学术水平"并未有所"推进",而只是对"从概念到概念"的"不满"的一种"发泄"。曾经有一个时期,对于黑格尔"绝对哲学"的"厌恶"是一种普遍的"情绪",而在这个"转向"上有所"推进"的,克尔凯郭尔应是关键的一位。

在这个"转向"中,克尔凯郭尔之所以显得重要,是因为他几乎在古典哲学尚在兴盛时期就在哲学层面开始了这个"转向",尽管由于他写作所用的语言和文风使得他很晚才被欧洲学界普遍发现,而这种现象实足表明,他是这个

"转向"的"先知"。

克尔凯郭尔生活的时代，丹麦哲学界弥漫着德国哲学尤其是黑格尔哲学的气息，可以说是德国哲学的"影子"，而克尔凯郭尔为求"影子"的"正面"的"本来面目"，曾几次往返德国"亲历"德国学界的课堂，充实自己的学问和思想。

对于哲学，应该说克尔凯郭尔有深厚的学养，并不是"天马行空"凭借"想象力"的"小说家"式"天才"。和尼采一样，他对于古代希腊哲学有扎实的训练，他的博士论文《论苏格拉底的反讽》已经显示出他对苏格拉底-柏拉图到黑格尔的古典哲学、对"辩证法"的"否定"与"肯定"、"批判"与"建构"的意义，有确切的把握和融会贯通的思考，这篇早期杰作已经显示出对"哲学"的"古典传统"即将在学术的深层次上有一个"突破"。果然，他的《非此即彼》和《哲学片断》展示了进一步的成果，尽管按照他的思想，他强调的是一个"片断"，而不是"体系"。

就欧洲哲学这个"转向"来说，克尔凯郭尔把黑格尔的"存在"从"概念"的"云端"拉回到"现实"的"时间""中"来，使"存在""在""时间""中"，而又不是"在时间绵延中"的相对于"感官"的"存在"。克尔凯郭尔的"存在"是"本体"，或者是"本体论-存在论"意义上的"存在"，其"消弭""感官世界""存在-非存在"的"模糊性"而又无须"超越""时间"成为"概念"，"存在就是存在"，"存在论就是存在论"，"存在论"不为"知识论"所"涵盖"。虽然已有康德三个不同领域"批判"的启示，但如何克服古典哲学固有的康德也难以例外的"超时空性"，克尔凯郭尔面临的任务的艰巨程度可想而知。

"回到""本体"，"回到""存在自身"，而不是"回到""感官感觉"，"回到""存在-非存在""交互影响"的"感性""模糊状态"，是克尔凯郭尔开启的为以后欧洲哲学遵循的"存在论-本体论"道路。海德格尔、雅斯贝尔斯以至20世纪60年代以后的法国激进哲学，尽管各有自己的"视角"和解决之道，但都是走在这一条"道路"上。

"本体论-存在论"所思考的"存在"是不具有"存在-非存在""模糊性"的"存在"，是不受"一物""必然""产生""另一物"之"因果性""制约"的

"自由"的"存在",是"摆脱""在时间中"的"变异性"的"永久性"的"存在",而这个"存在"又不是"概念"的"存在",不是"存在"的"概念"。难矣哉,连维特根斯坦都要求助于"指",而他"所指"之"物","沧海桑田",如今"安在哉"?

那个"本体"的"存在","在""时间""中"之"存在",不发生"安在哉"之怀疑的"确信"之"在-存在",其实也就是"时时"皆"在","随时"都"在","永远"都"在"。这个"本体"之"存在","在""时间"的"瞬间""中"。

"瞬间"为"瞬时",就"空间"而言,乃是"时间绵延"之"断裂",但也是"纯粹之时间",是"纯时间","时间""自己",而无"外在"(非时间-空间)之"制约"。"瞬时"-"纯时间"则为"自由","在""时间""中"之"自由","存在"的"自由","自由"的"存在","纯时间"为"纯自由"。这层意思,法国的柏格森发挥得好,但他把"时间"归于"意识",在"归属"上不同于克尔凯郭尔。

"纯时间"不是牛顿的"绝对时间",不是康德的"先天直观形式",而是"纯存在",不是"概念","存在就是存在",是"本体论-存在论"意义上的"永恒的存在"。"时间绵延"无需"概念",而只在"时间本身-纯时间"就有"永恒"的"可能性"和"现实性-现时性";"时间绵延"在"瞬时"意义上就是"永恒",从而无需"终极目的"就"摆脱了"黑格尔所说的"坏的无限"。"时间"之"本体论""存在"为后来的海德格尔所"揭示",或可以说,海德格尔以自己的方式,"完成"了克尔凯郭尔的"任务",而海德格尔和雅斯贝尔斯一样,公开承认了这种学术上的影响。

"瞬时-瞬间"没有"大小",没有"长短","瞬时"不是"阶段",不是"环节",一句话,"瞬时-瞬间"不允许"空间"化,不允许被"分割"。但"瞬时""使""空间"化了的"时间""断裂"-"终结",将"时间""自己"的"不可分割性"凸现出来。"瞬时"不允许再被"空间""结构"化,亦即"瞬时"不再允许归结为"空间化"了的"逻辑-必然""结构"。在这个意义上,"瞬时"为"自由",而"自由"原本是"时间""自身"的"本性",并不能像康德那样,把"时间"作为"直观形式","等待"着"因果范畴"去"建构"

为"知识"。

然而,"瞬时"又不是"内在"的"意识"(如柏格森理解的那样),不是单纯"自我"的"意识",而是对一个"不同于""自我"的"他者"的"确信",是对于"无需"且"拒绝""证明"的"神"的"确信"。"瞬时"是"本体"的"确信",对"永恒存在"的"确信",是对"永恒现时-永恒现实"的"确信"。

在克尔凯郭尔,"瞬时""提供"了"永恒存在"的"可能性","提供"了"信仰"的"可能性";而"信仰"不是"相信"那些"历史传说"和"奇迹"的"故事",而是"确实""认识"到"有"一个"他者"的"存在","他者"的"存在""呵护"着"我"的"存在","维护"着"我"的"时间-生存","维护"着"我的""自由",使"我"有可能"不受时空条件""制约","在""时间""中""保持""自身"的"独立性"。"瞬间"在"时空""链条"中"脱颖而出",显示出"时间""自身"的"存在",显示出"自然-必然""长链""断裂"中"自由"的"存在"。在某种意义上,显示了"历史-经验""长河"中一个"绝对相异者"的"存在","在""经验"的、"空间"化了的"过去-现在-未来"的"变化发展"中的"永恒现时"的"存在","瞬时"就是"现时"。

就黑格尔"包罗万象"的"哲学"来说,"瞬时-瞬间"只是"片断",一个"点",一个"即将"被扬弃的"环节",那个"超越时空"的"神""需要""证明-论证"。就克尔凯郭尔来说,那个"瞬间-瞬时""不可以"用"理论""证明",那个"瞬间-瞬时""存在"的"神"也"不可""证明",因为"瞬时-瞬间"而又"永恒"在"哲学""理论"上本是"自相矛盾",无论怎样"精致"的"证明"都会"不攻自破"、"自行解体",都难免苏格拉底的"反讽"。

"瞬时-瞬间"不是康德的"知性知识"问题,也不是黑格尔的"思辨概念"问题;"瞬间-瞬时"不是"知识论"问题,而是"存在论"问题;不是"概念"的"建构体系",不是"必然性"的"结构",而是"存在""本身",是"自由"的"存在","存在"的"自由","纯时间"即是"纯存在","存在""自身"。

"瞬间-瞬时"既然是"永恒现时","永久"的"现在",于是"瞬间-瞬时"为"同时"。就某种意义说,"经验"意义上的"时间",即"空间化"了的"时间",被"分割"为"不同"的"时段",而未曾"空间化"的"时间",

"纯时间"-"瞬间",则"地无分南北,时无分古今","天地一瞬间"。"瞬时"皆为"同时"。

所谓"同时"意味着"人-神""同时",无论"人""经过""千百万年","人"与"神"的"关系"皆为"同时"。在这个意义上,"人"与"神"之"间",没有"距离",没有"空隙",没有"空间",而"在""神"的"面前","人人平等"。"神"对"人""一视同仁"地"为人服务"。"宗教-基督教"中"主奴"式的"神-人"关系,在"顷刻之间-瞬间"发生了"颠倒"。"神"对于"人"仍然是"绝对"的他者,"神"不可能"人化",但这个"他者-异者"只是"显示"为一个"永恒"的"存在","永恒"的"现时"。"神"不可能"空间化",这个"绝对他者""在""瞬间"中与"人""没有""距离","人""因""神"而"存在",而"神"也"因""人"而"存在","人-神"不可能"合一",但"神-人"却"同在"。"神"和"人""永远"具有"同时性"。

"人"可以是"经验"的,被允许"占据""空间"的"位置",因而"在""时间绵延"中也"占有""位置"。"人"是"被""限定"的,唯有当"人""在""瞬间-瞬时"中"摆脱""空间"的"位置","人"也"摆脱"了"时空""存在(者)"的"模糊性","肯定"了"自己"的"自由"的"存在"。为"维护"这个"自由","人""设定"了一个"他者","设定"了一个"神"。"神"作为"他者"与"人""不同-相异","神"只是"时间"的,"神"不可能被"空间化","他"是"纯时间",因而没有理由问"神""在""何处",也不允许问"神"于"何时""出现"——"他者""永远"与"人""同在"。

"神"为"人"而"在",并不意味着"神""保佑""人"的"幸福"和"成功","保佑""人""升官发财-消灾免祸"。"神"作为"他者",为"人"的"自由"而"存在","神"的"存在""保障"了"人"的"自由"的"存在";"神"的"纯时间性""显示"了"人"的"自由"的"可能性","人"有"自由"的"权力"。

"人"的"自由"并非"神"的"赐予","人"的"自由"来自"人""自己","神""呵护"着"人"的"自由","他者""呵护"着"我"的"自由"。"异者""呵护"着"我","他"与"我""永远""相异"也"永远""同在"。

"神"是"为人者"。他(者)之所以受到"人"的"崇拜",乃是因为

"神"是彻底的"无我者",是一个"纯粹"的"(为)他者";而就"人"来说,"神-他者"并无"自己"的"属性",因而他是"不可知者",因为所谓"知",总要"知道"些"什么","神"却是"无(自己)属性"的"存在",因此"神"是"纯粹"的"存在","永恒-不变"的"存在"。

按"道理-逻辑","此'神'只应天上有"。"在""天上","神"作为"纯粹概念-纯粹思想体",或许说得通;"神"如"在""时空"中,则当有"自己"的"属性-偶性",于是乎产生了与其"格位"相抵触的种种"矛盾"。"人""要想""知道"那"不可知者"必产生种种矛盾;"人"不"回避"这个矛盾,而是坚持"僭妄"地"要""知"那"不可知者"。而"神"却"在""瞬间"中,"瞬时"就"在""灯火阑珊处","神""瞬时-随时"都有"自己"的"格位",只是这个"格位"是"为人"而"设","神""为自己""在""时间""中"只"保留"了"存在"的"格位"。"人"虽不可以"经验科学"方式去把握"神"的"属性",但"确信""神"的"存在";而"确信"一个"不可知者"可谓"矛盾-荒诞"至极,但这个"荒诞"却确确实实地"可信"。

"在天之父"之"可信"度,只能"建立"在"纯粹概念"的"基础"上,康德第二种意义上的"至善",黑格尔的"思辨概念"之"绝对",都"保证"了"神"的"存在"在"逻辑"上是"合理的",这种"合理性"当然要经过一番"推理"来"论证","神"是"被""证明"出来的。"神"的"存在"是通过"概念-推理-判断"的环节"论证"了的,在黑格尔的意义上,"神""在"他的"绝对知识"之中,"存在""等待""概念-知识"的"证明"。

克尔凯郭尔的"在""时间""中"的"神",不是"摆脱-脱离""时间"之后的"逻辑推理"的"产物","神"之"存在"有"时间-瞬间-瞬时-时时"的"保证",这个"保证"不是"概念"的"产物",而且是"早于""概念"的"(纯粹)存在"。"纯粹存在""早于"古典哲学的"纯粹概念-纯粹知识",如果套用古典哲学的话语方式,"知识论"向"存在论"的"转变",也就是"纯粹概念"向"纯粹存在"的"转变",而不是简单地从"理性世界""回归"到"感觉世界"。

"纯粹存在"——如果允许这样的用语的话——不是"时间绵延"-"因果连锁"中的"存在者","纯粹存在"是"自由存在","存在"于"时间"的

"瞬间-瞬时","瞬间-瞬时"就是"纯粹存在",也是"纯粹自由"。"神"作为"纯粹存在"也是"纯粹自由",是没有任何"欲求"的"欲求",没有任何"意志"的"意志",亦是不受任何"属性""限制"的"自由"。"神"是一个"没有""自己"的"自己","神"的"为己"就是"为他","纯粹为他-纯粹为人",耶稣"为人"甚至牺牲"自己"的生命。

只有"纯粹存在"才可能是"永恒存在-永恒现时",才是"存在论"所说的"存在",这个意义上的"存在"的"出现",才意味着欧洲哲学从"知识论""转向"了"存在论",或者说,"回归"到"存在论",在更为深化的层面"回归"到巴门尼德的问题。

二、叔本华的意志哲学

叔本华的《作为意志和表象的世界》曾经是经常读的,他的哲学至少影响了两个有影响的人物,一个是欧洲的尼采,一个是中国的王国维。

王国维重视叔本华甚过尼采,他的看法显然与欧洲哲学的发展趋向不合,但之所以有这样的评估,反映了东西文化背景的不同。王国维更看重受印度影响的叔本华,在一个东西融通的思路上接续欧洲哲学的传统,而尼采那种以"意志"与"(欧洲)哲学(一种)传统""决裂"的态度,也许对于王国维来说过于"强硬"。在这个意义上,叔本华仍在"传统"之中,而尼采则"弃绝""传统",于是,即使在中国,后来对"传统"持"决裂"态度的,如鲁迅,就更加推崇尼采。就后来的思潮看,即使在中国,尼采的影响也大于叔本华。

实际说来,无论在中国还是在欧洲,与叔本华的"意愿"相反,他的学说是"被搁置"起来了。他自视为康德以后的第一人,真正接续、发展康德哲学的是他,一笔抹杀了从费希特到黑格尔的哲学思路,但实际的历史发展展示的则是,他的哲学只是欧洲哲学历史上的一个"插曲",尽管是一首美丽动听的"插曲"。

1. 叔本华对康德的批判

都知道叔本华是"唯意志论"的开创者,他说所谓"自在之物-事物自身"

就是"意志";不光是"人"有"意志","石头"也有"意志",只是比起"人"的"意志"来,是一种低级的"意志",是一种"力",万物的"本质"为"力"——或许中文可以译为"意力"。这个"力"的观念,也许跟当时欧洲的物理学以及古代印度吠陀的观念都有些关系。

"意志-力"在叔本华是世界的"本质-本源",相当于康德的"物自体-自在之物",但不是"理性思想"的"对象",而是最"直接"的"事物自身"的"直观";不是理性逻辑"推论"出来的"设定",而是"最原始"、"最独立"的"自我-事物自身"。"万物-世界"的"本质"就是这个"意志-力",这个印度吠陀的"梵";而"世界-万物"只是它的"表象"。

对"本体(事物自身)"与"现象(表象)"的"原则"的"区分",叔本华认为这是康德对哲学思维的"最大贡献",当然也是整个东西方哲学的一个基本思路,只是康德给出的"阐述"更加清晰,他的划分"原则"更加"明确"。但就在这个被肯定的区分方面,叔本华自己的阐述,却与康德大不相同,在"区分"的"原则"理解上也有很大分歧。康德的"划分"非常"严格","现象"并不能"开显""本体","现象""需要""感觉材料"的"支持",而"感觉材料"是"外在""提供"给"思想-知性-悟性"的;而叔本华则认为一切"现象"都是"意志"的"表象",也就是说,"现象"必然"表现"着"本质"。而我们看到,这个"思路"原本是费希特提出,黑格尔发展了的,可是叔本华却对黑格尔采取不屑一顾的态度,虽说也有学理上的理由,但总有失偏激。

然而,在叔本华,"意志-力"作为"本体-自在之物"虽然"表现"、"表象"为"世间万物",但仍然是"两个""原则"不同的"领域","表象"是"必然"的,而"意志-力"则是"自由"的;对"自由"与"必然"二者的"协调关系"叔本华采取了完全不同的"思路"。

叔本华的"意志"不是"第一因",他认为"第一因"也是"因",无非是"独断"地说它是"第一"。既是"因"则必"在""因果系列"之中,受他所谓的"根据律"支配;而受"根据律"支配的"现象-表象""在""时间"中,"时间"无头无尾,并无"第一"之可能,因而"第一"是"独断"的一个"幻觉"。而他的"意志"则是实实在在的"自在之物",是"最直接"的"自在之物",因而不"在""因果律-根据律"之中,"封"为"第一"也不行,这样"意志-本体自由"与"表象-现象必然"才"真正"是两个"原则"——"自由与必然"——不同的"领域"。

然而,在叔本华看来,这两个原则不同的领域却有一种"单向"的关系:"(现象)世界"是"(本体)意志"的"表象",我们的"生活-经验""领域"都是"意志"的"表象"。"意志"是"自由"的,"表象"是"必然"的,因"原则"不同,按理不可以"互相沟通"的,"意志"固然"不受""表象""规定","表象"也不可以受"意志""规定",但叔本华说,"世界-现象-表象"却是"意志"的"表出",是一定受"意志""支配"的。

"意志"是"普遍"的"意力",在"人"则是"有意识"的"欲求力",而"表象世界"则都是"个体"的"事物",在这个意义上,"普遍性"是"自由"的,"个体性"则是"必然"的,前者不受"根据律"支配,后者则在"根据律""控制"之下。

在这个意义上,叔本华的"意志论"可以理解为一个"视角转换",而不是"实际"的"作用"。用这种"视角""看"出来的世界,都是一个个"个体"的"欲望"作为"意志力""表象"之"角逐",因其"个体性"而"受制"于"根据律"——这个"律"对包括人类在内的世界,是一个"命定"的"铁律",一个"必然性"的"大箍"。

于是,这个作为"意志"的"表象"的"世界",就可以被理解为一个种种"欲望"拼搏的"痛苦的深渊"。

也许,正是在这个"视角"上,叔本华"转到""东方"来了。对于"尘世-现世"的"否定",可能是印度古教的基本倾向。

在这个意义上,或许可以说,叔本华可以被当作哲学上的东西方交会点来研究。

当然,叔本华的思路基本上还是欧洲的,他心目中的问题是沿着康德哲学的路线进行,自认为他才是真正"完成-继续-发展"着康德哲学。他对康德哲学的重视和批评,是很值得研究的课题。

就欧洲哲学的历史发展来说,叔本华可能想从康德哲学出发,开辟出一条完全不同于费希特-谢林-黑格尔的道路来,可是他在走自己的路时遇到的障碍要比从康德到黑格尔这条"古典哲学"的道路严重得多；但就会通东西思路来看，叔本华为克服这些障碍所付出的努力，又是很值得的。

从总体来看，叔本华充分肯定康德"现象"与"本体"的划分后，在它们之间进一步的"关系"问题上就和康德"分道扬镳"了，或者从某种意义上说，叔本华把康德理解二者之间的关系，颠倒过来了：不是"本体""引导-规范"着"现象"，而是以"现象""视角"的"转换"来"规范-抑制"甚至"泯灭"着"本体"。在叔本华心目中，"意志"作为"世界"的"本体"是一个要"从根本上""受控制"、"最好"是要"被消灭"掉的东西。"意志"是一切"痛苦"的"源泉"。

当然，"意志"并不受制于"现象"，"意志"是"自由"的，而正因为它是"自由"的，"遇到"了"铜墙铁壁"的"必然"的"现象"，也"必然"要"碰壁"，但"意志"又"欲壑难填"，于是乎"怨天尤人"，痛苦万分。在这里我们看到，这个"痛苦"的"悲惨世界"之"根源"仍在于"意志-本体"与"表象-现象"的"二律背反"，"自由"与"必然"的"矛盾"，尽管叔本华很反对康德的"二律背反"学说，但他自己的立论却避不开这个"铁律"。

在叔本华，"意志"既不是"第一因"，也不是"终结果"，它在"根据律-因果律"之外，因而人世间的一切"活动"和"行为"，虽受"意志""驱使"，但却不作为"动机""出现"，"意志"是"驱动力"，但不是"行为-活动"的"动机"。在叔本华，"动机"是"现象-表象"里的"行为-活动"的事情；而在康德，"动机"即是"意志"，因而不是"知识"的"对象"，是"不可知"的。叔本华在原则上隔断了"动机"与"意志"的"同一性"，将"动机""降为""现象界""个体"的"选择性"，遂将"意志"进一步"提升"，进一步"普遍化"，成为一个"支配"从"自然"到"人类社会"的"普遍"的"力"；然而，这个"力"虽"普遍"但却不是"抽象"的"概念"，是一个"无所不在"的"直接"的"本体-存在"。

这就是说，叔本华的"意志"不是"理性"，不是"概念"的，但"普遍"而非"理性-概念"，则是一种"盲目"的-"非理性"的"力-意（志）力"，这种"力"在叔本华看来却又是在康德不同意义上的"自在之物-本体"。

应该说，康德的"自在之物-本体"是他的"知识论"的一个"衍生物"，或许与"意志"无关。这就是说,"自在之物-本体"在"理论理性"的范围内才凸显它的意义。

在《纯粹理性批判》中,康德的主要工作重点在厘定"知识-经验知识-科学知识"的"权限",一方面阐明这种知识的合法性,一方面也划定它的范围,防止它的"僭越"。这种"僭越"正表现在"知性-悟性"有一种"过度"的趋向,即在"感觉经验"的世界"寻求""事物本身-自在之物-本体"的"知识","知性"的"范畴"要把这个"超越(经验)"的世界"建构"成一个"概念"的"体系",成为一门"科学知识"。对于这种"趋向",康德指出是"理性"在自己的"职能"上的"越权-僭越"。

康德审批-断定这个"越权"的依据,是因为"事物自身-自在之物-本体"不"在""时空"之中,因而不能为"理性"的"知识-知性""职能"提供"直观",而"知识"以"直观"为"对象",因而"理性"在"科学知识"方面的"职权"只"限于"能够提供"直观"的"感觉经验世界"。

在这个"审批"视角中,"事物自身-自在之物-本体"因"缺乏""感性直观"而为一个"纯粹"的"思想体",是一个"单纯"的"概念"。

于是,我们看到,在对"事物自身-自在之物-本体"的理解上,叔本华采取了"完全相反"的立场。他认为"意志"作为"事物"的"本质",这个"自在之物"不是"概念",而是"直接"的"存在",不是"思想体",而是"存在体"。

既是"存在体"当是"直观"。叔本华认为"意志"不是"普遍"的"概念",而是"普遍"的"直观"。这里,叔本华又采取了与黑格尔完全不同的"结合-统一""理智"与"直观"的关系,从一个(与黑格尔)相反的角度肯定了"理智"与"直观"的"同一性"。

我们知道,在康德哲学中,"理智"与"直观"在"原则"上是不"同一"的,康德强调"感性"只有能力"直观","知性"只有能力"思维",二者所遵循的"原则"是"不同"的;前者是"感觉"的,后者是"理智"的,相互之间的"关系"是"外在"的,而这种"外在"的"关系"恰恰"推动"着"知性"在"建构""科学(理论)知识"的道路上"不断""前进","促使"二者"不断""磨合",因而"科学知识"是一个"开放"的"体系"。在这个意义上，康德的知识论是为"科学"的"进步""鸣锣开道"的。

当然，为了这两个"原则不同"的"领域-功能"如何"结合"起来，康德很费了一番苦心，他的《纯粹理性批判》的主要着力点，正是在这个"知识-科学"的"建构"方面，他的基本问题也就是经常提到的"先天综合判断何以可能"的问题。

叔本华当然理解这一切，只是他的取舍有很大不同。叔本华盛赞康德《纯粹理性批判》的"感性篇"，而对康德苦心经营的"知性先验逻辑范畴论"持激烈批判态度，认为康德的那个"综合"是个"怪物"。

叔本华对康德哲学的"综合"部分采取这个态度，也有自己的理由，他们有着不同的"立场"，也有着不同的"目标"：康德的"批判性-批审性"工作要"揭示""科学知识"有一个"先天"的根据，"经验科学"都是"综合"的，但"综合"也是有"先天性"的，因而"科学知识"具有"必然性"；叔本华着重的不是"经验科学"的"建构"作用，而是对于那个"痛苦之源"的"意志"的"解构"作用，强调的是一切知识何以具有这种"解构"的作用。

叔本华认为康德为"综合"而"建构"起来的"知识大厦"是一个"怪物"，把本来简单的问题"复杂"化，本来"直接"的问题"间接"化；在"感性"和"理性"之间架起一道"鸿沟"，然后再"建构"一个"桥梁"，说这个"桥梁"是"先天"的，是"知性"为"感觉经验对象""设定"的"纯粹知性范畴-先验范畴"。叔本华认为这些问题，是康德原本已经在"感性篇"里解决了的。

叔本华有何种理由说康德的"感性篇"已经蕴含了"先天综合判断"的问题？

叔本华认为，就康德"感性篇"的立意来看，并没有理由说，"有先天性"的"感性"与"有先天性"的"理性-理智"具有"不同"的"来源"和"原则"，感性和理性都是"主体"的，而不是说，"理性"是"主体"的（具有先天性的），而"感性"又是"客体"的。

应该说，叔本华在这里的确看到了问题。

康德并没有从物理学角度专门研究"时间-空间"的问题，他的"时空"观基本上还是牛顿的"盒子"式的"时空"观念。但是，为了在"科学知识"

上将"感觉"与"知性""连接-综合"起来,他将"时空"理解为"感觉"之所以成为"感性"的"先天条件",于是,将"时空"从牛顿的"客体""转移"到"主体",这样,诚如叔本华所指出的,"时空"与"知性范畴"就有了"同一个""来源"——"主体"。

叔本华说,过去我们在时空中,现在"时空"在我们中。

就"时空"作为一个科学问题来看,叔本华的这个阐述是有意义的,"时空"从"客观独立"的"盒子"和"流逝",转化成为"主体"的一种"观测器",一个人类"生活世界"所运用的"观测器",是一个有意义的"视角转换"。"时空"是人们对自己"生活"于其中的"自然界"作"科学"阐述的必要"工具"。

于是,叔本华就有理由指出:既然"同出一源","直观"与"理智"就理应是"不可分"的,也就是说,理应承认有"理智的直观"和"直观的理智",而康德将它们分割开来就是没有理由的。叔本华的这个思路,其实是和黑格尔一致的,不过黑格尔从一个"绝对(精神)"出发来解决"感性"与"理性"的"同一性"问题,也是"同出一源"的意思。但叔本华非常反感黑格尔以"绝对精神"把他的"认识论"限制在"知性-知识"范围内,认为即使不要那个"绝对精神",即使就"知识-认识"范围来说,"感性"和"理性"也"同出一源"。

不过,叔本华的批评,似乎既没有"抵消"黑格尔的影响,也不能完全解决康德的问题。

康德在《纯粹理性批判》"感性篇"里的"时空转向",固然把"时空""归于""主体",但仍然是"感性"的,只是康德指出,"时空"是"人"之所以有可能把客体世界作为"感觉对象"的一个"先天-必然"的"条件",没有这个"条件","人"将会如同"动物"那样与"客体""打成一片"。现在,"人"通过"时空"这个"窗口""看世界","时空"是"主体"与"客体"之间的"通道";没有这个"通道","人"将"闭目塞听","思想"的那些"先天(功能)范畴"将"无用武之地",犹如一个"国王"并无"子民",关起门来称王称霸。"科学知识王国"必以通过"时空""进入""主体"的"直观材料"为"子民","遵守""知性"之"立法",成为"普遍必然"的"科学知识"。

就自然科学的理论基础和历史发展来说,康德的"知识论"似乎仍有参考价值。在康德,"科学知识论"与"自然形而上学"是有"原则"区别的,"科学知识"不仅是由"原理-原则""推导"出来的,而且必定是"综合-结合"出来的。

2. 叔本华对黑格尔的批判

我们通常说的"德国古典哲学"在"原理推论"上"发展"了康德的各种"形而上学",这是就欧洲哲学来说,本是他们的"传统","德国古典哲学"从费希特的"实践主体"、谢林的"同一哲学"到黑格尔的"绝对精神""推进"了这个"(形而上的)传统";叔本华则以自己的方式"改造"了这个"传统"。

黑格尔以不同于叔本华的方式将"理智"与"直观""同一"起来,也不是"综合"起来。黑格尔"设定"一个"绝对"作为这个"同一性"的"根基"和"源头",并将"哲学"理解为关于"绝对"的"学问-科学",认为这是从古代希腊特别是柏拉图和亚里士多德以来的传统。古代希腊虽无"绝对"之词,但探讨"事物""自身-自己"乃是同一个意思,柏拉图的"理念"和亚里士多德的"实体"皆为"具体共相",而不是"抽象概念"。这层意思,经过康德的"分"发展到了黑格尔的"合",已经很完善了。

然则黑格尔同时还坚持了一个欧洲哲学的坚强"传统",即"哲学"同样是一门"科学知识",是一个"概念"的"逻辑体系",没有这一条,"哲学"成不了"科学";但"哲学"又是"不同"于"经验科学"的一门"特殊"的"科学",康德"划定"的"界限"是不容忽视的。康德的那个为"自然-必然""立法"的"知性",必须"扩大"为"为""绝对-自由""立法"的"理性"。在这个意义上,康德的"知性""概念-范畴"必须发展成"理性"的"绝对概念",亦即黑格尔的"思辨概念"。黑格尔的"思辨"一词,具有"镜像反映"的意思,亦即具有"直观"的意思,"思辨概念"亦即"直观理智-理智直观",是一种"具体共相",而不仅仅是"抽象概念"。

这样,我们也可以说,"思辨概念"不同于"必然(自然)概念",而是"自由(理性)概念"。

然而,"概念"而又非"必然","逻辑"而又"自由",这样一种"思辨概念"当如何理解?

理解黑格尔作为"哲学科学体系"基础核心的"思辨概念-思辨逻辑",对于他的"绝对",须和黑格尔的"辩证法"联系起来,亦即,"绝对"蕴含一种"精神",即"自我否定"的"辩证精神"。欧洲哲学的"辩证法"传统,首先是"理念"的"自身否定"的"精神"。"否定"的"精神"也就是"自由"的"精神",没有这种"内在"的"精神",也就没有"科学知识"的"建构"的"逻辑""体系"。

实际上,康德的"科学知识""建构"的性质,也蕴含了一种"否定"的意义在内,只是一般人不太注意到:"科学知识"之所以"需要""知性"的"建构",正是因为其中有两种"不同来源"的"因素""综合"在一起,而这种"不同来源",也可以理解为"相互否定"。"感性"不是"知性","知性"也不是"感性",这两种"相互否定"的"因素"需要通过"理性-知性"的"建构",才有可能"综合"起来。

只是康德的"否定"来自"两个""不同的""领域",而黑格尔的"否定"则来自"理性-绝对-自由""本身","概念""自己""否定""自己","理性""转化"为"非理性-感性","绝对""转化"为"相对","自由""转化"为"必然",就"逻辑"来说,也就是"概念""转化"为"非概念-直观","逻辑""转化"为"非逻辑-现实"。

叔本华反对康德的"综合"论,他的"知识"也不需要"感性直观"和"知性概念"的相互否定,他的"知识"不需要"建构",而强调一种"直接性"。更进一步,叔本华对黑格尔的"思辨概念"持攻击性态度,他认为"知识"不需要"建构",既不需要"外在"的"否定"环节(康德),更不需要"内在"的"否定"环节(黑格尔)。在这个意义上,叔本华不承认有"不同于-高于""知性"的"思辨概念",亦即,叔本华否定黑格尔从"内在矛盾""发展"出来的"思辨逻辑"。

"哲学"有没有自己的特殊的"思维方式"?似乎不能说"哲学"有一套"不同于""一般科学"的"特殊""思维方式"。"哲学"的"语言"也不是"符咒",并没有一套特殊的"语法";但"哲学"在"运用"人类唯一的"逻辑-

语法"时,有自己的"特点",如同"科学"与"艺术"在"运用""同一"的"思维形式"时,有自己的"特点"一样。

黑格尔把"哲学""思维"的"特殊性""开发"成一个"特殊的""科学体系",看起来似乎"哲学"有自己的一套"思维方式",似乎有一套"不同于""一般科学"的"特殊"的"哲学逻辑",但是实际上,黑格尔只是给"普适"的"形式逻辑""灌输"了一种"辩证"的"精神",他使原本只具有"必然性"的"逻辑"也"自由"起来,使那些"概念-判断-推理"都"灵活-活动"起来,不仅像德勒兹那样理解为"活动的""砖块"——没有"砌死"在"墙上",而是可以搬来搬去的"积木",而且这些"砖块——概念、判断、推理""自己"也是"变化-活动"的。这就是说,黑格尔让"逻辑""自己""产生"自己的"内容",而不是像康德那样,"内容"是从"外面""请进来"的。

"逻辑-概念"通过"辩证"的"否定""产生""非逻辑-非概念",这意味着,"现实性"并不是从"外面""接收进来"的,而是"自己""外化"出来的,"现实性-直观性"是"概念""自身"的"否定"。"概念(逻辑)"有这种"能力""外化-异化""自己",因为"哲学"理解的"概念"是"自由"的"概念",而所谓"自由"也意味着一切"非概念"皆由"概念""自己""产生"出来,于是"意识"才有"可能"在"异己"中"发现""自己",在这个基础上,黑格尔才有理由说,"一切现实的都是合理的",而反过来的话,同样成立。

我们看到,在某种意义上,黑格尔的"思辨逻辑"也"克服"了康德为了把来源不同的"感觉材料"和"知性概念""综合"起来所遇到的"困难",但同样反对这个"综合"的叔本华却更加反对黑格尔的"思辨逻辑",他采取了一条完全不同的道路。

叔本华撇开了黑格尔的"逻辑-概念、判断、推理"的"科学性"方式,而采取一种"直接"的"直观"方式来"把握"一个"理念"的"世界",只有这种对"理念世界"的"把握",才有可能"克服"那作为"世界本质"的"意志"之"盲动",而"得到"一种"安宁-怡静"。这样,"理念"在康德那里因缺乏"直观"而"不可知",在叔本华这里成为"直接-直观"的"存在方式","思想体"成为"存在体",是一个"摆脱""意志"的"避难所"。

就理论来说，叔本华这里受黑格尔的影响甚多，黑格尔正是把被康德拒之门外的"理念"作为"哲学科学"的"对象"，而在这个"知识体系"中，"意志"得到了另一种"安顿"，而不像康德那样将其置于"理性"的"顶端"，"哲学"成为"至善"的"智慧"。

不过叔本华把"理念"与"世界（事物）本质"分别开来，成为两个不同性质的问题，"意志"为"世界本质"，为"事物自身"，而"理念"则为"认识-认知"的"对象"，前者是"能动-活动"的，后者则是"静观"的。在这个意义上，"意志"不需要也不可能被"安顿"，而只能被"遏制"，或者被"躲避"。"经验科学"或许有可能"遏制""意志"的"盲动"，但不可能"真正摆脱""意志"的"控制"；只有"艺术"作为"意志表象"之"世界"的"镜像"，有可能"排解""意志"的"冲动"而使"思想""归于""宁静"。

从这层意思来看，在叔本华哲学看来，"知识-认识"并不是"建构"性的，而是"解构"性的，也就是说，对于"意志"的"非理性"的"盲动"有一种"遏制-消解"的作用。"知识-认识"的作用在于揭示："意志"要"在""世界"中"表现"出来，必须"进入"由"根据律"支配的领域，这个领域的"根据律""规定"了"意志""如何""表现"出来，使"世界"成为"意志"的"表象"，而不是"表现""意志"是"什么"，因为"意志"的"存在（什么）"是事物的"本质"，这个"存在-本质"不受"根据律"支配，是一种"非理性"的"盲目"的"力"，按康德哲学，是"不可知"的。

在这里，叔本华与康德的不同的关键在于：叔本华认为"事物自身-意志"是"最普遍"的"（意）力"，"理念"则具有"直观性"、"个别性"，因而是一种"认识-知识"的"对象"，从而更进一步，"认知-认识""理念"，"认知-认识""大千世界（个别性）"，由此提供一种可能性，"直接""意识到"这个"世界"只是"非理性""意志"的一个"镜像-反映"，"我"作为"意志"的"身体"，必以此"理念"的"世界""安身立命"。

3. 位于东西交会点的叔本华哲学

这里可以引起我们兴趣的是：叔本华以东方的"非理性（没有贬义）-自动"的"意志（欲望）"作为"世界"的"普遍本质"，而以西方"具体"的

"理念"作为这个"普遍意力"的"消解-弥平-平衡""力量","理念"被理解为"介乎""个体""表象世界"与"普遍意力"的"中间环节",起一种"调节-制衡"作用。在这里,叔本华似乎想要指出,整个欧洲哲学的"理念论"传统,有可能"制衡"东方"神秘(在非理性的意义上)"的"意志"给人类带来的"痛苦"。

在这个思路引导下,叔本华的"理念论"也就不用有所顾忌地利用黑格尔哲学中关于"理念""发展""阶段-层次"的提示,只因他强调"理念"的"直观性",而非"概念性"。叔本华将"艺术"置于"理念"的"高级层次",其中尤以"音乐"为"最高层次"的"理念",在当时可以说是"填补了"康德、黑格尔哲学的"空白"。对于音乐,康德所知无几,即使在黑格尔的美学-艺术哲学中也是薄弱的部分。

然而,或许正因为叔本华对于"理念"强调的是"具体性"和"直接性",就难于让他理解的"理念""持久"起来,他不得不承认,"理念"的这种对"意志"的"解脱"作用,只"限于""在""时空"中,"在""时间"的"长河"中,只是"暂时"、"瞬间"。"天下纷纷",即使是"科学-艺术-哲学"也只可能给人类提供一个"在""时间""中"的"家园",而不像康德、黑格尔那样以"概念"的"超时空-非时空"性"建构"来取得"概念式"的"永久居留权"。

不过,叔本华的这个"暂居"处,虽然不是"概念"的,有一种"直观"的"直接性",但似乎仍然是"思想性"的、"主体性"的,而不是"客体性"的、"物质性"的,尽管叔本华的这种"认识-知识"不是"概念式"的,而是"理念式"的,不是"逻辑式"的,而是"直观式"的。

也正是这样一种"理念"的"直观的理智-直观的思想性",使得即使是"理念"性的"知识-认识""终将""敌不过""意志"的"原始性-本源性"的"力量",只能在尘世间"构筑"一个"避风港","暂避"那"意志"的"疾风骤雨"。

在这里我们感兴趣的似乎还是东西方的思想文化之间的关系:就叔本华的思路来看,西方-欧洲那精心"构建"起来的"科学-概念-理念""思想体系",对于"东方式"的"原始意力"来说,只是"空中楼阁-海市蜃楼",就连那最为"贴近现实"的"经验科学-自然科学"和最为"空灵"的"文学艺术-雕塑-音乐","遇到"那"坚硬顽强"时而带有某种"疯狂性"的"意力",也只能"退避三舍","躲藏"了起来。西方的"概念论-理念论"不可能是"克服""意志"的"武器",对于"生活-意志的表象"来说,固可得到"舒适度"的某种"提高",但就"个体"来说,当"死亡"来临时,一切"安乐舒适"都会"丢失",就"群体-社会"来说,为增加"舒适度"而做的"功",都会带来"熵"的增加,于是,"增加"一分"舒适",也就"增加"一分"麻烦"。在这个意义上似乎也可以说,最终的"胜利""终归"属于"意志"。

就某种意义来说,"科学"本也有"(暂时)摆脱""意志-欲望"的意义在内。"科学"要对一个"客观自在"的"世界"进行"观察-判断-推理",必先要"悬搁""直接的""意志-欲望",而这种"悬搁"只能是"暂时"的。"科学"总是要通过"技术"来为那个作为"原动力"的"意志欲望""服务"。"科学"即使是"理论科学",也不可能"永久"将"意志-欲望""搁置"起来,达到完全"无我"的"境界";反倒是作为"有我-有人"的一种特殊的"(人文)科学",须得将"自然科学-经验科学""悬搁"起来(胡塞尔),在叔本华的意义上,竟然是"意志"有可能-有权力将"自然科学""悬搁"起来。这种"悬搁"的"力量"虽"在""时空"之中,但却是一种"随时随地""可以-能够"行使的"在时空中"的"永久"的"权力"。

当"意志"的"意识"将"科学-自然科学""悬搁"起来"之后",出现的将是一个"时空"中的"断裂层面",一个"直接的意志"与"概念的科学""之间"的"中介",一个"自由"与"必然""之间"的"中介",一个"具体-共相"的"理念世界"。

叔本华对"理念"的理解与康德、黑格尔不同,他自认为他的理解不是对康德哲学的发展,而是直接始自柏拉图。叔本华所理解的"理念"不是"本体",他的"本体-本质"是"意志","意志""进入""受根据律支配"的"世界",这个"世界"成为"意志"的"表象",这个"表象"的"世界"充满了"痛苦"和"悲哀","生老病死"是这个"世界"的"轮番-轮回""画面",但就这个"表象世界"来说,"意志""隐藏"着自己,连它的"欲望"也是通过"受制于根据律"的"动机""表现"出来的,于是乎"人""浪迹"于"天下",犹如"混迹"于"江湖","醉生梦死"。

"受制于根据律"的"表象世界",当然也是"合逻辑"的"世界",但这个"逻辑"并不能够"影响""自由-盲动"的"意志",而这个"意志"又是"表象世界"的"根基",因而这个世界的"逻辑"就带有"命定-命运"的意味,而不是像康德、黑格尔那样是"理性"对"感觉世界""颁布"的"律令","世界""趋向"于一个"合理的""方向"——"至善-绝对"。

但是,这个被叔本华从"本体(意志)"和"现象(表象)""驱逐"出去的"至善-绝对"的"理念世界"又被叔本华"请"了回来,"置于"二者之间,兼有"自由"与"必然"——"意志"被"必然"化,"表象"被"自由"化。"请进"这个"居中"的"世界-境界"对于叔本华这个欧洲人来说,并不需要很大的力气,因为"理念论"本是他们的哲学传统,只是叔本华清醒地看到,欧洲的这个传统在"遭遇"东方"原始意力"时,只能"暂时"起到"慰藉"作用。

"理念"作为一种"理性"的"觉悟",固然"随时随地-任何瞬间"都有"出现"的"可能性",但却没有"持久性";而没有"持久性"的"临时慰藉"很容易带有"欺骗性"。"至善-绝对"这类"理念",被"(各种)宗教""利用"来"化解""表象世界-人世间"的种种痛苦和罪恶,"悬设"一些"理念"为的是使"现实世界"变得"容易容忍"起来,"理念论"成了"麻醉剂","麻痹""意志"的"自由创造力",揭示这一点的,是尼采的工作。

三、 胡塞尔先验现象学对欧洲哲学发展的贡献

由古代希腊奠基的"哲学"作为一个"学科"到黑格尔似乎要画上句号。黑格尔"绝对精神"的"现象学",蕴含了"历史发展"的"逻辑过程",似乎已是一个"大全";以后"哲学"作为一门"学科"如要发展推进,似乎只有把这个"大全"的"概念体系""打碎-砸碎",在这个"体系"之内似乎已"无路可走"。"粉碎"这个"体系"的努力,无一日间断,如叔本华、尼采以及费尔巴哈等,也都卓然成家,影响巨大,而胡塞尔的"现象学"之所以在欧洲哲学现当代历史发展中持续保持着独特的影响,自有其自身的理由。

表面上看,胡塞尔的哲学和黑格尔的体系有不少相似的地方,譬如都把自

己的哲学思想冠以"现象学"的名称，都很重视从古代希腊柏拉图、亚里士多德直至康德、费希特、谢林这样一种传承关系；也就是说，他们都自觉地把自己的哲学与整个欧洲哲学历史发展联系起来，努力保持这种历史发展的关系，而且他们的核心问题也都是自希腊以来的"自身-自己-自由-绝对"，都致力于"在理论上"使这个问题"明晰化"。然而，当我们反复阅读他们的著作时，却逐渐地意识到他们的"哲学"在"精神"甚至"面貌"上却是"各树一帜"、"自立门户"的。

若问他们的"哲学"在"精神"上的"相异"之点，我们大体上可以说：黑格尔重"外在"、重"客观"，而胡塞尔重"内在"、重"主观"；就"现象学"言，黑格尔"显现""在""外在-外化-客体"，胡塞尔"显现""在""内在-内化-主体"。在这个意义上，黑格尔的"精神现象学"是"精神"如何"外化"为"现实历史"，而胡塞尔的"先验现象学"是"现实历史"如何"内化"为"精神意识"。

以下，我们想就此作一些阐述；不过我们预先要说的是："外化"是一种"征服世界"的"精神"，黑格尔早年称赞拿破仑是"马背上的绝对精神"，这个"绝对精神"做的是"王者"的"工作"，用中国传统的话来说，是"内圣""要-意愿-目的""开出""外王"来，在这个意义上，欧洲的传统则又可以说是在"做""神"的"工作"，"创造-开创"一个"世界"来。而胡塞尔的工作则是要把"世界""邀请-吸收"到"主体-意识"中来，做一番"超越-纯化"的"功夫"，"做"的是"人"的"工作"。所以他们的哲学尽管都叫"精神哲学"，但取向却自不同，胡塞尔是"人文"，黑格尔则是"神学"，或者叫没有"神"的"神学"。

在这个意义上，我们通常所说的"人文科学"应归于胡塞尔。只有胡塞尔把"人"作为"自由"的"主体"，"设定"为"哲学"的"主题"。在这个"主题"中，"人"不是"拥有""自由"，"人"就"是""自由"；"人"如果把"自由"当作"外在"的"东西"来"拥有"，则就会像黑格尔那样，只能"在""必然的现实中""保持-显现""自由"，而"自由"又受到"限制"，于是"人"只得"在""客观现实""必然"之"流"中"忍受-化解"这个"矛盾"，仍然要"在""哲学"的"思辨概念"中"获得"对"绝对"的"认识-知识"。

"自由-绝对-精神"之"外化"乃是"异化","人""异化"为"物","自由""异化"为"必然"。"马背上的拿破仑""必须""付出""人异化为物"的"代价"。

胡塞尔的哲学工作努力揭示这一"异化"在哲学"超越"上的"不彻底性",批判一切"向""自然-客体-必然""倒退"、"回归"的"自如趋向","坚守"着"意识心理-思想-内在"的"自由"之"纯粹性",为欧洲哲学寻得一个"安身立命"的"根据"。

1. 胡塞尔与欧洲哲学的历史关系

黑格尔为了讲课,由学生整理了他的哲学史讲演录出版,胡塞尔没有那样专门的哲学史著作,但在他的论著中,很多都联系到他自己的学说与历史上各家学说的关系。人们将发现,他和黑格尔各有一部完全"不同"的"欧洲哲学史",我们研究哲学史的,不仅要参考黑格尔的论述,也要重视胡塞尔的阐述和评介。

扩充开来说,每一个大哲学家心中都有一部"自己"的"哲学史"。

欧洲的哲学家对于古代希腊哲学的重视,大体是一致的,但忠实的角度和内容却可以保持各自的特点。

胡塞尔曾以柏拉图的直接继承者自居,倡导"超越"的"理念",探讨"自己"的"意义",而又不断批评这个"现成"的"历史传统""超越""不够"。

然则,"理念"为世间"万物""自身",为"万物"之"本原-原本",一切"事物"皆为"自己"的"本原",为"范本",皆是各自"原本"之"模本",这样的"超越",何言"不够"?

原来胡塞尔心目中之"超越",不是从种种"客观对象"那里"超越"出来,而是一种"无对象-无客体"(后来的雅斯贝尔斯语)的"超越",不仅"超越"一般的"物理",而且"超越"一般的"心理";不仅是"原-物理学",而且是"原-心理学"——如果把"心理学"作"物理-心理"那种"经验-自然科学"来做的话。

胡塞尔的"哲学",不是我们译为"形而上学"的那种"meta-physics",而且也不是通常"实验心理学"意义上的"psychology"。或许,如果套用

"原-物理学"，我们可以把这种"超越""物理-心理"态度的"内在现象学"，叫作"meta-psychology"，胡塞尔则专门利用亚里士多德提出的"第一哲学"来阐述他的"先验-内在-主体现象学"。

胡塞尔认为他的这种德国精神固有的"彻底性""弘扬了"古代希腊"理念论"的真正意义。这意味着，在胡塞尔看来，"哲学"不仅要"超越""关于自然"的"物理学"，而且要"超越""关于自然"的"心理学"；亦即，胡塞尔的"哲学"要"超越"一切"设定""自然"为"客观对象"——"前提"——的"态度"，使"意识-认识"成为完全"独立"的"内在自由""领域"——一个没有"自然客体"的"域"。

从这样一种"绝对"的、"自由"的"内在"之"域"出发，胡塞尔不仅重视欧洲哲学史上的"理性主义"传统的"外在-客观超越性"的努力，而且重视这个哲学传统中一切"感觉主义"的努力，认为他们在使"意识-认识""内在化"方面功不可没，只是在"还不够超越"方面存有缺点而已。

于是，与黑格尔相反，胡塞尔给予了近代英国经验主义-感觉主义诸家以很高的评价，认为他们把"意识-认识"问题"规定"于"内在"的"感觉印象"，对于保持"主体性""自由"跨出了"重要的一步"。他们的不足之处乃在于对于"内在"的"心理"仍以"物理"-"自然"的态度来对待，使得"客体自然"仍成为"主体意识"的"前提条件"，尽管他们一再宣称，这个"前提条件"是"不言自明"、"无可怀疑"的。

这就是说，"认识论"是以"存在论"为"前提条件"的，而在胡塞尔看来，这个从"自然-朴素"的态度"设定"的"存在"作为"前提条件"恰恰是"可疑"的，需要"存疑"的。

从这个意思出发，胡塞尔高度评价英国由洛克奠定的经验主义传统，这个传统把一切"客观超越"的"存在""归结为""内在"的"主观"的"意识-感觉、知觉、印象等"，以"感觉-知觉-意识"作为"存在"的"基础"。就欧洲哲学的发展来说，经验主义传统已经把"传统"的"存在论""转向"了"知识论"，以"感觉经验主义"的"知识论"作为"客观超越"的"存在论"的"基础"；也就是说，包括"神之本体论证明"在内的巍峨-高大上的"存在论-本体论""大厦"，竟然是"建筑""在""感觉经验"的种种复杂的"心理""因素"的"基础"之上的。胡塞尔深刻地看到了这种哲学的"惊世骇俗"的巨大历史作用,给予了充分的阐述。

英国经验主义哲学最极端也是最彻底的意思,在年轻的巴克莱主教的一句"存在即是被感知"的话里表达了出来。这句备受谴责的话,当有其哲学上的意义,而不可以像狄德罗那样简单地以"发疯"加以"打倒"。

巴克莱的感觉主义当然具有很明显的"朴素"性,是以一种"朴素"的"知识论"企图代替同样"朴素"的"存在论"。在"哲学"意义上,所谓"朴素"乃是让"哲学""依靠""另外"的"条件",让"哲学"的"工作"也处在一个无尽的"因果"系列之中,而"哲学"原本是一种"独立"的、"自由"的"学问"。古代"存在论"要在"诸因果"系列中"寻求""第一原因",找出"众多"的"始基-始祖"来。近代"感觉主义""知识论",因"感觉""需要""外界"的"刺激","感而后动",找来找去,找到"神之一击"。于是,"哲学"不以"无限-自由"为"目标-课题-主题","哲学""自己""消解""自己",成为"理念"的"分有者",而不是"理念""自身";"哲学""跻身"于"诸学科"之中,"越俎代庖","哲学"作为"学科",常常"游移"于"诸学科"之间,乃在于它自身的"不成熟","自身"的"朴素性";而按胡塞尔,正是古代希腊人为欧洲"增加"了一门"学科",一门"独立"的、"自成一体"的"学科",只是这门"学科"由"朴素"到"成熟"也经过了漫长的岁月。胡塞尔自认为他的哲学找到了"成熟"之"路",他的工作,就是为"建立"这门"独立"的"学科"所做出的努力。

英国感觉主义把"意识-认识"问题"收回"到"主体""自身"来,为"认识论-意识论"作为一门独立的"学科"跨出了"决定性"的一步,这意味着"主体"不仅仅是"客体"的"摹本",而且拥有"自己"的独立的工作,将"认识论"从"本体论-存在论"的"统摄"中"分离"出来,并进一步提出"本体论-存在论"原本应是"建立"在"认识论-知识论-意识论""基础"之上的,"存在"乃是"知识-理智"的"构成物"。

从这个思路出发,感觉主义-经验主义原本可以得出超出"物理"而是"心理"的"构成物"这样一个结论的,但英国的哲学家并没有这种明确的"结论",反倒是又"退回"到"朴素"的"物理主义"的道路上来,按照"物理学"的"自然-客观"的"模式"来"建构"刚刚被他们"剥离"出来的"心理学",仍使"心理学""附属"于"物理学"的"自然-朴素"的"思路"。

由于英国感觉主义的这条经验教训,胡塞尔经常提醒哲学家要防止"回归-退回"到"自然-朴素"的这种"倾向"。胡塞尔的这种"担心",后来提高到"欧洲科学的危机"这样的高度上,这个"危机"正是表现在将"心理""归结-回归"为"自然-物理"这样一种欧洲哲学的"习惯""倾向"。

对于这种"倒退"倾向,胡塞尔保持着高度的警惕,并以此审视欧洲哲学的历史发展,批判从任何角度在"科学"上"回归""自然-客观"态度,就连被他称誉的欧洲近代哲学"开创者"笛卡尔哲学也不例外。

我们看到,胡塞尔对法国笛卡尔哲学情有独钟,他"追随"笛卡尔作出自己的"沉思"系列演讲,成为阐述他自己的哲学的重要著作。在备赞"我思故我在"这个伟大命题的同时,胡塞尔仍然指出它在"超越"的道路上却步不前,"停止"在不该停止的地方,从而仍然按欧洲哲学的"习惯","退回"到"自然-客观"的立场上;这个"思""止于""证明"的"工具","证明""我"之"存在性",使"我"的"意义"被"存在-自然-客体-身体"所"覆盖-笼罩",从而使笛卡尔的整个哲学"陷入"了"身-心""二元论"。

在这个意义上,笛卡尔原本为克服"怀疑"的"我思故我在",由于未曾"固守"那个"思"而落入"存在-自然-客体"的"窠臼",也就重新落入这个"可疑的""自然-客体"之"流"。

我们也许可以体会和发挥胡塞尔的意思是说,"思"不仅仅是"我-在"的"证明"、"工具"或"标识",似乎"我思故我在"仅仅说出了一个"思"的"承担者";胡塞尔想说的应是进一步的意思:"我"不仅"有-拥有""思",不仅仅比起其他"动物-自然"来多了一种"功能"——尽管是一个非常重要的"功能"——而且要认识到:"我"就是"思"。"我思故我在""意味着""我""在""思"中,"我思",就是"我在";推演开来说,也就是说"在""在""思"中。就胡塞尔的先验现象学来看,"思""使""在""在","主体"使"自然-客体""存在",也就是巴克莱说的"存在即是被感知",这里的"感知"不是由"客体-对象""刺激-引起"的"感觉","感知"就是"思",就是"意识-认识"。

按这个思路，胡塞尔之所以没有成为"发疯的钢琴"乃是因为他只是把"自然-客体"的"科学""悬搁"起来，而将"哲学"-"科学"的"目标"和"宗旨"转向了"主体"，亦即将"物理学""视角""转向"了"心理学"，而这个"哲学"意义上的"心理学"也同样"悬搁"了一切"内在"的"自然-物理"的"问题"，只"追问""纯粹-绝对"的"心理"问题。

于是，在胡塞尔看来，经过这样一种"转换"，"可疑的"只是"物理-自然-客体"的"问题"，真正"纯粹""心理"的"课题"，则是"绝对无疑"的。

2. "怀疑主义"与"悬搁"

胡塞尔哲学之所以不是"发疯的钢琴"，乃是因为他的"怀疑"不是"终极目标"，"先验现象学"的"目标"是"绝对无疑"，而他的"悬搁"也就是把"怀疑""悬搁"起来，"悬搁"不是"经验上"的"否认"，而是"置而不论"，"终止判断"。

为什么要"悬搁"？"悬搁"被用来"对付""经验主义"，乃是因为"经验感觉主义"永远是"可疑"的，"感觉经验"里的"世界"是一条"永动"的"流"，只有"截流"，"认识-意识"才有一个"相对""稳定"的"对象"有可能把握。"悬搁"是"感觉经验主义""自身""必定"要"产生"出来的"认知态度"，是"古已有之"的思路。"悬搁"这个词来自古代希腊，被胡塞尔发扬光大，成为哲学的一种"批判"的武器，把一切"自然"的、"客观"的"科学""成果"都"悬搁"起来，"括了出去"，"存而不论"，也就是说，对一切"客观-自然"的"理论"和"实践""成果"都"终止判断"。

于是，"悬搁"并不否定"经验"的"自然科学""成果"，只是"现象学""哲学"对这些"成果"不"下判断"，因为它们自己是"未完成"的；现象学哲学有自己的"任务"和"课题"。更进一步说，现象学哲学不仅不"否定""自然科学"的一切成果，而且"欢迎"并且"邀请"这些"未完成"的"成果"作为"意识-思想-知识"的"材料-质料"，"进入""哲学"的"殿堂"，成为这个"思想体系"的"部分"和"内容"。

现象学哲学通过"悬搁"将"物理"的"世界""邀"进"心理"的"世

界",在这个"世界""安身立命","使"一个"变动不居"、"无家可归"的"物理现象","在""心理"的"世界""存在"。"纯粹""心理学""使""经验物理学（以及由此超越的元物理学）""存在"。

这样，在胡塞尔现象学意义上的"心理"就不可能是一种与"物理"同一层面的"另一类""物理","心理"不允许在"自然-客观-物理"意义上来理解。"自然-客观-物理"的态度，要"经过""批判"，才有真正意义上的"悬搁"。

在胡塞尔看来，一切"自然-客观-物理"的学问都设定了一个"外在"的"条件"，都是"有前提"的，而正是这个"前提条件"使得一切"自然科学-物理科学-客观科学"的"成果"都有"可怀疑性"。因为这个"外在"的"目标"只能"渐进-接近"，而没有"达到"的可能性。"自然-客观-物理"的"科学（知识）"永远不得"安身"，它们"永远""在""存在"-"不存在"之"间"。

体会胡塞尔的意思，也许我们可以进一步说，这种"自然科学-客观物理科学"已经是一种"悬搁"的"产物"，因为人类作为一个"族类"，"原本"并无"科学"可言，"人族""生活"在自己的"生活世界"之中，或许有些"适应-改造"这个"世界"的"技巧"，但并无"科学"可言。这种情形，也许可以说，只有"实践"，而无"理论"；对于"世界"的"理论"态度，当是对于"实践"态度做出"悬搁"的"成果"。胡塞尔把这种原始的"生活世界"叫作"朴素"的"生活世界"，须得经过"悬搁"，以求对"世界"有一个"理论"的"概念式"的"科学"态度。这个态度的建立，是古代希腊人对世界的贡献。

"人族"采取的对于"朴素生活世界"的"第一次""悬搁"——我们姑妄名之——使我们"拥有"了一种"科学性"-"理论性"-"概念性"的"世界"，亦即一种"思想方式"，从此有可能-能够（暂时）"摆脱""当下实际"的"利害关系"，"从事"一个单纯"理论式"的"观察-思考-研究"。这种"思想方式"具有"朴素生活态度"所缺少的"普遍性","科学理论"应是"不受时空限制"，放之四海而皆准的。它从"紧迫"的"当下实际需要"中"解脱"出来，尽管是暂时的，虽一时"无用"，而长远来看，却有"大用"。

我们或许可以说"人类-人族"的这个"第一次""悬搁",也是"第一次""解放","第一次""自由"。

然而,这个"第一次""解放-自由"在胡塞尔看来仍是"不彻底"的,这种从"朴素生活世界""脱颖而出"的"科学"态度,仍然带有"原始的""朴素性",是一种"自然-客观-物理"的"科学"态度。这个"科学态度"是"有前提-有条件"的,即,这种态度首先"设定"了一个"独立""外在"的"对象-客体","科学"的工作只是有可能"无限"地"接近"这个"预设"的"对象",而"科学""自身"永远得不到"确定性",也就是说,"科学"永远要"被质疑",不能在真正意义上"拒绝""怀疑论"的"袭击"。"科学"的"进步""依靠"着一种"怀疑"的精神。

为求得"科学""自身"的"确定"的"信心",笛卡尔以"无限性""概念""请出-邀请"一个"神"来"平息-敉平""怀疑",而胡塞尔则提出对这个"自然-朴素-客观-物理"的态度"再一次"地"悬搁",来一个"二次革命",通过这次"悬搁-革命","剩下"的就是真正意义上"无可怀疑"的"哲学",而这个工作是古代希腊的哲人们"想做"而没有"做好-做成"的。

胡塞尔认为"二次革命(悬搁)"是他提出的"先验现象学"完成的,他的工作,使"哲学"由"元-物理学"发展成为"元-心理学"。也就是说,"哲学"的"革命",第一次发生在"物理学"方面,"超越-物理学"、"超越-自然科学",使"哲学"成为"理性-理念-思想-精神-主体"的问题,但逐渐地,尤其在欧洲近代,这个"主体-思想-理性-精神"又以"自然-物理科学"的"模式"来进行工作,"心理学"习惯性地"退回"到"自然-物理-客体"科学的道路上,使得在洛克-笛卡尔哲学那里刚刚"露头"的"变革"又"回到""自然-客观"科学的道路上,使这个"变革-革命""半途而废"。胡塞尔的工作是要继续把这个"革命""进行到底",也就是弘扬他自己说的"德国精神"的"彻底性",使"心理学""纯净化",不仅从"朴素"的"自然生活"中"超越"出来,而且要从"自然-物理-客体""科学"中"超越"出来,这样"彻底""超越"的"先验现象学",才是真正"独立"的"哲学"的工作。由于胡塞尔"建立"的这样一种"哲学"工作的"独特性",使他的"先验现象学"从通常所谓"德国古典哲学"的"传统"中"脱颖而出",类似于爱因斯坦的"相对论""脱离"牛顿的"古典物理学"传统。

3. 胡塞尔与康德

胡塞尔在自己的著作和演讲里较少提到黑格尔，但对康德却给予了很高的崇敬和评价，并认真地阐述了"批判哲学"的不足之处。这可能意味着，胡塞尔认为他的哲学"直接"康德，与黑格尔哲学却"名同"而"实异"，尽管我们后人仍然觉得他们的哲学仍有紧密的关联。

然则，康德哲学的确有"资格"作为种种"新"哲学的"起点"。不仅有费希特-谢林-黑格尔-叔本华这条思路，而且有"新康德主义"这条"文化哲学"的思路，而胡塞尔的思路的影响则直至欧洲当代。

就胡塞尔的先验现象学来看，我们可以说，康德的贡献在于给人类"意识-思想-认识"划出了两层界限，亦即对于胡塞尔的两层"悬搁"都"规定"了各自的"疆域"："理论理性"和"实践理性"这两个不同"原则-原理"的"超越性"。

在"理论理性""领域"，康德"建构"了"（经验）科学知识"的"先验原则"，确立了被休谟否定了的"因果"范畴的合理性，确立了"必然的经验科学"的"可能性"，而不"停留在""习惯性"的"朴素-自然的生活世界"中，"科学知识"从这个"朴素的世界""超越"出来，以"先天的""直观"和"概念-范畴"的"必然性""形式"使这种"知识"成为"可能"。

在这种"经验科学知识"领域，康德"悬搁"了休谟的"怀疑论"的"问题"，树立了对于"科学知识"的"确信"；但是在这个领域，"理性"对"自然-朴素的世界"固然"拥有""立法权"，但却只对"科学知识""拥有""建构权"。在这个意义上，胡塞尔有理由指出，康德的这种"科学知识"仍然是"有前提-有条件"的，这种"知识""预设"了一个"不以人的意识为转移"的"自然-客观""世界"，因而对于要求"建立"一个"绝对确信"、"无任何预设条件"或"无任何不言而喻条件"、"自身独立"的"（哲学）知识"来说，尚未达到"无条件确信"的"彻底性"。康德已经意识到这个"不彻底性"而"预设"了一个"物自体"的"存在"，但正由于这种"不彻底性"，康德宣布这个"物自体"——这个"本源性的-原始性的，亦即朴素自然"的"世界"，对于"科学知识"是一个"不可知"的"领域",是"理性""立法""不可及"的领域。

康德"建构"的这种"有前提-有条件"的"经验科学知识"之所以"可信",是因为它带有一种"逻辑"的、"形式"的"必然性",因为它的"先天性- a priori",无论是"感性直观"还是"概念范畴"都是"形式"的,"形式""保障"了"内容"的"必然性"。"必然性"乃是"被""规定""一定"如此,是"逻辑""推论"出来的。

康德的"知识""需要"由"外部"的"感性世界"通过"感性直观"的"先天形式(时间-空间)"为"知性概念-范畴""提供"一个"内容","知识"受这个"供应"的"制约",它"建构"的"概念-范畴体系"是"必然"的,是"被规定"的。"知性"为"自然""立法",这个"法"是"必然"的"法",就"知性"自身来说,也是"被规定"的,"知性"不"可能""为""感性世界""本身"(为"物自身")"立法",在这个意义上,"知性"是为了"建立"一个"科学知识体系"而"为""知性""自己""立法",这样,我们也可以理解,为什么"知性"的"号令-法"不出"现象界","知性"只可能为自己的"知性王国-知识王国-科学王国""立法"。"知性"的"立法""领域""受到限制",康德哲学之"批判-批审"工作,正是要"防止""知性"之"僭越"。

在这个意义上,康德"第一次"的"悬搁",是从一个"充满偶然不确定性"的"朴素生活世界","提升为"一个"确定的-无可怀疑"的"必然世界";而当这个"必然性"的"科学知识"要"回到-运用到"那个人们"生活"的"世界"里时,仍然会"遇到"种种"不确定性"。如果把这个人们"原本""生活"在其中的"世界"理解为康德的"事物自身-世界自身-物自身",则"必然"会"出现"他所谓的"二律背反"。"二律背反"揭示了"科学知识-知性"的"僭越",为避免这种"矛盾","知性-知识"必须严格"限制自己"——"限制"在"自己""设定"的"必然王国"之中。

康德非常清楚这个"王国"的"局限性",他的哲思已经"进入"更高层次的问题,这个问题的"探讨"需要"再一次"的"悬搁",即从一个"必然性"的"科学知识王国"中"超越"出来,这就是康德的"道德王国-自由王国"。

康德的"实践理性"对于"理论理性"来说，也是一次"悬搁"：把"知识论"的问题"置而不论"，"回到""理性""自身"，不受"理性"之外的任何因素的"制约"，"理性""自身-自由"得到"阐明"；"理性""自由地""证明""自己"之"存在"，也就是说，"意志""自由地""证明""自己"的"存在"，"无待"也"无须""利用""感性世界"的任何因素来"证实""自己"。

康德"提示"的这个"第二次""悬搁"当然具有深远的意义，但在胡塞尔看来也具有初创时期的某些"片面性"和"不彻底性"。正如后来经常被提到的，康德的"自由意志"虽然很"高尚-纯洁"，但却是"软弱"的，在这个意义上，就"力量"的"实际"作用看，康德的"德性"并无"力量"，它缺乏本应具备的"实在性"，而只是一种"概念"，"纯粹理性"也就是"纯粹概念"。康德的两次"悬搁"，都没有"超出""概念"的范围，"悬搁""方向""向着"越来越"纯粹"的"概念"，从而他的"批判-批审"的工作，也就越来越"概念"化。胡塞尔的工作，不但要有"概念"的"悬搁"，而且更要有"直观"的"悬搁"，这样，"悬搁"的工作才会有真正的"彻底性"。

当然，严格来说，康德的"批判-批审"工作针对的正是"概念"的"疆域-范围"，他的"自然"和"自由"都是"概念"，亦即"理性-概念"的"立法""权限"："知性概念"的"立法权"只限于"可直观"的"感性领域"，对于"思想"的"本质""自由"——即"自由"只可"思维"并无"直观"——来说，"知性立法""无权"过问。这就意味着，"自由"对于"知性"的"管辖区域"——"经验自然科学"来说，只是"空洞"的"概念"，而无"相应"的"直观"；"自由"而又"不可知"-"不成为知识"，认为"真正""确定无疑"的竟是一个"空洞"的"概念"，这样一种"悬搁"是一种"架空"，从而不是"终止-拒绝""一切可疑因素"的"悬搁-终止判断"的真正意义和目的所在。以"架空""替代""悬搁"依然"留下"一个"可疑"的"知识王国"，这个"王国"只"形式"上具有"确定性"，在"实质"上仍然充满了"偶然性"："经验科学知识"具有自身具有的"相对性"，那个"规定""可直观"的"感觉经验材料"的"时间-空间"也是"相对的"。我们并无权要求康德具有后来的"相对论"思想，他的"时空观"来自牛顿，但问题是不可避免的。康德把"无限-绝对"的问题，"划在-排斥于""科学知识"之外，对"经验自然科学"是一种"保护-防护",但对于"哲学知识"来说,则有"消极"的"排斥"意义。"哲学"是一门"异于""自然科学"的"科学知识",既不是从"自然科学-经验科学""超越"出来的"只剩下""概念"的"元-物理学",也不是从"经验伦理善恶""超越"出来的"至善-自由"的"空洞概念"。

应该说,康德自己已经"意识"到这样一种"分裂"出来的"概念"之"空洞性"问题,在《纯粹理性批判》和《实践理性批判》之后,还有一个《判断力批判》,《判断力批判》力求把两个"分裂"的"领域""沟通-结合"起来,在这个"区域"(不是"领域",不是从"理性"那里"领"到什么"立法权力"),"自由"的"概念"也有了"直观"的"内容",不再是"空洞"的了。但是这是一个很"特殊"的"区域",这个"区域""涵盖"了"知识"和"道德""两个""领域",但却并无"理性"的"立法权",因而并无自己的"领地-王国",虽具有"感性直观",但"无权"在"感性直观"的"世界""建构""什么";虽具有"自由"的"概念",却"无权""发布""绝对命令"。这个被康德称作"情感-审美"的"区域",实际上是后来包括胡塞尔在内的"现象学"所称的"生活世界",但不是"情感-审美"的,而是"知识"的,是"哲学知识"的"根基",因而也是一切"(自然)科学"的"根基"。在某种意义上,或许也就是那"自然-朴素-经验"的"生活世界",而康德却把它看作"沟通""科学知识"与"意志自由"的一个"环节","理性"对这个"环节"没有"立法权",而只有"管理-规整"的"作用-功能"。

康德在"哲学""领域""实行"的这种"批判-审批精神",可以被看成是"三权分立"的一个"折射":"理论理性"的"立法权","实践理性"的"审判权","判断力批判"的"行政权";从这个角度的理解,20世纪末法国的德勒兹已经开始,我们这里感兴趣的是胡塞尔又回到"三权统一"、"一切权力"归"理性"的"哲学""传统",以"理性知识"把这三个被分立的部分"统一"起来,"理性"无分"知-情-意",被认为是"情感"的部分乃是一个"基础性"的"朴素-自然"的"生活世界",它之所以是"基础性"的,是因为"任何"的"超越-悬搁"都要"在不同层次"上"回到"这个"生活世界"来。

即使是"理论科学",其"搁置""生活利害关系"也是"暂时"的,最终总要"改变"那种"朴素-自然"的"生活世界",使这个世界更加"科学化-合理化";同样,"先验现象学"-"哲学"对"经验科学-自然科学-客观科学"的"悬搁-超越",也要"回到"那个被"自然科学"所"改造-浸润"过了的"世界","回到""生活世界"中来。

当"理性"实行"第二次(姑且名之)""悬搁-超越"之时,也就是那个"朴素-自然-客观"的"生活世界""提升"之日。这个"悬搁"之后作为"现象学"的"剩余者"的"生活世界",可以在康德的第三批判中找到"对照物",因而也是"理解"这个"剩余者"的"向导"。

4. "人文科学"作为"自由"的"科学知识"

在康德第三批判里的"自由"已经不是第二批判里那个空无"内容"的"绝对命令",也并无"道德律令"的"强制性",而或是一种"有(感性)内容"的"(理智)游戏"(审美),或是为"自然-感性""世界"在"理智上""彻底"的"可以理解"的"无目的的目的性""推定",这两种理性的态度都是"彻底自足"的"自由判断",不以"预设"一个"外在世界"作为"校正"的"基准","美"不"设定""外在客观""有"一个"美"的"属性","目的"也不"设定""外在自然世界""有"一个"目的",而是将这种"世界""内化"为"主体"的"内在"的"独立""世界"。在这个意义上,体现出了一种"主体"的"独立自由"——"审美"的"无功利性"与"目的论"的"无目的性",都是意味着"悬搁"一个"外在"的"基准",是把那个"理论理性""设定-推定"的"不言而喻"的"存在"的"条件""悬搁"而又"吸收"进来加以"自由""创造"的成果。"审美"与"目的"不是"给予""自然-客观""世界"以"规定"。对这个"世界",《判断力批判》经过"审定"的结果是"在客观上""不置断定",而只是对于"人"的"主观能力",亦即"人"的"自由""能力",亦即"判断""能力","给出""规定"和"评定"。这个局域里的"判断",康德叫作"反思判断",以区别于"理论-实践"两个领域内的"立法性-规定性""判断"。"反思判断"是对"人"作为"主体"的"能力"的"判断",有"反躬自问"的意思。

我们看到，在这个"局域"里的"自由"，不是"概念"的"抽象形式"的"自由"，而是"具体的"、具有"直观性"的"自由"。但胡塞尔认为，这种"主体性"的"具体自由"，不是"情感"的，不是"审美"和"目的论"的，恰恰是"知识"的，是一种不同于"自然-客观"的"必然性""真理"的"纯粹自由"的"真理"。于是，"自由"也不是康德《实践理性批判》里所谓"无条件命令"的"道德性""自由"，而恰恰是被康德"逐出"去的"理论知识性"的"自由"。在胡塞尔这里，"主体性"没有被"分割"成"知-情-意"，而好似一个直接从"理性""获得"的"同一-统一"的"领域"，是"哲学"的"领域"，这个"领域"是"纯粹理性"的，是"先验的"。"哲学"对于这个"领域"的"知识"，不是"必然"的，而是"自由"的；而"关于""主体-心理"的"自由""知识"并不是"随意-偶然"的，不是"游戏"，恰恰是"必真的"（王炳文以此译 apodedic，以示与 necessary 的区别，我认为很好）。这个"自由"的"真理"不是"被逼"出来的，不需要由一个"异己-非己"来"校正"，而是"自己""建构-校正""自己"，就"必定"是"真"的。

"必然性"的"知识"和"必真性"的"知识"，表面看来似乎都是"真理"，但却有层次上的不同：按照我们这里的说法，前者是"第一次""悬搁"的结果，而后者则是"第二次""悬搁"的成果。

"第一次""悬搁"的"结果"为"经验科学知识"，这个"知识"之所以"可以确信""无疑"，乃是它们有"原因-结果""范畴"的"保障"，"原因"和"结果"之间的"关系"是"先天- a priori"的，不是"习惯成自然"，而是"不依赖习惯"的"逻辑推理成自然"。有一个"原因"就"必定-注定"有一个"结果"，以此"求得""事物"的"原因"，就是"求得"了关于"事物"的"真知识"，这是从亚里士多德以来的一个坚定的信念。人们把这个成果从"朴素自然"的"生活世界"里"超拔"出来，再"运用-回到"这个"生活世界"来，"得到"了非常积极的"结果"：人们不仅"适应"了这个"世界"，而且"按照自己"的"目的""改造"了这个"世界"，"暂时""脱离"这个"实用"的"世界"，被"科学""武装"起来的"人""让""世界"变得"柔软"起来，"顺从""人"的"目的"。然而，"人"的这个"主观""目的"要"有可能"在原本作为人类科学知识的"客观对象-客观条件-客观限制"的

"世界"中加以"实现",则具有许多"偶然性"。"人"为"自己"的"目的"有可能"实现","人"必须做出"无限"的"劳动",而"人"作为"现实"的"存在者",并无"无限性"。这就是说,"人"在"经验科学知识"里的"自由",只能"限制在""被认识到的必然性"之中,而这种"认识"又是一个"无限"的"长河",在这个意义上,"人"必须"超出-超越""自己"的"被限制性","意识到""自己"原本就是"无限者-自由者"。

"人"并不"停留-局限""在""第一次""悬搁"的"结果"之中,"人"未曾"满足-止于"以"经验科学"为"武器"来"征服"这个"异己"的"自然客观世界",作"永久性"的"斗争";为"保障"这个"斗争精神""永不衰落","人"的"理性"还要"唤起""人"对"自身""自由"的"确信","建立""自由""必真"的"信心",而无须在一个"异己"的"自然-客观世界""获得""实证-批准"。正是"人"这种"理性"之"自由""本质-本性""推动""人性"的"第二次""悬搁",即由"自然科学"的"悬搁","进入""哲学"的"悬搁"。

这里所谓的"第二次悬搁",乃是从"自然-客观"的"经验科学"的"视阈"中"超拔"出来,以一种"更高"的"视阈",将由康德的"理论理性""建构"的"概念世界""提升"到"具体"的"自由"的"世界"中来,这样,这种"超越"和提升又是一种"回归"——"回归"到一个比之于"概念世界"来得"真实"的"生活世界"。

但是,我们看到,胡塞尔的这种"回归"不是"简单地""退回到""朴素自然的生活世界",而是"建构(在康德意义上)"一个"超出"这个"自然客体"的"理性主体"的"生活世界"。这个"知识建构",同时也是"视阈转换",从"概念"的"间接(抽象性)""回归"到"直接(直观性)",从由"概念""建构"的"科学世界""转换"为由"直观""建构"的"现实世界"来,所以胡塞尔也把这种与"概念"的"悬搁"不同的"悬搁",叫作"直观的悬搁"。

欧洲哲学的传统观念,特别是经过中世纪哲学中的"唯名论"与"唯实论"之争,使得人们有一种习以为常的"确信":唯有"概念"才是"普遍"的,而任何实际事物的"直观"只是"特殊"的;然而,如果"普遍性"与

"直观性""脱离",则"概念-普遍性"就不"可能""存在",从而就不具有"真理性"。于是,康德就"必须"从"概念"之外"引进""感性"的"直观"材料,以"保证""科学"的"真理性",这个思路,直至黑格尔仍有残余的痕迹,尽管"直观"已是"概念(绝对概念)""外化"的一种形式,但"直观"仍"在""概念"之"外","概念""异化""自己"而"成为""存在"。在这个意义上,"没有异化"的"概念""本身"则无"存在性","概念""本身""不存在",因而不是"真理"。

对这个问题,胡塞尔采取了与黑格尔相反的思路,他不强调"概念"的"异化",而强调"直观"本就具有"普遍性","直观""蕴含"着"概念"的"普遍性","现实-存在-直观"的"世界","本身"就是"普遍的",也就是说,"实际的世界"-"生活的世界""本身"就是"直观-概念"、"特殊-普遍""同一-统一"的"世界","普遍性"原本是"直观"的"特性"。这个"生活世界",不是"物理的世界",而正是"心理的世界"、"意识的世界",亦即"有意识-有理性的""人的世界";不是"必然性""统治"的"概念世界"或"概念""外化"出来的"世界",而是"具有普遍性"的"直接的-直观的""生活世界";不是"必然性"的"世界",而是"自由性"的"世界"。这个"世界",在康德,是那个"艺术-目的论"的"局域世界";在柏拉图,就是那个"理念"的"世界";在胡塞尔,则是经过"二次悬搁"的"生活世界",是一个"直观-直接"的"生活-理念-心理-意识""必真"的"自由世界"。

于是,我们也许可以概括胡塞尔的思路为:由"概念"的"悬搁""超越"一个"朴素-自然-外在"的"生活世界",这一"悬搁"把一个"感觉-经验技术(包括实用技术和实用巫术在内)"的"混沌"的"世界","提升"为由"理性-知性""立法"的"自然-必然"的"物理世界";而经由再一次的"直观"的"悬搁","人""超越"了这个"自然"的"物理世界","提升"并"进入""自由"的"心理世界"。"人"作为"自由者""直接地""生活"在一个"普遍"的"自由者"的"社会"中,而这个"自由者"的"集合体"并不是一个"自然科学"的"实验室",而是一个"生活的世界"。在这个"直接"的"生活世界"中,举凡"物理世界"的一切成果,无不被吸收进来,成为"心理-意识世界"的"事实",被笛卡尔意义上的"我思"所"认识",这种"知识"无需任何"前提",具有笛卡尔意义上的"拒绝"任何"可疑性"。在这里,胡塞尔所推进的思路在于:不仅"我"之"存在""无可怀疑",而且"思(之内容)"之"存在"同样"无可怀疑"。也就是说,"自由"之"存在""无可怀疑"。

"超越的纯粹心理学""保障"了"自由"的"存在性",也就是"必真性"。"自由"是"真理",而不是"形式";是"普遍"的"存在",也是"存在着"的"普遍性"。"自由"是"我"的"本质",是"人"的"本质";"不同于""自然科学"的"自由科学",乃是"人的科学",是"人文科学",亦即"哲学-第一哲学"。在这个意义上,"哲学"就不仅是"自然科学"和"社会科学"的"综合",而是"超越"一切"有条件-有外在对象(客体)(无论自然还是社会)"的"(经验)科学"的"超越性科学",也就是胡塞尔的"先验现象学"。

5. 胡塞尔"先验现象学"之"显现"

我们看到,胡塞尔在"纯粹心理学"意义上的"纯粹-先验现象学",由于"建构""在""直观性悬搁"的"基础"上,它的"显现"不是"寻求"一个"外在"的"对象-客体""让-令"一个"非对象-纯概念"的"绝对精神""开显"出来,"让-令"那个"自身""不开显"的"绝对-自由""冒着""受限制"的"危险""寄托-寄生""在""感觉经验"中,而是如实地揭示:不是"自然""开显"了"自由",而是"自由""开显"了"自然";不是"限制自由"的"必然""开显"了"不受限制"的"自由",而是"不受限制"的"真实"的"自由""开显"了"被限制"的"必然";不是"存在""开显"了"意识",而是"意识""开显"了"存在"的"意义",用不确切的比喻来说,不是"石头"里"含有""思想-意识",而是"思想-意识""含有-确立"了"石头""存在"的"意义"。我们看到,胡塞尔的这个"现象学"思路,体现在他的两位杰出的学生——海德格尔("存在"即"存在"的"意义")和舍勒(质料-直观之先天性)——身上,他们的确是"在"他的"现象学"的"路上"。

"原始-朴素"的"生活世界"是我们"人族-人类""生活-生存"的"根基",在这个"世界"中,"人"和"动物"亦即一切"物"一样,"适者生存"

是一条铁律,而对于这条规律,"人"基本上处于"盲目"的层面,其"智慧"只"限于""制造-利用"最粗糙的"工具","谋求"自己"不稳定-无保证"的"生活",或许随着经验的"积累"其"工具-技术"能达到相当的水平,却仍然为"身体""存活"所"局限"。为"存活"而"建构"的任何"高超"甚至"神奇"的"技术",都难以进入"科学"的层面,而这样的"生活世界"因缺乏"理性-意识"的"确证",也就难以"提出""存在论"的问题。

只有"人类-人族"的"智慧-意识-理性"达到了"科学-概念"的层次,这个"存在论"的问题才有可能明确地提出来。也就是后来海德格尔所说的,对于"人"来说,"出了"一件"大事情-大问题",就胡塞尔的现象学来说,这个"存在论"的"问题"乃是在"知识论-意识论"的"基础"之上"提出来"的。在我们的"论域"里,是已经经过了"第一次""悬搁"以后的事情。这个"悬搁"确立的"原则"是:唯有"概念"才可以"思想""存在",因为"概念"为"事物"的"本质",而"感觉"为"变化"之"流",唯"概念-本质""长存"。

然而,"自然科学""概念论"的"悬搁-超越",仍缺乏"彻底性",即"概念"仍与一个"非概念"的"感觉世界""对峙"并受其"制约",因为这个"感觉之流"的"世界"以自己的"直观性"使"概念""抽象化"而成为一个缺乏"直观-存在"的"空洞"的"世界";唯有再一次"超越"这个"感觉-客体"的"世界",再一次经过"直观性"的"悬搁","超越"那个由"概念""建构"起来的"客体世界",才有可能在那个"原始-朴素-自然"的"生活世界""回到直观","建构"起一个"真正"的"存在世界",使单纯"概念世界"转化为"意义的世界",这个"意义"即是"概念""回到""直观","回到""存在",从而这个"世界"才有可能"彻底""拒绝"一切可能的"怀疑",成为"必真"的"存在"。

这样,笛卡尔的"我思"不仅是"我"的"存在""不受质疑",而"思"也同样"不受质疑";不仅是"因""我"而"有""思",而且是"因""思"而"有""我"。"认识论"和"存在论""相互参证",取得"同一性"。"人""在"这个"第二次""悬搁"中,不仅"得到了""自身"的"存在""概念"的"证明",而且得到了"直观"的"证实"。

"概念"固然可以"自身""证明""自身","神"的"概念"因其"大全"而"必然""包含""存在"的"概念",但"无权""超出""概念""自身""证实""自身"的"存在",因为"存在"的"概念"仍是"概念";"概念"要"超出""自身",必"求助""非概念"之"感觉材料",就其"自身"来说,"概念"的"真实存在"仍是可以"质疑"的;只有当"概念"与"直观""同一","概念"与"直观""无分内外","概念"之"存在"才是"无可怀疑"地"必真"的。

这种"同一性"意味着,欧洲近代传统"理性主义"把"直观""放逐"到"外在感觉世界-客体"的"逐客令"必须"收回","收回"这条"命令",也就是把"直观""收回"到"理性-主体-意识"中来。这种"收回",就"生活世界"原本的"同一性"来说,乃是一种"回归",使"直观""回归"到"概念-理性-主体",而不再"寄生"于"外在"的"感觉世界",而为了求得二者的"同一性","概念"也必须"放逐-外化"出去,"谋求"与"直观""在"一个"异己"的"(物理)世界","相濡以沫-相依为命"。

于是,胡塞尔与黑格尔都把自己的哲学叫作"现象学",但在实质上,方向恰恰相反:后者是一道"逐出令",前者则是一道"召回令"。我们看到,哲学立场-方法上的一进一出,使各种"关系"都有一种"颠倒"的"效果"。

6. "理念"与"现实"、"自由"与"必然"、"人文"与"自然"等

这个小标题所列之种种"对立",乃是欧洲哲学传统的观念,对这种"对立"的"理解",经过漫长的历史发展,特别是经过从康德二元对立到黑格尔一元同一的思考,似乎已经有了一个"化解"的"思路":"现实"中"显现"了"理念","必然"中"显现"了"自由","自然"中"显现"了"人文","非我"中"显现"了"自我",等等。这意味着,那个原本"不开显-不显现"的"绝对","在""非绝对-相对"中得到了"开显-显现","理性"的"东西""在""非理性-感性"的"东西"中得到了"显现-开显"。何谓"开显-显现"?"开显-显现"就是有了一个"(感性-具体)存在"的"形式",而不是一个"抽象"的"普遍性"。这种思路,发展到黑格尔,已经具有很深刻的"一分为二"的辩证发展的内容,"绝对""自身""异化"成为"非-绝对",成为一个"理

性""逻辑-合理"的"过程"。只是这里的问题在于：这种"异化"的过程，意味着"绝对-理性"的"存在"是一个"被存在"的过程，是一个"被限制-被规定"的过程，"理性""必须""受到（非理性）的限制-规定"才是"存在"，"理性""自身"仍"不存在"。

这个思路，在胡塞尔看来，仍然具有严重的"不彻底性"，"理性"依然"需要-等待"一个"外在"的"形式"来"限制"，才得以"存在"。尽管为"弥补"这个"不足"，"绝对哲学"要"追认"这个"非理性"的"限制者"原本就是"理性"自己的"异化"，但这个"被异化"出来的"非理性者"须得经过漫长的"历史""发展过程"，才又"被""征服"，直至"绝对哲学"的提出，"理性"才"意识到-认识到"这一切的"非理性"的"妖魔鬼怪"，原本是"理性"自己"创造-放"出来的。"理性""创世"，乃是"理性"的"神学"。"理性神学"与一切"神学"一样，都要"解决""理性-神"自己"制造"出来的种种"麻烦"。"麻烦-矛盾"意味着"不彻底性"。

经过"二次悬搁"的胡塞尔的"主体-先验现象学"克服了黑格尔对待"理性"的这种"不彻底性"，认为"理性"无须"兜圈子-迂回"地"认识自己"，"理性"的"意识-知识"原本就有一种"先验"的"直接性"，也就是"先验"地具有"直观性"，"直观"与"概念-理智"原本"同一"。这种"同一性""保障"了"理性"本就是"开显"的，"直观""在""理性"中"开显"，而不是"理性""在""直观"中"开显"，在这个意义上，"理智直观-直观理智"就是"存在"，"理性"与"存在""直接""同一"，或者，"存在-直观""在""理性"中"开显"，"存在"在"概念"中"开显"，"具体性-特殊性-个别性""在""普遍性"中"开显"。

这就是说，"客体""在""主体"中"开显"，"外在""在""内在"中"开显"。

我们也可以说，胡塞尔的这个哲学思路，是康德"哥白尼式革命"的继续和发展：不是"谁围着谁转"的问题，也不是黑格尔"绝对哲学"的"颠倒"，而是"谁开显谁"的问题。也许，在胡塞尔看来，就哲学来说，既不是"主体围着客体转"，也不是"客体围着主体转"，更不是为"克服"这种"二元对立"，"令""主体""进入""客体"，从而"令""客体""开显-显现""主体"，而是:"客体"原本就"在""主体"中,"必然"就"在""自由"中,"直观"就"在""理智"中,"存在"就"在""认识-意识"中,而不是"两个""东西""分个高下","理智-认识-概念"无须"要求-征服""直观-感性形式""实现"自己的"存在","直观"也无须"依靠""理智-概念"来"建构"自己,这种"直观"与"概念"的"同一性"正是柏拉图当年寻求的"理念"的"意思-意义"。"理念"不仅具有"普遍性",而且"同时"也具有"特殊性-个别性","理念"已经"蕴含"了"直观","蕴含"了"存在"。

"理念"无须"经过""时间"的"因果""连续"以求"存在","理念""同时"就是"存在","理念""瞬间(为克尔凯郭尔所阐述)"就是"存在"。

"理念""直接"就是"存在","理念""超越""时间","超越""时间-空间","超越""因果","直接"就是"存在";"理念""断裂""时间"之"连续性","打断""因果"之"(概念)必然性","理念""无待——无须等待""原因-结果"之"必然-推理""过程"之"(逻辑论证推理过程)结果"而"存在","理念""直接""必然""存在"。

而"直接"的"必然性",就是"自由"。"理念""必然""存在",也就是"理念""瞬间-同时-无时间性""必然""自由"地"存在"。

这也许就是胡塞尔"现象学之剩余者""第二次悬搁""所剩下"的"局域",这个"局域""被""封闭""在""自由者"的"主体""心理"之"内",是一个"再也括不出去"的"我"和"思",笛卡尔的"我思故我在"成为"我思即我在",以此为"课题"的这门独特的"学问-学科",就是"哲学"。

"哲学""悬搁"一切"朴素自然的概念世界"和"朴素自然的生活世界",但并不"闭目塞听"地"无视"这个"自然朴素"的"世界",而是"邀请"它们"进入""我思"的"世界","使-令"它们"存在",而不"随波逐流"随"时间"而"流逝"。"我"把"它们""邀请""进""我"的"心理"中来,"保存-使其存在"起来,"自由"地"建构"起来,成为一门"自由"的"科学",为"维护""自身"的"独立性"并与"朴素自然的技术科学""区别"开来,是为"人文科学"或"精神科学",或关于"人-自由"的"科学"。

在这个"科学"的视角下,"人"就是"自由",因这种"自由"的"普遍性","人"不"孤独","人"有多数而成为"人们",但"人们"又因其"特殊性-个别性"而是一个"独立实体（斯宾诺莎）"。在这个视角下，"人们"之间的"关系"同样不是"时间"中的"因果关系"，而是一种"同时性"的"瞬间""关系"，是"思想-精神"间的"自由"的"关系"。这种"关系"，在胡塞尔看来，德国莱布尼兹的"单子论"得其大概，即，"单子""之间"有一种"（相互）反映"的"关系"，亦即"自由"的"思想-精神"的"关系"。

这种"自由者"之间的"非时间-无时间-超时间"的"思想-精神关系"，并不"损害"对于"客观社会"之"因果关系"的"科学研究"，"哲学"并不"夺走"它们的任何"权利"；相反，胡塞尔认为他的现象学为这些"客观自然科学""寻求"出更为深层的"生活现实基础"，在这个"内在自由"的"基础"上，"保障"了它们的"永久"的"进步"的"必然性"意识，增强它们的"努力工作"的"信心"，即它们的种种努力，有一个"必然"的"自由""基础""存在"。有这个"基础"，它们就有"权利""超越""前人"的"既成事实"，"改变-改造"这个"本来"就在"改变"的"世界"，越来越有一个"自觉"的"方向"使"自然"的"世界""转化""成为""人"的"世界"。"一切既成"的"自然事实"，都将被"人"的"学问"——"人文科学-精神科学"——"悬搁"而"获得""内在"的"自由"。这种"自由的学问-自由的科学""悬搁-搁置"对于"单纯"的"自然""客体"的一切"判断"，"让-交给-鼓励""经验科学""持续"作出努力，而"哲学-现象学"将这一切"成果""奠定""在""内在自由"的"基础"之上，使"必然""回归""自由"，"使""概念"在"内在自由"中"找到"自己的"存在-直观"。这种"回归"的"成果"，使"人""自觉"到"自身"的"自由"，"自身"的"存在"："人"不是"生活"在一个"自然的朴素的-概念必然的""环境"之中，而是"生活""在""自由者"的"自由组合"之中。

这个"自由者""在""组合-局域"中的相互关系，不同于"朴素自然-客体"的"因果关系"，也不是"时间"中的"存在-不存在"的"出没"交替的关系，而是"非时间-无时间"的"同时""存在"。"同时"即是"同在"，"过去"和"未来"，"昨天"和"明天"，都在"现时"中"开显-存在"，而在这个意义上，"历史"就不只是"过去-过时"的"曾在"，"历史"有可能成为"必真"的、"直接"的、"现时"的"存在"。就胡塞尔现象学来说，"过去"和

"未来",都"在""现时"中"开显","历史"也是"活"的"现时";被"经验科学""判定"的一切"古人",仍然"有权"在"人-自由者"的"世界"中作为"自由者""现身-开显","古人"有"可能""在"这个"自由者""组成"的"局域-世界"里"复活","古人"与"时人""同在"。没有这一层"关系","历史"只限于关于"过去"的"客观"的"科学知识",而难以发挥对于"现时"的"活的-能动"的"作用-意义",难以成为后来伽达默尔所谓的"有效应的历史",因为这种"效应",只有通过"让-令""历史""存在","让-令""古人"在"自由"层面上"复活",才得以"发挥"出来。这样,我们才可以-被允许说,正是植根于胡塞尔的"现象学"的"自由",这种"有效应"的"因果"作用才"发挥"出来,"历史"才不会在"本质"上"被遗忘",而这个"本质"又不仅仅是"概念",而且也是"直观","本质-概念"就是"存在"。

从这个角度来说,"主体"的"内在世界""大于""客体"的"外在世界","自由""大于""必然","意识""大于"它的"对象"。"大于"亦即"超越","意识-意义"的"世界"是一个"非-无对象性"的"独立-自由"的"世界"(雅斯贝尔斯),"一切""对象-客体"都已经过"二次悬搁""进入"了"主体-意识",被"经验科学""设定"的"随时间而流逝"的"经验对象-客观事物"都已"成为""人"作为"自由者"的"世界"的"组成环境"而得以"保存-存留-存在"。"人""实际上""生活""在"这个"自由"的"意义世界",而"意义世界"亦即"理念世界","人""从未""生活""在"一个"单纯的-朴素的""自然世界"里。不仅"人"的"生活世界"里的一切"事物",一切"现时"的"事物",都是或大都是"昨天"的"事物",也都是或大都是"明天"的"事物";在这个意义上,不是"人的本质""对象化"为"物",而是"物-对象""人化-主体化-自由化-意义化"为"哲学""意识-认识"。经过"第二次悬搁"之后的"生活世界",不是"单纯概念"的"世界",也不是"退回到""原始朴素"的"感官世界",而是"坚持住""理念的世界"、"意义的世界",即"理智性"的"直观世界",同时也是"直观性"的"理智世界"。

"人"的这样一个"生活环境-生活世界",将人的一切"感官""理智化",也将"人"的一切"概念-判断-推理""感性化",而这个"世界"并非"艺的世界"(康德),而是"真实"的"生活的世界"。"艺术"只是这个"世界"的一个"组成部分",是"存在"的一种"方式"(海德格尔)。正因为这个"生活世界""超越"那个"朴素-自然的生活世界",我们也常说,"艺术""高于""生活"(黑格尔及其后来之影响)。这样,与一切"现象学""显现-开显"的"关系""被""颠倒-颠覆"一样,不是"艺术(感性)""开显"了"生活-理念-意义",而是"生活-理念-意义""开显"了"艺术";一如不是"感性-必然""开显"了"理性-自由",而是"理性-自由""开显"了"感性-必然",不是"客体""开显"了"主体",而是"主体""开显"了"客体"。

用中国话来说,这层意思就是:不是"物""开显"了"人-我",而是"人-我""开显"了"物"。

四、海德格尔向"存在论"的"回归"

海德格尔认为古代希腊的"physis"不应译为拉丁文的"natura",它也不完全是"生长"的意思,而应有"开显"的意思,涉及古代哲学的"原始-朴素现象学"的意思。

早期古代希腊哲学寻求"始基",实际是寻求被"现在""隐藏-掩盖"着的"过去",哲学的智慧在于"让-令"这个"始基""开显"出来,因为被"埋藏"的东西总归要"显露"出来。在这个意义上,追问"始基"并不完全是追问"过去",而是同时追问"未来",所以亚里士多德在概括古代自然哲学的"始基"时说,"始基"是由它出发,又回到它那里,也是一个"隐-显"的"圆圈"。

这个"周而复始"的"原始-朴素现象学"的意思,我们中国古代的哲学家可以说想得最周全,也是持续时间最长的。

《易经》中有一句常被引用的名句,叫作"原始反终",后来又叫作"原始见终"等,意思也是说"始"和"终"是一个"东西",它"出来"了,又"回去"了,"出来"就"显示"了,"回去"又"隐蔽"起来了。"始"和"终"似乎是不同的东西,实际上是同一个东西。哲学家就是要把这个"同一性"揭示出来,不为一时的"现象"所迷惑。

"世事纷繁","时光如流水","瞬息万变","不能涉同一条河",无非是同一事物"隐-显"两面的相互转化。"隐"去的是事物的"阴面","开显"的是事物的"阳"面,"阴阳""激荡"遂"生""万物",而"阴阳""两仪"皆"出自""太极"。"阴-阳"两面因其"隐-显"不同而成为两个事物,"天下""万物"凡可"成对"的都是一种"隐-显"的关系,是"彼此""转化"的关系,"化"由"转""生","转"必"化""成"。

于是,"原始反终"、"慎终追远"成为中国道家和儒家的哲学信念。

老子有"出生入死"之说,后来成为成语,而"出-入"亦即"显-隐",是一个"原始现象学"的原理。

"出生入死"可以理解为一个过程,理解为一个"人"的由"生"到"死"的"一生"之过程,这样的理解当然也是有道理的。"生-死"是一个时间的流逝过程,因而"生-死"也是"对立"的"两面",一个"人"的"一生"也是"对立两面"的"转化";只是这个过程虽可长可短,但再长也是"有限"的,"对立面""必定"会"转化",之所以如此,在道理上是因为"生-死"同出一门,"出来了","必定"会"回去","出来"是个"人","回去"就是个"鬼",所以古人说,"鬼"者,"归"也。一个"人",与其他"万物"一样,有"隐"有"显",有"阴"有"阳","阴-阳"、"隐-显"以分"死-生",然则"死-生""同一人"也,无非是"时隐时现(显)";不但同为"一人",而且"死-生"也是同出"一门",这个"门",既是"生门",也是"死门"。

于是,我们可以说,"出生入死"这个过程,既是由"生"到"死",也是由"死"到"死",出"死门"又进-入"死门"。在这个意义上,"原始反终"就不仅是一个预测-预见的问题,而且还是一条"原始现象学"的铁律,是有逻辑的"同一律"作保证的,"一生二,二生三,三生万物",而"万物"又"复归"于"一"。

"阴阳转化-死生轮回(姑且用佛家语)"乃是由同一个"门""进进出出",这个"门"是一个"界限",一道"坎",而过程既然可长可短,则意味着,这道"门槛""随时"可以"进出",因而"进出"这个"界限"只是"瞬间"的事。

过程自有长短,但"出入"却是"瞬间",这意味着,长短可以有"可能性",而"瞬间"却只具有"必然性"。"可能性"可以有"商量"的余地,譬如各种条件的"改善",可以延年益寿,但"瞬间"之"必然性"没有"商量"的余地,既然"出"了这个"门",就一定会"再""入"这个"门";基督教讲"再生-复生",我们的古人只讲"再死-复归"。

于是,这个"门"就是一个带有高危意义的"瞬间",或许这就是"出生入死"这句话在中国的日常语言中具有"冒险"的意思的原因。在这层日常的用法中,还可以见出强调了"出入"的"随时性",而"随时性"又意味着这个"门"是可以"多次""进出"的,是一扇永不"关闭"的"门","生死"之"门"永远"敞开"。

这扇"永远敞开"的"门""增加"了"人"的"危机"感,于是就有"方生方死"之说,这个意思似乎可以说,我们古代就有与海德格尔"向死而生"的意识,似乎也是感到,人一生下来,就已经"老"到了"可以""死"去了,"生-死"为"一个"过程,也是"一个""瞬间";而我们古人更意识到:"生-死"之"门"因其"可以-允许""进进出出","生-死"才是"瞬间"的事情,"方生方死"和"原始反终"说明"始-终"为"一"。"终"固然为"死",而"始"同样可以理解为"死",因为"生"是由"死"而"出",仍以"死"而"入",这样,"原始反终"亦即"向死而生",突出了一个"同一性"的意义,而不仅是一个"事实"的"描述"了。

"人"的"生-死"的"转化",意味着同源于"正-反"、"阴-阳"、"显-隐"等"原始现象学"的基本原则。

古代这样一种"朴素"的"现象学"原则意味着"天下"的"万物"已经具备齐全,新事物之"出现",无非是它以前"隐藏"在"暗处",在某种条件下,它"出"来了,一个"旧事物""消失"了,也无非是它"隐藏"了起来,于是"新-旧"同样是一种"显现"和"隐藏"的"关系",同样是"阴阳""转化"的"关系"。而"转化"也就是你方唱罢我登场,如同一个旋转的舞台,是一个"历史-时间"的旋转舞台,"历史人物和事件"像走马灯一样"轮番""出场",只是这个舞台只有一个"门","出出进进"就会感到"拥挤"而"(阴阳)激荡","生"出许多"是非-矛盾"来。也就是说,"阴阳-是非-矛盾"等本应"一显-一隐"的"事",都被觉察出来,感到"混乱不安"——也许实际的舞台要设两个门，竟是一种"理想"的表现："上场门"和"下场门"分开，各行其道，该"隐退"的下去，该"表演-显现"的上来，如同"四时-日月-昼夜"那样"天道运行"，"隐显""有道"。

如果真是像"天道"中的日月星辰那样经常保持均衡运转，"阴""出""阳""入"，互不"相遇"，则"天下""太平"，万物"相安无事"。无奈"进出""无序"成为"常态"，不但"进出""瞬间""相互碰撞"，"出"来以后，"对立面""相遇"于"同一""天象"，"纷争-激荡"也会成为"常态"，故曰"平衡是相对的"，"矛盾斗争是绝对的"，地上的人世绝不会像"天上-上天"那样"宁静-安详"，于是"天上"的"生态"就成为"人间"的"理想"，这个"理想境界"被"想象"为"天堂"。

"人间"的"秩序"被设想为是"天上""秩序"的"模仿"，但愿也像"天上"的日月星辰-春夏秋冬那样"出入""有序"，不会"相遇"而发生"冲突"。

然而人世间却总是那样"纷争无序"，"争先进出"，"阴阳-刚柔"同时登台，犹如天上出现两个太阳那样可怕，"天无二日"，总要把一个"赶进去"才得"安宁"。

面对这个"纷繁杂乱"的"地上"，"原始现象学"除了以"天上"为榜样，由"圣人""教导""有序进出"之外，还发现以"进出""事物"之"同一性"可以"化解"种种"纠纷"。此话怎讲？

如果"变化"只是事物之"隐显"，那么只是一些既成的事物的"进进出出"，最多也只是在细节上有所损益，"大体-本体"是"相同"的，于是"原始现象学"以"原始存在论-原始本体论"为"依据"。

在这个意义上，亦即在这个"原始本体论-原始现象学"的意义上，历史舞台上出现的人和事，也都具有了"日月星辰-春夏秋冬"那样的"意义"：都是"似曾相识"的"燕子"，"预示""似曾相识"的"春天"要"回来"了。于是乎，人间历史的那些活剧，也都"大同小异"，具有"本质-本体"的"同一性"；这个"原理"下的"历史观"，也是"既成""人-事"的"进进出出"，就"时间"的"流逝"来说，也无非是"既成事物"的"来来往往"。

对于这些"来来往往"的"似曾相识"的"人-事"，在细节上不一定能够完全"预测",因为在道理上说,对于认识"已往"的"知"来说,要穷尽一切"已往"的"条件"是不可能的,孔子也说远古因"徵"不足而"不知",但是在"大体-本体"上,则对"已往""可知",对"将来"也有"预测"的可能性。这种"预测"的"知识"被看作"高于""历史"的"知识",《易经》说"知"是对"已往"而言,"神"则是对"未来"而言。"阴阳不测是为神","出"来的是"阴"还是"阳",只有"神"来"测断",也只有"神"有这种"测断"的可能性。"神"在古代中国哲学里,不是人格的,而是"人性"的高层次"觉悟",这种"觉悟-警觉"意味着在"门"口"进出"的"刹那-瞬间",就"有能力""判断""什么""会出","什么""会进"。"圣人见几而作,不俟终日",有这种"觉断",是为"神",是为"圣","神即是"圣"。

然而,"人"的这种"预测""将来"的"神"的能力,虽然要具有高度的聪明智慧,但却是人人得而具有的"品质",只是"显示"出来的程度有所不同,"圣人-贤人"表现最为突出,而一般有过文化训练的人也具有不同程度的"觉断"能力。过去的俗语"秀才不出门,能知天下事",在这样的背景下也不是没有根据的,因为"天下"之事,"进进出出"都"似曾相识","大同小异",可以"举一反三",无需太多"资料(徵)"就可以在"大体-本体"上"推断"出来。

在这个思路下,我们对于"历史事件"之间的"关系",就并不完全是"不同""事件"之间的"原因-结果"这样一种"科学性"的"推论"关系,而且还多了一层"同一性"之间的"直观"关系。也就是说,"事件"之间的"发展-进展"不是从"理论"上来把握,而且"能够-有权"从"实际"上"看"得到的。所谓"料事如神",犹如"亲历-亲见",并非真的有一种"超越"的"能力",可以前知五百年,后知五百载,而是因为"事件"本身都具有"似曾相识"的"同一性"。

不仅如此,这种"同一事件""隐显-出没"的"关系",不仅成为一种"大体-本体"的"知识",而且还是一个"理想",一个"行为""原则",凡当下所作所为,皆须得"成为""万世""可以""复制"的"具体"的"模式"。这样,在"原始现象学-原始本体论"的视角下,"过去-现在-将来"在"原则"上,即在"本质-大体-本体"上,就没有"不可知"的"事物"了。

在这个意义上,"事物"不是"在""时空"中,"时空"不是一个"独立"的"盒子",不是真的有一个现成的"舞台"。在"原始现象学-原始本体论"视野中,"事物"就是"时空","时空"就是"事物",似乎已经具有海德格尔"存在"与"时间""同一"的意识:"时间"的"变化"就是日月星辰-春夏秋冬的"进进出出",世间"万物"也与这个"进进出出""一体",在这个"原始现象学-原始本体论"上,包括"人"在内的"天下""万物",无不打上"时空"的烙印,春播夏种,秋收冬藏,"顺"则"吉","逆"则"凶"。"空间"的"方位"与"时间"的"顺序",如果"逆向"而"行",则"冲突"就"不可避免","南来的"和"北往的"就会"相遇"而"堵塞""不行","行"而"不通",必有"存亡"之"搏斗",或则"两败俱伤"。所以《易经》说,"方以类聚,物以群分",这个"类"和"群"都是"时空性"的,因而是"存在性"的。"天下"没有"抽象"的"事物",亦即没有"概念性""事物",也就是说,没有"事物"的"概念","天下""万物"都是"具体"的,而所谓"具体"的,也就是"时空性"的。

所谓"概念性"的"现象学-本体论"是欧洲哲学的传统,这个传统到黑格尔集其大成,他的工作是要"让""事物"的"本质-概念""显现"出来,让原先只可思想的"事物自身-概念"具有可"直观"的"现象","让""本体""显现"出来,而并不认为"本体"是"躲(隐藏)在那个角落"里的既成的"东西"。"开显"是"概念"自身的"工作",是一种"自由(概念自身)"的"创造",这样,黑格尔"完成"了从柏拉图"理念论"以来由"模仿-影子"到"创造"的"过程":我们所"直观-在时空中"的"对象",乃是"概念"的"开显"和"创造","概念""创造"着"时空直观"。

只有到了海德格尔,欧洲这个"概念性-知识性"的"现象学-本体论"才有了根本性的突破:"时空"不是"概念"的"创造",而是"存在"自身的"创造",因而是"存在"自身的"形式";但"存在"又"不是""概念",不是从世间"万物"中"概括"出来的"最普遍"的"属性","存在"就是"存在"。海德格尔努力把自己的思想"接续"古代希腊"前苏格拉底"时期,并非偶然,"存在就是存在"乃是巴门尼德的名言。

海德格尔的存在论出自胡塞尔现象学,胡塞尔的现象学已经在"摆脱"黑格尔"限于""概念"——尽管他叫"思辨概念"——的"绝对辩证体系",强调"直观的概念"和"概念的直观",认为自己的工作"直接"柏拉图。在这条欧洲哲学的思路上,海德格尔则继续推进,进入亚里士多德的视野,将哲学的基本问题转移、回归到"存在"上来,并借助前苏格拉底-巴门尼德,将这个问题提高到新的高度。

然则,海德格尔自己的工作重点并不完全在于"复兴"或"推动""存在论-本体论",而是在于如何使这个问题有一个新的视角。海德格尔探讨"存在"问题的路线是从他提出的"Dasein"出发,从"Dasein"出发来"阐述""Sein-存在"。

为什么"Sein"不是抽象地"概括"出来的"概念"?是因为这个"概括者"——这个"概念"的"创造-制造"者——"人",本不是一个"抽象"的"思维者",而是一个"具体"的"Dasein"。是"Dasein"的"时间-空间""使得-让-令""Sein"也具有了"可以直观"的"时空性",而不是一个"抽象概念"。

"Dasein"是"本体论"意义上的"人",而不是感觉经验意义上的"人",也不是"抽象概念"意义上的"人"。"人"在"本体-存在"意义上是"Dasein",比"Sein""多出"一个"Da"。这个"Da"有众多的意思,都是意味着"限制""Sein",而其中最为"严重"的为"死"。"万物"固有"生-灭",只有"人""会""死"。

自海德格尔赋予"Dasein"自身独特的意义以后,"死"这样一个古老的意识有了更加精确的内容。"Dasein"将古代希腊"人"作为"有死者"与"诸神"这个"不死者"相对的意义转换了一个重心:从"只有""诸神""不死"转换成"只有""人"才是"会死者-有死者";并且把古代将"死"理解为"解体"而"灵魂"因"单一性""不可分"而"不死"的观念转化成,所谓"死"正是意味着"灵魂"之"死",而"万物"只是"物质形态"之"转化"而"不灭-不死",唯有"灵魂-精神-意识""有死-会死"。在这个意义上,我们才被允许"时间""绵延"中有一个"断裂"而不是一种"生-死""隐-显"、"进进出出"的"循环-轮回"。"Dasein"的"死"是"回不来"的,在这个意义上,"死"不是"归",因而也没有作为"活人"对应"隐去"的"鬼"。于是"出生入死"被去掉了"进进出出"的"循环",而只剩下一种"危急"的"心态",海德格尔叫作"焦虑(烦)"。

海德格尔的这种对"Dasein""有时限性"-"死"的"烦扰",并不像叔本华那样最终有一个"理念"的"系统-体系"来加以"化解",这种"化解"方式已经被尼采批判过了。"理念"是对"人生""烦扰"的一种"麻醉剂","幻想"摆脱"出生入死"的"轮回",海德格尔"放弃"了"理念论",但拾起了"存在论",想用"存在-Sein"来"延续-延长""Dasein"的"生命","化解"那个对"Dasein-有死者-会死者"的"烦"。

就字面的意思来看,"Dasein"只是"Sein"的一个"特殊形态","Sein""包容"了"Dasein"。然而实际上,"Sein"只是"Dasein"的一个"设定",一如"概念论"中"无限者-相对者"乃是"有限者"的一个"设定"一样。"本体论"中,"存在"乃是"一个特殊之存在者"的一个"设定",亦即"有死者-会死者"之"思想"的一个"设定",一方面,固然是"先"有了"存在-Sein",才有"特殊存在-定在-此在-Dasein","道理"上应该如此;但另一方面,又是"先"有了"Dasein"这样一个"特殊"的"存在者",才会有"Sein"的"设定",也就是说,世间"出现"了"人"这样一种"特殊的存在者",才会有"Sein-存在"的问题,亦即才会有"本体论"这门"学问"。在这个意义上,我们或许可以说,"Sein"是"Dasein"的"理论-逻辑"上的条件,而"Dasein"是"Sein"的"事实"上的条件。

作这样的区分,对于我们这里探讨的问题,其意义是想说明:"Dasein"是"为""化解""自己"的"烦"而"设定"一个"安身立命"之"处",使得事物之"死"似乎是"虽死犹生","Da""过去"了,"Sein"还"在-sein"。"Sein""大于-寿于-强于""Dasein"。"Dasein"——"有死-必死-会死"的"人"——寄"希望"于"强于-寿于""自身"的"Sein"。

然而,我们看到,被抑制了"概念"的"存在-本体论",即"本体-存在"不作为"概念"理解,则就不会像"理念论"那样"顺理成章"地具有"永恒存在"的"特性"。凡"存在"都是"具体"的"存在者",而凡"具体的存在者"都"在""时空""中",因而都是"变化"的,"脱离"了"具体存在者"的"存在",则走向了"自己"的"反面",成为了"思想体"。"存在论""转化"为"理念论",这是一个"理论-道理"的"必然性",在这个"必然性"的"大籀"(巴门尼德)面前,睿智如海德格尔又当如何?

五、列维纳斯:"超出""存在论"之外

在这个"紧要关头",眼看又要"回到""理念论"的"老路"时,20世纪后期欧洲有一位"别出心裁"的哲学家列维纳斯另辟蹊径,不走"理念论"的回头路,但又"超出-走出"了"存在论",提出一个与众不同的"伦理学"作为"哲学"的"基本问题",而并未"放弃-丧失"欧洲哲学的"超验-超越"的精神。

列维纳斯的哲学尚未引起足够的重视,他强调"伦理学"作为"原(元)物理学"的思路却应该引起中国哲学家的关注。他的哲学深受海德格尔影响,始终保持着对这位有争议的哲学家的尊敬,但他自己是犹太人,是坚定地反对一切法西斯主义的思想战士;他的哲学工作对欧洲哲学历史发展的重要性在于:在欧洲哲学经过长期努力"消融-化解"了"基督教""神学"问题之后,理应肩负起"消融-化解""犹太教"的任务,这个任务虽然早已有人做了尝试,但成系统的或许只是从列维纳斯(以及和他同时代的法国一些犹太哲学家)开始。

列维纳斯为什么要"走出(海德格尔的)存在论"?当然也有"道理"上的理由。海德格尔提出"Dasein"以使欧洲传统"存在论"发生变革,"存在"既非"感觉经验"性的,又非"抽象概念"性的,也不是黑格尔的"思辨概念"式的;"存在"就是"存在",而作为一种"特殊"的"存在者","人"因其"有限-有死"而又使"存在"发生"疑问","为什么是存在而不是不(非)存在"(莱布尼兹)?这样,在列维纳斯看来,"Dasein"固然是"Sein"的"设定者",同时也是它的"质疑者"。在这个意义上,"Dasein"这个"设定者"又把"自身"因"有死-必死-会死"的"烦""传染"给了"Sein",使这个"Sein"不那样"安定"、"宁静"了。"Dasein"是"有时限性"的,"Sein"也是"有时限性"的。

我们知道,海德格尔对于欧洲传统存在论的变革在于把一个"动态"的

"存在""带进"了这个传统,"存在-Sein"是一个过程,不是像黑格尔那样的"辩证-思辨"的过程,是一个"实际-生活"的过程,这个过程有"Dasein"的那个"Da""限制","Da"有"始"、有"终","始-终"作"同一个"过程看,则"始"是"终"的"开始",海德格尔把这个"有时限"的"过程"叫作"向死而生"。

海德格尔由"Dasein"的"向死而在(生)"的"断裂"的"时间"观念,"注入"了"Sein",也把由此而"生"的"忧烦-不安""植入""Sein"。

按胡塞尔的现象学,世上出现(多出)"人","世界"就具有了只对"人""开显"的"意义"。海德格尔进一步发挥,指出这个"多出"的"人",并不是只意味着"世界"上"多出"了一个"物种",而是"让""世界"多出一个"Da",使一个"绵延-混沌"的"时间""流""终断",使"世界"有了一个"时间性-历时性",因此,"Dasein"使-令"世界"有了"时间"的意义。于是,自从"世界"上有了"Dasein","世界"就成为对"人""开显"的"历史","人""有"一个"世界","有"一个"历史",而"人"也"在""世界"中,"在""历史"中。

然而,"人"作为"Dasein"是"有死-会死-必死"的,是"向死而在"的,这个"(存)在"对于"人"意味着一个"生活的世界"(胡塞尔),而"在"这个"世界"中,"人"之"生"意味着"生发-发生",意味着"行动"。"人""在""世界"中"生发-使之发生""事件","动"意味着"变动-搅动",在这个意义上,"人"是"做事者",使"世界""产生""事故"。"人"是"始作俑者",故而"无后","死"使"人"之"事""断裂","人"作为"Dasein"的"忧烦"既是"与生俱来",也是"与死俱在"。

从"Dasein"的视角来"看"、来"设定"的"Sein"是一个"不安"的"世界",它的"历史"也是"动荡"的"进程"。"世界"是"Dasein""使"之为"世界","历史"也是"Dasein""使"之为"历史",是为海德格尔所谓的"世界性"-"历史性","世界""生成为""世界","历史""生成为""历史","存在"也是"使""存在",都是那个"使"使之"生成为""动态"过程。"事物"一"动",则"不安",于是"Sein"也就像"天下万物"一样"动荡不安",而不像"天上人间"那样"宁静安逸","根源"盖出于那个"向死而生"

的"有死-会死-必死"的"Dasein"。

由古代希腊奠定的欧洲哲学传统，有一种"能动-主动"的"动态"观，从柏拉图的"理念论"直至黑格尔的"绝对精神"以及叔本华、尼采的"意志"，无不"雄赳赳"地"开辟-创造""自己"的"世界"，"我""使""我"的"世界""存在"；只是海德格尔的这个"Dasein"是"向死而生"，也就是说，"我"是"有死-会死-必死"者，由这样的"向死而在（生）"者"开创"的"世界-历史"虽然仍有那"生（发）"的主动意义"在"，但这个受到"有时限性-死"的"限制"的"主动性"则蕴含着更大的"被动性"在内，这个"存在-发生"的过程也带有更大的"被动性"，"使"之回复到它的"动词被动式"的意义。

也许，世界上一切真正的"必然性"都带有"被动"的意义。"向死而在（生）"因其"必死无疑"而具有"不可避免"的"被动性"，"Dasein"的"忧烦"也根源于这个"被动性"。然而海德格尔作为欧洲哲学的变革者，他的思想中仍然沉浸着这种传统的"生"的"主动性"，他只说到"向死而在（生）"，而没有强调"向在（生）而死"，"生-在（世）"原本也是由"死""破门而出"的，他的"Dasein"的"Da"可以具有一种"动态"的"主动性"，"开辟"着"自己"的"世界"，尽管这种"能动性"和由它"创造"的"世界"都是"有时限"的。

在这个意义上，海德格尔在原则上并没有回避作为"有限者"的"创造者"所面临的"忧烦"，作为"有死者-会死者-必死者"面临着"自己"的"工作"的"未完成"，永远是壮志未酬，因而也并没有这个"田园老农"所梦想的"恬静"的"Sein"，而最多只是一个"临时-暂时-瞬间"的避风港。海德格尔的这种"有限""创世"的"困境"，是列维纳斯揭示的；当然，也是海德格尔既反对基督教的"神""创世"，又反对黑格尔的"（绝对）精神""创世"之应有之"结论"。也就是说，有可能"避免"这种"困扰"的两种"非""有限者"的"创世"说，都被否定了，而作为欧洲哲学发展"产物"的海德格尔的"存在论"又不可能真正像华夏传统那样"放弃""创世"说而"安静地""回归""天-地"，那他的这个"Dasein"就只能是"永无宁日"。

为了"走出"这种"困境"，既不走海德格尔的"死路"，也不走"基督教神学"的"老路",又不走黑格尔哲学的"绝(绝对精神)路",列维纳斯"指出"了一条"犹太""哲学"的新路,而这条路,不用另起炉灶,只是"让"海德格尔"自己""走出""自己""设置"的"有时限性",将"有限"引向"无限";而这个"无限"又不是黑格尔意义上的"完成-完全",却是引向法国哲学传统的"绵延"(柏格森)之路,在这个意义上,更加突出了"无限"的"开放性",使得海德格尔因"Dasein"之"有死-会死-必死"性留下的"遗憾"——"未完成",有一个"积极"的意义。

我们又回到了柏格森"时间""绵延"的观念。这个观念的重要性在于揭示"时间"的"内在性"与"自由",对康德的"时空"观既是一种"颠覆",又是一个"发展",将康德"划分"的"内感官"和"外感官"更加严格地与"外在必然"和"内在自由"的关系区分而又结合起来。柏格森的这个思想,对于欧洲哲学的影响是很明显的,列维纳斯更进一步把这个思想提升了,以这个思想作为他的"伦理学"、"原(元)物理学"的"支柱",在"另一个"层面上发挥了作用,使海德格尔"断裂"的"时间""接续-持续"起来,而又以此把被海德格尔"赶出去"的"无限"观念在"另一"意义上,"召回"到哲学中来。

我们知道,在欧洲哲学史上阐述"无限"的,无过黑格尔。但是,黑格尔的"无限"是一个"概念"式的"无限",尽管把它确立为"思辨概念",包容了"理智直观-直观理智",但仍然是一个"概念"。黑格尔自己指出过,凡"概念"都面对"过去",蕴含着"完成-完全"的意义,而他的"思辨概念"的优势在于为"思辨逻辑"的"后续-后件"留下了可能性,在这个意义上,黑格尔的"未来-将来"只有"合理性"的意义,而缺少"事实性"的"实际"。也许可以说,在黑格尔,仍然具有古代安瑟伦"本体论证明"的问题:"理论"上有"证明",但"事实"上无"证实"。按照康德,黑格尔"无权"仅以"理论"来"证""事实"。在这个意义上,柏格森的"时间""绵延"对于黑格尔哲学(也包括康德哲学)也是一个"突破"。唯有承认"时间"的"绵延","时间"才不是单纯的"先天形式"而"超越""现实",唯有"绵延"才有"权利-理由""进入""未来-将来"。

列维纳斯把柏格森的这样一种"时间""不可分割"的"绵延"观念提高

到"哲学-原（元）物理学"的高度，要"告别""过去"，为"（自由地）开辟未来""建构"一门"另外"的"知识体系"，这个"知识体系"乃是他说的"伦理学"。

列维纳斯常用"other than, autre que"来描述他的哲学，这个词很难译成中文，可能就是 20 世纪后半期法国哲学所强调的"异"。列维纳斯的哲学"异于"欧洲传统的"本体论-存在论"，他提出的"伦理学"，"不是-不同于""本体论-存在论"，不是"另一种""本体论-存在论"，而根本就"不是""本体论-存在论"，同时也就意味着不是与"存在论-本体论"具有"同一性"的"知识论"，"伦理学"就是"伦理学"。

并不是说，欧洲传统的"存在论-知识论"不包括伦理学，在这个哲学传统中，蕴含着庞大的伦理学系统，但直到海德格尔，除少数哲学家外，都将"至善"与"至真"保持着"同一性"，"至高-绝对"的"真理"为哲学的追求目标。在这少数人中，列维纳斯比较重视的包括笛卡尔和康德。

实际上，康德批评过笛卡尔的"我思故我在"，认为不能以"思""证""在"，康德也因为把"思"和"在""割裂"开来而受到批评。列维纳斯的工作是指出笛卡尔也已经意识到这两者的"区别"，认为"思"不能"涵盖""无限"，"无限"自有自身的"意义"，这个"意义""在""思-在""同一性"之外。

我们现在来看，有一点康德和笛卡尔是一致的，他们都看出了在"存在论-知识论"之外，尚有一种"信仰"的"意义"。康德明确地将这个"意义"归之于"思"，归之于"理性"，对于康德，可以说"思""大于-高于""在"，"思-理性""所及（之对象）""可以""允许"不在"现象"——"知识"及其"对象"——中"显现"。"自由"及其对象"至善"不"在""现象"中"显现"。在这个意义上，这个不"在""现象"中"开显"的"意义"对于"自我意识"，对于"知识"和作为"知识对象"的"存在（者）"来说，是一个"异己"，一个"他者"。这个"他者"正是列维纳斯"伦理学""思考"的"问题"，这个"问题"，具有"不同于""知识论-存在论"意义上的"合理性"，亦即它的"意义"也是"可以理解"的："他者"与"我"没有"同一性"。

传统的现象学因"他者"的"不显现"，出现了"裂口"，"他"是"不出现"的，在这个意义上，"它""不可知"，但却又不是"不可思议"的，"他"

是"可思议"的，而且"他"只是"可思议"的。世间多了"人"以后，也多出了"意义"，不仅有"开显"的"意义"，更有"不开显"的"意义"。"他"的"意义"是"自由"的"意义"，是"死"的"意义"；只有"自由者"是"有死-会死-必死"的，"自然（者）""不死"。

在这个意义上，作为"道德"基础的"自由"与作为"Dasein"的"死"都不是一种"自我意识"，而是"他者"的"教导"。

"我"不可能"知道-经历""我"的"死"，是"他人"的"死""告诉""我""人会死-有死-必死"，而"我""被允许"把"他"的"死"作为"科学""对象"来"认知-研究"；但"死"的"意义"不"止于"作为一个科研"对象"，"他人"之"死""引起""我"作为"Dasein"之"忧烦"，这种"忧烦"并不是像海德格尔那样理解为"我"也是"向死而在"，"死""在""存在-及其知识"之外，在这个意义上，无关乎"存在-不存在"，"死"不是"（走向）虚无"，而是"我"作为一个"未亡人"、"幸存者"对"他人"之"死"的一种"责任"。"他者"之"死"把因"死"而未能"继续-持续"的"事-业""让-令""幸存者""承担"，这种"承担"是一种"时间"的"绵延"、"时间"的"不中断"，"我"是"时间-自由-事业"的承担者。这是一切经验伦理学的"先天条件"，"伦理学"是"他者"作为"自由者"和"有死-会死-必死者""加之于""我"的"任务-责任"。

"他者"之"死"只能把"责任"加之于"自由者"，"自然者"不可能真正"理解""死"的"意义"，"自然者"只有能力按照他掌握的"自然律"来"对应""条件"之"变化"；只有"自由者"不受所属"种-类-族"的"限制"而面对"无限"。"自由者"的"无限"不是"永恒轮回"，而是"永久开放"。"死"并没有终结"自由"，而是把"自由"作为一种"责任"，"无限""开放"给"未来"。"未来"甚至不设定一个"乌托邦"以在"理想"中"完成"为"存在"。

"未来"就是"未来"，没有什么"藏在背后"的"东西""会-能够""转"出来。列维纳斯的"伦理学"不可能"在""未来"因其"完成"而"转化"为"存在论-本体论-知识学"。

六、作为东西文化会通成果的"瞬间"

"瞬间"作为"超越性"的哲学观念,在欧洲哲学中得到重视是较晚近的事。欧洲哲学传统是"概念论"的,强调的是"概念"的"超时空性",而"瞬间"则是"在""时空"中的"超越性"。

按照欧洲哲学传统,在"时空"中的一切事物皆为"变动不居","昨是而今非",唯有"概念-理念""永恒不变","概念-理念"在"时空"之"外",于是,相对"流变"的"时空"中的"万物",有一个"对应"的"超时空"的"世界":前者为"此岸"的"现象界",后者为"彼岸"的"本体界",以"时空"为"界",泾渭分明。如果说,二者也有"关系",则不是"此岸""模仿""彼岸","现象"是"本体"的"影子";就是"彼岸""模仿""此岸","本体"是"现象"的"影子",二者的这种"虚-实"关系,经常颠颠倒倒而形成各种哲学学派。

然而,"瞬间"观念在某种意义上突破了这个传统,也深化了这个传统。哲学的"超越性"不被理解为"超时空"的,而被理解为就"在""时空""中";"在时空中"而又具有"超越性",则意味着,这个"空间"有"断裂","时间"有"断流","瞬间"着眼于一个"断"字。应该说,这个观念,也是近代东西文化(包括哲学)会通交流的成果。

按照这种欧洲哲学的传统,"概念"不"在""时空"中,却"有可能""永在"。"概念"为"存在"的"本质",也是"本质"的"存在"。"事物"永久"流变",而"事物"的"本质""不变","事物""在""存在"与"不存在""中",而只有"本质"才是"存在",亦即,"概念"才是"真正"的"存在"。然而,"概念"乃是"思想-观念","思想""来源"于"事物","概念"是从"实际事物"中"综合-归纳"出来的,"概念""来源"于"事物"。于是,"存在""来源"于"非存在","概念""来源"于"非概念",如何有这个可能,需要给出一个"理由"。"概念论"的发展,区分出"经验概念"和"先验概念",康德的"批判哲学"在这方面做出了贡献。

在康德,利用"经验概念""建构"起来的"科学知识",因为有"不依赖经验"的"先天-超越经验"之"纯粹概念-范畴"的支持，使得"经验科学知识"具有"普遍"的"必然性"，因为这些"纯粹（知性）概念"为"经验（科学）"的"对象"——"自然"——"立"了"法"。但"在"这"遵守""知性""立法"的"自然""领域"之外，尚有一个更为"广阔"的"天地"："自由"的"道德""领域"。之所以说这个"领域"更为"广阔"，是因为"自然""无权""涵盖""自由"，而"自由"因其"引导"着"自然"，因而在某种意义上，"有权力""涵盖""自然"。

康德的"自由"仍然是"理性"的，"自由"同样是一个"概念"，但却是比"自然""更高"的"概念"，是一个"摆脱"一切感觉经验条件的、无条件的"概念"；而所谓"条件"，也正是"时间-空间"所构成的"条件"，"摆脱"了一切"时空条件"的"概念"，就不是"知识性"的，而是"道德性"的。这样，这个"概念"也就不可能是可与"直观""相对应"的"描述性""经验概念"，而是一道"律令"，一个"绝对"的"应该"；没有这条"绝对的"、"无条件"的"命令-律令"，世间则无"责任"的问题，因为一切都是由"时间-空间""条件""决定"的。在"时空条件"的"决定"中，"人"的"行为"只是"被决定"了的，"选择"也只是一个"知识"的"判断-决断"，这种"行为"也就只是"时空""流变"中的一个"环节"，也就是说，是"历史事件""因果链条"上的一个"环节"。

康德把这种理性的-道德的命令，叫作"意志"，它和"知识-科学""所根据"的"原则"不同，它是"根据""自由""概念"的"原则"，不问"成败利钝"，只问"动机"；而"道德"领域的"动机"不是"知识"的"对象"，因为它不是"根据""时空条件"可以"推知"的，不是"因果"的一个"环节"。于是这个"动机"不是"有前因"的一个"后果"，在这个意义上，"自由意志"的"动机"是"第一因"，是"无因"之"因"。

这个意思的推进，也就是后来尼采强调的"意志"因其"自由"而是一个"创造"，"意志""开创""自己"的世界，亦即"开创""自己"的"新""时空"。这个意思原本来自叔本华，"意志"的"自由""创世"，这也就意味着，"人人""随时随地"都有"可能""开始""过"一种"另外"的"生活"，"做""另一种""人"。

然则,"创造"一个"新时空",也就是"终结"一个"旧时空",所谓"摆脱-脱离-不计-超越""时空"的"自由",不是"从天而降",而是"平地拔起",不仅是"开始-创始",而且也是"终结-完成",这后一层意思,思考得较深入的,是东方的佛家。为佛教深入思考的印度古代哲学传统观念"涅槃",乃是一个"终结-完成-了断"一切"因果轮回"的"正果"。

"涅槃"乃是在"果"位上的"自由",而"意志"乃是在"因"位上的"自由"。我们这里讨论的克尔凯郭尔重视思考的"瞬间"观念,正是在"自由"意义上的"新-旧"、"因-果"、"始-终"之"交会点"。"瞬间"为"第一因",也是"终结果"。相对于东西哲学双方的传统来说,"瞬间"的意义在于:唯有"终结""前因-前缘",才有"可能""开创""新"的"后果";也就是说,只有"终结""时空",才能"创造""时空",才"可能""创造""另一个""时空"。"瞬间"强调的是一个"断"字,是"时空"的"断裂""点"。"瞬间"意味着"在""必然"的"空间广漠"、"时间长河"中,"随时随地"的"自由"的"点"。

就欧洲哲学传统来说,"瞬间"这个"点"是为"绝对",在这个"点"上的"自由"为"绝对","前无古人,后无来者",没有"他者"的"制约",唯有"自己""存在"。

在这个意义上,"瞬间"这个"绝对自由"只是一个"点",一个"时空"的"夹缝","在""时空"的"断裂""中"。

"瞬间"这个"点"要"进入""线(时间)"和"面(空间)",由"绝对""进入""相对",由"本质-本体""进入""现象",二者必有"矛盾"。为"避免"这个"矛盾",康德采取"划疆而治"的"批判-批审"办法,厘定"知识"和"道德"的领域,"各行其道",以求"互不干扰"。然则这样的"权力划界",就可能把他的"自由意志""架空",成为一个"永久"的"悬设"。除了康德自己设定一个"范导"作用外,更有黑格尔的"迎矛盾而上"的"精神现象学","矛盾"成为"时空"中"现象-世界""变化发展"的"动力"。

这就意味着"时空-现象"的"必然"中"永久""保存"着"自由"的"可能性","随时随地""保留"着"瞬间""自由"的"权利";在为"时空条件""规定"了的"因果系列""必然环节"的"长河"中,"随时随地""存在"

着"断裂"的"机遇",亦即"存在"着"瞬间""自由"的"可能性"。

在某种意义上,这个"可能性"是"绝对"的,而由"自由""开创"出来的"(新)现实性"反倒是"相对"的,因为这个由"自由""建立"起来的"(新)现实"中,仍然"蕴含"着"瞬间","随时随地"有"可能""使"这个"现实"成为"不现实","使""存在"成为"非存在"。

于是,我们看到,"瞬间"意义上"绝对"的"自由"首先是一个"否定"的"力量"。在这个"瞬间",任何人都有"可能""终结""过去",而这个"过去"作为"时空条件""永远限制"着人的"思想"和"行动",因而"限制"着"人"的"自由"。"在""时空条件"中的"人",只能在"有限"的"可能"范围内作出"选择","人""在""时空"中的"自由"总是"有限的",因而是"具体的",于是乎人们常常感叹"无可选择"。说"无可选择",固然含有"推卸责任"的意味,就康德的哲学原则来说,任何人"无权"说这句话,因为无论在任何情况(时空条件)下,有理性的人都是"有选择"的,也就是说,人任何时候都"有权""否定""已作出"的"选择",而"作出""另一种选择"。但"无可选择"在"经验现实世界",则是被"允许"的"推脱"。

就"瞬间"观念来看,这样一个"无限制"的"选择权"并不像康德理解的那样"在""时空"之"外",而就"在""时空"之"中",只不过是"在""时空"的"断裂""点"上,"在""时空"的"瞬间"上。这个"瞬间",没有"空间""广延",也没有"时间""绵延";没有"延",而又不只是福柯的"考古层",不是"面",不是"一片",而是"点"。"不受限制"的"自由",只是"刹那-欻忽""间"的事。

"时空条件"中的"人事"、"历史",是一种"延异"(德里达),也是一种"积累",有"继承",有"发展",代代相传。文明历史,自然越积累越厚实,但"考古层"和"延异"意味着"有""断裂层",而这个"断裂"的"层面",这个"异",或许正是那"自由""瞬间"的"痕迹",从这个"层面"人们有可能"窥视-看"到那"瞬间"的"火花"。在某种意义上,这个"层面"也就成为"被""埋葬"的"自由","被""埋葬"的"意义",研究这个"痕迹-层面",也就成为"不同于"-"异于"研究"自然科学"的胡塞尔意义上之"人文科学";只是"断裂层-延异"可以是"多""层面"的,而"瞬间"似乎只是一个"层"。当然,"瞬间"也许是"多"的,但这种"多"却都"在""同一""层",就"时间"来说,"瞬间"是"同时-同一时间"。一切"历史",都是"当时(当代)史"(克罗齐)。现代人之所以有"理解""古人"的"可能",或许正在于都"拥有"这个"瞬间"的"可能"。

"时空"的"历史"有可能"埋葬-掩盖""瞬间",但不"可能""泯灭""瞬间",正如黑格尔强调的,"绝对"就"在""相对"中,"瞬间"不"在""时空"之"外",而就"在""时空"之"中","时空""埋葬"着"瞬间",也"保存"着"瞬间"。"在""时空"的"历史"中,"在""因果"的"自然系列"中,"保存-埋葬"着"人文"的"意义"。

既然"超时空"的"自由"只是"形式"的,它的"内容"需要由"时空"的"历史经验材料"来"提供",在这个意义上,"超时空"的"自由"必得"下降"到"经验世界"来"获得"它的"内容"。于是,"人文科学"与"自然科学"在这一方面是一致的,即它的"主观-先天形式"从它"自身"之外"接受""自身"的"内容",从而"受制"于这个"外来"的"内容"。于是,"下降"到"现实历史世界"来的"自由",是"受限制"的,"有限"的。

"现实世界"的"自由"总是"受限制"的,受"时间、地点"等种种"环境"的"限制",在"经验现实"中没有"绝对自由";如果把这种"不受任何时空条件限制"的"自由""设定"在"时空"之"外",则这种"自由"只"在""彼岸"。只有"在""彼岸","理性"才有"权利""设定""绝对-自由"而又"无需""感觉经验"的"材料",就"有"自己的"直观";这就是说,只有"彼岸",人们才"有权""设想"一个"理智的直观"和"直观的理智"。

就这个意义来说,关于"绝对",关于"理智直观-直观理智",关于"绝对自由"的"学问(人文科学)",只是关于"彼岸"的"学问"。康德批判哲学"通向""宗教",他的"至善"的第二种含义即"德性"与"幸福"的"统一",其实就是:在这个"至善"的"境界","理智"的就是"直观"的,"直观"的就是"理智"的,相互可以"推论"而"相通"。但这只是"在""彼岸","在""天国";而"在""此岸","在""现实经验世界",二者没有"必然"的"推理"关系。

所谓"没有必然推理"的"关系"即意味着："德性""不是""幸福"，"幸福"也"不是""德性"，而且它们之间没有"必然"的"因果关系"，因而这两件"相异"的"事情"之间的"关系""不可知"。这并不是说，"经验现实世界"就没有"既有德性""同时""又有""幸福"的"人"和"事"，只是说，这种"同一性"是"偶然"的，对此没有"权力"作出"必然"的"判断"来；而在"超时空"的"彼岸"，"万事万物"皆"在""时空"之"外"，于是也可以说，它们都是"同时-同地"的，这样它们之间的关系就应该是"可以推论"的，"看到""幸福"的"现象"，就有权"推论"，同样也有一个"德性"的"本质"，反之亦然。

于是，要"在""时空""中""设定""幸福"与"德性"、"现象"与"本质"的"同一性"，亦即"在""此岸""建立"起这种"可推知性"、"同一性"，则唯有"在""时空""中""设定"一个"瞬间"。这个"瞬间"为"点"，而"集中"为"一"，"集中"为"点"，则"直观"和"理智"为"一"，"幸福"和"德性"也为"一"。"瞬间"为"在""时空""中"的"绝对"。"瞬间"就"在""时空""中"，但它是"绝对"。

于是，在某种意义上，黑格尔强调了"相对"中的"绝对"，但他的这个"绝对"像是"天外来客"、"空降部队"，而蕴含在叔本华哲学中为克尔凯郭尔思考的"瞬间"，却"根植"于"现实世界"，为"现实世界"所固有的"现实"的"可能性"。

黑格尔的"绝对哲学"来自对谢林"同一哲学"的批判变革，这个变革的要点在于他的"绝对""包含"了"自身"的"否定性"，亦即"包含"了"相对"，从而以这种"否定"，"保证"了从"绝对"向"相对"的"推演"，也"保证"了"绝对概念-理念"向"相对概念-经验概念"的"转化"的"权利-合法性"；即在"辩证法"的"否定"力量的"推动-引导"下，"概念"与"非概念-经验现实"有了"合逻辑"的"推理"关系。于是，黑格尔的这个"绝对"的"大同"（本体）通过"自身否定"的运动，"分化"出"杂多"的"不同"的"经验世界"，"大同""有理由""生出""小异"。

然而，"在""时空""中"的"瞬间"，"在""时空"的"广延-绵延"中，是一些"不同"的"亮点"，如同"群星灿烂"，各自发出"自己"的"光彩"，可谓"异彩纷呈"。但它们不在"天上",这个"瞬间"的"集合",不是"神仙会",而是就"在""大地上",乃是"少长咸集","群贤毕至",各自"畅叙幽情",虽千万年后,仍"有感于斯文-斯人"。

"瞬间"的"异",不是"异时-异地"的"异",种种"异"之间的"关系"不是"时空""因果系列"所能"涵盖"的,"群贤"之间是一种"自由"的"关系",这种"关系"就是"同时-随时"的"关系","地无分南北"、"时无分古今"、"与古人游"、"与时人游"、"与后生游","参加""瞬间""盛会"的,全都是"忘年交",也都是"同代人"。

这样,"瞬间"的"观念"就不是一个"抽象"的"概念",不是一个"形式",无须从"外面""接纳""内容",而是"充实"的、"有内容"的"具体理念",也就是说,"瞬间"是一个"直观"的"理智",也是"理智"的"直观"。

"理智直观"和"直观理智"说的是"理智性"的"直观"。"直观性"的"理智"在康德的"知识论"里是"不允许"的,因为"理智"都是"概念"的,而"直观"都是"感性"的,他的"事物自身-本体"就只有"概念"没有"感性直观"。康德以后欧洲哲学的发展,打破了这个"界限",而这个"突破"的方向,是"让""概念"自己"产生""直观",从而强调了"概念""自身""否定"的"辩证法"。于是,"辩证"意义上的"直观",就不是单纯的"感觉",就有了"不是感觉的""直观"——"理智性""直观"——的"合法性"。"非感觉"的"直观",仍然是"概念"的,而只是"概念"的"另一种""方式"而已。在这个思路上,"整个"的"直观世界",就随着"概念""超越"的"时空",被"带到""时空"的"彼岸","直观世界"为"充实""概念"的"内容",也"升入""天国";以研究"超越性"为己任的"哲学",也和"现实"的"此岸""脱离"开来,"君临"以"现实经验世界"为"对象"的"科学""之上"。

"瞬间"的思路,将"哲学"从"天上""拉回"到"人间","拉回"到"现实"的"时空""中"。"瞬间""只是""时空""中"的"断裂"——由"瞬间"的"点""组成"的"断裂(点-集合)"。

作为"断裂"的"点",它也不"包含"任何"感觉经验"的"材料",就欧洲哲学传统来看,它是"空洞"的,用佛家的语言来说,是一个"空"。在某种意义上,"空"不等于"无",它是一个"断裂",一个"缝隙",一个"极微"的"洞",一个"点",任何"微小"的"粒子"在这个"点"中都无立锥之地,因而它是一个"空";但它又因其"自由"而"点滴"中"见""大千世界",因而就"自由"之"思"来说,它又是"实实在在"的,而且唯有"在"这个"瞬间""中","存留"了相对于"时空""变化"来说的一种"长生久视"的"存在"。

"瞬间"作为"断裂点",也是一个"往-来"的"交接点",因为只是一个"点",在"实际的经验世界"它是"站不住"的,因而并不"阻遏""时空"自身"变化发展"的进程,但它却"有能力-有权利""引导""实际变化"中"因果系列"的"具体形态"。"瞬间"的"意识-觉悟""规定"着"时空"中"经验内容"的"意义"。

在一定意义上,"瞬间"是一个"起点",作为"断裂"它是一个"自由"的"起点",作为"第一因"而"开辟"着"未来-今后"的"新"的"因果系列","瞬间""授予"人以"创世"的"权力",承担起"始作俑者"的"责任","不怕""无后"而为之。在某种意义上,"瞬间"既为"断裂",它在现实中的"出现",只是一个"随时随地"的"可能性",因而,就现实意义来说,它的确"无后","瞬间"不是"时空"的"连续性"。

于是,"瞬间"对于"过去"也不是"连续性"的"继往",而是"清空""过去","断绝""前因-前缘",得一个"正果"(佛家)。"正果"即是"无因"之"果"。就佛家言,也是"无果(后)"之"果",是一个"终极关怀"。"无""前因",也不再作为"因"而"再""产生""果","正果"是为"脱离""因果""轮回"。

在这个意义上,"瞬间"同样也"交会"了东西双方的"哲学"观念,在"追求""人"的"安身立命"之"自己-自由"的道路上,"追根寻源"和"慎终追远"两大思路的"交会点",诸如此类的种种问题尚等待进一步的探讨。

| 下编　中国哲学的机遇 |

第一章　中国哲学精神之绵延：理论篇

一、必也"正名"

中国传统学问无"哲学"之"名"，但有"哲学"之"实"。循"实"求"名"，则经常以"形而上学"译欧洲之"哲学"，起初觉得甚为妥切，进而觉得"名-实"尚有"距离"，这个"距离"只是在现代被"缩小"了。就古代原来的意思说，"距离"还相当"大"，之所以"大"，乃是它们"源头""不同"，双方以相反方向运行，到了"近代-现代"它们"相遇"了，所以才觉得这个翻译妥当了。

以前觉得以"形而上学"译"meta-physics"尚属妥切，乃在于它们都有"超越"的意思，"形而上"与"形而下"相应，而"meta-physics"则与"physics"对应，妥帖得很；然则，欧洲的"meta-physics"或为"后-物理学"，或为"原（元）物理学"，都是从"物理学""超越"出来，证之他们从"自然哲学"到"理念论"的发展，就是从"自然-物理""提升-抽象"为"原理-原则"的路线，亦即从"经验概念""提升"到"超越概念-理念"的路线。先是具体的"经验概念-自然概念"如"水"、"火"等，直到柏拉图的"理念"仍未能"摆脱""自然经验"的"根基"，从而有了亚里士多德的"存在论-实体论"的"前提"。

反观中国之"形而上学"，其道路可谓正"相反"，它是一条"自上而下"的"路"：不是由"物理-形而下""上升"为"哲学-形而上"，而是从"形而上-哲学""下行"到"形而下-物理"的"过程"。在这个意义上,如果都用"哲学"概括,则应明确其意义是不尽相同的。

二、"形而上学"与《易经》

"形而上-形而下"的说法,来自《易传·系辞》,它说:"是故形而上者谓之道,形而下者谓之器。"何谓"道",何谓"器",跟《易》(即《易经》)这部书的整体思路有关。

《易》也许是中国古代哲学思想的一个总根源,儒家下的功夫最大,一般也归于它的名下,成为儒家经典,儒家思想也因《易》更加成熟清晰。宋朱熹说了一句《易》是占卜的书,几乎遭全体反对。

其实,《易》的确是占卜的书,通过种种程序"问""事情"的"吉凶-成败",这原本与儒家的理念是不相符合的,儒家强调的是"坚定不移",不"在乎"实际如何"变异",而我行我素,"坚持原则""永不动摇";然则儒家创始人孔子晚年却自己说希望多活几年,好好研究《易》,他研究的成果,可能体现在他的"十翼"里。无论史实如何,我们看到,孔子已经从当前的政治境遇中"抽身"出来,思考了不少"哲学"性的"问题",实际上已经有了一个"体系性"的"哲学思想",这一点也许是可以论定的。

孔子不一定相信"占卜",但他可能相信"占卜"所根据的一种哲学原则,即"人事"不是"人事""自身"能够"决定"的,不仅"造事"之"人"决定不了,"事情"也不是"自身""决定"的,有一个"更高"的"外来""因素""决定"着一切的"人"和"事"。"地上"的"人事"有"上天"的"道""管"着,"聪明人-圣哲"要"揣测""上天"的"意思",才有可能"做成""事情"。

《易经》以"占卜"的方式"揣测""上天"的"意思",而这个"意思"有自己的"理路",是为"天道"。只是这个"天上"的"道"不像"地上"的"器"那样可以"看到",不是"感官"的"直接""对象",而只是提供一些"示意"的"图像"。根据这些"图像","人"只能"推测";"推测"的方式,不是"常识",不是"常理-常道",就"占卜"来说,需要特殊的学习训练。

"天道"对"人"来说,是一个"秘密",只有"特殊的人-圣人-哲人"才"会-有能力""推测-推算"。

于是"占卜"的"方式"包括了"观""象"和"计""算",后来叫作"象"-"数"之"学"。"数"也和"象"一样,不是"日常经验"意义上的,而是"特殊"意义上的,即不是"地上"的"器"的"把握方式",而是"天上"的"道"的"把握方式"。

三、"天"-"地"-"人"之"关系"

《易经》在哲学的根据上"规定"了"天"-"地"-"人"的"关系-际"。

远古民族对大自然的依赖远甚现代,进入农耕时代,真可谓"靠天吃饭",在"地上"的万物和人,都仰仗着"上天的""恩赐";"摸清""上天"的"意图",可谓"有意识-能思想"的"人"的第一要务。远古民族,大都有一些"开天辟地"的神话传说,中国也不例外;但能够将传说"凝聚-提升"为一套"有理路"的"理论"的,当首推中国的《易经》。《易经》将"上天崇拜"发展成为"哲学",它的"占卜""技术"以一整套"哲学理论"作"支持",于是,在"技术"逐渐"失传"之后,"理论"却"长盛不衰"。

《易经》的理论工作在为"天-地-人""三者-三才""定位":"天"在"上","地"在"下","人"在"中间"。

应该说,这样一个"位置"的"直接性",可说尽人皆知,但是这个"位"的"意义",却只有"圣人-聪明人"才能"发挥"出来。或许,孔子正是看到了这一点,才对《易》备加重视,因为他一生都在为"正""天下"之"位"奔波,收效甚微,《易》的理论,比他说得更深入,更系统;"占卜"的技术,行事要"问"个"吉凶",也比他的把"克己复礼""强加于人"更加实际,于是孔子对《易》的欣赏,就不仅仅是因为他看到的《易》为《周易》的缘故了。

阅读《易经》首先让人吃惊的是,古人居然从一些直接性的感觉经验里"开发"出一整套高深的"哲学理论"来,真是非"圣人"不能做得到的事情。

譬如"天圆地方"的观念,大概是古代一些民族"共有"的,但中国先民却能够从这个直接观感中"想"出天下万物（包括"人"在内）都是由这个"圆""产生"出来的，"一生二，二生三，三生万物"，老子的思想，或也跟《易经》有些渊源。《易传》说："是故易有太极，是生两仪，两仪生四象，四象生八卦，八卦定吉凶，吉凶生大业。"追根寻源，天下一切的"事"，都是由"太极""生"出来的，而这个"太极"跟"天"是"圆"的这个"圆"很有关系。

"圆"就是"太极"，因为它如后来宋儒体会出来的，"圆""无极"，"无极而太极"（周敦颐），但如何"太极-无极""会""动"，到了宋代，也只是说出一个"极"了就会"动"，但问题首先要解决如何会"分-生"出种种"事"来，"动"不一定就"生"出"事"，故先要解决"一分为二"的问题。

我们知道，欧洲人解决"一生（分）二"的问题，从柏拉图的"理念"到黑格尔的"绝对精神"经历了2000年的思路历程，在概念逻辑（logic）上找到一条通道；中国《易经》这个"太极""生""两仪"的问题，似乎到了汉代，已经有了一个符合"经验（想象）逻辑（logos）"的思路了。

载入史册的汉代张衡的"浑天仪"是"地球仪"也是"天球仪"，在这里相关的是：一个"平面"的"圆"的"中心""点"，如果"拉伸"为一个"圆"，这个"点"也就立即"一分为二"，成为"南北两极"。这个"道理"也许在那个时代的人是"不言而喻"，不必深究的，但渐渐就会"大而化之"，变得"模糊"起来。

"太极""一分为二"，"南-北"必有"一阴""一阳"，"阳""定位"为"乾"，"阴""定位"为"坤"，"乾刚"-"坤柔"，"刚柔相摩"，"乾"为"开始"，"坤"是"完成"，也就是说，从"天""开始"，"在""地""完成"。"天圆地方"意味着，"圆"为"始"，"方"为"成"。

"太极""开"了"天-地"，"人""在""何处"？"人""占""何""位"？

四、"人""在""天-地"之"中"

"天"-"地"既开，"人""在-生""天-地"之间，头顶青天，脚踩大地。当人类"直立"之时，不用"仰面"，"举头"就能看到"天空"，"地""近"而

"天""远","在天成象，在地成形"，"人""看到""属地"的"万物"，但"观望"着"属天"的"变幻"之"象"，"揣测"着二者的"关系"。人们发现，"大地""供养"着"人"，但"上天"却"支配-决定"着"大地"的"供养"，"上天""变幻"之"象"，"改变"着"大地""万物"之"形"，"象""决定"着"形"，而不是相反。

于是，"象"不仅不是"形"，而且是"形"的"支配力量"。

然而，"地上"之"形"并非与"上天"之"象"毫无关系，"地上"之"形""影响"着"天上"之"象"，"地上""万物-诸事"如果"错位"，则"天上"会"出现""异象"；"异象"发出"警示"，"地上"的"聪明人-圣人"有能力"体悟"出来，"警告-劝告""世人""改革""地上"的"事情"，"纠正""错位"。

"人""生""天地之间"，起着一个"承上启下"的作用，"人"为"天-地"的"中介"。"人""根据""天象"的"警示"，"调整"着"地上"的"万事万物"的"具体实际"之"存在方式-存在形式"；"天""通过""人""更好地-更有效地""改变-改造"着"地上"之"形"，于是"人文化成"实际是"天文（天象）化成"，"人"是一个"中介"。

"人"这个"中介"有"能力""推测""上天""垂示"之"象"的"意义"，"判定""地上""万物""应该"与"实际""位置"的"离合""程度"，据此"计算""事物"之"吉凶"的"程度"。这种"计算"，在"占卜"乃是一个"数"，是"事物"之"命运"，"事物"之"前途"，"事物"之"将来"。"吉凶"并非完全是某个人自己的"利害关系"，"数"也不是一般的"加减乘除"，而是"算出""事物""有-无""前途"的问题，"占卜"是一种"预测学"。

"预测"是"根据""过去-现在""推测""未来"，就"事物"来说，这个"根据"在"事物"的"因果关系"，世上任何事物都有"前因"-"后果"；但"因果律"不是"时间绵延"，"时间绵延"因其"绵延"而不可"断""定""原因"与"结果"，"时间"是一"连续系列"。在这个意义上，"因果关系"是"空间关系"，"时间关系"必须"断"为"空间关系"方可"推断"。

"占卜"的基本精神却在承认"时间"的"混沌性"的前提下，"确信""时间""支配"着"空间"，"时间-天上"的"混沌性"的"象"，"支配"着"地上"的"成形"的"事物"。

远古人对于"时间"的最直接的观念就是"四时",春夏秋冬,周而复始,它的具体运行,"规定"着"地上"的"生活"。"人""靠天吃饭"。

在古代,"天上"的"四时"运转"影响""地上"的"人"的"生活",是现代人完全可以想象的,要问的是这个"实际"对于古代"哲学"观念的影响。

"春夏秋冬""规定"着"世上"的"事物"和"人"的"生活方式","顺之者昌,逆之者亡";而这个"四时"的"运转"对于"人"这个"中介"来说,是"可以预测"的。所以,"人""自觉地""顺从""四时"的"轮回","顺其自然"实质上亦即"顺从上天"。"顺"则"吉","逆"则"凶"。

"占卜"的"预测",是"顺时针"的,在这个意义上,"人"这个"中介",是个"顺从者";而"人"作为"纠错者-改革者",归根结底,只是要当好这个作为"顺从者"的"中介"。

五、"中介"的"人""无""自己"

"中介"的"人"没有"自己",它的"自己"就是"中介","上传下达",是一个"传令官","上天""消息"的"传递者",这是20世纪初德国人海德格尔的思路,它"遭遇到-碰到了"我们远古的《易》的思路。

"天上"的"象"犹如秋天的云彩,是"变幻"的,"道可道,非常道"(老子),这句话颠倒过来的意思是:"非常道"是"可道"的,所以《易经》的"八卦"是有"系辞"的,人们可以根据"系辞"的"意义"来"占""吉凶",而汉代董仲舒谓"天不变,道亦不变"则另有层意思在内,强调的是"道-秩序"不变。

"天上"的"道"虽有"变化",但也是有"序"的。"天道"最显著的"序"是"四时"之"周而复始",乃是"人所共知"的。"人""遵从""四时"的"变化","调整"自己的"事情-行为",于是有"春耕-夏种-秋收-冬藏","错过""季节","冬天"做了"夏天"的"事","秋天"不去"收割",反要去"耕种",则成熟的粮食会烂在地里,将"颗粒无收",其"占"为"凶";或者

"上天"已经"垂训","警示""气候异常","地上"的"人"如果"失察",则难以"渡过""凶年"的"饥荒"。

中国人把一切"自然灾害"都叫作"天灾"。

远古的"人"所掌握的防御"天灾"的科技手段微乎其微,在这个意义上,"提前""知道"则犹如敌对两军的"情报-消息"一样重要,古人把这种"变化"叫作"几"。能够"洞察""极小"的"讯号",也就"把握"了"天机","刺探"到"上天"的"情报","知道""上天""下一步"将有何种"变化";"占卜"就是一种"刺探情报"的"工具"。

尽管"地上万物"都受"上天""运行变化"的"影响",有种种的"响应",但只有"人"有能力将种种"情报资讯"通过"占卜"的技术,加以分析,作出"判断",并以"语言(词)""传达"出来,使"众人"有所"准备","迎接""将来"之"挑战"。

在这个意义上的"人",与欧洲传统追求的"人"以及"万物-自然"的"自己"就完全不同,"人"和"万物"没有"自己",于是,"人"也不是"自由"的。"人""上承""天意-天道",据此使"大地""天意-天道""化"。也就是说,"人"被"定位"为一个"中介"。

"人"被"定位"为"中",也是孔子内在的思想,及至他发现《易》,坚定了他的这个思想。《易》首先将"天-地""分出""尊-卑",因为"太极""分出""两仪"——"阳-阴"、"刚-柔","地上"的包括"人"在内(因为"人"是"属地"的)的"万物"无论多么"高贵",统统"屈尊"于"天"。然而"人"作为"天-地"的"中介",则是"可上可下","介"乎"尊-卑"之间,可"尊"(君子)可"卑"(小人),可刚可柔,可阴可阳。"人"的这种"可能性",孔子称之为"中庸",后来被宋儒强调出来,着重"极高明,道中庸"。事实上,"人"只能实行"中庸之道","越过""中庸","替天行道",本就是一个"僭越",超出了"中介"的"职权"。"人"是"居""中介","行""中庸"。"恪守"为之"庸","恪守""中介"之"位",乃是"人"的"职守"。于是,"中庸"不是"乡愿",也不是"生存小计谋",而是"人生"之"大道",是"人""在""形而上"与"形而下"之间的一个光荣的"位置"。

"人"这个"位置"的"光荣",还能从另一层意义上体现出来,这层意义，是和我们现代的观念很不相同的。这层意义竟然是："人"是"神"。"神"不像后来的意思："在天上"，而是"在""中间"，因其"能上能下"-"能屈能伸"-"能阴能阳"，有"能力-可能""上传下达"，"阴阳不测是谓神"，而"人"因其"有可能-有能力""推测""阴阳"而与"神""同一"。

"人""有能力-有可能""通天-达地"，"经历""日夜"流转、"四季"轮回，"人""亦阴""亦阳"，变得"不阴不阳"，"白天"是"神"，"夜里"是"鬼"，"春夏"为"神"，"秋冬"为"鬼"。

"人"为"有死者"是古代希腊人的观念，与作为"不死者"的"神""相对应"；在中国远古，"人"集"神-鬼"于一身，亦即集"生-死"于一身，"生"为"神"，"死"为"鬼"，"白昼"为"神"、为"阳"、为"刚"，"夜晚"为"鬼"、为"阴"、为"柔"。"人"之"生-死"犹如"日夜-四时"之"流转"——佛教传入后为"轮回"。远古的人"相信""人"之"死"犹如"冬眠"一样，第二年或第二天又会"复生"，如同第二年"大地回春"，或如第二天"醒来"。于是，逐渐就将"已死之人""埋葬起来"，"封存起来"，加以标记，"等待"他的"复生"。

六、"人""在""时间"-"空间""中"

《系辞上传》说："仰以观于天文，俯以察于地理，是故知幽明之故；原始反终，故知死生之说；精气为物，游魂为变，是故知神鬼之情状。""人""通""天文地理"，"知""万物""生灭"流转，后两句说出"阴阳""变化"的"原因"。这里的"文-理"、"始-终"、"神-鬼"都和后来的理解有一定的距离。"天文"指"天上"的"象"所提示的"意义"，"文"是"纹路"；"地理"指"地上""万物""形状"之"位置-方位"。"原始反终"是一个"圆"的观念，"周而复始"，"始-终"为"循环-轮回"。所以，这段话可以理解为"人"作为"神"的"能力"在于"能知""时间"。

"上天""掌控"着"时间"，唯"人"有"能力""知道""时间"。"时间"为"变"，于是，唯"人""能知""变化"之"轨迹-道"。《易》的"测算"主要面对"未来"，不是面对"过去"。"人"是"预言者"，《易》是"预测学"。

《系辞上传》又说,"神以知来,知以藏往",而在这之前说,"蓍之德圆而神,卦之德方以知","周而复始"的"时间-流变""支配"着"各就各位"的"空间-方位","圆""支配"着"方","未来""支配"着"现在";而"过去"也曾是"现在",也受着如今已"成""现在"的"支配"。"过去-现在-未来""形""成"一个"循环-轮回","成""支配"着"未成","形""成"只是一个"过渡"形式,"形成""在""形成中",人们甚至以"未成"来"命名","少年儿童"叫作"未成年"者,等等。

"神以知来,知以藏往"这句话,把"人"这个"中介"的"功能"也"一分为二"了。先说"知以藏往":"人"以"知识"的形态把"往-过去""储存"起来,"人""知道""有"一个"过去";这个"过去"虽然"已往",但的的确确"存在"过。"过去"如同"过眼云烟",但"云烟"的确"在"过。"人"以"知识"将其"收藏"起来"成"为"历史";有专门的"人才"来做这件工作,叫作"史(官)"。

也许早年孔子比较重视这个"往",儒家的"历史精神"也是"现实精神",强调"历史"的"承续性",而"成败得失"曾是在所不计的。而《易》的思考就比较"全面","占卜"原本是"问""未来",所以如果"十翼"确为孔子所作,这两句话的重点,当在前面,"人"不仅要"知往"(历史),而且首先要"预测""未来"。然而"未来"的"决定权"在"上天","地上"的"人"如何"测"得?

"未来"的"可测性"基于"天"是"圆"的这一观念。

"圆"如作平面的理解,它的"运动"的"轨迹"为"圆周",因而是"周而复始"的,犹如"日夜-四季"。在这个基础上,"未来"是"可知"的。然而这个"圆周运动"的"准确性"因其"未来"而成为"问题",于是,"未来"就不像"已往"那样具有"知识"的"必然性","未来"的"必然性"的"测定"要依赖"占卜"。这样,"人"这个"中介"不仅可为"史",而且可为"巫",《易》所"传授"的就是"巫师-卜师"的"技术"。"史"的工作,因其"对象-主题""已在","因其""有""对象"而可以成为"科学",而"巫-卜"的工作,只能是一种经验的"技术"。

《易》的"哲学"理论思想,长期被它的"占卜""技术"所掩盖,而这种

"技术"因缺少"普遍性"变得越来越"神秘",渐渐成为一种"迷信"。

中国的哲学思想自汉代以后,"预测学"长期被"迷信"笼罩,"象数-八卦-纬-阴阳五行"等,都在"独断"的"迷信"中,种种"理由",不具多少"普遍性"。就是董仲舒说的"天不变,道亦不变"也相当"武断",跟《易经》的哲学精神基本不同,因为《易经》是针对"变化"的。如果"道""不变",则无须"预测","过去-现在-未来"无所区别,则"历史学"-"预测学"全无"必要";放弃了"理路",也就把"时间"交给了"独断"。这种"僵化"的观念,是汉代统治者"长治久安"理想的简单表达,把一切"历史"和"将来"都"统一-积淀"到"现在","历史"到此"终结","时间"到此"终结","终结""现在",不再有"后来",不再有"将来",从此"摆脱""轮回","此时此地"就是"正果"。汉代人"接受""佛教"并非偶然。

同时,关于实际意义上的"天文"观察的"学问"——朝廷设置"钦天监"专人负责——这部分的工作当然也和《易经》密切相关,但也有自己的"经验科学"的内容在内。这样,《易经》"占卜"仅有的一点"经验科学"的"外衣"也被"剥去",成为单纯的"巫术",实际上无助于社会生活的重大决策,而只是"帮助""选择时机","帮你拿个主意"而已,而"大主意"当由"当权派""乾刚独断"。

《易经》"预测学"的"功能"被大大"削减","统治者"隐隐有一种"变"则"乱"的思想,"变"总是要"错位",于是"易"自身转化为"不易"。

"不易"原本是孔子的"理想",只是孔子当时认为"现在"不好,"未来"是要"回到""过去",而到了汉代,董仲舒虽上策"师法""三代圣王",目的是要让"现在"就是"理想",成为一个"没有前途(将来)"的"永恒现时"。

这种情形,在唐代似乎没有多大改变,儒家学者的工作主要似乎集中在"释经"方面,再就是对佛家进行批评,对于《易经》的哲学思想的研究,直至宋代,才比较重视起来。

七、"自由者"有"可能"使"预测学"成为"科学"

实际上,"预测学"应是一门"科学",是"历史学"的"延伸",是将

"时间"中"连续"的"事""转化"为"概念",把"时间-历史""辩证-否定"的"变化","转换"为"逻辑""推理"的"发展","通过""原因-结果"系列,"预测""未来""事件"的"出现-产生"。"发展"的"逻辑","概念"的"推演",使得"未来""转化"为"将来"。既是"概念""逻辑","预测学"也应是"理论科学",这门科学给"偶然性"留有充分的余地;于是,"社会事件"的"出现",尚需一个"条件",即"人"作为"实践者"的"出现"。只有"实践"的"人"的"出现",才有可能把"未来"通过"偶然""必然"地"实现"出来。

"实践"的"人",也就是"自由"的"人"。这个意义上的"人"也是"中介-环节",是"连接""历史"与"将来"的"环节",而不是"连接""天-地"的"环节",因为"自由者"的"道德"是"人""自身"的"创造",而不是"上天"的"命令"(天命)。"人"并非"上传下达",而是将"知识-历史""转化"成"道德"的"力量"。"自由者"是"纯粹理性者",不是"盲目"地"改变"着"现在",而是"依据"着"历史"来"推进""现实"。但"过去"并不能成为"自由者"的"负担","自由者""肩负"着"过去","开创"着"未来","自由者"为自己的"选择""负责","责任"不是"过去-历史",而是"自由者""自己","自由者"对自己的"行为"负有"不可推卸"的"责任"。"人"本可以"安身立命"于"既成的事实","遵循"着"不变"的"原则","宣布""现在"就是"大平-太平","现在"就"应该""止于至善";然而"人"却"宁愿""战战兢兢"于"未来","承担""未来"的"责任",而"不愿意""止于"对"过去-历史"的"尊敬",坚信"至善"是一个"自由"的"概念",而不是"必然"的"概念"。"人"作为"时间""中"的"环节"(中介),或"战栗"于"过去",或"战栗"于"未来",二者必居其一。

第二章　中国哲学精神之绵延：历史篇

一、儒道两家之"哲思"：仁义-道德

在"哲学"上，作为"有效应的历史"（伽达默尔）作用的，早期恐怕主要是"儒"、"道"两家，其"思想核心"，前者为"仁-义"，后者为"道-德"；前者被理解为侧重"人文"，后者被理解为侧重"自然"，而二者又被理解为"互补"的关系，实际是"相反相成"的关系，儒道两家可以说是中华民族的传统的两大"精神支柱"。

在远古的时候，中华大地上"儒"、"道"这两家实际上到底是个什么关系，还是需要专家们多多研讨的问题，这个问题的确定，与对于两家学术思想的理解也是有关系的。就大的思路来说，如果"儒家"早于"道家"，则中华文化是由"人文"走向"自然"，反之，则会由"自然"走向"人文"，当然也不排除两家早期并行传播的可能性。但从文献资料看，"老子"的书有许多地方有针对性，也许从"人文"走向"自然"真的是中国传统哲学的思考路线。

不过无论是"仁义"还是"道德"，在当时都还是一种"本体论"的"思想"，而不是"知识论"的"科学"；"仁义"-"道德"也都是一些"语词"，还不是"概念"，它们的"结构"还"在""现实"的"语言"中，而不"在""概念"的"逻辑"中。也就是说，"仁义"-"道德"的问题，是"现实生活"中的"实际"问题，对它们的"阐释"，不是"定义"的"规定"，而是"具体"的"体验"。孔子"说""仁"，孟子"说""义"，都和"说"时的具体"环

境-时空""条件"有关；而老子"说""道"，首先就指出它是一个"非常道"，也就是一个"不""恒常"的、"不""固定"的"道"。"道可道"者，"道"固然"可以言说"，这个"说-道"，不是"知识论"的"说-道"，而是"本体论"的"说-道"。两家"言说-教导"的是"仁义-道德"在"本原-本体"上的"意义"，而不是"概念"上的"本质"。

没有经过"知识论-概念论""熏习"的"本体论"，是一种"朴素"的"本体论"，或者叫作"经验体悟"的"本体论"。这种"本体论"的优势在于：不"脱离""具体时空"来"说""问题"；或许允许"脱离-摆脱""当下-现时"的"时空"条件，但不"脱离-截断""时空"的"绵延"，不将"过去"作为"完成"了的"阶段"，"概括"为"概念"，"思考"其间的"合理-因果"关系，而把"过去"当作"过往"，亦即"现时"和"未来"的"绵延"；这种"本体论"的思维方式，是对"事物绵延"的"思考"，认为"绵延"就是"存在"，因而这种"存在"是"绵长"，而非"永恒"，"永恒"是"知识论-概念论"中凸显出来的观念。

同时，这种"本体论"思维方式，因其仍有"时空"的"规定性"，而缺少一种"形式"意义上的"绝对"的"自由"意识。这个意识，在西方，也是直到近代康德才有了清楚的界定。

"绝对"意义上的"自由"，是对"知识"的"超越"，不受"已有""知识"的"限制"，也不受"未来""知识"的"限制"，但它却有"引导-规范""知识"的"职能"。经过欧洲哲学自身发展的"熏习"，"知识"的"动力"就不仅是亚里士多德说的"好奇"，也不是中世纪基督教神学意义上"神"的"恩赐"，而是"人"的"理性"自身的"自由"。"自由"无需"神"的"呵护"而为"自己""立法"，这个"法"不是"自然法"，而是"自由法"，"自由"而"有法"，是为"道德法"。"道德""超越""知识"，而只有"超越""知识"的"道德（法）"才是"自由（法）"；一切"自然-知识"都是"相对"的，只有"道德-自由"是"绝对"的。在这个意义上，"知识"只"限于""现象"，而"道德"才涉及"知识领域"里的"本体"。

从一个角度来看，中国哲学传统中的"儒家"之"仁义"，很像康德哲学中的"道德"，讲"义务"而不计"利害"，而"道家"之"自然"，也酷似欧洲哲学之同一名词；但是，它们在"精神"上却有很大的不同。

儒家"仁义"是一种"责任"，但不是"无条件"的"责任"，而是"有条件"的。因而，"仁义"的"命令"，也不是"无条件"的"命令"，而是"有条件"的"命令"，因此只是"相对"的、"对等"的。譬如，"父慈子孝"是一种"责任"，"父-子"是"相对-对等"的，"为父""不慈"、"为子""不孝"皆为"不仁"，"仁"具体涵盖了"孝慈"。或谓"人"必有"父母"，但未必有"子女"，故"孝"为天下先，是为"至德"。然则"孝慈"未尝不可以"扩大化"：对"上"为"孝"，对"下"为"慈"，"孝""天下"之"父母（官）"，"慈""天下"之"子民"。于是有"君君臣臣父父子子"。"仁"是一种"等差-等级"的"爱"，而不是"平等"的，"平身"乃是"上"对"下"的一种"恩赐"，是"临时性"的、"一次性"的，下次"上下相遇"，"为下者"须得"等待""为上者"的这个"赦令"。

儒家的这种"仁爱"观念，不是一个"知识性""概念"，很不容易对它们给出确切的"定义"，也不是事物的"普遍本质"，而只是在"特定环境条件"下的"存在论""观念"，亦即由"诸存在者""规定了"的一个"观念"，一种"说法"，一种"语词"，一种"言"。

这种"规定""儒家""仁义"观念的"诸存在者"，乃是中国古代社会的"家族制度"。一个"社会"，乃是一个"大家族"，"仁义""反映"了这个"大家族"的"秩序"。在儒家看来，"天下"之"秩序"无过于"仁义"，果"长幼有序"，则"天下太平"。

孔子哲学思想的核心为"仁"，"仁"的核心意思为"位"，天下万物各得其"位"，各"安"其"位"，则"运行不悖"。在这个意义上，"人"并没有"自由"，或者说，只有"在""位""规定"下的"自由"，并无"越位"的"自由"。"越位"是为"篡位"，乃是"大逆不道"。

于是，在这个意义上，儒家"仁义"又是一个"知识论"的"概念"，是要"人""学习-遵行"的"规律"，是"自然律"而非"道德律"，是"必然律"而非"自由律"。但如同未经"知识论""熏习"的"本体论"那样，"仁义"观念又是一种未经"本体论""引导-范导"的"知识论"，是一种以"本体""理念"为"知识""概念"的"言说-学说"。

未经"知识论""熏习"的"本体论"或未经"本体论""引导"的"知识论",有一个"忽视""偶然性"范畴的倾向。儒家以"仁义""看""天下",则"处处"皆为"不仁不义",不是在"自由"与"必然"问题上的"二律背反",而且是"矛盾无处不在","天下"因"不仁"而"分崩离析"。于是孔子奔走呼号,"令""天下""必须""无处不仁义","处处"不得"越位",凡"篡位者"人人得而诛之。以"本体""代替""知识",则一切"知识""对象"皆为"必然",其间没有一点"偶然"的"空隙",因而时间没有"经验知识",而只有"本体知识";"本体"而又"多","仁义"而又"各就各位",则"确定-分配""种种""位"的"权力",如不"设定""全知-全能-全善"之"神"之"存在",则至少要"有""圣人""在",有"圣人""设定"各种"并行不悖-无矛盾"的"位","令-让""天下""民众""各安其位",于是"各行其是","天下太平"。"儒家""太平"之"平",不是"平等-平身",而是犹如现代的"交通规则"的基本要求:"各行其道";"道"为"圣人-制定规则者""设定",要求"平安无事","必须""人人遵行"。而"天下"之所以"乱",乃是因为"天下无道","圣人"被"压制",或者"圣人""缺失","民人""各行其非",乱了"车辙",或者"翻车",或者"相撞"。

未经"知识论""熏习"的"本体论"常常是"多元论",在"神"和"圣人""缺失"时,则"万律背反","天下大乱",此时"天下""万民""盼""圣人""出",如同"盼""太阳"出一样。

"圣人"出,"天下""有道","诸民""各就各位","安居乐业","天下""无事","长治久安",于是"圣人"的"本体论",不是巴门尼德的"大箍",而是一些"小箍",是许许多多的"紧箍咒","令-让""诸民""被捆绑""在""自己""被分配"的"位"中,"克己复礼","尽责全义","鞠躬尽瘁死而后已"。巴门尼德的"大箍"被看作"自由律"、"存在律"、"本体律";而"仁义"的这些"小箍",只是一些"父慈子孝"的"自然律"、"血缘律";这些"律"尚不是"经验知识"的"普遍""概念",却是有着"本体-存在"的"道德令"。

原本"人""在""社会"中是一个"经验"的"存在者","诸存在者"之间也有一种包括"利害"在内的"经验"的关系,但"人"的这层关系"之外",即"超越"这层关系,还有"自由"的"内在""品质""存在",这是一种"本体"的"存在",是"理性"的"存在"。"人""本质上"是一个"自由者",这个"自由"的"理性"虽"无权""在""经验世界""建构"一个"本体-自由世界",但却"范导-引导"着包括"自然知识"在内的"方向","自由"是"自然"作为"知识对象"的"根基"。恰恰是这个"理性-自由""意识"到是世间的"律",都以"自己-自由-理性"为"根据","人""通过""时空直观"和"理性自由"这个"窗口"来"建构"着"人"的"世界"。

儒家"观察""世界"的"窗口"是"圣人""设定"的"位"。儒家的"人"固然是"无私"的,但它的"自由度"在"位",其"大公"也只是各种"位"的"尊卑""锁链"的"环节"。"圣人""设定"的"位"是一切"责任-义务"的"自由度",在这个"度"中,"责任"是"外在""强行""规定"的,而不是"内在""自由"的"必然理性"的"设定";在"实际经验"上,这种"责任"常常"被逃脱",当然人们也可以"赴汤蹈火"、"舍己忘身"甚至"杀身成仁"。但在这个"小箍""命令"下的"死",恐怕只落得个"轻如鸿毛",因为这种"死"说到底,是为"名位"而"死",当可"表彰",尚不足"崇敬"。因此,即使儒家内部,也有批评某些现象为"愚忠"、"愚孝"之说。"愚"者,当与"知识"有关,就哲学言,未经"知识论""熏习"的"本体论",常常可以是"愚笨"的,也就是出现"自相矛盾"而不自知。

早期,在"百家"中"儒家"只是一家,可能还是最不得志的一家,创始人孔子四处奔走,"待价而沽",一生未能见纳,五十岁"知天命",潜心做学问,特别对《易》感兴趣,感叹开始得晚了。

《易》原本是"占卜"的书,传说为远古伏羲所创,周文王在被囚禁时演绎,得"祸福凶吉"之"先机",掌握了自己的"命运"。孔子"从周",而晚年到处碰壁之后,悟得要行"仁义"于天下,还要掌握时机,不能一味强行,也就是说,不但要"正名",而且还要"适时"。"名不正言不顺"的"实事",天下多多;不但要问"是非",天下之人和事,常常是"此亦一是非","彼亦一是非",光靠"辩论",不能"行道"于"天下"。

《易》之"引进""儒家"学说,提高了《易》的地位,充实了它的思想内容,将它由"占卜"转化为"哲学"之"经典",而它也为"儒家"带来了"可行性""原理",可惜这些"原理"并不是"科学"的,而是"巫术"的,是一种"伪科学"。

"易"为"象"、"数"之"学",在这个"学"中,"象"不是"知识"的、"概念"的,"书不尽言,言不尽意",故以"象""补救",得"事物"之"真""意",故有"意象"之说。"数"当然不是"概念"的"逻辑推论",而是直接与"个体事物"相结合的"计算推演",任何事物与"数"都有"确定"的关系,而事物之间的"关系",也就可以用"数""计算推演"出来。"事物"与"数"的"关系"是"命定"的,因而是"独断"的,这样,"象-数"之"学",是一种"技术",对于掌握"技术"的人来说是"必然"的,而对于一般的人来说,则是"神秘"的,"阴阳不测是为神"。与一切"神秘性"相同,"易"在"知识论"上是要"泯灭""偶然性",不承认"经验世界"之"偶然性",因而有一种"开放的""可能性",而只承认"必然性","经验"的"知识"也就是"本体"的"知识";于是,儒家那些原本只是"经验性"的"仁义道德",在"易"的思想体系里,也就有了可以"推算"的"必然性"。

在这个意义上,我们也许可以说,在"知识论"领域里一切尝试"取消""可能性"而将"经验知识"推向"本体知识"的"必然性",都带有"神秘性"而"导向""宗教迷信";原本"不很信""鬼神"的"儒家",也"接纳""易"的"巫术",是很值得研究的现象。

与"儒家""并立"而"对立"的"道家"也不能例外。

"道家"植根于物资丰富的中国西南,可能比"儒家"少了一分"人事纷争",而多了一分"自然关怀"。"儒家"多讲"人伦","道家"多讲"自然";但"道家"的"自然"也不是"理性""建构"起来的"经验知识""对象",而是"民人"的"生存条件","生活"的"保障"。"民人""在""自然"中似乎就可以"丰衣足食"地"生存","关切"的可以主要是这个"自然""环境",经过"思者"的"提升",则竟然可以"餐风饮露","不食人间烟火",反倒可以"成仙"。"仙人"是"自然人""本身",是"食人间烟火者"的"理想"。"仙人"是"真人",犹如"儒家"的"圣人","仙人""教导""民人"以"摆脱""人-人伦"而"回归自然"。相对于"儒家""圣人""设定"大大小小的"紧箍咒-仁义-位"来说,"仙人"果然多了一些"自由","无拘无束",不"进入""儒家""设定"的"圈套",优哉游哉,是为"逍遥"。

《老子》分"道"、"德"两篇，编排可能有灵活性，但内容却不是"儒家"的"仁义道德"，而是"自然"的"道"和"德"。"道"无"定则"，"德"随"自性"，都是很"灵活"的，强调一个"变"字，与"儒家"强调一个"安"字，旨趣完全不同。

儒家说，天下事物皆由"圣人""定""名-位"，名正而后言顺；道家说，万事万物本"无名"，"名"是后来的事，是"人为"的"开始"，而"人为"为"伪"，后来"佛家"叫作"假名"，而"道家"追求的则是一个"真"字。这意味着道家批评儒家那些大小框框里的仁义道德都是"人为"的、"虚假"的，不是"自然"的、"真实"的，而孔子主张的那些"周公之礼"，更是"人为"地"设置障碍"，是"人为"地"制造矛盾"，"妨碍""真人"的"自由天放"。

道家认为"真人"之间不会"发生""矛盾"，因为"真人""危而不持，长而不宰"，之所以如此，又是因为"功成身退"，"天""生""万物"，而并不"占据""万物"。"真人"是"自然人"，不是"伦理人"，不"守住""自己"的"位子"不放手；"真人"是"活人"，"长生久视"之"人"，"自由""挪动位子"之"人"，不但可以"出入水火"，而且可以"出入生死"，不被"置之死地"，不会"出生入死"，只会"出死入生"；"真人"是"善摄生者"。道家养生比儒家自是更胜一筹，尽管儒家说"仁者寿"，除了"仁慈"的心理作用外，主要还是强调"仁义之君"可得"长治久安"的意思。

道家的"真人"可能也不会像孙悟空那样七十二变，"真人""摄生"也还是强调一个"静"字，因为"真人"不会像儒家君臣那样致力于"立功立言立德（仁义模范）"。"真人""抱朴守拙"，"退居"为"什么也不是"的"存在者"，于是才能"静"得下来，"动静得宜"，或者"动"而后"静"，犹如"功成身退"，而绝不"居功自傲"。"真人""安心"做一个"自然人"，也就是"自由人"。

在中国道家看来，"自然"就是"自由"，"自由"也是"自然"，退居"自然"，才得"自由"；"保持着""未来""成为""什么"的"可能性"，而不是一旦"定位"，就"终身""服役"，要想"换位"，不得不以"将相本无种"或"天命有改"来"自圆其说"。

从这个意义来说，道家的"自然"虽然不是一个"科学"的"对象"，不是由"理性""概念"建构起的一种"知识体系"，而仍然是"本体论"的一种"观念"。但这个"本体""自然"的"存在"不像在儒家那里只是一些大小"必然性"的"锁链"，道家的"自然-自由"乃是一个"混沌"，"道"也"非常道"，"真人-仙人""无律"可"循"，在"自然"－"本体"中"开放"一种"可能性"。这个倾向，常常为后世的"造反派"所用，成为"造反"的"旗帜"。

当然，就经验的治国技术来说，道家也有自己的一套理论，只是"无为而治"通常不很符合"君王"的习性，相反儒家以"仁义道德"的"律令""制驭天下"更加"威严庄重"。于是，儒家就在汉代跃升并被确立为"独尊"的"地位"，儒道两家，当可"互补"，但"在朝"、"在野"常是泾渭分明；作为个人思想修养来说，二者不可或缺，准备两手，以备不时之需。

就中国传统文化来说，"儒-道"两家固然在思想上"互补"，但主要是"统治阶层"的一种"思想"依据：儒家也的确"深入""民间"，似乎是"民人"必须具备的"道德""规范"，但"读圣贤书者"都是向往"进入""上层-人上人"的圈子；而道家也往往曾为"夺权-造反"的工具，以"替天行道"号召民众，"协助"一些"头面人物""进入""上层"。两家的"目标"都是"成为""民人"的"统治者"——"在上"的"人"。不过在中国哲学传统中，似乎有一个思想体系"安于""在民间""传道-行道"，这就是"外来"的"佛家"。

二、佛教扎根中国

佛教从汉唐传入中国，最初经常受到重重抵制，它艰苦地但深深地融入中国传统思想，渐渐在中国社会有了崇高的地位，上至天子，下及黎民，得以普遍信仰。中国哲学传统里佛家不可或缺，"儒-道""互补"转化为"儒-佛-道""三教鼎立"。

就思想和教规来说，佛教在基本精神上和传统儒家的确有许多抵牾的地方，曾经是众多大儒激烈攻击的对象，这些"批判"也并非完全是无的放矢；

它们不仅在"出家-致仕"这些伦理道德观念上大相径庭,在"哲学"之深层"理路"上也有深刻的分歧。

佛教在中国传播,先是和道家"结盟",道家崇尚"自然"、反对"假-伪",容易为佛家目为知己;儒家的"人伦"则与之格格不入,群儒起而攻之,在所难免。但逐渐地,人们感觉到,即使就儒家来说,佛家也为它们带来了相当"新"的"思路",甚至应是打开了一扇"窗户"。

如果我们像通常那样,把"时间"分成"过去-现在-未来",那么,我们也许可以简单化地把欧洲人的"注意力""定位"在"现在",把中国(儒家影响圈)"定位"在"过去",而把印度"定位"在"未来"。

欧洲哲学思潮倾向于"锁定""现时",他们觉得"永恒"就是"永恒的现时",思路很过得硬,跟他们的"宗教"和"科学"的思路都能贯通起来。他们在"科学"上的成就,也印证了这种取向。相比之下,如以儒家为代表的中国传统哲学,则是以"过去"为"着眼点",在"欧洲"的"语境"中,或许可以说是"永恒"的"过去","理想"是"现在"和"未来"都和"过去"为"同一",最多是"大同小异",只允许"三分损益"。

就这方面来说,中国传统文化是世界上"记忆"最好的文化,充分体现了柏拉图"知识就是回忆"的原理。由于后来欧洲哲学文化寻得了"现时"这个立足点,柏拉图的这个"回忆说"就越来越不好理解,还需要学者们专门研究;而就中国哲学文化传统来说,这个"知识就是回忆"就太好理解了,用不着太大的学问,可谓"妇孺皆知"的"道理"。

相比之下,我们的伟大邻邦——印度,也许是世界上"忘性"最大的国家,连"佛教"这样的文化遗产,居然荡然无存,还要到相邻的国家特别是中国来"寻根";但这个国家却久久注视着"未来"。这个思想之所以得以"流传",也许是因为他们的"过去"和"现时"过于"严酷","等级"过于"严格","失望"于"过去"与"现时",才"寄希望"于一个"尚未存在"的"未来"。无论如何,也许是他们曾经流传过的佛教,向"中国"的"民众""开启"了"未来"这扇"窗口",在种种条件具备后,"未来""有"一个"极乐世界""在""等待"着我们"进入"。这种"思路",给"不安于位者——君子"或者"无名位者——小人"带来"希望":除了"过去"和"现时"的

"世界",还有一个"将来"的"世界""在"。

佛教传入中国,给那些"不安于位"而又不愿、不能或不敢"篡位"的"人"带来"慰藉",使他们认识到"尘世间""一切皆空","实""在""未来"之中。

从道家的"无"到佛家的"空","思路"上相通,但在"理路"上更加"严密"。

传到中国的佛教主要是"大乘","小乘"只在早期的较短时间内传播,其实"小乘"是佛家思想的源头。"小乘"说"我空法有",着力处并不在那个"法"和"有",而是"我"和"空",对人的"自我意识"采取"否定"的态度,认为一切世间之"苦"都来自这个"自我意识"。譬如"生老病死",都是"自我意识"在作怪,如果"泯灭"这个"意识",一切归于"万法-自然",何来"生死轮回"?

早期的佛教,以"克制""自我意识"为"解脱"、为"涅槃",能达到这种"无意识"状态的"人"叫作"佛"。"佛"似乎是"保留"了"意识",而"抑制"了"自我意识"。"我空法有","无我"的"意识"是"大智慧",而不是"小(我)"的"计谋",有点像庄子书里说的"吾丧我",不是"我"这个"小平台""看到-听到""什么",而是在一个"齐万物"的"大平台"来"倾听""天籁之声","看到""大化之运行"。"超越""小我",甚至"泯灭""小我"而"进入""大我","克服""自我","进入""非我","有能力""化身"为"万物","我"与"万物""同一",与"天地""共存"。佛家的这种没有"自我意识"的"意识"叫作"觉",因而"觉"似乎是一种"知识","知""万法"而"不知""有""我"。于是这种没有"自我"的"理性""建构"的"知识-觉"带有相当的"神秘性":它"有"一个"觉-知识"的"对象",因其无"主观-自我""建构"而显得"绝对客观",与其"相对"的"主观"则同样"融入""对象"之中。这就是说,"觉"为"以天地"来"意识""天地",以"石头"来"意识""石头","意识"与"对象""同一","石头"可以"化身"为"人","人"也可以"化身"为"石头"。这倒是很能解决庄子书中的"濠上之问",在"吾丧我"之后,"佛"之"觉",当然就"有能力""知道-意识到-觉到""鱼"之"乐"。

于是，在我们的语境中，"我空法有"这个思想，也是一种无"概念论"的"本体论"的"知识-觉"，这种"非概念"的"知识论"传入中国，以"大乘佛教"为主流，进一步和中国传统儒道两家相结合，开出了中国特有的佛教宗派——"禅宗"。

"禅宗"可以说是有中国特色的"佛教"，它在宗派林立的"佛教"中脱颖而出，特别是经过宋儒的融会贯通，几乎成为中国佛教的"正宗"。

"大乘佛教"由"我空法有"转换为"法我皆空"，在"空"的道路上可谓"彻底"。"法"之所以也是"空"，或许在于"万物""自己"也在"转变"，一切"指谓"都是"人为"的"施设"，全是"假名"。于是"求真"不仅要"舍弃""自我意识"，也要"舍弃""意识"，亦即一切"人为"之"假"，直接"万物本身"。此种"本身"，"不可言说"，也"不必言说"，不仅"文字"要"避免"，而且连"言说"也成"多余"。"直面""事物本身"，才是佛家所谓之"觉"。"书不尽言，言不尽意"，后续的不仅是"河图-洛书"的"符号"，"符号"也是"人为"的，"摒弃"一切包括"书契"在内的"符号"，才是"正觉"。

这样，那位不识字的六祖慧能才有可能登上坛主的宝座。

慧能并非"不说话"，如果没有《六祖坛经》流传，他的"道理"则无人知晓；"禅宗""正觉"只是把"语词"不"归结"为"概念"，将"所指"灵活运用，旨在"破""表面"之"语词"，"立""真实"之"意（思）"，把"书-言""不尽"的"缺陷""暴露"出来，从而"显示""被掩盖着"的"意（思）"。

"禅宗"的这个"思路"与宋代的"儒家"高度地"融合"起来，"佛家"不被作为外来的"学问"来"研究"，而成为中国文化的内在"修养"来"陶冶"，"进入""中国传统文化"的"血脉"中。

于是，因融会了佛家（特别是禅宗）思想，宋代儒学被推进了一个"新"阶段，是为"第一代""新儒家"。

宋代是我国社会历史发展的一个很好的"机遇"，社会经济生活已有较大的进步，特别是南宋以后，统治高层眼界大开，中国南方社会生活的繁荣景象给统治者以深刻的印象，中国文化"重心"从西向东，再转而南下，传统的

"齐鲁文化""潜移默化"地受到了"挑战",甚至由"楚文化"转向了"吴越文化"。江南物产丰富,民风开化,已经不是传统儒家思想模式能够制约的,加之早已进入中国的"西洋科技",开始了"西学东渐"的进程,宋代学者可说已经面对着"百川竞流"的局面,大体有条件"开出"一个"新"局面,为"哲学"的"思想学说"做出更大的贡献。

然而宋代在某些方面又呈现出更加"守成"的倾向,"新儒家"只是着力于让传统"儒家""进入"和"适应""新的形势","改进"和"充实""自己"的"内容",并未在自己欠缺的"知识论"上"建构"自己的体系,而是仍然坚持一个"缺少""知识论"的"本体论"传统,以"形而上"的"笼统"观念,代替"概念"的"逻辑"系统。在这项工作中,"禅宗佛教"被用来"加强"、"推动"了这个趋向;"佛教"也由一个"儒家"的"异己","融合"成为"儒家"的"自己","儒生"和"高僧"也都相互引为"知己"。

实际上,"禅宗"的学说,也适应了"儒家"学说自身变化的"需要",即"儒家"本来"需要""充实""现时"和"未来"两个"维度",而它"优先""选择"的是"未来"这个"度","搁置"了"现时"这个"度","儒生""选择"了"佛家"。

按照钱穆的研究,《易传》《中庸》都是魏晋时代"无主-佚名"的作品,其"作者"并非孔子、子思。《易传》把孔子的"仁义"与"吉凶"联系起来,使得只问"祖宗法规"的"原则",增加了"占问""未来""吉凶"的"技术"。《中庸》则强调了"极高明"而"道中庸",也就是说,一切都是"在路上","过去"并未"终结""道路",无论"走多远",仍是"在""途中";承认"永在""中途",才有"前途"。

《礼记》的《中庸》与《大学》,加上《论语》《孟子》,在宋代被编为"四书",成为当时"知识分子"的"教科书-读本",《易传》不在其内。

实际上,宋初大儒侧重阐述《易经》的甚多,而且往往以此来批评佛家思想。以《易》批"佛",已经比当代诸家深入了一层,不仅在"社会生活"层面,而且达到了"哲学"的深度,如张载说浮屠因六根未能尽意,就妄图贬斥"天地万物"为"病",不知道用"心"体察"天地万物"原本"气"之"聚散",明"聚散"之"理",方能"知""天地万物"之"真意"。由此,张载被认为奠定了宋代"理学"之基础。从一个角度来说,"哲学"层面上对佛家的"批评",正说明在"思想"上向"对方"的"接近",而不仅是把"对方"作为"外来异己"单纯"拒斥";在"思想"深度上,"批评"也是一种"接纳"方式,是一种"重视"的表现。

宋代"理学"对"物"的重视,可以说是前所未有的,应是这个时代物产丰富、财富增加的反映。"理学"原本重视探讨"(事)物"之"理",无论"理-事"关系如何,应是一条"知识论"的思路;可是宋代(以及后来明代)"理学"却仍然走了一条"本体-形而上"的路子,将"事理"与"天道""结合"起来,将"事物""形而上"化,"理学"与"道学""合一","理-道"合一,"形而上"与"形而下""合一"。

那位"理学大师"张载虽然具有"天地人"皆为一"物"的朴素常识(唯物论)思想,但"设想"一个"气"的"聚散"来解释一切"变化",这种宇宙观,当时故需大智大勇,但"原始"的"根据"总觉不足,不免令人想起古代希腊早期的"始基"说。张载的著作固然可以帮助我们理解那个"始基"说的思想理路,但中国直至宋代才提出"一元物质始基"的思想,可见传统"形而上"思想是如何顽强。

这种"形而上"的"物质观""窒息"了"科学"的"知识论",这条路子是和"非大(乘)-非小(乘)"的"禅宗"相通的,于是"一花一世界",大家都去"看花"、"格物",体味"宇宙万物"之"禅意",当然是"书不尽言-言不尽意",只能"心领神会"了。

"理"与"道"抽象地讲大概是一个意思,所以"道理"连用,但通常都说"物理",不说"物道","道理"上总有些区别。宋初突出"物",对于"哲学"来说,应是一个新的概念,相应地也突出了"理",就"物""理"来看,"天"也是一"物"。但是逐渐地,宋儒们又从"理"回到了"道",由"物"回到了"天"。于是,"物理"也是"天道","格物致知"的"具体性"被"归结"为"(知)天命-天道"的"普遍性";"知"不是"知""物",而是"知""天",并且是以"知""天"来"知""物","物"并无"自性"——"自己"的"本质",而只有"天性"。

"天道"与"物理""重新"被"脱离"开来,"天道"不是"物理","天道"是传统"儒道"的"观念",集中表现在《易传》的"天尊地卑"的"定位"中:凡"地上""万物"皆由"天""定位"而"自得",这就意味着,得"天道"自然就得"物理"。而且,唯有"知""天道",才能"知""物理";"天"为"万物"之"物","天理"为"万理"之"理"。

这个"思想倾向"得到了"佛教禅宗"的支持,"禅"是"天意",不是"物理-物意"。以"禅意""带-带动"、"代-代替""物理","知-觉-悟"皆非对"物"之"知识",而是对一花一木、日月山川的"情意"。"天下万物",无不"含情脉脉"。这种"境界",果然引起了德国海德格尔的"共鸣",这不就是他说的"人诗意地栖息在大地上"的意思吗?只是他们在"同一条""哲学"之"思"的道路上,但从"相反方向""迎面相遇",也算"有缘"。

不过,既然"迎面相遇",各自"走过"的"路程"就不会"相同":海德格尔"背负"着"欧洲哲学"发展的"过去",在"哲学""知识论"的基础上,强调"存在"的"可能形态",在"动态"中"理解""存在","存在"的"显示""在""未来","非存在-不存在"正是"存在"的"家园";"理学家-道学家-禅宗"把印度"佛教"所看重的"佛"作为"未来人"的意思"转化"为"当下-立刻"的"顿悟",没有"过去",没有"未来",只是"当下""现时"。于是,"一切存在的",都是"有禅意的"。如果我们可以把"一切现实的""都是""合理的"这句话"颠倒"过来说,同样具有"哲学"的"意义",那么,"一切现实的""都是""有禅意的",如果"颠倒"过来,就不容易理解了,因为这句话"缺少""知识论"的"熏习","禅意"不是"逻辑概念",既非"经验概念",也非"本体概念","只可意会,不可言传"。

如果深入下去,海德格尔会了解到,"禅意"可能是"直接"康德的《判断力批判》的,但并无《纯粹理性批判》和《实践理性批判》的"熏习"。

宋代最大的哲学家或许是朱熹,他的确是一个具有划时代影响的人物,他在"道-理"的重点方面,强调一个"理"字,但他的"理"主要也是"天理"而不是"物理",不过"天理""涵盖"了"物理",他的"格物致知"成了后来"中国哲学""知识论"的"格言",但这个要达到的"知",不是"物理"的"知识",而主要还是"天理"的"知识"。难能可贵的是朱熹在"本体论"框架下,也还是重视对于"物理"的"知识",他的著作中有许多当时称得上"博物学"的"知识问题",只是他的"抽象"的"天理"观,把"形而下"和"形而上"问题"混杂"在一起,当他努力使之"衔接"时,仍是以"天理"来"规定""物理",使"物理世界"也充满了"仁义道德"的"意义",从"物理""至于""天理"的"定位",而"物理"缺少"自己"的"独立""规律"。

近代中国一些哲学家发现朱熹的哲学很像近代德国的黑格尔,他的"理一分殊"很接近黑格尔的"绝对精神"的"外化",他的哲学原则是从"理"外化为"气"(张载),而"气"进一步"化身"为"万物",这在当时,已是很深刻的"思辨"了,但因为缺少重要的"否定"环节,他的"理-气-万物"也缺少"逻辑"的"推理"环节,依靠的仍是传统的"想象"的力量,求助于"易"的"象数"之学,或"阴阳五行"的学说,对于"科学"的"物理学"帮助不大。

黑格尔批评东方的哲学思想缺少"个体"的环节,而执着于一个"抽象"的"普遍性",一直到斯宾诺莎哲学,他都认为有这个缺陷。之所以如此,也许是德国古典哲学从康德在"原理"上"划出""理论"与"实践"的"界限"以后,如果要在"哲学"上将二者"同一"起来,而不是将二者"诗意地"或"合目的"地"结合-和谐"起来,则必须要有一种"理性"的"自由""精神",或者说是"理性"的"否定""精神",没有这种精神,则只有"等待"一个"超越"的"神"或"天道-天理"来"和谐"两种"异质"的"意识形态"——"理论知识的"及"实践道德的",亦即"必然"的和"自由"的。

黑格尔的"绝对""外化"的思路之所以是"合理"的,在于从费希特那里吸取了"我"与"非我"的"否定关系",有了这层"逻辑"的"否定"关系,"绝对(我)"才有"理由-道理""化身"为"万物(非我)"。"绝对"为"无对",但"无对"如何"化身""万物",要有个"理路",而不是只凭"想象"。"绝对""蕴含"着"自己"的"反面",才有"可能""开显"出"相对"来,才有可能"一分为二","绝对-一"才是"能动"的,"能创造"的。从这个道理上来探讨的"万物",才是"可知的"。黑格尔从正面、从积极方面"化解"康德的"二律背反",将这个"铁律"以"否定"的环节进入"哲学知识"之中,使之成为"合理"的,"可以推论"的,因而也是"科学"的。"哲学"

由之成为"科学",也是"可以""建构"的,"否定"的环节转化为"思辨"(也是以宋儒的用语来翻译)的"建构","哲学"成为关于"绝对"的"思辨知识体系"。

这个"否定"的"哲学精神"和"逻辑环节"在"中国哲学"传统中,是需要"学习"的,朱熹也不例外。

"中国哲学"传统的"对立"观念大多着重在一种现象关系的理解,于是"一生二,二生三,三生万物"的"生"也大多是"自然"的,而不是"理路"的,也是因为"否定"的精神被掩盖之故。或谓"太极"生"二仪"可以解释这种"发展-生化"关系,但"太极"为"无极",其理路"止于""中庸",而"中庸-中道"只是"执其两端"而"用中",避免"矛盾""激化";"阴阳不测是为神",固然"阴阳"确是"在""同一事物""中",但"事物"之"两面",按理是"转化轮回"的,或谓是"气",也是"二",而非"一"。中国哲学传统早已"看到"了"一生万物"的问题,但一旦"意识"到"二"是"一"的"否定","道理"就会更加"通彻",而这需要"理性思维"的"逻辑"的运用。

与朱熹相对立的,还有陆九渊的"心学",因其"直截了当",影响也很大,与其后明代的王阳明合称"陆王心学"。

这个学派把"理""转换"为"心",批评朱熹的"理学"与"物理""纠结"是"支离破碎",这一点倒是朱熹"理学"的问题,当然也可以说朱熹"兼容并蓄",有"综合"的优势,但在"形而上"问题上,不如陆王学派直截了当,一以贯之。

陆王学派和佛教禅学有很深的思想渊源,对于将中国传统思孟学派与禅宗"直觉"结合起来,有很深的体会,但对这个"心"的阐述,仍缺清楚的界定,是一个比较含混的观念。"(吾)心"即"宇宙","宇宙"即"(吾)心",在"宇宙"向"心""开示"这个理路上,尚可融通;但按"原始佛教","开示"了以后,一切"烦恼"俱生,而"解脱""成佛"之道,皆在"灭心","消除"包括生死在内的一切烦恼,此时之"心"只是一"觉",如同"大梦方醒",顾为"觉-醒"。陆王学派的"心"似乎也正是这个意思,"心"不是"欲","欲"是"形而下"的,"心"则是"形而上"的,或者是"摆脱""形而下"之"欲"

的"形而上"的"觉-醒",从"醉生梦死"中"醒悟"过来,"认识"到尚有"形而上"的"宇宙-世界",这种"认识"叫"良知",是"良性"的"知识",是"善知识";那么,"恶知-恶性的知识"就是"谋求功利"的"小计谋"。"良知"是"认识""世界"的"大道理",而"急功近利"的"恶知"则是"认识"一些"小道理","小道理"千头万绪,"大道理"只有一条,即"觉醒"自己的"良知"。"小道理"的"行",是"实现""利益";"大道理"的"行",是"实现""良知","良知"要去"行",要去"致"。"小道理(物理)"在"外","知难""行也难";"大道理"就在自己"心"里(心理),只要"觉悟"到,"立即-刹那""成圣-成佛",是为"知行合一"。

在这个意义上,"行"不是"小行",而是"大行","大行""灭绝"一切"人欲","回归""良知-良心-天理";"大行"即是"归天",故而"知行合一"也是"天人合一"。当然,在宋儒诸家,"人"不必真的"死"了才"归天-大行",而只要"清心寡欲",有"良知-良心"的"觉悟",就是"圣人",就是"佛-道"。"知行合一-天人合一"亦即"儒-佛-道合一"。

这样,宋代儒家在某种意义上完成了他们在哲学上的历史使命,他们对中国哲学传统的推进有很大的贡献。但是由于他们"搁置-拒斥"了"形而下"的"问题",将"物理"也"归结"为"天理-天道-天心","格物致知"成为"正物致知","止于""正位-正名","放任"了"物理"自身的"独立性",使得他们的"哲学"不能成为"鼓励-鼓动""科学知识"的"力量",在理论上成为一种"空洞"的"普遍性"而缺少"具体个性"和"现实性"。

这样,由于宋明诸家"义理之学"过于"空洞"而转入清代儒生之"词章考据",由"大学(问)"转入"小学(问)"则也是"不得已"而为之了。

三、马克思主义进入中国给"中国哲学传统"注入新的血液和精神

我们看到,欧洲的"科学"很早就"传入"中国,"西学东渐"的过程早已开始,但对于中国的哲学传统"触动"不大。或许因为中国哲学几千年传统已经非常成熟,思路也非常严密,另一方面也因为中国哲学将这些"小道理"早已"定位",任你千条万条,"吾道一以贯之","以不变应万变","守仁-守

道-守中"总是"守"得"住"的，于是有"中学为体，西学为用"之说，也引发了"西体中用"的议论，翻来覆去，将"体-用""分"而"轮回"。

只有到了马克思主义的传入，中国哲学传统才真正受到了"巨大"的"冲击"，产生了"变革-革新-革命"的"趋向"。

马克思哲学诞生于德国，但凝结了整个欧洲哲学的历史发展，是当时欧洲时代精神的理论写照，开启了一个"新"的哲学时代。

在马克思所处的时代，作为"概念论"传统的欧洲哲学在黑格尔那里已告"大成"，许多哲学精英之士都试图"突破"黑格尔"绝对"的"概念"体系，闯出一条"新"思路来。在这条道路上，有德国的叔本华、尼采，有丹麦的克尔凯郭尔；黑格尔学派也分化为"左"、"右"两个派别，而从黑格尔左派脱颖而出的费尔巴哈的哲学，被马克思的永久的朋友恩格斯宣称"终结"了从康德到黑格尔的"德国古典哲学"，可见这个学派当时地位之重要。

费尔巴哈以清晰而贴近现实的思想，与"古典哲学""凝重"而"思辨"截然不同的文风，赢得了广大青年学者，一时间，"哲学""回到"了"生活"。在一片"反对"声中，黑格尔哲学几乎成为"死狗"。但马克思看到了黑格尔哲学以及整个德国古典哲学的积极方面。在"政治"上，"德国古典哲学"被肯定为"法国革命"的德国"反映"和"总结"；在"哲学理论"上，黑格尔辩证法的"合理内核"得到了肯定，辩证"否定性"本身所具有的"革命精神"得到了肯定。在这个意义上，马克思在"批判"了费尔巴哈唯物主义的"机械性"之后，把自己的哲学直接与"德国古典哲学"特别是黑格尔哲学衔接起来，这种关系，后来又为列宁所肯定，指出德国古典哲学是马克思主义在哲学上的"来源"。

在这种背景下，随着中国 20 世纪的社会革命的大势所趋，在中国思想文化及哲学上也发生了前所未有、极其深刻的变革，这一历史的实际情况，是任何人不可能也不应该视而不见的。

就哲学理论来说，马克思主义哲学传入中国，除其本身的理论传播外，也给中国带来德国古典哲学，使"中国哲学"传统在"形而上"方面也有"创新"的可能，这是很值得重视而加以深入研究的问题。

我们看到，此前长期的"西学东渐"过程，有了一个"质"的飞跃。

当然,"德国哲学"很早已传入中国,中国学界对康德、黑格尔、叔本华、尼采不十分陌生,只是或作"知识"或作"修养"谈论,像王国维研读康德,以叔本华"意志论"来探讨《红楼梦》之"悲剧性",已属难能可贵,但也谈不到深入全面。以后在马克思主义范围之外研究中西哲学会通的现代"新儒家",在学理上有许多贡献,也有一些可争议的地方。

马克思主义传入中国,起初以一种社会思潮的面貌出现,迅速赢得了学者的重视,进入了"学术"的领域,此后随着社会的变革,又成为普遍学习的对象,马克思主义在中国现代社会的深入人心,已是不可忽视的事实。

当然,由于苏联的巨大影响,马克思主义一度成为"教条",只允许以一种"学习"的态度研读,而不允许有丝毫怀疑,马克思的哲学学说也成了"法律条文",学者们以"现成"的"尺度"来"度量"一切"思想","合"则"留","不合"则"批","思想"的问题成为"法律"的问题,"哲学"一度只是不断"扩展"自己的"领地",而没有"深入"的探讨,举凡"文学"、"艺术"、"历史"甚至众多"自然科学"领域,都要插上马克思主义哲学的红旗;"哲学"曾经在人们心目中成为"思想法庭"而引起反感。这种情况是对苏联的模仿,也是中国某些传统的接续,而中国的"百花齐放,百家争鸣"的政策,曾经激起学者的希望,因政治的原因,只持续了一个短暂的时期。

就学理本身来说,既使从苏联传入的"马克思主义哲学原理"也曾给中国哲学一个进入"新时代"的"台阶"。以《联共(布)党史》四章二节为范本的"哲学原理",成为哲学的标准尺度,各大学"哲学"的标准教材。以这个教材为基础,辅以马恩相关经典原著,对于"哲学"的"基本问题"和"基本范畴",都给出了"解答"和下了"定义",虽然显得"过于简单",但不失为"清楚明了",人们对于"什么是哲学"以及"哲学"的基本"范畴",加之"哲学"历史的"唯物-唯心"两条路线斗争,也都有一个"明确"的"观念"。

或许因为这个"原理"过于"简单",当人们需要对这些"哲学问题"作进一步深入思考时,从上到下都想起了"德国古典哲学"。于是,康德和黑格尔的"著作"在学界也都允许并在一定程度上被鼓励阅读、研究,他们著作的"汉译"工作,常是有组织地在进行,对于哲学问题有深入探讨兴趣的学者,曾经如饥似渴地钻研这些著作。

在这个背景下，进入新的世纪，现实的格局和思想的趋向都有很大变化，欧洲的哲学精神正在转变，当哲学的"深刻性"即将被"搁置"时，拥有古今"深厚"传承的中国哲学，当在这个领域发挥更大的作用，做出更大的贡献。

第三章 道家哲学思想

一、《老子》书中的形而上治国方略

《老子》流传 2000 多年，注释和著述无数，各有自己的视角和阐述，使得这五千言成为极其厚重的文化瑰宝。几千字的短文，经得住如此众多学者文人长期的审读，也可见其内容之价值，值得一读再读。

《老子》是一部什么性质的书？回答可以很多，后世各有偏重的学者都可以把它引为同道，又因为它围绕着"道"这个观念（不是一般意义上的"概念"），说它是一部"哲学"书不会有大问题。只是如何理解《老子》里的"哲学"意义，还需要探讨。

《老子》涉及的"哲学-形而上学"问题很多，其核心观念"道"是一个"哲学观念"，但这个"道"是怎样提出来的？

当然，这个"道"是该书作者——通常说是老子——思考"天-地-人"的"根本问题"的结果，老子"思考"了"形而上"的问题，这方面有丰富的"思想"，只是这些"思想成果"是"说"给"谁"听的？

我读《老子》的一个体会是，老子作此书，不仅仅是在"做学问"，而是在"建言"、"献策"，是从"哲学"的"道理"上作的一篇"治国策"。从这个"视角"来读《老子》，不少地方可以更容易领会些。

1.

讲"建国方略"要从"哲学-形而上学"讲起，这可能是中国古代的一个传统。"治国"要有"合法性"，这个"法"不仅要有"历史"和"现实"的根据，而且要有"合理"根据，这个"理"就逐渐"上升"为"哲学"的"道理"。在古代"经验科学"不发达的条件下，"社会"方面的"科学知识"更加缺乏，于是乎"哲学-形而上"的"道理"就成为"治国"的主要依据。这个"传统"到汉代"大一统"成为定型。

在"治国-政治-统治"的需要下，中国古代在学术领域里，"哲学-形而上学"得到了特殊的重视，应该说，在世界各大民族的历史上，中国古代是"哲学"最发达的国家，举凡天文地理、科学技术包括饮食医学、生活起居，无不以"哲学-形而上"作"指导"。逐渐地，"形而上"与"形而下"的关系被颠倒过来，不是从"形而下""上升-超越"到"形而上"，而是"形而上""下降"为"形而下"，"地上"的一切，都"被""天上"的"道理""支配"。

在这个趋势下，"地上"的种种"科学技术"，渐渐为"天上"的"形而上"所"束缚"，得不到独立的发展。久而久之，"天上"的"形而上"也渐渐"空洞"起来，"地上"的"科学"得不到积累发展，"天上"的"哲学"得不到"新鲜"的"补给"，成为一种僵化了的"独断"，同样也很难发展。

当然，这种情形，是多少年以后的事情。《老子》成书的那个时代，那种"形而上"的思想和"哲学"的智慧，正是生龙活虎、无往而不利的"学说"。

2.

《老子》第一章，的确是一个哲学精神的纲领，概括了"形而上"的基本原理，仅就这一章来说，居然跟希腊泰利士"万物始基为水"这一句话遥相呼应，但内容要丰富得多。

《老子》开宗明义就提出了"道"，但"道可道非常道"的解释却众说纷纭，句读的点断也有不同，我初步的理解是：可以说出来的"道"就不是"常-长久-真正"的"道"了。这里"可道"的意思是"大家（嘴上）说"的"道"，有点像希腊所谓的"意见"，"普遍流行"的"观念-意见"。作者是指出：你们老在说的"道",并非真正的"道",而你们嘴上说的"名-称",也不是真正的"名-称",因为"事物""经常""在""变",你们加诸的"名称"也总是"名"不符"实"的。

于是,一切"流行"的"说法",都不是"真正"-"经常"的"道"和"名"。从这个意思来看,第二章中的那句话也可以理解为：大家口头上都说"美"的、"善"的,那就"不美"、"不善"了。

也许我们可以引申为："治理国家"不能靠"标语口号",打出什么"旗号-名号"来,要有一种"灵活性",因为"事情"总是"在""变化"中;也不要"树立"什么"标兵-模范",你"树立"起来的"具体"的"人"和"事",并不能够"符合"那个"玄奥"的"道";一旦你"指"说"这是道",马上这个"被指"的"事物"或"人"就会"显出"各种"不道-非道"的地方。

在这层意思上,《老子》的"道"有点类似于柏拉图的"理念","现实经验世界"是找不出来的,如果你要"指出"一件经验现实中的"事情",说"这是美（的）或善的",就会被否定掉,"指出""这不是"。只是柏拉图还进一步提出"理念"要谈的是"事物本身"——"美（善）本身",要"建构"一套"知识体系"来"认识"这个"美（善、正义）""本身-自己";而《老子》却另有取向,指出这个"道"是"玄而又玄""深不可测"的。就"治道"而言,《老子》的取向要"优于"柏拉图,因为"治理者""执""道之柄",可以"灵活"掌握;而柏拉图的那个"知识性"的"理念"一旦"形成",则"人人皆知",所以他理想中的"哲学王"终归于失败,因为如果"人人皆知""事物"的"理念",则"人人皆为王者",也就没有"王"了。而在《老子》-道家（当然还有儒家）的精神"熏习"下,"哲学王"在古代中国已经有几千年的成功经验,中国古代的"王-皇帝"无不要臣民承认其为"圣明-圣哲"。

3.

在古代中国,要向君王献计献策,首先要有"形而上"的"根据",《老子》第一章从"道"、"名"的问题马上提出"有"-"无"这个哲学概念。天下万物本来"无（有）名（字）","名字"都是"人"起的,"人"为"万物-万事""命名"。

不过,"命名"也有个"权力"问题,"知识性""名字"要"名-实""相符","技术性""名字"的"创始者-发明者"的"命名权"大一点,而"价值性""名字"则要由"掌权柄者"来"定(性)"。于是"指鹿为马"可以被揭发,"善-恶"、"忠-奸"则只是"皇帝"或"圣人"说了算,孔子定"春秋大义","乱臣贼子""惧"。

在这里,《老子》只是更进一步指出:你首先要成为"皇帝"或"圣人"才有这个"命名权"和"话语权",因而不必为既有的"评判"所"束缚",因为"万事万物"本来"无名",你既已"成圣-成王",就要充分认识到"名"由你来"定",你是"从无到有"的"创始者"。

"无名天地之始,有名万物之母","有-无"是个"名"的问题。或许在古代传说中,先是"开天辟地","开出""天地之间"的"混沌",然后再"开出""万物","等待""命名"。无论如何,"有-无"都是最为"原始"的"母亲","母""生""子","子"本"无名","命名权"在"母亲"手里,尽管这种"名字"只是一些"识别"的"符号",而即使用一二三来排序,那么谁是"老大",谁是"老三",也是母亲说了算。

于是在这个意义上,就时间顺序来说,"无""在""有"先,天下万物"原本""无名",故曰"天下万物生于有,有生于无"(第四十章)。

然则,"有-无"在"(命)名"的意义上,"无"固然"早于""有",但却不是一个独立的"(实)体-质料",从而"有"-"无"不是"两个东西",而是"一个"东西的"两面"。既然天下万物无不具有"有-无"两个方面,这"两面"的"运用",就具有很大的"灵活性"。"有-无"这样的特点,为"人-聪明人-圣人"提供了客观的"机会","运用得失"全在乎"一心"。

所以,第一章接着说:"故常无,欲以观其妙;常有,欲以观其徼。""妙"就"妙"在"天下万事万物"本来"无名",给它一个"名字"原本是要让它"明白"(徼)起来,大家可以"言说-可道",不料想"它们"却又"变"掉了,"日月山川-桌椅板凳"都在"变化","忠孝仁义"也在"变化",使人无所适从。但是换一个视角,这确实给"圣王"提供了"机会","聪明地"(尼采语)运用手中的"命名权","给它们""定性-定名"。所以,"形而上"意义上的"无",对于"形而下"的"人事-治事"是大有"妙用"的。

何谓"妙"?"妙"者,"不可言说"也,"妙不可言"。因"无名"而"不可言说",于是"令"其"可以言说";而"谁"又有权"发号施令"?君王也,圣贤也。于是乎,"形而上"之"无",对于"有权""发号施令"者,也是"妙不可言"的。

这样说来,"有-无"乃是一个事物的"两面","此两者同出而异名,同为之玄,玄而又玄,众妙之门"。因"玄"而"妙","玄"是"君王-圣贤""话语权"的"根据",如何运用这个"话语权-命名权",也是"圣王"的"妙用"。

4.

"圣王"这个"权力"似乎也不是不受控制的,尽管这个"玄妙"的"有-无"之"变"的"妙用""存乎圣王一心",但也不全是"任意妄为","圣王"的"话语权"还有个"道"在"管理"着,对于事物的"经验属性"当然是不容也不会"瞎说"的,只有赵高那样的"奸佞"才会"指鹿为马"。在一般情形下,"圣王"也要按照百姓的"话"来"说",否则"圣王"也不会"说话"了。可能在特殊情况下,皇帝会"封-赐"一些特殊的"名字",如果"事事"都要"圣王""赐名",非累死他们不可。

于是,大体上,"圣王"的"命名权"多运用在"价值判断"方面,而不是"知识判断"方面,或者说,不是在"感觉经验"上,而是在"理性"上;不是用在"鸟兽草木"之"名"上,而是用在"仁义礼智"、"善-恶"、"忠-奸"上,只是在涉及"权力"的"形而上""根据"时,统一归之于"有-无"的范畴之下,因为就"形而上"的意义说,天下万物之"名"无不为"圣人"所"命"。

我们记得,柏拉图的"理念"论主要也是涉及"理性-理智"的"价值判断",问的是"正义-善-美""本身",而不是那些具体感性的事物,在某种意义上,柏拉图是要在这些价值判断中寻求一个"客观"的"根据",使"价值判断"也具有"知识判断"的意义,纳入寻求"事物自身"的"知识体系";就"知识"而言,"话语权"就不是"玄"的,所涉及的也是"普遍性"的问题,其"根据"在"理性"的"必然性",这种"必然性"后来被理解为"逻辑概念"和"知识范畴"的"必然关系"。这条思路，也经过 2000 年的曲折发展，到了康德，得到了更加清楚的"审定"。康德"批判哲学""厘定"了"理性"的各个"权力"范围，也就是说，不仅"君王"被"褫夺"了"命名权"，而且"理性"在自己的"领地"内，也不得"越权"。康德批判哲学寻求一个"权力分配"的"合理性"和"合法性"的"根据"，并以"合理性"作为"合法性"的"根据"，以"思想"的"逻辑""保障-维护""现实"的"合法"关系。这层"批判-批审"的观念，在《老子》中不很突出，其"常道"为"玄"，为"有-无"之"变"，当也有"合理"的意思在内，但仍是"自身"未曾"独立"的"逻各斯"，而不是"逻辑"，"思想"与"存在"未有各自"自身"，"真-善-美"也没有"自身"的"独立性"而"潜伏""在""具体感性事物"之中，为这些事物的"具体功用"所左右。

5.

柏拉图的"理念"超然独立，现实中无"相应""事物"可循，"自身"就可能成为一个"知识"的"对象"，虽然经过康德的厘析，不可能成为"经验知识"的"对象"，但特别经过黑格尔的发挥，可以-允许成为"哲学""知识"的"对象"，"哲学"成为"科学"。而《老子》的"道"因其"玄"而又不"自身""独立"，不可能成为一门"知识"的"对象"，既不是"经验科学"的"对象"，又不可能是"哲学""知识"的"对象"。"道"不是"知识性"的，因而不可能有"知识"的"普遍性"，不可能让"人人"都"可能""知道""什么"是"真正"的"真善美"。如果人人都去"追问"一个"真正的价值"，则每个人心中都有一个"标准"，就必定产生"混乱"。要"避免"这个"混乱"的出现，唯有让-令大多数人（百姓-民）"放弃"这种"知识性-思想性"的"追求"，"满足"于"温饱型"的"生活"，这样才有可能"相安无事"，"天下太平"。

于是就出现了《老子》中第三章那一段文字，似乎老子在"建言"统治者实行一种"愚民政策"，竟然说："是以圣人之治，虚其心，实其腹，弱其志，强其骨。常使民无知无欲，使夫智者不敢为也。"这样一种统治方式，对待民人似乎连"猪狗"都不如，因为动物也有低级的"智"和"欲"，智慧如"老子",何出此言?

这一章的开头一大段,说明了这种"愚民政策"的具体内容,是要统治者保持一种"淳朴"的"社会风气",对于民人的"欲求"和"技巧"要加以"控制",不能任其泛滥发展,更不能"诲盗诲淫",使民人"满足"于"吃饱喝足"的生活,"安安静静"过日子,各人都"与世无争",则天下"自然""太平"。

"不争"是《老子》的"道"的"原则",不仅对于民人,对于君王圣贤,并无例外。君王的统治权也不是"争夺"来的,而是"(顺其)自然""得"来的。第二十九章说得很明确:"将欲取天下而为之,吾见其不得已。天下神器,不可为也。"统治者如此,民人则更加如此。

"天下"不是靠"阴谋诡计"和"暴力""得"来的,也不是靠"阴谋诡计"和"暴力""维持"的,因而"不争-静"就是一个"普适"的"原则"。

然则,为使民"不争",关键似乎在于不要形成一个"引发"人们"争"的"环境","不尚贤","不贵难得之货",遏制"竞争机制",方可"安居乐业"。

在这里,我们也许可以看到,"道家"在"治-乱"问题上,走得比"儒家"更远,也更带"空想"的色彩。"儒家""定"在"帝王将相-君子小人"的"位","道家"连这个"位"统统"拉平",连"贤-愚"的"区别"都要"消弭";"大智若愚",连"君王-圣贤"在内,都"安居""愚""位","天下"就"自然"会出现"不争"的"太平盛世"。

6.

在这个意义上,当然,《老子》表现出来的是某种"愚民政策"。从整个《老子》的思想来看,特别是在第六十五章所说的,"愚民"当是一个重要的"治国之道",并强调这是一种"玄德",说"古之善为道者,非以明民,将以愚之";认为"民之难治,以其多智",这大概是一切"高级统治者"所共同的"心态",连欧洲万能的"(唯一之)神"也不例外,他老人家之所以要把亚当和夏娃"赶出""淳朴-蒙昧"的"伊甸园",也是因为他们"多"了些"知识-智"。只是我们古代的《老子》体现出来的并不止于此,它并不灌输一种只有

"圣王"才"明智"的观念，而一再"规劝""君王"也不能"太自作聪明"，"君王"也要"愚"些，所以它不强调"在明明德"，而是强调一个"玄德"；在这个意义上，我们或许可以说《老子》着重的反倒是一种"愚君政策"，更为确切些，其说教的主攻方向是"君王"，是"治理者-统治者"，而不仅仅是"被治者"。《老子》为这种"愚君""策略""建构"了一套"哲学-形而上"的"大（天）道""根据"，于是"君"的"愚"，就不仅仅是一种"伪装"，而是根据"道"的一种"自然"的"态度"。

《老子》第十七章有一段有名的话："太上，下知有之，其次亲而誉之，其次畏之，其次侮之。信不足焉，有不信焉。悠兮，其贵言。功成事遂，百姓皆谓我自然。"说的是"领导"与"群众"的"关系"：最好的情况是群众只知道有一个最高领导；次一等的关系是要保持亲密和赞誉的关系；再次就是相互"畏惧"的关系，群众当然"怕"掌权的领导，而领导同时也"怕"自己的"下属-子民"，事事要加"防范"；最糟糕的关系则是相互"侮辱"，"领导""整""群众"，"群众"也变着法地"整"领导，于是互不"信任"。在这里重要的教训是要办成事情，还要让百姓感到"我"办事也是"顺着""自然"的，并非"我"利用手中的"权力""强加"在"百姓"头上的。

这里联系到第九章里阐发的那个著名的思想："持而盈之，不如其已。揣而锐之，不可常保。金玉满堂，莫之能守。富贵而骄，自遗其咎。功成身退，天之道。"所有的人，特别是治国者，都要向"天道"学习：功成身退，这其实是古代智者体会出来的共同的智慧格言，是《老子》把它明确地说出来了，就哲学来说，应是很高智慧的表现。

就"哲学-形而上学"来说，"功成身退"涉及"功"和"身"的相互关系，由此延伸出"生"和"死"的关系，而就现在的视角来看，还可以涉及"思"和"在"的关系。

7.

《老子》里关于"身"的问题谈得不少，总的倾向，是要把这个"身""悬搁"起来，"身"总是要"退出"去的，有真智慧的人采取"慎终为始则无败事"（第六十四章）的原则，"提前进入退出状态"（借用海德格尔语）也是很高智慧的表现。

《老子》里多次提到"身"的问题，他提倡的不是"修身养性"，讲"养生-摄生"，当然也讲到"修身"（第五十四章）"养身"，但他认为"养生-摄生"的"太上"的境界是将"身""隐去"。《老子》第五十章有一段很难解释的话："出生入死。生之徒十有三，死之徒十有三，人之生，动之死地亦十有三。夫何故？以其生生之厚。盖闻善摄生者，陆行不遇兕虎，入军不被兵甲。兕无所投其角，虎无所措其爪，兵无所容其刃。夫何故？以其无死地。"这一段有点神秘的法术意思的话，似乎要说明"隐身"的作用。"隐身"并不靠"法术"，只是不要抓住"生生之厚"，不是把"身""保养"得"肥肥胖胖"，使它"攻击""目标突出"－"出生"，要这样，就只能"等着""入死"了，你的"成活率"只有三分之一的把握。"善摄生者"亦"善隐身"，"隐身"无需"法术"，只要不作为"目标""吸引""对方（兕虎，兵刃）"来"攻击"你，就是上乘的功夫了。在这个意义上，"隐身"不是"术"，而是"道"。

相对于"身外之物"，这个"身"当然是很重要的，第四十四章曾经指出，"名"与"货"比起来都不如"身""亲"和"多（重）"，但正因为如此，"名"和"货（利）"都不能成为"身"的"累赘"，不仅"余食赘行"（第二十章），而且如果一路"炫富"，还会"引来""杀身大祸"；但正因为"身"对"生命"如此重要，则更要避免让它成为"攻击""目标"。

8.

《老子》第十三章讲一切的祸患都是因为"有身"，如果"无身"，则"吾有何患"？这里的"有-无"也是一个事物的"两面"，而不是说"真"的"没有"了"身（体）"；果真"没有了身体"，"死后"的"朽骨"同样会"有患"，或被"后人""评说""责骂"，甚至被"鞭尸"也有可能。所以，这里的"无身"或许还是"活着"的事情，仍是"隐身"的意思。

再则，"隐身"也不是真的有一种"隐身"的法术，能够做"隐身人"，而仍是一个"有-无"的问题。此话怎讲？

体会"无身-无患"之意，仍是这个"身"不"要"去"想-（欲）""（占）有""身外之物"，包括"天下-王位"在内都不要（欲）去"占有"；不仅仅不要去"占有",而且要"设法""退"出来,"全身而退"当是"上策"。

"退隐"的"教导"不仅是对"当权者"的——当然这是主要的,而且是一条"形而上"的"普遍规律",这就是《老子》多次说到的那条"功成身退"的道理,说它是"天之道"(第九章)。

这条"形而上"的原理,在《老子》第二章中已经提出:"是以圣人处无为之事,行不言之教。万物作而不始,生而不有,为而不恃,功成而弗居。夫唯弗居,是以不去。"真有智慧的人,不是不"作功",不是"不作为",而是不把"功-作品""占为己有",因为实际上,无论"作者"多么"高明",要"作""成功",无不要"诸多""因素"的"配合",要"符合""天道","按照""自然"的"道理"办事,才能达到"有志者事竟成"的结果,也就是要"符合""客观"的"规律",这个道理,上至君王圣贤,下达贩夫走卒,一概不能违反,如果"贪天之功据为己有",等于"自取灭亡"。

这条道理之所以特别要为君王圣贤敲起警钟,乃是因为"小事""弗居"容易,而要作"大事"而"弗居"则难,而实际上,"治大国如烹小鲜","大"-"小"是一个道理。

时世间"大事"无过"天下"之"得-失","天下"与"身"的"关系"也要按照"天道-玄道"来"处理"。

首先,"天下"之"得",并非完全靠"暴力",亦即并非完全靠"身(体力-物质条件)"的"力量",而是"天时地利人和"的"综合""得"来的产物(生)。《老子》多次提到"兵"为"不祥之物",不得已而用之,"有道者不处"(第三十二章)。在那个古老的时代,不仅"马上治天下"要不得,就是"马上得天下"也不是提倡的方式。《老子》提倡"不争",包括"天下"在内,也不要去"争",凡主张用"暴力(兵)"的,《老子》一般都加以批评。"兵"所以"不祥",其后果马上就可以显出来,"师之所处,荆棘丛生焉,大军过后必有凶年"(第三十章)。前一章更说,"将欲取天下而为之,吾见其不得已。天下神器,不可为也,为者败之,执者失之"。"为之"相对于"无为",不仅"无为而治",而且"无为而得"。"天下"这个"东西",乃是"神器","神器"为"神妙"之"器","变化无常","强行""不得","得-失"都不是"自-身""决定"得了的,"得"也"有道-由道","失"也"有道-由道",所以首要的问题不是"身（物质力量）""强"，而在于"得""道"；"得道"者"垂拱"而"得"，"无为"而"治"。

"无为"与"有为"也是"一个事物"的"有-无""两个方面"，并非"两个事物"。"无为"不是"不作为"，恰恰是"有作为"，而且是"有""大作为"；"无为"是"为""无为"，"为无为，则无不治"（第三章），为无为，则无不得。"得"-"治（持）"两"无为"，"大为""无为"。

9.

"无为"意味着不以"身""为"，而以"道""为"。"身为"者，处处"突出"一个"我"字，至大者以"天下"为"我"所"有"，至小者也要"有"个"声色货利"，"大-小"都是"我"的。"我的"是一种"权力""欲望"。其实"身"的"感性"的"欲望"是极其有限的，《老子》第十二章说，"五色令人目盲，五音令人耳聋，五味令人口爽（失的意思，如今尚有失约之说）……"大至"天下"，如果当作"我"的"东西"，则"飘风不终朝，骤雨不终日"，"天地尚不能久，而况与人乎？"（第二十三章）。世上之一切，无论大小，终非"身"所"有"，"有"总会"转化"为"无"，"得-失"、"祸-福"无不相互"转化"，于是"退身-隐身"就不仅仅是一种"处世"的"计谋"，不仅是"韬光养晦"，而是一个"原则-原理"，是一个"形而上"的"天道"。

然则，又奈"身"何？"身-我-私"与这个"世界-天下"又是何种"关系"？

可能在《老子》的作者看来，"身"与"天下"的"关系"，不是"天下"为"我""所有"，而是我"为""天下""所有"，即使这个"天下"为你"所得"，为你"所治"，"普天之下莫非王土"，这个"天下"也不是"你的"，而"你"应是"（属）天下的"。

"功成身退"，"退"出"功利"的"世界"，"隐"于一个"非功利-无是非（不是是非之地）"的"世界"，或"小""隐"于"深山老林"，或"大""隐"于"闹市庙堂"，不仅是"消极地""明哲保身"，而且是"积极地""投身"于"天下（万事）"之中，但"生之，畜之，生而不有，为而不恃，长而不宰，是为玄德"（第十章），能"进（投）"能"（退）出"，能"前"，能"后"，"出生入死"，"进退有据"，是为"玄德"，一"明（哲）"一"（玄）

暗",差之毫厘,失之千里,在"精神"上不全相同。

在这个意义上,所谓的"退隐"并不需要"另一个去处","退隐"就"在""世界"中,就"在""山林"、"闹市"、"庙堂"中,更无须"死"后"被迫""退出";"退隐"乃是"全身",是"出生",而不是"入死";"退出"而"得""(保)全身","是以圣人后其身而身先,外其身而身存,非以其无私邪,故能成其私"(第七章)。

以"无私-无身"而"全身-存身",将"身""投入""天下","退隐"于"天下",似乎"只有""天下"而"无身",但实际上却是唯一的"全身-存身"之"道"。《老子》把这层关系名之曰"寄托",在说过"无身-无患"这层意思后,接着说:"故贵以身为天下,若可寄天下;爱以身为天下,若可托天下。"(第十三章)

把"身""托出去","托"给了"天下",于是"天下""在","身-我-私"也"在"。不是把"天下万物""悬搁"起来(胡塞尔),而是把"(自)身""悬搁"起来,"寄托"出去。被"悬搁",也就是"存"而"不论","存而不论","存"在其中了。

10.

《老子》当然关切"生-死"的问题,后来道教的"长生不老"的种种修炼方术,都以《老子》为根据,也有相当的理由。但当其时也,《老子》中所论"生-死"还有另一层意思,不完全是"个人""死活"的问题,而主要还是"存亡"问题;而"存亡"问题又是一个"社会"上"立身处世"的问题,"政权"上更是"长治久安"的问题。

《老子》第三十三章有一段话:"知人者智,自知则明……不失其所者久,死而不亡者寿。"何谓"死而不亡"?"亡"者"失其所"也,"逃亡"也;"死"后仍"留守"在原来的"地方",不是"死无葬身之地",才可以说"寿",这个"寿"字,大概跟儒家说的"仁者寿"一个意思,"仁爱"的心态固然增寿,而"施行仁政",得以"长治久安",或许是这句话的主要意思。"死而不亡"不是说"死而不死",不是"阴魂不散"之类的意思,而是前一句"不失其所"的引申。

当然,"死而不亡"也有"死后"各种影响还"存在"的意思,在儒家则有"家族祭祀"的继续,意味着这个"葬身之地""长久""存在","香火"可以继续不断。或许,在古代,"个人"都跟一个"集团"密不可分,儒家的"家",道家的"国",都是一个"团队",只要这个"团队""继续存在","个人-身"就不会"亡",不会成为"孤魂野鬼",而仍"在"这个"团队"之中。"家-国"是"留住""人"之"身"不使"消散"的"环节",只要"家-国""在","个人"的"身"也还会继续"存留",这个"身"继续"隐(藏)-寄托"在"世界-天下"之中,而不致"散失"为"物"。

至于"个人""生死"的"独立性","死"作为一个"个体"独特问题的提出,恐怕乃是近代以后的事。就"哲学-本体论"来说,也许直到海德格尔的"Dasein"观念的提出——"人"作为"Dasein"之"有时限性"——"死"的问题才进入"哲学"层面。因这个问题的突出,《老子》中所说的"生-死"、"有-无"之"一个事物"之"两面",才成为"两个事物","两个"可以"独立""研究-认识"的"知识""对象"。

二、《庄子》的"反讽"精神

《庄子》在中国哲学的历史发展中也许可以说是一个"异类",之所以这样说,主要是他的哲学精神和其他哲学学派,甚至和《老子》的精神,都有不同的面貌,因而有不同的社会作用。我们可以说,包括《论语》在内的儒家的著作,多是一种"教导",其主要目的在于"指导""当权者"如何"治理"他的国家,为增加"说服力",他们"建议"的那种"治理方式"又被赋予了"形而上"的"根据",即使是道家的《老子》也是从相反的视角"教导""治理者""无为而治",同样也是根据了一个"形而上"的"道理"。似乎只有《庄子》这部书——当然有的篇章也有这种"建言"的意味,但相比而言,这方面的意图比较淡薄——它不"教导""治理者""(应该)做什么",而只是"指出""治理者""不必做什么";对于那些"已经做的"、"现在做的"和"将要做的",按《庄子》的"意思"竟都是"徒劳的"。《庄子》不"劝进""什么",也不是在"劝退""什么",而只是在"揭示"一切的"进"都是"虚幻"的,"进"与

"退"皆"幻",它的工作只在于"揭示"这个"天下-世界"的"虚幻性",这种"揭示",是"反讽",是"解构",而《庄子》在这项工作中,表现了一种中国学术传统少有的"彻底性"。

何谓"反讽-解构"的"彻底性"?

我们知道,在欧洲古代,这种"反讽"精神体现在古代希腊的苏格拉底的哲学思想中,近代研究这种精神的有黑格尔和克尔凯郭尔,使这种精神得到重视。苏格拉底对当时希腊社会之"纷繁无序"作了无情的揭露,为起到"刺激社会"的作用(牛虻),不惜牺牲自己的生命。然而,为使自己的工作有别于当时流行的"智者学派"的那种"止于""消极"的"否定",苏格拉底"建立"了一个"积极"的"肯定性"的理论——理念论,这个工作在当时由他的学生柏拉图来完成。在这个意义上,"反讽"是为了它的反面,"解构"是为了"结构-建构",这个哲学思想的传统,一直延续到黑格尔。黑格尔的"辩证法",并不"止于""否定"的"消解",而是为了"发展"成为"肯定"的"思辨哲学""体系"而"服务",因而就整体来说,黑格尔的哲学也是"建构性"的;就连克尔凯郭尔的"反讽",也还是要"建构"一个"瞬间"的"思想体系"。

在欧洲哲学中,或许在黑格尔之前的康德,因为他的严格的"批判精神",才把这项传统的"建构"工作,"限制"在"经验科学知识"的"领域",不计划"建构"一个"僭越"的"批判哲学"的"知识体系",但由于他看重"建构"一个"经验科学"的"理论体系",遂使他的《判断力批判》所涉及的"美"和"目的"也须得"模仿""科学知识"的"判断""形式",使这个原本"超越"的领域,也成为一个"理论""环节——"判断力"。于是这个"判断力""区域",虽如后来德勒兹指出的"打破"了他以前苦心经营的种种"界限",但却缺少德国哲学一贯具备的"彻底性"。也就是说,德国哲学这种"彻底性精神"只能体现在"肯定性"方面,即"建构"一个"哲学(知识)体系";而要求一种"消极-否定"的"彻底性",恐怕要从中国的《庄子》一书中去找。

从某种意义来说,"积极的否定性"有一种"乐观"的精神,"相信"这个"世界"无论在实际上或思想上,都可以"建构"得"更好";而"消极的否定"则有一种"悲观"的态度：似乎这个"世界""无可救药"。但从另一个方面来看，那种"悲剧精神"蕴含着"希望"，因而那种"严肃"且"彻底否定"的态度，倒是"喜剧"的精神。"悲剧"尚抱有"再生-复生"的"希望"，"喜剧"因为是"第二次死亡"，"彻底""断绝"一切"希望"，于是"讽刺"-"嬉笑"是它的"存在方式"。《庄子》很少有《论语》甚至《老子》那种"凝重"的笔法，可能也是这个原因。

《庄子》中有一篇叫"胠箧"的，从通常的经验出发，引申出的意义却很值得玩味：为了防止小偷，把箱子用绳索左绑右捆，唯恐不结实，其实小偷连箱子一起拿，也唯恐捆绑不结实半路散了，所以这种防范，实际上是为小偷准备的，叫作"资盗粮"。这个意思很容易理解，如今的保险柜也挡不住强盗开着车把它拉走。由这个道理推演开去，一切"防范"都是"白搭"，而且是"资盗粮"，实际上是帮了"贼"的忙。这层意思也还浅近，到了"田成子""篡齐"的推演，道理就很深入了：原来所做的一切建制，包括这些建制所遵循的"道理"，都"归了""贼子-田成子"所有，成为他的"物质"和"思想""财富"。也就是说，不但江山社稷为"贼"所有，而且江山社稷所根据的"圣言"-"圣训"也都归了"贼"的名下，这个"贼"也"会""根据"它们把"天下""治理"得不错。

于是乎，"圣人圣言"也都"为"这个"篡权者""服务"，意味着："圣人"原是"为""权力""服务"的，而一切的"权力"的"来源"都是"可疑"的，就其"源头"而言十有八九是"争夺-篡夺"来的。在这个意义上，一切的"建设"和"建言"都有"为大盗积"的意味。

就中国古代社会的"改朝换代"来说，无论儒家"天命有改"或者道家"替天行道"，似乎都没有《庄子》的眼光犀利，更没有它的"反讽"精神的彻底性。"窃钩者诛，窃国者侯"-"成王败寇"，"王""寇"原是一家，"成功"了的"寇"，就是"王"，一切"权力"都是"偷窃-盗"来的，拥有这种"权力"，也就拥有"原主"的一切物质和精神的"财富"，而"原主"因其失败而成为"寇"，其"寇"之"计谋-利器"才大白于天下。所谓"国之利器不可示人"中的"利器"，并非"印信符节"之类，而是"圣人"如何"制造""道理"为"夺权""服务"的"秘密"，不能泄露出去。"圣人"的"道理"原本具有"两面性","王"和"寇"都可以用,"胠箧"里介绍了"盗亦有道"的故事,对"圣人"之"道"是一种无情的讽刺,原来这个"仁义道德"的"道","王"-"寇"一体都可以而且应该和必须"用"的,"王-寇同道"应是对过去、现在和将来的"权力"的莫大的"反讽"。

《庄子》对于"圣人"之"道"的"反讽",也就是对于"圣人"之"睿智"的"反讽",是对于被奉为"圣人"之"知"的"解构"。原以为"圣人睿智"为"大知-大智慧",实际是一些"小计谋",只是"小知"。

《庄子》一书,对于"小知"的"解构"和对于"大知"的信念,是很值得研究的课题。

《庄子·齐物论》说,"大知闲闲,小知间间(閒閒)"。何谓"闲闲"?按文字意义讲,门中一"木(栓)",阻挡"人"进,也不许"我"出,这种状态,当是"我""闲着",于是"闲闲"者乃是"让""我""闲"着,把"我""搁置"起来,亦即篇首说的"吾丧我","无我之知",一种"无我"的"境界",是为"大知"。相应的,"间间(閒閒)"却是"进进出出","看看""太阳"或"月亮",是为"有我"的"境界",这种"有我之境",只得"小知"。

这里想阐述的,即后世为王国维赋予诗词的两种"境界",就"知(识论)"方面来说,实际是中国传统儒道两家对"知(识)"的不同视角,这种视角,都对"经验科学知识论"的"建构"有相当的影响。

如以"我""观""天下","我"以"仁义"为"性",上承"昊天","推行""万物",而"万物皆备于我","我"有"归化""万物"的"责任";虽也"学习""草木鸟兽之名",毕竟"天下兴亡,匹夫有责","知"者更以"知""仁义礼智"之"意义",乃是"形而上"的"知"。

《庄子》承《老子》之意,"贬"这种"圣人"之"知",以"我""在""天-地"之"间",而"天地-万物"本"无间","浑然一体",须得"悬搁"这个"之间"之"我",方为"大知"。"有我""在""我"与"万物"之"间","所知"也"限于""我(性)",而如无"我"夹在其"间",则"我"与"万物""同为一体",反倒"有能力-被允许""知""万物"之"性"。"我"与"万物"本"亲密""无间"。《庄子》之"道",乃是"无间道"。

于是我们看到,在"知"的问题上,《庄子》的这种"无间道"精神与欧洲近代笛卡尔的"我思故我在"的"理性"精神完全不同，前者虽"无助"于"建构"一个"概念"式的"科学知识论""体系"，却揭示了欧洲"理性"精神所不曾充分发展的"彻底"的"反讽"和"解构"精神。欧洲哲学以"思""阐释-化解""感性"之"我"，以"分裂""我"的思路"确保""思"之"普遍性"；儒家以将"我""定性"为"仁义礼智"之"天性"而"确保""思无邪"；《庄子》则以更为"彻底"的态度，以"无我"而"进出（游）"于"万物"之"内"，"得""万物"之"性"为"知"之"大"者。用欧洲哲学的语言来说，《庄子》不仅"搁置""我"之"私欲"，而且同样扬弃"我"之"圣睿之思"，斥之为"盗贼"之"夺取"和"守护"的"工具"，即，"思-睿思"不仅是"工具"，而且是"盗贼"的"工具"，当已超出欧洲"知性""工具主义"的眼界之外，其"反讽-解构"的意义，莫过于此了。

当然，尚有一说可以贡献。《庄子》之"大知"缺少"思"之维度，拒斥"概念性""思维"，对于"科学""知识论"之"建构"也是一种"阻遏"的力量，而后世推崇"老-庄"者，无不以"无我-无思"境界为一种"吸引力"，这种"视角"又因其"彻底性"，一旦被这种力量吸引，要"超拔"出来也很难。

《庄子》似乎认为，"我"是"横在""人"与"物"之间的一个"障碍"，去掉这个"障碍"，"人"遂可与"万物"相通，去掉了"人-我"之"思-私"，"人-我"亦为一"物"；而"物"与"物""齐"，"和谐"为一体，也"互相""沟通"并无"障碍"，唯有"人-我""用""思-私"，以万物为"刍狗"（《老子》），从而把"人-我"与"物""隔离"而"对立"为"敌"，则"人"因"我"而与"物"为"敌"，不能"和平""相处"，也不能"相互理解"；"人"以"我思"而把自己孤立起来，不能与"物""相处-相通"，也就是后来宋代邵雍说的不能"以物观物"。在这个意义上，"无思"也就是"无私"，"无私"则"公"，则"溥"，"无私"得"思"之"普遍性"，则可套用《老子》的话，"无思则无不思"；或者，"无私-无我"则"思"反倒"大"而"公"。

《庄子》这条"大知"的思路，似乎是它的诸种"寓言"在道理上的"根据"，从而使它不限于"文学"，而具有"哲学"的意义。

《庄子·秋水篇》中那个著名的庄周与惠子的辩论，使如何"（相互）理解-（相互）沟通"的问题成为了问题。这个问题，庄周用"论辩术"把"矛盾""传回"到惠子那边，实际上，如果按照《庄子》的"无私-无我"之"万物一体"的立场，对"鱼"采取"静观-以物观物"的"立场"，而不是"鲜美不鲜美"的"食欲-私欲""立场"，就有"可能""知（道）""鱼"在"水中"而不"在""刀砧"之下的"自由自在"之"乐"。"品味"做成"菜肴"之"鱼"所可以"乐"者，只有"作为品尝者"的"我"，只有"我""独乐"，而不会-不可能"我"与"鱼""同乐"，"我"之所以有可能"知""鱼"之"乐"，不是我"在""餐桌"之上，而是"我""在""濠"上。"在濠上"之"观"，是"以物观物"之"观"（邵雍），为"无我" - "无私"之"观"，是"静观"，一如宋代人所吟诵的"万物静观皆自得"，"鱼""得"其"水"而"乐"。

在欧洲"知识论"的层面上，所谓对"事物"之"知"也只限于"理论"的，不是"实践"的，不要说"无知无识"之物-动物，"理性"对于它们的"知"也是"理论"的，在"实际"上必须"承认""偶然性"之存在；更何况对于"有知有识"的"（他）人"，对于他人之"喜怒哀乐"之"感受"，"知识论"也只能保持在"共同感"的条件下，有一个"理论性"的"判断"。在这个意义上，对于"鱼""在水中"之"乐"，也只是"止于""经验理论"之"类比性""推测"。从这个意义上，《庄子》所提出的问题，以自己的"齐物"理路来解释，固然未能尽善尽美，但也是难能可贵的。"以物观物"引导着与欧洲"知识论"完全不同的"存在论"思路来理解这个问题，很值得深入研究。

在这个意义上，不仅"人""诗意地""在""大地上"（海德格尔），而且"万物"同样也是"诗意地""在""大地上"；而且，正因为"人"是"诗意地"而不是"功利地-实用地""在""大地上"，"万物"才"会（有可能）"也"诗意地""在""大地上"。

所谓"诗意地""在""大地上"，意味着"人-我"也是一"物"，与其他"万物""共生-共在"；"人"与"物"的"关系"，或是"如鱼得水"，或是"相濡以沫"，都是"同在"。有这个"意识"，有这个"心"，方可"以物观物"，与"物""相通"，方有能力与"鱼""同乐"，与"民""同乐"，"知己知彼"，"感同身受"，"亲历""在""万物"之中，是为"大知"。

相比之下，儒家之"睿智"，似乎采取了相反的方向。

如果说，《庄子》把"人-我""下降"为与"物"相同的层面来理解"知"，儒家则把"物""提升"到"人-我"的层面来理解"知"。

儒家认为，所谓"知"即是"知""性"，"天命之谓性"，"人-我"和"万物"之"性"，都是"天""定"的，而"性"之最为核心的部分是"仁"；在"仁性"上，"人-我"与"万物""相通"，在这个意义上，"万物"都具有"德性"，而且"人-我"与"物"具有"同一个尺度"——"仁"。于是，"人性-仁性-德性"是"普遍-普天之下"之"性"，而不是"私欲-一己之性"的"个别性"。

孔子之"仁"，孟子之"心"，都是"普遍"之"人心-仁心"，而不是"私心"；"私心"是"杂念"，是"多"，而非"一"。"天下归心"，也就是"天下归仁"。

于是乎，《庄子》让"人-我"向"万物""看齐"，孔子则让"万物"向"人-我""看齐"；对前者来说"人性-我性"也是"物性"，而对后者来说"物性"也是"人性-我性"。二者虽"方向"相反，却是"殊途同归"：就哲学来说，都是从"本体论"走向"知识论"，而不是从"知识论"推向"本体论"，从而需要"充实"的乃是"思维"这个"度"。

就我们通常所熟悉的"哲学"问题来看，我们的传统并没有明确的"思维与存在的关系"这样一个"课题"，而这个"课题"是古代希腊哲学特别是近代欧洲哲学突出考虑的问题。

从某种意义上说，《庄子》侧重于"人-我"与"万物"的"自然"的关系，而孔孟则侧重于"道德"的关系，但无论"自然"或"道德"都不是欧洲哲学"知识论"上的意义，而直接是一种"本体论"的意义。

欧洲哲学中"思维与存在的关系"这样一个基本问题，为人们提供了一个"知识-经验"的"领域"，在这个"领域"，"理性""拥有""自己"的"立法权"，有可能-有能力"建立-建构"一个"科学概念"的"世界"，而作为与"感性世界"的"对立物"相对"独立""存在"。这样"建立-建构"起来的"科学世界"在其"建立-建构""过程"中，当然需要"想象力"和"情感-激情"甚至"幻象"的"赞助"，但其"完成的世界"却是"理性"的，"合逻辑"和"合现实"的"科学（概念）体系"。缺少这个"思维与存在的关系"问题支持的《庄子》（以及孔孟），在它深刻而彻底地"把握""人-我"与"万物""同在"的关系后，不仅避免了欧洲哲学古代已经提出的"万物""是""什么"的问题，而且还很真诚地问出了"'我''是''谁'？"这样一个欧洲人只有在注意到"我-思"之"个体性"之后才清楚地提出的问题。

笛卡尔的"我思故我在"命题被康德批评为以"思维""证明""存在"是一种"越界"的"僭越"，"思维"的"证明"和"推论"只在"现象界"，而"单纯"的"存在-本体"是一个"思想体"；在这个意义上，"我思故我在"只是一个"重言式"，乃是"同语反复"，并不能"证明"或"增加""什么"。康德的这个意思显示了一层以后逐渐清晰化的含义："我"并非一个单纯的"思想体"，而是一个实实在在的"在经验中"的"个体"，由于这个"个体"之"我"的"特殊性"，逐渐地才更进一步明确提出"我是谁"的问题。这个"谁"，只对"我"有意义，因为"我"之"个体性"不是"物"的"个体性"，因而问题所在，不是"什么"，而是"谁"。

《庄子》的思想并没有那样充分的"知识论"背景，不可能明确提出"谁"的问题；它也不像儒家那样把"物""提升"到"人-我"的"德性"层面，"克己复礼"，以"仁义礼智""德性"之"普遍性"来"消弭""我"之"个体性（私）"；《庄子》的"齐物"以"我-人"与"万物""相通"而"蕴含"了一个"通中之异"的问题。这个"异"，《庄子》以"梦幻"的方式加以解释，以此把它的"反讽"精神贯彻到底。

在《庄子》看来，"差别-异"当然是"有-存在"的，"庄周-我是谁"的问题是不可避免的，对于这个"不可避免"的问题的"反讽式"的"解决"，则是以"梦幻"的方式来"避免"这个"不可避免者"。

《庄子·齐物论》中那个著名的"寓言"——"庄周梦蝶-蝶梦庄周"指出："庄周"和"蝶"，"必也有分矣"，但这个"分"，在"梦"里，却是有能力"齐一"的，亦即"庄周"和"蝴蝶"是"可以-允许-有能力""转化"的。由于这种"转化"，"庄周""就是""蝴蝶"，"蝴蝶"也"就是""庄周"，它们是"相通"的，也是"相知"的。以此，"人-我"之所以"能够""知""鱼"之"乐"，根据在于"我-人"本也"可以-能够"（在"梦"里）就"是""鱼"；

"庄周""梦""蝶",也"可以-有能力""梦""万物",同理,"万物"也"可以-有能力""梦""庄周"。于是"表面上"的"分",在"梦境"里则是"通-合",是"一"而"二"、"二"而"一"的事情。在这个意义上,"什么(物)"的问题与"谁(我)"的问题被"彻底"地、"反讽"地"齐一"掉了;而且,如有坚持"分"者,甚至进一步也可以对他说,在《庄子》的视角看来,"梦"当然是"暂时"的、"变幻"的,时而"庄周",时而"蝴蝶","现实"又何尝不是如此?沧海桑田,昨是今非,也都在"时间""变异"中。以"梦"作为"存在"的方式,当然是"虚构"的,但在没有"概念式""实构-建构"的"知识论"的条件下,来"沟通-齐""人-我"与"万物"的关系,仍有一种"艺术"的魅力,其影响经久未衰,也是有理由的。

就这个方面我们似乎可以概括地说,《老子》的"道"求"真",孔子的"礼"求"善",《庄子》的"梦"则求"美",只是在思考他们各自的问题时,须有中国特殊的"思想背景",而不是简单地套用欧洲哲学的范畴。

这里所思考的中国古代思想背景的特点在于:在一个未有"知识论"充分"支持"的条件下,如何直接地思考"真-善-美"的"哲学"问题。这些"哲学问题",是"形而上"的,但不是"元-物理学"的,而是"原-本体论"的,如果我们把从"知识论"发展出来的叫"本体论-存在论",那么直接从"生活经验""产生"出来的这个"论",就加上一个"原-元"以示区别。

没有"知识论"充分支持的"真""在",从"开天辟地-混沌"讲起;而"道德伦理"就从"祖宗三代"讲起,其"约束性"在于"古代"或"原始"社会"存在-安"的"必要条件"成为"必须遵守"的"道德规范";这两家为《庄子》留下的"余地",只能是以"梦境"为特征的"审美领域"。相比较而言,我们的古代哲学家需要在没有"超越""经验知识"之"超越性"的"无限"的条件下来发展哲学,这里的"无限"不是作为"理性"的"思想""对象",而是作为一个"经验"的"绵延""意识"来探讨,这样,《庄子》的"审美"的"梦",也就缺乏康德《判断力批判》中的那种"现实"的"自由",即在不"脱离""现实-时间"之"永恒"的"自由",也就是"在""合知识-合目的"中"存在"着的"自由"。在没有"无限"作为"永恒-先验""观念-理念"的条件下,《庄子》把"自由""归于""梦幻"。

"梦幻"式"自由",不是"无内容"的单纯"形式"(康德),它是有"内容"的,这个"内容"也是"经验"的,如"人-蝴蝶"等,但这个"经验"的"内容-材料"却不是"合规律"、"合知识"的,而具有一种"想象"的"随意性";也就是说,把在"经验科学知识论"中作为"经验"的"偶然性""提高"到"普遍原则"的层面,以此"排斥"了作为"经验知识""基础原则"的"必然性"。具有"必然性"的"偶然性"或者作为"偶然性"的"必然性",也就是将"偶然性"与"必然性""齐一",乃是"梦幻"的特点。在欧洲,这原本是一条通向"宗教-基督教"的道路,似乎是一种"超出""自由"的"更高"的"必然性"——"命定-天意";而在中国,按照《庄子》指出的思路,却是"变幻"中的"自由""选择",是一种"审美"的"愉悦",而不是"宗教"的"膜拜"。

于是我们可以说,《庄子》(庄周)的"梦"是一种审美的境界-存在,而不是"审美"的"意识",不是像康德那样把"审美-目的论"作为"理性"的"反思"环节,沟通着"理性"与"知性";也不是作为一个"经验心理"的"现象",需要有一门"经验科学"来作出"科学"的"解释",或者提升到寻求"梦"的终结性"原因",像弗洛伊德那样"归结"为"性"的问题;《庄子》的"梦"是对"存在-本体"的一种阐释方式,是它对世间一切"僵硬"的"现实"进行"反讽-解构"的"存在论"上的"根据"。"审美"的"梦",实际是对人世间(经验现实世界)种种"争权夺利-尔虞我诈"现象的深刻的"抨击",以"嬉笑怒骂"的"游戏"方式"告别"一个"无须"、"不该"也"不屑""参与"的"世界"。

《庄子·天下篇》概括各家学说,把自己独立出来,阐明自己的观点与包括老聃在内的各家的不同之处,颇有深意,是一篇很特殊的先秦哲学史。

之所以说很特殊,不仅在于《庄子·天下篇》点评各家学说的独特的视角,而且还在于它对这一段思想史有一个与众不同的整体态度,这个态度是一种特殊的"批判"态度,或许并不是欧洲那种"理性批判"的"界限"性态度,但却是一种独特的"整体"性"反讽-消解"态度。

迄今对于先秦"百家争鸣"大都持一种赞扬甚至是怀念的态度,这当然是有理由的,在"学术发展"的层面也是无可怀疑地正确的。然而事情似乎还有另外一面：当时这些主张大多数是一种"政治""建言"，从一种"形而上"的角度来阐述"政治""应如何如何"，极少数是"纯粹学术"的，或如我们所看到的，《老子》也未能例外。这种情况，作为"政治学术"来说，当然也应鼓励有各种"学说"自由探讨，但按《庄子》所记载，当时的情形是："天下大乱，贤圣不明，道德不一。天下多得一察焉一自好"，各家宗旨多是"非我莫治"，以这种态度"游说"于诸侯之间，以争取"定为一尊"。《庄子》看到的是："百家往而不反，必不合矣"，这样，"道术将为天下裂"。"百家""道术""各执己见"，"一往直前"（往而不反），缺乏"商讨"的态度，结果只是"分"而"不合"，这种态度影响着"执政者"，则"天下分裂"就会是大势所趋了。

这或许就是《庄子》作者作为当时的学者对"百家争鸣"的"乱象"所持的"批评"的态度：作为学术-道术言，缺少探讨精神，自以为是；作为"政治建言"来说，"执之一偏"而"为天下裂"。

《庄子》以这个立场"评点"各家，多有自己的见解，其中比较共同的一点是：它指出各家学术，并非完全个人"独创"，而都是原已有的一种风气，一种思想倾向，一种"思潮"，由一些"聪明人"概括成一种"道术"，每评点一家，总要说某某"闻起风而悦之"。《庄子》在指出"道术"的问题后，对于提倡这些"道术"的人，大多还是加以称赞的，认为他们自己都是很真诚的人。它批判的是"学术"，是"风"，而不是"人"。

其中也"评点"了"庄周"的道术，对《庄子》的"立意"有所阐述，明确了自己的"彻底批判"的态度，很值得仔细体会。

首先我们注意到，对于"庄周"学术的评点虽然紧跟在关尹、老聃之后，但也还是独立叙述，或许也意味着二者并非可以并说，当其时也，其间的区别可能多数人是比较清楚的："庄周"对于当时这个"世界"，是"彻底""无情"的，他的基本态度是："以天下为沉浊，不可与庄语"。所谓"庄语"，是要"建构"些"什么"的语言，"庄子"不用这种语言，意味着他并不要"建构"些"什么"，而是要"消解"一切"已建构"的"什么"，所以他说，他的"风"是"上与造物者游，而下与外生死无终始者为友"；这个看起来"超然脱俗"的"态度"，居然还要增加一条"前提"："不敖倪于万物，不谴是非，以与世俗处"，十足是一副"玩世不恭"的面孔。我们看到，就对"自己"的态度来说,《庄子》也是把它的"反讽""贯彻到底"了。

实际上,正如《庄子·天下篇》所说的,他用的语言,都不是"庄语",而是"卮言"-"重言"-"寓言",可以是"醉话-昏话",杂乱无章,也可以把大家都说的话或"大人物"的"教导"当"真"对待,也可以按"说故事"的方式来"推广",后来叫作"寓庄于谐",在"玩世不恭"的里面"蕴含"着"彻底的""愤世嫉俗",以"嬉笑""蕴藏""怒骂",以"喜剧"的方式"彻底""告别"一个"浑浊"的世界。

《庄子》的这个"彻底反讽"的态度似乎意味着,只有以这种"喜剧性"的"彻底"方式,才有可能"彻底""真正""告别"一个原本已经"死"掉了的、已经"腐败"了的世界。

第四章　汉代政治与"哲学思潮"之"大一统"

秦始皇帝横扫六国，一统天下，在政治上实现了一个"大一统"的局面，创始之功，载入史册，但二世而绝，在思想意识形态上还来不及形成一个"大一统"的气候，更以"焚书坑儒"绝杀"理论"而专注"实用"，过于"实用主义"则适得其反。在古代"科学"尚在襁褓之中，于是"巫术"迷信反倒猖獗；秦王朝没有一个"形而上"的"意识形态"支持，在古代或许是它短命的一个原因。人民心里没有一个更高的"寄托"，在现实中难以有"安身立命"之感。

在某种意义上，也可以说秦代没有太多"哲学"。

汉立天下之初，政治上仍延续秦制。汉高祖刘邦出身低微，对于"思想理论"兴趣极小，对于儒家峨冠博带、进退有度的那套生活规则，大概极端反感；但他的继承者则在一些人的帮助下不仅在现实政治上对秦制有所损益，强化了"大一统"的局面，而且在"思想-意识形态"上，也着手"建构"并"完成"了"大一统"的任务。

在中国传统哲学史上，汉代建立了第一个"官方哲学"。

汉代建立的一套"官方哲学""体系-大一统"原本是为了找出一个比"皇帝-人""更高"的"根据"来"维护""既成"的现实制度，为其"合理性"作"论证"的；但这个哲学的理论路线却是"相反"的，即"现实制度"是由"更高"的"理路""规定"的，甚至不是"皇帝"自己"规定"的，"皇帝"也要"体悟"一个"更高"的"立法者"的"意图"来"制定""自己"的"政策",来"管理""天下"。"天下"的"事"是"天上""管"着的。

于是,汉代"完成"了一个"哲学"的"传统":"形而上""管着-决定着""形而下","天"通过"人""规定"着"地"。

汉代在"哲学"上"贯彻"和"完善"了《易传》的思想,将《易》由"占卜"的书真正转变为"哲学"的书,"哲学"在中国古代称为"形而上学",或者叫"天学",后来叫"道学"。奠定这个传统,汉代起了很大的作用。

奠定这个基础对于中国哲学这个传统是很重要的,从此以后,中国一切学问的"宗旨"都要皈依"形而上"的"根据",这样才能得到一个"心安理得"的"解释"。在这个意义上,我们甚至可以说,中国传统的一切学问都是"哲学"的,也就是说"形而上"的。可以说,这个传统是和欧洲从古代希腊以来的"哲学"传统完全不同的。

欧洲哲学从古代"自然哲学"到"理念论",从"自然""概念"中"超越"出来,形成一个或多个"超越性"的"自由-无限"的"理念"。胡塞尔认为,欧洲哲学的历史发展的重要问题是在这个"超越性"方面做得够不够,而他的"现象学的剩余"的"方法"是把"自然-经验""概念"统统"悬搁"起来,于是,他的"现象学"成为最为"纯粹"、最为"严格"的"科学"。

欧洲哲学的传统,是一个"科学"的传统。"哲学"或叫作"人文科学",同样也是"概念""体系"的"科学"。当然,不排除历史现象的个别例外,但这是"主流"。欧洲哲学传统的目光注视着"地上",尽管早期哲学家被讽刺为"望天者",而经过苏格拉底,这个目光已经"回到"了"地上"。

欧洲哲学传统的"模式"是"几何学"-"地文学"。

参照之下,中国哲学家在很长时期里是坚持不懈的"望天者",中国哲学的"模式"不是"地文学"而是"天象学"。中国哲学的传统是"自上而下"的"道路",是由"形而上""下降"为"形而下"的"道路"。"地"上的一切,都"通过""人"被"天"牢牢"控制"着,"形"被"象""支配"着;而"在天"之"象"并未"成形",既不是"形象",也不是"概念","象""无名",不可"言说",因其"无形"而非感官之"感觉",于是乎"恍兮惚兮"之"象",却其"中"有"真"。于是,这种"冥冥-暗-玄"中的"力量"却对"形而下"之"器-万物"具有"不可抗拒"的"支配作用",而"人"作为

"万物"之"灵","上承天志","下通万事万物","让""形而下者""按照""形而上者"的"意思-天意""运行",则"天下大治","混沌""死"而"秩序""生"。于是乎,"治乱-生死"在于有无"上察天意"-"下体群情"的"圣人"。

这一套"形而上"的"天象学"由汉代综合奠定基础,此后无论"道学"、"理学"还是"心学",虽无"形而上学"之"名",却有"形而上学"之"实"。

一、 董仲舒的"天-道"哲学

汉代思想,如果没有董仲舒的努力,要"统一"起来也相当费时日,就哲学思想而言,董仲舒的工作似乎主要是让"天"通过"道"来"统治""地",也就是,把难以捉摸的"天象""规则化"为"道",从而把"儒家"的"仁义礼智信"等种种"道德规范""神圣化"为"天道",由此确立儒家的"绝对权威"的地位;但董仲舒之所以能够完成这桩"功业",也是因为他的"天-道"学已经"兼容"了先秦诸家学说对其"有用"的部分,"融为一体","丰富-发展"了原始儒家学说的缘故。为"独尊儒术",当然要靠皇帝的统治力量,但秦代"坑儒"的教训记忆犹新,儒家要逆反正位,也不能单靠行政的力量,思想的问题,最终要靠思想来解决。汉代继秦在行政上"统一"之后,也着手要在"思想意识"上"统一",用各家之"长","立""儒家"之"位-体","诸家""皆备于我","绝对""包容"了"相对","诸家"皆"在""儒术"之"中",不得"另有"一个"相对"的"诸家",于是乎"罢黜百家,独尊儒术"就有了"道理"上的"根据"。

其实,先秦诸家各种学说,多少都有《易经》的影子,尤其在得到孔子的重视之后,《易经》已经不是"占卜"的书,而是"哲学"的书,凡探讨"天-地-人"的关系的思想,都不能忽略经过孔子注释过的《易经》的思路和问题:如何"沟通-打通""形而上"与"形而下"的"关系"。董仲舒似乎"找到"了"打通"的"关键":"天""通过""道"来"管理-控制""地","道"具体化了《易经》中"天""垂象"以"成""形(地)"的"原则","形而上""统治""形而下"是"有""道"的;"人"不必用"占卜"的方法去"猜测""地上万事万物（形）"的变化，只要按照儒家规定的"伦理道德"的"规范-喻为木匠之尺度"就可以"知道""事态""往"哪个"方（向）""变化"。

这个思路对于"哲学"的意义在于：把原本只具有"形而下"意义的"伦理规范""提升"到"形而上"的意义上来，也就是说，把孔子原本想说的更清楚地说了出来，把孔子曾经为之奔走呼号的那些虽由"祖宗""立"法而仍在"地上"的道德规范，"搬到"了"天上"。这些规范，不仅是"人道"，而且是"天道"，"人"之"道""效法""天"之"道"。

"道"原本是"儒-道"两家都承认的原则，是比"阴阳五行""更高"的"范畴"，也可以说是一种"超越"的"范畴"，而不是"经验"的"范畴"。但"经验范畴"要受"超越范畴""支配"，同样，"阴阳五行"也是"受""天道""规定"的"事物"之"性"——事物之"行为-作用"。"道"使包括"阴阳家"在内的诸家都得到了"提升"，都具有了"形而上"之"依据"；而这些道德经验的规范，一旦跃入"天庭"，统统成为"天条"，成为"形而上"的"律令"，顺我者昌，逆我者亡。以这些"天条"作"尺度-标准"，"推论""地上-人间"之"事物"有无"前途-将来"，则一目了然，这也是《易经》的最高"境界"，事关政治"治-乱""大事"，那些一般的婚丧嫁娶、乔迁远游之类就沦为了"测字算命"的幌子。

"天上"不仅"决定""万物"之"形-性"，而且"决定""人间"之"事"。这就是说，"天"的"决定权"不仅是"空间"的，而且是"时间"的，如同《易经》那样，"空间"的"位"之"变动"，乃是为"上天""运作""时间"之"机-时机"所"决定"的。"天时-地利-人和"，"天时"是"决定性"的，不仅"自然"如此，"人事"同样如此。儒家仁义道德统统"升天"，则"天时"就不仅是"春夏秋冬"、"刮风下雨"这类的"自然现象"受到"支配"，而且"人世间"-"社会现象（包括个人生活）"之"兴盛-衰败"之"由"，也都是"天"所"掌控"的。

"天道"就是"时间"，"时间"不是"概念-逻辑"，而是"时-事"之"逻各斯"。"种瓜-瓜子"未必"得瓜"，"时"有"灾荒"，也有"早熟"，也有"过熟"，"过犹不及"，都是未得"其时"。"人世间"充斥着"坏人享福、好人受罪"的"事实"，不是因为"天道""失灵"，而是因为"天道"之"时机""未到"。"时间"之"机会""摆正""空间"的"方位","时间"之"象""提示-警示"并"支配"着在"地上-人世间""空间"中的"事",而"人世间"的"事"也"最终""证实"了"天上"的"道";"天道""抓住-掌握""时机"来"证实"自己的"存在",而不仅仅是"理论-概念"上的"证明"。欧洲中古安瑟伦"神之证明"在这里完全"无效","人事"已是"天道"的"证实"。

"地上-人世间"的"事""验证"着"天上"的"道","空间""验证"着"时间","形-性""验证"着"象"的"意义-道";"空间"不仅"受制于""时间",而且"验证""时间"——"现在""验证"着"过去","孕育"着"将来"。"人"是这个"验证-效应"关系的"见证者"。

在这个意义上,不但日月山川是"天道"的"实证",而且"人文-历史"也是这个"天道"的"实证"。

"历史"对"(天)道"的"验证","记录"在《春秋》这部书里。

据说孔子编修了《春秋》这部书,不仅"记录""史实",而且"褒贬""邪正",如同他编选审定《诗经》一样,经他选定的三百篇,皆"无邪"。

到了汉代,据说董仲舒根据《春秋》提供的材料,编撰《春秋繁露》,更加仔细(繁)揭示(露)"历史"的"意义-大义",也就是把"历史"的"事实"作为"天道"之"验证"来阐述,不仅将"历史"的"经验教训"作为"因果""得失"来吸取,而且从与"天道""关系"之"邪正"方面来警策当今与后世,使得"以史为鉴-以古为鉴"的"鉴"字,多了一层"形而上"的意义。

于是,中国古代通过《春秋》-《春秋繁露》建立了一个突出"道德伦理判断"的"褒贬史",不同于单纯"记录史实"的"编年史",而且这种"褒贬"的"标准"建立在"天-道"的基础上,是一种"自上而下"的"评判-判决"。这个传统是一个"哲学"的传统,其所建立的与其说是"历史科学",不如说是"历史哲学";或强名之曰"天鉴学",如果要有一个"历史模式"的话,也可以叫"殷鉴学"。

这样一个传统,大大提高了中国"史学"在"学术"上的"地位",随之"史家"的"地位"也逐渐从"记录""人事"、与"巫"相当的卑贱处境,"提升"为"判决者",虽不是"立法者",但却"跻身"于"执法者"的行列。

"史家"的"笔"如同"法官"一样，下笔有"千钧之重"，人们以此来"认识""尊卑-邪正"。

不仅如此，"史家"的"提升"，连带着他的"同僚"——"巫师"——也得到"飞升"。《易经》逐渐地脱离了"占卜-算卦"的范围，同样进入"历史"的殿堂，成为"注释-解释""历史"的一种方式，以这种方式说《易经》，到宋代成为风气。

而汉代董仲舒建立的传统不仅"以史证道"，而且也直接"以道论史"，他那几个著名的《对策》对汉武帝"问题"的"回答"，当其时也，不仅是"合格的"，而且是"优秀的"。

以"形而上""天道""看世界"，也就是具体以《春秋》"鉴""现在"，以"古""鉴""今"，倒也并非一定"厚古薄今"，或一定"厚今薄古"，"古""今"都要以"形而上"的"天道"这根"尺子"来"衡量"，《春秋》的"镜子""证实"了一条颠扑不破的"道理"：以儒家伦理道德为内涵的"天道"乃是"古今""时事""兴衰"的"支配力量"，"顺者昌，逆者亡"；"天道"是"超越""人道"的，"人"的"道理"要"顺"着"天"的"道理"来。《春秋》里"显示"出来的"天-人""关系"-"际-与"，足以让"人"有"（敬）畏"之感。

远古的人对"天"有一种"神秘"-"敬畏"的"认识"并不奇怪，因为"时间"越是往"古""退移"，"人"就越"靠天吃饭"，"人"原本是"自然"的一个"部分"。不过作为一个"族类"，随着"人"的"智力"的发展，"人"逐渐产生"抗争"的"意识"。在一定的意义上，"智慧"给人带来"幸福"，也带来"灾祸"，道家的《老子》阐述了这个"道理"。世界上很多"灾祸"是"人祸"，而真正的"天灾"也显示着"天"对"人"拥有"最后"的、"最高"的"支配权力"，而且可以理解为对"人"的"狡诈"的一种"惩罚"。原始儒家的伦理道德"原则"也都是"人间"太多"机智狡诈""设定"的"界限"，可以看作是"替天行道"。因为"人间"太多"狡诈"，所以才出现"仁义礼智信"的"道德规范"，来"约束""人"的"僭越"。

然而，"人"的"理智"有一种自然的"僭越"倾向。随着"知识-技术"的"积累"，"人"越来越"相信""人"能"胜""天"，于是"天-人"的"矛盾"越来越"大",而"距离"也越来越"远"。"人"的"知识-技能"本身越来越带有"主观性"。为"防止"这种"僭越","道德规范"似乎越来越"不够用"了,于是人们设计出"强制性"的"法",作为社会"管理"手段的"法(律)"越来越受到重视。

就中国传统观念来说,在"德"-"法"这两种"管理"社会的"手段"中,"法"并没有"上升"到"形而上"的"天道"的位置,似乎只是"地上"的"形"的一些"模式-范式",是一种"形而下"的"手段";"道德"和"法律"在"天道学"中分出了"尊卑贵贱"。

"形而上"崇尚"一"。"形而上"由"天象"发展到"天道",可能也是因为那个"象"太多"歧义",而"道"可"归一",《春秋》在"道理"上也可以归于"一元大始"。"崇尚""一"似乎也就是"崇尚""简单","事物"的"变化发展"总是由"简单"到"复杂",再由"复杂""回归""简单"。"道德"的"力量"使人"归一",而"法律"只是拿来"应付""复杂"情况的"权宜之计"。

中国历史发展到汉代,已经是很"复杂"了,汉武帝向往着古代"垂拱而治"的美好时光,董仲舒以"道"-"制"的区别加以开导。汉继秦而受命,因的是一个烂摊子,不可能只是改改国号、换换旗子、修订日历就可以坐享太平,汉要"改革""秦制"会有很多麻烦,但"秦制"之所以要"改",是因为它不合"天道",行不由道,才造成天下大乱。汉要"改革""秦制",首先要"回复-恢复""天道"的"尊严",定"天道"为"一尊","统治"起来就"简单"得多,皇帝也就有可能"享受""垂拱而治"的"清闲"。"天下""统一"在"儒家""伦理道德"的大旗下,"无为而治"就是"现实";而将"法律"置于"道德"之上,乃是舍本求末,甚至是"自寻烦恼"。

如果把"伦理道德"与"法律制度"都放在一个现实的层面,那么它们各司其职,在现实社会中发挥着各自的作用,其具体的"内容"都会"因时而异",必须根据适时的需要而加以调整。就这个视角来看,人们可能"向往"着"远古"的时代,那时民人和疆土都比较狭小,民间纠纷由长老们讲讲道理就可以排解,所以才出现"监狱"几十年"空"着的情形,于是在这个层面,由"道德"的角度来看,人们自然倾向于把"远古"看作"德治"的"黄金时代"；只是这个时代一去不复返，"人间"的事物日益"繁杂"，"纠纷"日益"频繁"，"道德""说教"的方式也日益"捉襟见肘"，于是"设计-设定"出"种种""礼节"来"规范"人们的"生活需求"，在"复杂"中寻求一个"简单"的"管理方式"。

"管理者-统治者"面临着越来越"复杂"的局面，被归因为"被管理者-人心"越来越"复杂"。"人世间""诲盗诲淫"的"诱惑"越来越多，人们之间"争名夺利"的"争斗"也越来越多，人人都变得"不安其位"起来；"道德"的"说教"显得越来越没有"约束力"，于是"强制性""法律"的作用就凸显了出来。"法律""突出"原是为了"应对""越来越""复杂"的局面，因而它本身就应该是"复杂"的。"法律条文"越来越具体，"防范"越来越严密，而"作奸犯科"者也越来越"狡猾机智"。"法律"以"复杂"的"办法""应对""复杂"的"社会生活"，常常不见"奏效"，于是人们又想起了似乎还是"道德"有一种"精神-内在"的"力量"，"制形（行）"不如"制心"。"道德"以"简单-单纯-一"来"制""复杂-混乱-多"更为"有效"。

于是，即使在现实社会中，"德制"比起"法制"似乎具有一种"先天"的"优越性"，一个"和谐"的"社会"，理应"德制""先行"。孔子说，"不教而诛"就是"暴虐"。没有"德制"的"政治"，乃是"暴政"。

到了汉代，逐渐地"人间"的"道德-人道""上升"为"天道"，跻身"形而上"之列，对于"留在""人间"的"法律"有一种"由上到下-居高临下"的"优越性"，"尊卑"的关系立刻显示出来。

董仲舒的建策，很详细地论述了这一层关系，希望汉代成为一个"德治"的典范，"皇帝"因"事务""简单"而"垂拱无为"，人民因"心地单纯"而"安居乐业"，"诸王"无"反叛"之"心"，"官吏"更无"贪婪"之"意"。"三代""古朴"之"风"，当可"复现"于汉代"天下"。

当然，"社会-政治"为什么会"复杂化"，董仲舒的对策也有按照"天道"观念的解释。他说继承"太平盛世"，当然可以"因""前世""无为而治"，但继承"乱世"，就得拨乱反正、革新致治，完成这个任务，皇帝就要辛苦点，古代是有先例的，汉继秦世也不能例外。

"乱世"之所以"乱"，之所以让事情"复杂化"，不是"道"出了问题，而是统治者不按"道"做事,君王无道,天下才会大乱。

在董仲舒看来,"天上"的"道"是绝对的,不会错的,而"地上"的"制"则因时、因人而异。所以,"制"是要"变"的,而"道"则是"不变"的。于是,就有董仲舒的名言:天不变,道亦不变。

我们看到,古代的"天象学"转化为"天道学"之后,在理解上起了"变化":由"天象"之"非常""象",转化为"永恒不变"的"常""道"。就中国传统的"形而上"层面说,由"复杂"到需要"占卜"的"象",转化成为人人都应"懂得"的"简单-基本"的"伦理道德",而"上天""显示"的一切"异象-异常"都可以"警示""人间"种种"背道而驰"的"胆大妄为-僭越"。

这就是说,"道"通过自身的"统一性""保持着""自身"的"同一性-永恒性",建立一个"形而上"的"大一统"来"制衡""形而下"的"离异","一""制约"着"多","同化""制约"着"异化";"统治者"的"制-统治"就在于"坚持""同化"而"遏制""异化"。

"同化"不是"平等",而恰恰是"不平等","不平等"乃是"天道"的基本内容:"开天辟地"就意味着"尊卑贵贱""分开来了","地上"的不可"僭越"为"天上"的,"爝火"不可与"日月争辉","形而上"与"形而下"的"界限"不可混淆。于是"异"不是被"道"泯灭了,而正是"道"自身"孕育"着"异","伦理道德"本身就"蕴含"着"君君臣臣父父子子",在这个意义上,"一""生""二","二""生""三","三""生""万物","形而下"乃"形而上"所"生"。

于是,董仲舒设计的"大一统"似乎只有"形而上"的意义,"形而下"可能仍是"各行其是"。汉代历史上就出现了种种惨烈的"僭越""事件",使这个"大一统"带有很大的"空想"性,也给"上天""制造"了很多麻烦,经常要发布"灾异"警示,一而再,再而三,直至"收回成命","重新""制造"出"受命"的皇帝来,使"地上""政权""回复"到"天命"的"(轨)道"上,让人间过几年"风调雨顺"、"五谷丰登"的日子。

"天"-"地"通过"人"来"沟通","天象"的"意思"要由"人"的"(精)神"通过"占卜"来"猜测",而由"天象"转化为"天道"这个"不变"之"道"的意义当然就更加明确,就是儒家的仁义道德是一个大系统,具有全社会的"普及性"。于是,"道"虽由"上天""发布",却就在"(每个)人"的"身边","道"不"远人",而只是"人""远道";一旦"排除""纷繁"的"现象","道"就立即在你"心"里"显现"出来。"人间"之所以又出现"无道",乃是"人"被大大地"复杂"化了,"纯粹"的"道"为"复杂"之"人事"所"覆盖-蒙蔽",为"化繁为简"、"人心""同一",则须得尽"教化"之功,即要在"人间""普及"儒家纯粹的"仁义道德",这也是董仲舒向武帝献策的重要内容之一。

按照儒家仁义道德来"教化""人民",也就是让"人民"自觉地"安分守己"、"各就各位","君子"做"君子"的事,"小人"做"小人"的事,各不"僭越""自己"的"位置"。

应该说,董仲舒的对策一方面当然要"教化""民人-人民",但着重的倒不是谴责"小人""犯上作乱",而是"君子"跟"小人""争利",致使"小人""无立锥之地",从而引起"天下大乱"。这意味着,"乱"的"责任"主要在于"君子","君子"未曾"守住""自己"的"本分"。

诸侯大臣、各级官吏"与民争利"是"物质财富""增加"后的一个突出的问题。董仲舒在汉代用"天道""令""天下"各守其性,各尽其责,是对包括皇帝在内的各级官吏的一个"限制",皇帝和官吏的"权力"也都有"自己"的"限制",也都要"关进"各自的"笼子",而不得"僭越"。"僭越"在"道理"上是"双方"的,"君子"和"小人"各就其"位",各尽其"责","天下"才会"太平"。

董仲舒的这层意思在现实社会带有很大的"空想性",用一个"自上而下"的"天道"来"管理""形而下"的实际社会,本就是一种"颠倒"了的"关系"。而这种"空想"的"道理",不可能"转化"为"科学",因而"大一统"的"天道学"与"揣测性"的"天象学"一样,不可能由"空想""转化-走向""科学"。强调"德性",以此"教化"从"皇帝"到各级"官吏""让利"于"百姓",犹如"与虎谋皮"。如果说"法出而奸生,令下而诈起"(董仲舒)是"实情",那么"大道废,有仁义"(老子)也是"真理",就是说,反过来也可以说,"仁义兴,大道废"。

"形而上"之"大道"早已为"形而下"之"形器"世界所"废",根本不用"悬搁",原本就在"天上","天高皇帝远","形而下""自有其道",两种"道理""相遇",必有"二律背反",唯有各自申购自己的疆域,承认"各有其道-各有原则",互不代替,才可以"并行不悖";"道德"的归"道德"的,"法律"的归"法律"的。"形而上"不能"包办代替",人世间不会出现真正的"哲学王"。

然而,这样一个"哲学王"的"大一统"被汉代(董仲舒为其思想代表)奠定之后,经过千锤百炼,已经深入"人心"——主要是统治者的心。尽管在实际上各朝各代的人要面对种种"利益"的"挑战",要"协调"方方面面的"关系",但现实的统治者的"心中","向往"着古代"无为而治"的"理想"永不磨灭,"思想意识"上的"大一统"观念永为一个"追求"的"目标"。不过这个"目标"固然不可能"达到",而现实中"仁义兴,大道废"反而愈演愈烈,这个"传统"因其没有"科学"的"度",而"二律背反""进入"到"每一个人",则在不同程度上"出现""两面派",说一套,做一套,"道德"在"口头上",而实际的"行为"反倒没有"道德律"的"约束",不承认"道德"与"责任"之间有"必然"的关系,暗中却"相信""不道德"与"幸福"才有"必然"的关系。让"道德""升天",则"地上"自无"道德"可言,不承认"地上"也有一种"伦理道德"的"规范",虽受"时空条件""限制",但却是"人"的"行为"的"法则",违反了它们,就跟违反"自然法则"一样会受到"惩罚"。"道德"跟"自然"一样,也是"科学"。

"思想意识"的"大一统""代替-压制"了一切"科学"。

二、《淮南子》反映的汉初哲学思潮

汉初立定根基后,改封异姓王为同姓王,以为同宗同姓比较可靠,不至于造反;而封同姓王只是秦汉制度交替时的一个过渡时期,因为既是封王,就有相当的行政独立权力,可以称孤道寡,独霸一方。其中淮南王刘安独好各种"学术",养士数千,搜集、撰写各种书籍,留下的《淮南子》一书,在中国哲学史上的作用不容忽视。

《淮南子》被归为"杂家",就其实际内容来说,也还恰当;但就哲学思想来说，这部书的作者们是努力将中国儒-道两大哲学思潮会通起来的一种尝试，他们似乎想让"儒家"有一个"道家"的"基础"，让"道家""兼容""儒家"的"内容"。这项工作，因其难度太大、学术性太强，最终不能为最高统治者采纳，相比之下，董仲舒的对策，纲举目张，对于政治，"简单"得多。但任何统治者，就政治理论来说，都不能离开"儒-道"两家，在策略上，也离不开"儒-道""两手"，无非是"此起彼伏"而已。

《老子》被认为是"道家"的学术经典，其作者老聃被认为是"道家"的奠基人，因为其哲学思想强调一个"道"字。不过《老子》中的"道"，却并非"形而上"之谓"道"的意思，这个"道"并不"在""天上"，而是"在""地上"。《老子》的"道"不"在""天"，也不"在""地"，而是"在""天"之"下"，"地"之"上"，"在""天"-"地"之"间"，"道""在""人"。《老子》的"人"倒是被"设想"为一个"空无"，但却被"被规定"为"婴儿-朴（朴）"，仍是"属地"之"物"。在这个意义上，《老子》把"儒家"从《易经》那里来的"天象学""下降"为"地象学"，它的"道"，"恍兮惚兮"，乃"无物之象"，"象""在""天"-"地"之"先"，是"开天辟地"的"力量"，然后似乎"存留"在"天地之间"，成为"支配""天地人"的"原则"。"道""在""天-地"之"间"，"象"本"非""物"，"道"为"无"、为"空"。

于是，在"道家"眼里，"天"-"地"也是一"物"——这个思想后来宋人发展了，但似乎没有贯彻下去。在《老子》，不但"天地不仁"，而且"以万物为刍狗"。于是，"天地不仁"，"圣人不仁"，只有"人"才有可能有"仁"的问题。"儒家"把"仁义礼智"等道德规范"上升"为"天道"的道理不能成立了，"天"并不"仁"，"天上"没有"仁义道德"，"仁义道德"都是"人间"的"事"，是"人""决定"的，不是"天""命定"的；这样，《老子》就有理由说，"大道废，有仁义。慧智出，有大伪。六亲不和，有孝慈。国家昏乱，有忠臣。"这意味着，只有在"大道废"了的时候，"仁义道德"的问题才凸显出来，社会思潮才会强调和鼓吹"仁义道德"的观念。在"天下""有道"之时，人民"各行其是"却"相安无事"，无须"抑恶扬善"，人人为善而不自知，不自矜；等到"需要""树立""模范标兵"，要"人人学习"时，"天下皆知美之为美，斯恶矣；皆知善之为善，斯不善矣"。

《老子》的这一深刻思想，意味着把"仁义道德"从"天上"拉回到"人间"，"仁义道德"这些道德"准则"都是"人间"为了"治安""设定"出来的，因而也会"随时间"而"变化"，这些"道"，被"说（强调-鼓吹）出来"并非"常道"，只是"一时"的"应急措施"，这些"道"只是一些"规定-限制"，而真正的"大道"乃是"不受限制"的、"无限"的。《老子》的这个"道"有点像欧洲古代希腊的"apeiron"，"恍兮惚兮"、"无定形"，所用的比喻居然也是"水"，按照"器皿"的样子成为自己的样子。就"水"本身言，尚未"成形"，但可以"适应-成为"各种"形状"，于是"恍兮惚兮"，其中有"象"，其中有"物"。

"道""在""天-地"之"间"，"在""地上"，"在""人间"；在这个意义上，《老子》的思想似乎意味着："在""天-地"之"间"的"万物"都有"自己"，都是"自由-自在"的。后来宋儒所谓的"万物静观皆自得"，只要"静观"，"万物"莫不"自得"，"自得"就是"自己"、"自由"。这种"自由"就是"自然"，"自然而然"。

于是，《老子》是以一种"自然"的"自由"观来"对抗"儒家的"人为"的"道德"观，出现的一个问题是："人"被"降为"一"物"，"人"的"自由状态"是一种"婴孩状态"，这种"状态"对于"人"来说，是一种"无"的"状态"。"无欲望"-"无意志"，"婴儿""一无所有"，"赤条条"来到这个世界，但却"有""万有"的"可能性"；而世间一切的"有"都是"有限"的，都是一个"规定"，一个"约束-束缚"，都是"不自由"，唯有这个"无"的"状态"，才是"自由"的。"自由"同样也意味着"有""一切"的"可能性"，而当"可能性""成为""现实性"之后，《老子》教导"人"要有一种"意识"："人"不可能"长久""占有"这种"现实性"，"有""必定"会"复归"于"无"，"无"是"人"的"根"，"落叶归根"乃是"复命"，乃是"大道"。"功成身退"不是一个"道德修养"，而是一个"道"的"必然性"，由"现实性""复归""可能性"，由"有规定-受限制"到"无规定-无限制"，"归根-复命"乃是"自由"之路。

然而，《老子》这个意义上的"自由"是一个"感性-自然"的"自由"，不是"理性"的"自由"，实际上是一个"不-无自由"。

《老子》似乎认为，如果人人都像"婴儿"一样，就足以"排斥"儒家的"仁义道德"的"束缚"。不错，"儿童"是处在一种"天真烂漫"的状态，他的"欲求"就是"天然"的"权利"，也许得不到"满足"，但永不会受到"指责"，"婴儿"作为"人（类）"的"未来"的"根"，"天然"受到"呵护"，《老子》呼吁"复命"、"归根"，当有自己的"道理"。然而，这种以"婴儿-儿童"的"年龄优势"来"对抗"儒家"成熟了的""成人礼教"，只是一种"幻象"，而不是一种"理想"，在"道理"上也存在很大的问题。

的确，"儿童"不受"成人""礼教"的"约束"，也许可以不受"经验社会"的"约束"，可以不顾"男女授受不亲"的管教而美其名曰"两小无猜"。但是，"婴儿-儿童"并不能"摆脱""自然"的"约束"是一个明显的事实，因而，在这个意义上，"婴儿-儿童"谈不到"自由"。

唯"理性"可以谈"自由"。在"感性"的层面谈"自由"，则必定会将"自由""下降"为"自然"，而"自然状态"或者是"宁静天放"的一个"世外桃源"，或者是"人人争斗"的"战争状态"，后者的"境界"为英国霍布斯"建构"，而前者的"境界"为中国《老子》所"开发"。然则二者都只是一种"境界"，大概都是"太虚幻境"，而且都同样是将"人""降"为"动物"，无非是，儒家将"人"这个"中间环节"努力"提升"到"天上"之"神"，而道家则努力将之"下降"为"地上"之"物"。

道家这种"下降"的趋势，在《淮南子》中有所发展，但该书也肯定了"天"对"万物"之"性"的作用，"人"被"自然化"，"天"也被"自然化"，"物性"，乃是"天性"。《淮南子》努力把儒家的"天象学-天学""拉回"到"地上"，把儒家的"伦理道德"与道家的"自由天放""结合"了起来，成为一个"统一"的"道"的"体系"，"道"从"天-地"中"独立"出来，"自成一体"。

《淮南子·原道训》是一篇很完整的哲学论文，清楚地阐述了"道家"为"体"、"儒家"为"用"的哲学思想，"仰望星空"，"俯察万物"，而且"立足大地"，其立论的根基应是很扎实的。只是在"天-地-人"这三个环节上，"人"这个环节仍然相当薄弱，也就是说，"理性自由"这个关键尚未"开发"出来，"人"的"理想状态"仍然"趋向"于物，"道法自然"亦即意味着："人"

须得"法""动物"。

不过,《原道训》已经不像《老子》那样使"人""趋向"于一个"婴儿状态",而是"规定"为一个"完成"了的"人",一个"成人",如同天下万物都已"完成""自己"的"形器"那样,万物都有"自己"的"性","人"作为一"物"亦自有"性","人"之"性"当由"天""规定",如同"天"规定"天下""万物"一样。"人性"亦即"人"之"天性","万物"也有各自的"天性",包括"人"在内的"天下万物"都按各自"天性""行为-行动",则相安无事,天下太平。

《原道训》"描述"了"道"之为"物"——"道"也是一"物",只是很特殊的"物",它无形无状,能大能小,但仍有"(把)柄",可以被"抓住"-被"执",之后说"人"的第一句话是"人生而静,天之性也"。然则,何以"静"是"人"的"天性"?

这个"虚静"的思路当然得自《老子》,但是《老子》要"人""退回""婴儿状态",认为那是"无知无识"、"绝仁弃义"的"天真状态"。其实,"婴儿"之性,"天生""好动",只有长大成人,有了"修养",才真正"能-有能力""静"得下来,就这个意义来说,《原道训》的着眼点与《老子》不完全一样。《原道训》的这个视角更加切近"经验"的"现实",而"淡化"了那种"天真烂漫"的"理想性"。在某种意义上,"成人"之"静""高于""婴儿"之"静","成人""虚静守拙",对此《老子》当然没有忽视。

然而,《原道训》毕竟突出了"成人-人性"这个观念,这样就更加紧密地把"道"的思想与"社会现实"的"历史"联系了起来,因为"成人"是要"有所为"的,"人"的"行为"如何能够做到"无为而无不为",不是依靠"小计谋-技巧-机巧",而是"依靠""大道理","使-令""万物""自得","人"也就"自得"。

《原道训》首先提出,靠"(个)人"的"小技巧"并不能做成什么事情;就哲学来说,"技巧"总是"有限"的,"所得"也毕竟"有限"。"技巧"又有大有小,譬如打鱼,钓钩不如罗网,而"最大"的"罗网""大"不过"天罗地网";"小道"不如"大道","小计谋"不如"大智慧",一切"机巧"都不如"道"。

一种"机巧"必有"另一种""机巧"可以"对付-克服-抵制","罗网"再"密",也有"漏网之鱼"。"革坚则兵利",唯有"执道之柄","天下"已无"相对"之"物",才有可能"化解"各种"对立-相对-矛盾",万物"各行其道","相安无事"。

"道""化解-克服""对立",但并不"取消-泯灭""万物"之"差异"而"强求统一"。恰恰相反,《原道训》的思想重点在"成仁-呵护""万物"之"异",认为"万物"各有其性,各行其道,"人"包括"圣人"在内,不得"干预",不得"人为"地"强制统一",在这个前提下,《原道训》说,"圣人又何事焉"。

在《原道训》的作者看来,"万物""各异其性",这个"异",不是"天尊地卑"的"道德伦理"上的"异",而是"自然"本身的"异",没有"高低尊卑"的差别,只有"自然属性"的差别。譬如住在水乡的人和住在陆地的人有不同的"习俗",犹如"浮萍"不同于"树木"、"飞禽"不同于"走兽"一样;"执道之柄"的"人"就不应违反它们的本性去"治理"它们,而应"让-令"他们按自己的本性去行为,于是这位"得道之人"表面上什么事情也没有做,却"做"了"万般"的事情,是为"无为无不为"。

《原道训》说,"所谓无为者,不先物为也",这一点也是很重要的。何谓"先"?"先"是指在"物"尚未"显现""自己"的本性时,就"发号施令","先物"而"为",是为"盲动-盲目","盲"者"无视",还没有"看到""物""自己"如何"行动","人"就要"先动","先"来"指挥",那一定是"瞎指挥",还"没有看到(瞎)"就来"治理"。"道家""无为"反对"盲动",原本是一种"科学"的"客观"精神,可惜这种精神没有很好地"发扬"出来。

《原道训》对这种"朴素科学"的精神颇有些发挥,对于"道家"的"无为"有一些深层次的推进,即对于"万物"自身的"时空"特性有相当的"尊重"。

对于"万物"的"时空"条件,《老子》在原则上已经有了相当的肯定,《原道训》把这一点比较详细地阐述了出来,成为"理解""事物"的基本态度,即"尊重""事物"的"时空条件",亦即"尊重""事物"的"客观规律",而不把"人-即使是圣人"的"主观意志""强加"上去。而"圣人"之所以

"圣",正在于他能够"退出自己","客观-静观"地"把握"事物的"时空条件","按照-顺"着"事物""自己"的"规律""做事-办事"——"圣人"并没有"做-办"什么"事","万物"却"完成-办成"了"自己"的"事"。于是乎,"圣人"主要的任务就不是"知道""自己""要-欲求"什么,而是要"知道""事物""自己"的"特性"和"发展趋势",即"事物"的"空间"和"时间""条件"的"特性"。

这里并不是彻底"泯灭""人"的"主观意图",而是这个"主观意图"不可以与"客观事物"的"时空条件""争先"。不为物先,重视"静观""事物""客观"的"条件变化","人"才有可能"得""事物变化"之"先机",才有可能"动不失时"。《原道训》以当时的经验想象水平,使"事物"的"运动"有一个"门""出来","耐心-静观"地"注视"着这个"门","事物""刚一出来",就给"逮着-捕捉住"了。这种精神,不是单纯地"不入虎穴焉得虎子",而是要"静观"那"穴"里果然"有-存在""虎",当"母虎""出穴""后"——不是"抢先",则"得虎子"就如同"探囊取物"一般了。

"先-后"问题,是个"时间"问题,"人""生活""在""现实经验世界",不能不"顾""时间"条件,"人"不但要"静观-客观观察""万物"的"天性",而且要"观察""万物"的"运动-变化";亦即不但"见""物",而且要"见""事"。《原道训》涉及"世间"之"事"有自己的解释,"事"为"时间"中的"物","物""在""时间"中为"事",我们似乎可以作这样的引申。

《原道训》有一句话不甚好懂。在说了"善游者溺,善骑者坠,各以其所好反自为祸"这样的普通道理后,紧接着说,"好事者未尝不中,争利者未尝不穷也"。第二句话没有问题,第一句话或可谓"多事"的人常常"中""圈套",当然也是通的,但接下来的一段开头说,"故得道者志弱而事强,心虚而应当","心虚"这个词似乎有自己的"非常解",这个"事"在《原道训》里似乎就不是"多事"的意思,"事"就是"客观"的"事(情)",前面那句"好事者"亦非"贬义",而是说"善于(客观地-冷静地)对待""事"的也未必就"达不到""目的","中"还是作"中""的"讲。实际上,《老子》里已经有"取天下常以无事,及其有事,不足以取天下"这样的话,《原道训》当时有所发挥。

于是,"志弱"了反倒"事强","心虚"了反倒"应当"。"志弱"不是"意志薄弱",而是指不"孤立"地"表现""意志"的"顽强","顺着""事态"自身的"发展"使"意志"成为"现实";"现实生活"中,"意志"原本是要"实现"的,"现实性"也是"意志"的本质的一面,这种"现实性-技术性""意志"也是"科学知识"的一个"组成部分"。科学知识"是要深入"事物""本质"中去的,不能只是"立"一个"原则",就"静观其(事)变";"止于""志弱"是一种"成熟"的"科学态度","科学"的"意志"也是"科学知识"的"内容",是"科学知识"的"目的",只是这个"现实性""目的"是"在""经验知识"之"中""形成"的,不是"在先",也不是"在后",而是"在中",具体说来就"有先有后"。就"意志"作为"行为"的"能力"来说,它的"建立""应该""在""对于事物"的"一定"的"知识"之"后"才是"明智-圣哲"的,这一点,《原道训》的作者们所强调的是很有意义的。

然而,这种"初阶段"的"科学"思想"萌芽",未能开花结果,而是"停留"在一个"哲学"的"态度"上,而这个"哲学视角",也就此"止步"。"哲学"这个"中心"没有"让-促使""科学""运作"起来,而是"满足"于"静观"的"快乐",明明是"守株待兔",却自以为"已经""得到""天下"。"科学性""尊事实",转化为将"人""降为""一物";"心虚而应当",只能是"动物"式的一种"生存""反应",最多如同"良禽择木而栖"。"知识""限于""建构"一个"动物世界","思想-心"的"能动性-创造性"被"虚无化","虚其心,实其腹"(《老子》)。"管理""民人-人民"的"理想状态"是"化""人民-民人"为"动物","管理者-统治者-圣人"如同"放牧者",要让"畜生""吃饱吃好","选择"一块好草地,"牧童"牛背吹短笛,甚至枕着草帽睡大觉,真是"垂拱而治",一幅"天籁"的"境界",《原道训》叫作"天解"。

"回到地上",也就是"升到天上",所谓"天解"就是"天然"的"解释",也就是"自然"的"解释",不是"道德"意义上的"解释",也不是"科学"意义上的"解释",不是"自由",也不是"必然",二者"合"起来是为"天然"。在这个意义上,"天然-天解"没有道德上的"自由",也没有"科学"意义上的"必然"。

按照《原道训》,"天解"是"穷无穷,极无极,照物而不眩,响应而不竭"。"天解"是"天然"地"解放","人"采取"放任自由"的态度，也就是"静观-客观"的态度，不是"功利"地"看-观察""万物"与"人-我"的"关系"，"使-令""万物"为"我"所"用"，"万物皆备于我"（孟子），"万物"都是为"我"而"备用"，是"我"的"待用品"。相反，在《原道训》作者看来，"人"必须"退出"这种"功利"的关系，"让-令""万物""自在"，"万物"各自得到自己的"本性"，这样，"人"才有可能"看到-感到""万物"的"真实面貌"，而不是"功利关系"中的"事物"的"某个方面"的"属性"。"在""关系"中的"属性"，可能是无穷无尽的，而采取"天然放任"的"静观"态度，则"万物""无穷"的"属性""全"都在"人"的"眼皮子底下"，"一览无余"，所以有可能-有能力"穷无穷，极无极"；而"事物"在"时空"中"千变万化"的"属性"，也不会使"人""眼花缭乱"（眩），"人""看到"的是"事物"的"整体"，"各个""事物"之"整体"，是它们"各自"的"本性-本质"。我们看到，从这个思路，人们似乎可以"期待"走上一条"概念"作为"事物""本质"的"科学性""思维"的道路，然而《原道训》并没有走上这条可以通向"科学""思维"的道路，而是"退回"到"天象-天道"的"形而上-天学"的"传统"，"人生而静"，"人""止于""静"。

当然，"人"实际上不止于"静"，但"人"何以会"动"？因有"感"而"动"，"动"是"受到刺激"后的"反应-对应"，"感而后动"，所以也不应该"先""事物"而"动"，"后发制事"，才能"响应而不竭"。

《原道训》的这种"消极""静观"态度，排斥一切"积极"的"欲求"，包括对于"知识"的"欲求"。传统"道家"没有希腊亚里士多德说的"好奇心"，认为"人"的一切"行动-活动"以及由此"积累"的"经验"都是"应变-对应"，不是"理智"的"好奇"。于是，神农"尝百草"是"对应-对付""病"之"袭击"，"稼穑"之技乃是"对应-应付""饥饿""感"的"攻击"，所以《老子》才觉得，如果没有这个"身"，则可"泯灭"一切之"患"，"进入""寂-极静""境界"，就可以"陆行不遇兕虎，入军不被甲兵"，甚至入水不会浸湿，入火不会被烧，因为已经没有"身"，野兽"咬"不到你，敌兵刺不到你，水淹不到你，火也烧不到你，说来颇有"道理"，但是"大前提"是错的，这个"推论"只能是"想象"的，不是"科学"的；只有"经验"的"科学"

或"科学"的"经验"才有可能将这种"想象""转化"为"事实"。"科学技术"经过多年"发展-积累"之后,"人"已经"不困难"地做到了这些"想象性"的"梦",犹如"人""飞行"的"梦想",已经成为现在的"日常生活",不是"飞入寻常百姓家",而是"飞出寻常百姓家"了。

然则,人们仍然"赞赏"唐代的"飞天"壁画,同样也"赞赏"《原道训》(《老子》)的"奇思妙想",只是"惋惜"这条"朴素原始"的"科学"之"道"没有"走"出来。就"道家"来说,反而"走"上了"相反"的"路",形成一种"迷信",在《原道训》的作者们中,也许就有这些"迷信",或许,我们也可以看作不但是"历史的反讽",而且还是"理论的反讽"。

当"科学""止步"的时候,也就是"迷信"开始的时候;以"想象性"的"推测"来对待"原因-结果"的"必然性"范畴,也是通向"迷信"的一条"捷径"。"因果"范畴的确立,原本是为"科学"的探索"鸣锣开道"的,即,"科学"在"探讨""原因-结果"的道路上"前进"是有"合法性"的,"科学""有权""进行"这项工作;但是"迷信"将"因果性"范畴作了"天解",即作一种"想象中""自由"的"解释",这种"解释"带有很大的"随意性",因而也带有很大的"功利性"。混淆"自由"和"必然"这两个不同的"概念-范畴"是"道家"思想的一个传统,《原道训》亦复如是。

当然,《原道训》并没有把"道德"的度作为"自然""变迁"的"原因",却把"阴阳-刚柔"作为事物变化的主要"原因",从"道家"的立场"改造"了《易经》的思想,认为"吉凶-善恶-休咎"也都由"阴阳-刚柔"来"决定",而且这种"决定",还有一个"量"和"力"的"积累"关系。

《原道训》对于"道家""以柔克刚"的传统思想似乎增加了一个"积"的观念,"积于柔则刚,积于弱则强"。体会《原道训》作者的意思,实际并非"积弱成强",而是"积弱胜强"。"积弱成强"是一个普通的经验,但也是一条哲学的"原则",是"道家"的一个"教导",即"守住""弱"。《原道训》增加了一条:可以"积""弱","积累"起来的"弱",仍然是"弱",要"阻止"它们成为"强","以弱胜强,以柔克刚";"一个""弱-柔"就可以"克-胜""强",何况"众多"的"弱-柔""加起来-积累起来","克-制"的问题,则不仅可以"推测",而且是可以"准确""推论-推算"的了。所以《原道训》说:

"观其所极,以知祸福之乡。"《易经》"算卦"被"简化"为"弱-柔""量"的"积累",具有更大的"可操作性",但仍然不是"科学性""因果关系"的把握。

从语词意义上来说,"积弱"似乎的确可以"成""强",但是"积""阴"是否就会"成""阳",似乎就成了问题。"量变""引起""质变"这个"现实"的"规律",在某些语词"意义"上似乎也允许"终止"这一"转化","1+1=2",可以被理解为"1+1=两个1",而并不"成为""2","弱""积"无穷个"弱",不是"强",而就是"无穷个""弱",于是"弱"在这个意义上"积"起来,可以"预测"必定会"胜过""强"。于是旧式"门匾""积善之家"、"积弱之家"甚至"积阴之家"就可以互换,"阴"可以作"阴德-阴功"讲。

所有这一切都是"哲学"的"玄思",而不是"科学"的"真知";"科学"的"真知"也就是意味着要"知道""事物"的"真实"的"因果关系"(亚里士多德)。"哲学"论证"因果"作为"经验知识"范畴的"必然性",并不意味着"承认"这个论证就有可能一劳永逸地"把握""万物"的"因果关系";"把握"这层具体的关系,归属于"科学-经验科学"的"无穷"的"工作",在这个"工作"中人们并"遭遇不到""无穷-无限"这个"东西",因此"穷无穷,极无极"在现实中-在"时间"中是一个"过程",而不是一个"实体"。既然叫作"过程",就是"动"出来的,而不是"静-玄思"出来的;"科学"是一个"活动",是一项"工作"。

由此也意味着,"科学"地"对待-应接""因果"是一项具体的活动,而不是抽象的"概念",或者是"具象"的"想象"。将"因果"范畴"扩大化",等于"取消"了"因果"。将"因果"由"概念"的"必然关系""扩大"为"概率"的"必然关系",在古代只能是一个"想象"的产物。而"因果律"为"迷信"服务,而非为"科学"服务,这一点在"哲学"上曾经为英国的休谟看出来。他非常果断地划分出"逻辑"和"数学"的"必然性"与"经验知识"的"习惯性",只是他为"抵制"对"因果律""迷信"式的理解,拒绝承认一切"经验知识"的"必然性",这就像把"孩子"和"脏水"一起"倒掉"了。

"普遍"的"因果必然"只能是"形式"的,而"天下""万物"的"原因"和"结果"则要"具体地、个别地"做"科学研究"。缺少"特殊性-个别性"的"环节",以"停留"于"抽象"的"普遍原则"作为"先天"的"道"来"范式""天下""万物",总是"降低-消弭""人"的"个体性"的"力量",亦即"人"的"自由"的"力量",中国哲学传统的这些特点在研究时应引起充分的注意。

三、扬雄的"太玄"哲学

扬雄初以辞赋进谏朝政,40岁以后作《太玄》,展现哲学思考的才能。《太玄》因思想艰深,用字古奥,不为当时多数人所理解,影响在后世才发挥出来。其实,《太玄》的工作不出儒、道两家之传统,而仍以汉代哲学思潮为背景,它之所以难懂可能多半还在字句方面,而出现书面语言与口头语言的疏离,大概有汉一代也起到推波助澜的作用。许氏《说文解字》可以是一个例子。

按照顾颉刚的说法,在中国历史上,汉代把过去"流动"的东西"凝固化"了,这个意思应该得到重视。汉代不但在实际政治制度上进一步"巩固"了秦的体制,更进一步地明确了"家"的统治地位,似乎只有到了汉代,"汉家"的称谓才更加普遍起来。不仅如此,在思想意识上,在意识形态上,"汉家"也起到一个"综合"而"定型"的作用,尽管董仲舒"独尊儒术",以儒家为核心,但也"兼容"了各家的一些学说,经过其他一些学者的共同努力,将先秦的"诸子百家""凝固"在一个"统一"的"思想"之中。在某种意义上,汉代并没有"重新""建立"一个"思想体系"的"创造性""学说",而将"诸子百家"包括种种迷信的方术都"定型"在"汉家"的大旗之下,为"中国"的"社会""奠定"了"全面"的"基础"。扬雄也不例外,他的《太玄》主要是把道家和儒家的学说"结合"在一个"玄"的"体系"之中;这个"结合"是"凝固"的,其"运动"也是一种"凝固"式的如"车轴"之"运转"。

扬雄的"玄"的观念,当然主要来自道家,老子和庄子都对"玄"有所阐述;但细细体会,二者在精神上大有不同,表面上是"大同小异",实际上是

"大异小同"。老子的"道"和"玄"都是"流动"的,而扬子的"玄"则是"凝固"的。此话怎讲?

《老子》第一句是像顺口溜那样的"道可道非常道",后世有许多的解释,但精神总是他这个"道"并非"固定僵化"的,"道"自身有一种"生命力",只是这个"力"是"暗"的,故谓之"玄"。不可"言说",不可"公式化",是在"暗"中的一种"支配"的力量;如果说了出来,大家都"知道"了,就不是"道"了。而扬雄的"玄"固然有这层意思在内,但他所做的工作,却是要"让"这个"玄""明-莹"起来,殚精竭虑地要"说"这个"玄";而只有"让""玄"也成为一"物","玄"才有可能"说"得"明白"。

"玄"是"什么"?这个问题重点不在问"什么意义",而在问"什么东西"。

当然,《老子》论"道"论"玄"也都有一些可以质疑的地方,对"道"用一些"形象性"语言来"形容",也会引起不同的解释,譬如第四章说"挫其锐,解其结,和其光,同其尘";十四章解释夷、希、微"此三者不可致诘,故混而为一",这个"混"字,为后世"混杂-混合"的观念发放了通行证:"玄-道"是一种"混合"的"东西"。

不过,如果说"玄-道"还可以被理解为"涵盖""万物"的一个"东西"的话,那么在扬雄那里就更加倾向于是"万物"中一种"特别"之"物",是一种"支配-规范""万物"的"东西",这个"东西""有能力"将"万物""结合"在"一起","彼此""消-息"。"万物"固然"变化万端",但"道-玄"却永为"稽式","天不变,道亦不变"。

如果说,《老子》的"道-玄"是"希、夷、微",那么,扬雄的"玄"则是"大、隆、统",《太玄》有"玄摛"之设。按字典,"摛"者,"铺陈-覆盖"之谓,是为"笼而统之",将"天下万物""笼而统之",是"万物""归一"之"道"。这个"道"之所以为"玄",不仅因为它"不可言说",而且更因为它"不可抗拒"。"道可道非常道","可道者皆常道";"常道""可道",但"可道"之"道",已非"真""道"。

世间人事当然有很多变化,关键是如何理解这些"变化"。人事的变化,历史的发展,被理解为"因-革"的关系,有"因",有"革","万物生成",

"社会嬗变",无不以"道-玄"为"稽式","万变不离其宗","道-玄"即是其"宗"。

"宗"为"综合","天下""万物""和合"起来,"定"为"一""宗";"和-同"是一个由"多"到"一"的"过程","和-合"即是"混合"。

我们看到,在《老子》中有一种"一分为二(多)"的思想,而扬雄所阐述的主要是"合二(多)为一",一"分"一"合",作为哲学的原则来说,是否有"分"的"力量-能力"在精神上有所不同。

《老子》看到的世间万物"同出一源",是一个"生成"的"过程";而扬雄眼里的万物都是"现成"的"东西",犹如各路诸侯独立为政,"需要"一个"统一"的"力量"将他们"整合"起来,这个力量就是"玄",它"幽摛万类","冥冥"中"给予"他们以"秩序",如同"车轮"围着"轴心""运转","昼夜"、"四时""流转"当也有个"轴心","玄"之"道"有能力把那"偏离""轴心"的"邪异"倾向"拨乱反正",回到"轴心"的"范围"来。"玄"之"道""牢牢"掌握着这个"轴心"的"力量",勿使"万物""偏离"。在这个意义上,扬雄的这个"玄"就不仅是《老子》的"道",而且也是孔子的"道":一切事物,包括四时昼夜以及仁义道德,都"围着""天"这个"轴心""转",也"围着""天"之"子"——"帝王"这个"轴心""转",一切"偏离"者,"必定"要得到"纠正",逃不过"玄"之"道"的"惩罚-纠正"。

这样,一部"历史"也就是"纠偏"的"历史",因而有"因",有"革","革"就是"拨乱反正"。因此,有的时候就可以"无为而治",有的时候就需要"有为""变革",其目的也就是"围着轴心转"。

在这个"轴心"的意义上,自然要反对"离心力",而强调"合力"。"和而不同",因其"不同"而"和"。这个"和"是从一个"超越"的"外部""力量""加诸""万殊"的,而不是从"万殊""自身""产生"的。

于是,也可以说,扬雄的"玄"是一个"外在"的"力量",他看到"分崩离析"的"万殊""需要"一个"外在"的力量使之"整合"起来,使之"运转""有序",而不是探索"万殊"自己的"内在""关系"。"和合"的"玄"是"幽摛万类",如同一张大网,"笼罩""万殊"。

当然,社会和自然的"和谐-和合"运动是一个很好的理想,这个思想比起那种要把人世间的事情"构造"成"铁板一块"的僵化思想要实事求是些,至少它承认万物各"异",要在"异"中求"同",在"求同存异"中让万物"各就其位"、"各得其所"。但这些美好的理想、思想,仍是在"经验"世界的层面上说的,应是一种"经验科学"的理想。按照这个思路,理应对"万物"作出"经验科学"的"研究",在这种研究的基础上,"按照""万物"的"客观""属性"和它们之间的"客观""关系",使它们"和谐-和合"在"世界"上,"相安无事",而不是在它们"自身"之"外",或在它们"自身"之"上",来"控制-统治"它们,而"世间万物""自身"所没有的那种"力量"当然是"明"不起来的,故只得"名"之曰"玄"。

这个原本可以用在具体经验科学上的思想被"提升"为一种"哲学"思想,它固然在许多"词句"上与《老子》类似,但在哲学精神上是不同于《老子》的,可谓"名同实异"。就哲学的思想来说,《老子》的"万殊"是"一""生"出来的,"一生二,二生三,三生万物";扬雄却说"一以三生,一以三起"。

这里的"三"当指"天、地、人",我们看到,"人"也"独立"成为一"物",不再是一个"中介"了。既为一"物",则为"万殊"之一,当须"整合"到"一"的体系中去,因为有"三",有"多",则"必须""要""一"。这个"必须"是"外在"的、"强制性"的,是"独断"的。如果说,《老子》的"万物"由"一"而"生","复归"于"一",是为"回归";而扬子的"一"则是"和合-整合"出来的,只能是"混合-撮合"。

其实,"哲学"这项思想性的工作,主要的就是对这个世界"问"出一个"一、二、三"来,也就是这个"世界""如何""可以-可能-允许""存在-有"的"问题","世界""原本""不是""这个""样子","如何可能""成为""这个样子"?"将来"又"可能-允许"是个"什么""样子"?在"样子-样式"层面,上下、前后地追问,乃是"经验科学"的伟大工作,这项工作"永远"会"继续"下去;而"追问""原始"和"最终",乃是"哲学"的工作,在这个意义上,"哲学"可以叫作"终-始之学"。古代欧洲希腊人寻求"始基",晚近康德有"事物自身"之"非知识性""本体",而中国儒家教导"慎终追远",都力求"寻求"一个"原始"和"终结"的"理解"。

儒家"慎终追远"重在"家族"的"万世""绵延",子子孙孙"永久延续";《老子》讲"原始反终",或者是"终""反-返回到""始",或者如扬雄所言是由"始""反观-见""终",他的"原始见终"应是对《老子》的很好的发挥。但是,如果扬雄坚持"三生(合)一",那么,作为"始"之"三",如何"返回"到"一"去,而如果"返回"不到"一",那么在"始"中如何可能"见"到那个"终",就会成为一个难以理解的问题。

欧洲哲学思考提供给人们的经验教训是,唯有从一个"同一"的"源泉""发展"出来的"万物",这个"多",才"在道理上""有可能-被允许""回到""自身","回到""产生"它的"一"去。

在这个意义上,《老子》"一生二,二生三,三生万物"说出了一个伟大的哲学命题,相应于欧洲哲学早期的"一"与"多"的问题,应是更加明确的;所不同的是,后来欧洲人在哲学上的努力把它与"逻辑"的"推演"结合起来思考,产生了积极的成果,而《老子》的这个思想却添加了许多实际经验的"比附",在哲学上反倒被"悬搁-悬空"起来。

《老子》的这个"一"可以理解为"道"之"依据","道法自然","一"为"自然"。这个"自然"不是欧洲哲学传统中理解的那种"经验对象"之"总和"的"自然",这个"自然"与"不然"相对,即"是"与"非-不是"相对,即"存在-有-存有"的意思,"一"为"存在"。但这个"存在"又不是"万物"之"具体经验"的"存在(者)",而是"事物自身-万物自身",是一个"原始"的"存在"。作为"一"的"存在",乃是"什么"也"不是"的"存在",在"什么"的意义上,这个"存在"又是"不-非存在",因而是一个"无","无""是"那个"什么"也不"是"的"存在",因其"没有-不是""什么",因而是一个"一","是"一个"同一"。"什么也不是"的"存在者"同样是"自然",对于那个"原始质料-朴"我们同样也可以说"然也-然也",在这个意义上,"无"也是"一",于是,只有在"一"的意义上,我们才可以说"有-无""同一"。

这样,下一步的问题就会是:这个"一-同一"如何会"生"出"二-三"和"万物"来,这是一个需要解决的问题;而这个问题又蕴含着两个分支问题:"一"如何"生""多","无"如何"生""有"。

在这个意义上,欧洲哲学发展史上一直困扰着的问题——"一"与"多"、"(产)生"和"显现"(黑格尔、海德格尔)的问题以及基督教哲学中"无中生有"的问题——实际上在《老子》中已经明确地提了出来,只是在解决这(个)些问题的道路上,中西有了"分歧"。《老子》中的一些解决方案,被引导到一条"感觉经验"的道路上,由于围绕着"感觉经验事物"转,应该承认,这条路"行之不远",特别是后世的一些作哲学思考的学者又把这条路"限定"死了,使得《老子》中原有的"生动活泼"的"思想"与"儒家"的"仁义礼智信""结合"起来,成为一些"僵死"的"条条框框",走上一条"程式化"的道路。

《老子》的"一"原本可以作"一分为二"的理解,"一"蕴含着"阴-阳""两极-两面","一个事物""对立"的两个"方面"是可以"转化"的,尽管这个"阴-阳"也还可能在"感觉经验"范围,但毕竟是"一个事物"的"两面"。然而到了把一切都"凝固化"的汉代,在扬雄谈"玄"的文章中,"一-二-三"和"万物"在哲学原则上的"关系"(不是实际经验上的关系)都"颠倒"了过来,于是在"原则"上"生-分"的问题被"悬搁"起来,问题"转换"成为"和-合"的方面。一切都成为"既成"的,问题在于如何将"它们""合"起来,而"事物"的"变化"只是"一些事物"的"隐退"、"另一些事物"的"登场",于是"阴阳"-"祸福"-"吉凶"等都不再是一个事物"蕴含"的"对立面",而是"两个事物"的"相互""消长"、"进退"而已。

在这个思路中,原本蕴含在一个事物"中"的"矛盾-对立"被"分割"开来,成为"两个事物",或者"两个事物"的"属性"。

对于《老子》第五十八章的名言"祸兮福之所依,福兮祸之所伏",扬雄在《太玄赋》里赞曰:"观大易之损益,贤老氏之依伏。"但他在《玄图》里说:"息与消糺,贵与贱交;福至而祸逝,祸至而福逃。"把"一"中蕴含着的"二",理解成为"固有"的"两个事物",对"依"与"伏"也作了"两件事情"之"关系"的"隐-现"的阐释,"此起彼伏",反之亦然,"彼"、"此"原本为"二",其间没有"转化",只有"消长"、"进退"。于是原本"流变"的,成为"固定"的,而"运动"也成为"机械"的"出没",犹如"日出""日落",也如同"寒来暑往"、"秋去冬来"的"四时""周转"一样,"对立"之

"转化",成为一个"轮回"的"圆周",大概汉代"佛教"的传入,会加强这一思路的"坚固性"。

"一分为二"当然也可以理解为一种"开显",但这种"开显"同时也还是一种"创造",不是像黑格尔所批评的那样把一个"躲藏""在"哪个"角落"的现成的东西拉了出来,而可以理解为一个"从无到有"的"创造过程"。应该说,这层意思《老子》已经想到,提出了"有""生"于"无"的命题,因而他的关于"无"的思想,得到包括黑格尔在内的欧洲哲学家的重视。

由某种角度来看,《老子》的"无"和"一"具有"同一性",都有一种"超越"的"哲学"的意思在内,而不是经验现实中的"某个""东西"。就经验世界的视角来看,这个"一"就是"无","一生二,二生三,三生万物"也就是"无中生有",如果一定要说"一(无)"也是一个"东西",那或许是一个"思想性"的"东西";任何"东西"如作"经验事实"言,不可以说"一(唯一)",而是"多",即使就"具有思想能力"而又是一个"现实"的"人"来说,他也不是"一",而是"多"。只有那作为"自由者"因而也是"创造者"的"人"来说,他才是一个"一",一个"不可替代"的"唯一者"。唯"自由者""有""自我-自己"。

只有在这个意义上,"有-无"才是一"对"真正的"矛盾",才是"一""中""蕴含"着的"内在"的"对立面",而"一分为二"才有原则上的"根据"。如果要在"多"中"寻求""对立面",则只能是"外在"的、"表面"的,如"感官"上的"冷-热"、"动-静"、"阴-阳"等"多"中之"不同",而不可能从"一""自身"中"产-生"出来。

"阴阳-刚柔-动静"等这些观念是"道家"哲学的核心范畴,同样也为"儒家"所运用,原本是一些"经验性"的概念,后来提升为哲学性的,但被汉代诸家"凝固化"后,也成了"两个""独立"的"东西"。这两个"独立"的"东西"如何"对立"起来,则成了问题,因为它们只是相互"替代","轮流坐庄",在道理上甚至可以是"老死不相往来",它们是"互不见面"的,如何"对立"得起来?所以,有人批评"道":如果"静则动消,动则静伏,故非对;言则默消,默则言没,故言非对默";"阴"、"阳"两"极"永不"遭遇",它们的"对立"只是"抽象"的意义上的,于是只能设想一个"外在"

的"力量"来"控制"它们的"消长-出没",这个"力量"可能就被理解为"道",而"在""事物"之"外"的"道",似乎只能是"玄"的。

更有甚者,这个"在""事物"之"外"的"道",就扬雄的意思来说,似乎不是"一",而是"三":"天道-人道-地道",可谓"三道合一","综合"成为一个世界,其"理想"的"最高境界"则是"相互支持-相互和谐"。扬雄的"道"把"老子"的"自然之道"和"儒家"的"家国之道"都"和谐"了进去,当然慢慢也就会把"佛家"的"正果之道"也"和谐"了进去。

在这个意义上,"各就各位,各行其道"就是一种"通"的观念,所以也可以说,"道者,通也"这句话,所谓"通"也就是"不要挡道"的意思,而不是"相互贯通"的意思;不是"同出一源"而具有的"同一性",只是"杂多"而"有序"的"综合和谐"的意思。

应该说,按照事物各自的"属性"求得"和谐"发展,原本是科学研究的任务,"科学""承认-肯定"有一个或多个"客观对象"的"存在",但"科学"要探讨和把握的是"客观事物"的"内在-自身"的"本质",而不是"在""外面""强加"种种"玄-道""迫使""事物""就范",因此"把握""事物"自身的"客观本质"是"经验科学"的首要任务。从事物的"外面""设定""三个"或"多个""道",则无论多么"深奥-玄",都是一种"强制"的"和谐",因而这种"和谐""行之不远",都与"慎终追远"、"原始见终"的精神"背道而驰",本身就是一种"矛盾",是"事物"自身的"律"和"玄-道"之"律"的"二律背反"。

之所以是"二律背反",是因为这两种性质的"道-律"被"设定"并非"同出一源",不是"一分为二""生"出来的,而是没有"分"的"合",这种"合"的"力量"只能是"独断"的、"强制"的,在理论上是"武断"的。

没有"一"的"三"是一个主观"设定",这种主观设定,因其缺乏"同一性"的"根基",反倒使得"需要""被设定"的"世界""显得""荒诞"。

"科学"对于"经验世界"的态度是"承认""必然性"通过"偶然性""表现"出来,也就是说,任何"偶然性"也都是"有""原因"的,是"允许"由"科学"的"概念"来加以"解释"的,其根据就在于"科学"所谓的"必然性"是"经验世界"自身就具备的。如果把"必然性""理解"为"外加"

于"经验世界"的，则这个世界的"偶然性"就会-允许被理解为"荒诞"的，即一个"因果关系""失效"的"世界"是"不可理解"的，而"需要"一个或多个"外部"的"强力"使其成为"可以理解"的、"合规律"的、有因果的。这种意思和《老子》的精神相悖，而可利用的是"儒家"的"圣贤"观念，唯有"圣贤"有能力把原本没有的"荒诞-非礼"的"世界""教化"为"合礼"的"有序"世界。

《老子》的"一"是"生"化"万物"的"一"，"万物"皆为"一"所"生"，则"一""蕴含"了"万物"，是"万物"的"根"，"万物"之"母"，好像"一"里面"蕴含-蕴藏"了"万物"的"种子"。不过，《老子》的思想并未停留在这个比喻的说法上，它还进一步指出了"一"不是单纯的"数"的"抽象"，而是"蕴含"了"自己"的"对立面"，"蕴含"了"非一"，亦即"蕴含"了"二"。这意味着任何"一"个"事物"，都"蕴含"着"自己"的"反面"，如同"事物""有""阴"，"有""阳"，"阴""背负"着"阳"，"阳""背负"着"阴"，"福"也"背负"着"祸"，"祸"也"背负"着"福"，"背负"或许是《老子》的"依-伏"的形象解释，但"祸-福"、"阴-阳"并非"两个""独立"的"属性"或"事物"，而是"一"个"事物"的"两面"，它们的"显"-"隐"不是"出"-"没"，而是"转化"。

"种子"-"母子"的"生化"，固然可以强调"根基"的作用，而"叶落归根"，"万物-多"在道理上允许"回到""一"，"一生二，二生三，三生万物"，"万物""自然"会-能够"回到""一"，是为"复根"而"归一"。如果作"对立面"的"同一性"讲，则"一分为二"和"合二而一"也是一种"同一性"，唯独不可以把它们"分割"开来，单讲"一分为二"或"合二而一"，如果分割开来讲，这个"分"、"合"因是"机械"的，则既"分"不开，更"合"不"拢"。"一分为二"会成为"游骑不归"，"合二而一"则会由一个"空中掉下来的""机械神""捏合"为一个"和合-和谐"的"综合体"。这个"空中-天上""掉下来"的"机械神"，要由儒家的"圣-贤"来"扮演"。

儒家"圣-贤"手执"仁义礼智信"将"统合"一个"纷乱-荒诞"的"世界"，"挟""天命"以"令""群氓"，"拨乱反正"，使之"复归于""治世"。这个"治世"被设想为古代"黄金时代"的"复归"，而在这个"治世"的意义上,也被阐释为"一",其"治"也"一",于是"多的一"、"一的多",就被"综合"成为"治"。但这个被"综合"的"治",仍是一个"多","圣贤"们稍一不慎,"乱"则成为"不可避免",于是对"儒家"来说,"治-乱"必是一个"循环-轮回"。并且,这个"循环"也必"限于""经验世界"之内,在这个"世界"之内,原本要求包括"政治"在内,由于"科学-知识"的"积累-进步"之"推助",获得"无限"的"进步",期间虽有"挫折",但并无"真实"的"阻遏""力量","科学""锋芒"所到,真的是"顺者昌,逆者亡"。"科学"指明了这个"必然性",而一切"经验科学"的发展,却"阻遏"了一个"经验世界"的"轮回"。

然而,儒家以一个哲学的"超越",迫使"现实经验"的"世界"按照一种"轮回"的方式"回到"被认为是"起始"的"黄金世界"。但是,这个"起始"是"圣贤"们"设想"出来的,实际上是一个"在""万物-万世"之"外"的"独断"的"力量","乾纲独断"成为这个"力量"的特性,于是,在道理上以及理论上没有什么"理由"使"万世-万物"都"回归"到它那"里"。

在这个意义上,儒家具有强大的"合二(多)而一"的"整合"力量,而在"一分为二(多)"的理路上,让给了道家。

"在""多"之"外"的"一",缺少"让-令""多""回复"至"一"的"根据",但由"一""分"出来的"多",则至少在"道理"上可以允许这种"回归";因为那个"生化""万物"的"一",通过"分化-生化-转化",原本与"多"即是为"一"。这个"一"乃是"哲学"意义上的"一",而不是"数学"意义上的"符号",是一个蕴含"矛盾"的"能动"的"一",一个"活"的"一",但也不是"幻想"出来的"一"。"哲学"的思维方式为"经验世界"提供了一个"视角",从这个"视角",为那"正在""勇往直前"的"生活世界"提供一个"方向",一个"驿站",一个"落脚点",一个"归宿"。这个"一"并不是"经验世界"的"一""物",在这个"世界",它是"无",是"物";它是一个"无",一个"无限",一个"无""限定",欧洲古代希腊早期称之为"apeiron",是作为"万物"之"始基"来理解的。

于是,我们似乎可以说,只有在这个"一-无-无限"的意义上,我们才有

"根据""让-令""万物-万世""回归",只有在这个"一""分"为"二-多-万物"的意义上,作为"绝对"的"一"才有"权利-能力""召回""万物"。

"一"作为"无"在"经验世界"不"开显""自己","无"是一个"玄",是一个"暗","深不可测","不可知"(康德);而"一"作为"有",乃"在""万物"之"中","哲学"提供一个"视角","在""万物-万世"中"看到""一",在"相对"中"看到""绝对","在""有限""中""看到""无限",这个"一-无-无限-绝对"又是"能够-有能力""自身""开显"的。这是欧洲哲学"现象学"的传统。

回到汉代扬雄的"太玄",它既然仍在汉代思潮之中,在哲学方面,将儒道两家的思想都加以"凝固化",然后再把它们"结合"起来,做到"表面"的"融会贯通","取""道家"之"玄",又"取""儒家"的"仁义礼智信",如同把"油盐酱醋"放在一口锅里"一锅熬",美其名曰"调和鼎鼐"。而"鼎鼐"是皇家重器,非"圣贤"不容"掌勺",难以做到《老子》所谓"大羹无味",总还是被"分辨出""油-盐-酱-醋"来,只得以"有所损益","自解自嘲","八卦"也能被"增"到"六十四卦",于是"调和"的"方子-成分",有"因"有"革",就随"条件"而"损益"了。

就哲学的思考来说,所谓儒家的"仁义礼智信"和道家的"道"都被"凝固化",亦即将"一分为二"和"合二而一"也都"凝固"起来,然后再加以"整合";那么扬雄从"道家"汲取的"玄"的思想,只能"凝固"在"黑暗"之中,"明"不起来,而永远是一个"深不可测"的"神秘性"。

中国的传统思想方式,到汉代基本定型,儒道诸家都各就各位,成为一个"智库",犹如"药铺"里"储存"的种种"药石"一样,分门别类放在小盒子里,"统合"在一个大药铺里,由这个大店的"掌柜的"和诸"伙计"按"医生"的"药方""撮合"在一起,"调和"成"一"味"药",帮助"病人""身体""扶正祛邪","拨乱反正"。

既然所根据的是一种"调和"的观念,原则上"量"就是一个突出的问题。一方面,"量"是经验世界"和谐"所必需的"尺度",但这个"尺度"最后的"依据",仍在那个"经验事物"之"外"的"玄-道"之中,因而是从"外部""命定"的"关系",不完全是"事物""自身"的"尺度"。如同制作陶器的轮子、胚子，制作木器的规尺那样，要求"事物"来"就范"，或可允许"增减-损益"，而不可"另起炉灶"。"药石"故须"增减"，一两一钱的"量"都是很重要的，但"小数""服从""大数"，"治病不治命"，"大数"乃是"大限"，是由"冥冥"之中"决定"的，"大限"一到，则"药石无灵"，"无回天之力"了。

由于"大数""在""事物"之"外"而又"决定""事物"，"在""事物"之"外"而又要"决定""事物""命运"，这个"数"就在"冥冥"中被"捆绑"在"事物"上，这样就出现一个"悖反"的情形："数"不能"独立-抽象"，而"事物"倒被"悬搁-抽象"起来，允许与"任意"的"数"相"结合"；"数"不是"事物""关系"的"抽象"，而"事物"反倒是"数"的"关系"的"抽象"。世间万物都有"定数"，而这个"定数"又是"玄"，"深不可测"；"数"这个"在时空中"的"量"的"关系"被理解为和"道-玄"一样，从"万物"之"外"、之"上""支配"着"万物"的"命运"。

在这个意义上，汉代是一个"制定"和"奠定""规则"与"范式"的时代，是一个"哲学"上"定型"的时代，这个"哲学""范式"可能要到宋代才可以说有所"动摇"。

第五章　佛家思想的哲学理路

自汉唐佛经传入中国,陆续译成汉语,给中国古代思想注入了新的生命力,经过历代思想家的努力,形成长期儒佛道三家鼎立的局面绝非偶然。佛家对中国古代传统儒道思想,无论在深度和广度方面都有很大贡献。

古代儒道两家原本对当时现实社会表现了一种不满,之所以成气候、影响深远,乃在于它们对此种"不满"提出了"思想理论"的"根据":儒家强调"历史-过去",道家强调"自然-天放",当然在孔子晚年发现的《易经》中含有"形而上"的哲学思想,除此之外,儒道两家的侧重点主要在于社会和自然现实的具体性与特殊性。相比之下,通过种种途径传来的佛经,则主要是从"形而上"的"普遍性"切入问题,在某个方面,它也是一种哲学的"理念",而不是局限于"具体"的"现实-实际"的"现象"。

也许在古代印度,佛教面对着一个等级森严的社会,加之炎热的天气,产生一种"脱离-摆脱""一切实际"的"思想",也许这种思想受到希腊亚历山大大帝入侵带来的柏拉图、亚里士多德以及"原子论"思想的影响,这种说法,固然被许多学者否定,但仍然是一个值得研究的问题,佛教《南传弥南王问经》也似乎留有一些可循的痕迹。

然则,佛教思想有不同于以古代希腊为基础的欧洲哲学之思路。

一

佛教思想以"脱离-摆脱"一切"感性现象"为"目标",在这方面佛教比古代希腊哲学家更为彻底,因为它不仅否认一切"感官"所"接受""印象"之真实性,而且否认包括"主观意识"之"虚幻性",后起的大乘佛教明确"法"-"我"皆"空";而柏拉图的"理念"所针对的主要是"视觉""景象",从"视觉""提升-飞跃"为其"影像"之"原本-模型",成为"理念",因而这个"理念""不离-离不开""视像"之"升华",这个思路,导向了欧洲哲学的"主体性"的觉醒,直至黑格尔才有一个大综合,成为"主客同一"之"绝对",而在古代希腊强调的则是"事物""自己"。

大乘佛教强调"摆脱-脱离"一切"客体"和"主体"的"虚幻",应是非常"彻底"的"否定性"。佛家的"理想"不是"理念""世界",它所否定的包括了这个"理念""世界",也就是说,否定-摆脱-脱离"一切""世界"。"一切世界"都可能是"心识"所"产生"的"虚幻境界",如同镜花水月,原本"空无"。

在这个意义上,佛家否定"受想行识,眼耳鼻舌身意",不仅否定"感官""接受"的"真实性",而且否定"思想-意识"的"真实性",可说是在欧洲传统哲学"不疑"处"生疑",但又不陷于简单的"怀疑主义"和"虚无主义"。其何以仍可教导人以一个"信"字,其思想理路,不能不引起人们的重视。

"怀疑"起于"感性世界"的"变化","昔是今非",由此"怀疑"到"提供""感性世界""材料"的"接受器"之可靠性;然则"怀疑"乃是"思想"之"功能",有"思"才有"怀疑","思"不是"感觉材料"之"接受器","感性""接受器"固可"怀疑",而非感性之"思"则不容"置疑",于是欧洲有笛卡尔"我思故我在"之名言。笛卡尔之"怀疑""止于""思"。

相比之下,大乘佛教的思路不"止于-住于""思",首先似乎把"思"具体化为"念",由这个"念"与"感性世界""连接"起来,而其所以有可能"接续"这个"感觉经验世界",恰恰是因为这个"世界-境界"乃是由"念"而"生"。"一念三千","念""生""大千世界"。

这就意味着,"大千世界"之所以"虚幻",根源在于"产生"它们的"念",这个"念"或非"接受器"而是"发射器","发射"出"虚幻"的"感性世界"。也许在"唯识宗"里这个"念""藏"着"阿赖耶""识",这种"意识"又"藏"着"大千世界"的"种子","随时"有可能"生"出种种"虚幻"的"境界",如"镜花水月"那样虽"鲜艳可爱",但"虚幻不实"。

这个"生"出"虚幻境界"的"念",也是"虚幻时空"的"创造者"。"时空"不是"真实"的"存在形式",而是"虚幻"的"存在形式",这个"形式"由"念""产生",在这个意义上,"念"并非"理性"的,而是"受制于""感性"的"思念-想念","所思-所想-所念"皆"在""感性"中,皆"在""时空"中。

在欧洲哲学中,康德有"时空"为"先天直观形式"之说,把牛顿的"时空"之"客观实在性""设定"为"主观先天性",但仍是"客观实在"的"存在条件",不论"客观"还是"主观","时空"都是"实在"的。但是佛家却说,"时空"为"空",没有"实(在)性",由此"时空""中"的"一切",皆无"实(在)性","时空"为"幻","时空""中"的"一切"皆"幻";反过来说也一样,不仅"时空"中的"一切"为"(变)幻",就连"变幻"的"条件"——"时空""本身",亦为"(变)幻","万物"无"自体-自性","时空"亦无"自性-自体"。

"无自体"则"无需"欧洲哲学之"理性",因为这个"理性"自古代希腊以来,就是为了"理解-把握""物自体-事物自己-自体""设定"的;如今佛家已将一切"自体"否定,则无需这个"理性"的"施设"。

于是,也许我们可以说,在佛家眼里,既然没有"物自体",也就没有"我自体",没有一个在"原则-原理"上"不同于""万物"的"独立自我"之存在。佛家反对一切之"执",包括"我执"在内。

如果说,在阐明一切"感觉经验"之"虚幻"的意义上,佛教思想尚可与欧洲古典哲学有"沟通"之处,而它之反对"我执",则似乎容易被看作一种简单的"物质主义"。佛经中也常说"我执"之所以"幻",乃因为"我"也是"微尘""因缘和合"的"产物",并没有什么"特别"之处。当然佛家思想,并不是这种简单的"物质主义"。

或许，原始佛教曾有过这样的简单的"物质主义"思想，小乘佛教或许有这种思想的痕迹，但早于佛教的吠陀系统就已经把"我"作为"梵"理解为"最高实体"，佛教强调"破解""我执"当有自己的理路。

"我"当然是有思想有意识的，不是"行尸走肉"；但在佛教看来，这个"思"和"识"恰恰是"虚幻"的"根源"，"埋藏"了"种种""虚幻"的"种子"，也在"破解"之列。

为清楚起见，在一个对比的意义上，我们可以从佛教思路来理解笛卡尔"我思故我在"的意思。佛家很可以接受这个命题，但作另一种解释。"因为""我""有""思"，所以"我""存在"，而"一切存在"皆为"空"，"我""因""有思有念"才"产生""空幻"，才"产生""空相"。在这个基础上，佛家有理由说，一切"相-象"都是"幻象-幻相"，一切"名"都是"假名"，"象-相-名"皆无"自性-自体"，一切"名-相"皆为"方便""施设"，只有"破除""名-相"，才有可能"觉悟"到真正的"性-体"；而只要"执着-执著""自我"，"认为-意识到""我"有"自体-自性"，则"我"即为"一相-一幻"，而不"悟""我"亦是由"微尘""因""种种条件""和合"之"合体"，也会"因""种种条件"而"分解-分离"，故"我"亦"因""时间接续"，"因""思念-贪恋"而"进入""（空的）轮回"。

二

"万物-万法"皆"空"，正是"因为""我"为"空"，"时空"为"空"；因为"有我"，才"生""时空"中之"幻象"，一切"幻象"也皆因"我"有"思-念"，"空"本身也是"一念"，为"我思"所"生"，"我思故我在"，"我思故万物在"，而"储存""万物"的"空间"亦"在"。而"空"并无"自性"，为"一念"所"生"，在这个意义上，佛家似乎应该反对牛顿意义上的"绝对空间"，"时空"皆为"我"这个"观测器-念"的"产物"；而又在这个意义上，佛家的"空""涵盖"了欧洲哲学的"存在-非存在"的意义，但"不止于"-"超出""有-无"的意义。佛家的"空"是"有-无之变"意义的升华，而不仅仅是"时空""中"之"变化"，似乎"时空""形式""不变"而"内容"

"在""变";而是"因""有""时空"故"万物""变幻","时空"本就是"变幻"的"原因",也是"变幻"的"产物"。

于是乎,佛家就有理由说,"色不异空,空不异色","色"和"空"原是"一念"所"生","究竟"没有"分别",而接下来马上就说"色即是空,空即是色"。

佛经中的这两句话是接着说的,除了通常的"同-异"的意思,似乎还可以从"异"引申出"离(异)"的意思,而"离"在佛经里也是很强调的。于是,"色不异空,空不异色"可以理解为,"色不离空,空不离色",下面这句"色即是空,空即是色"就是"色"和"空""不即不离"的意思,是"一而二-二而一",并不是"色"是"空"的,而"空"当然是"空"的这样一种"同语反复",佛家不说"色即是色,空即是空"这样的"重言语句",而都是"表面上""对立"的意思,在佛家看都是"同一"的。"色"-"空""表面上""相异","实际上""同一","相即"。这就意味着,不仅"色"为"空","空"同样也是"色",和"色"一样,没有"自性-自体","空-色""同出一源",皆为"我执-心念"所"造","一心""开"了"色-空""二门",为"凡夫""方便",可以"由""色"而"悟""空",但深层次的"修炼"似乎更需进而"觉悟"到"空"是"产生-造作""色"的"根据-基地","觉悟"到"一切色"皆由"空""起",无"空"便无"色"这样的"道理"。

或许,这就是禅宗六祖慧能在"理路"上"高于"神秀之所在,尽管"明镜"之喻一直为佛家引用,也都是因为"方便"而已,实际上佛家强调的"筏喻"很能说明一切"方便法门"最终将被"舍弃","色-空""对立同一"的"关系",也是一"喻",为"进入""涅槃"的"阶梯":"明白""色空"为"一","断绝"一切"无明",到达"无余涅槃"。

于是,在佛家看来,一切"相-象"皆为"幻象",一切"名"皆为"假名","名-相"皆无"自性-自体","物"无"自性-自体","人"亦无"自性-自体";"众生"无,"佛"也"无"。"凡人"以"眼耳鼻舌身意"所"见"之"相"、所"闻"之"名",须得"觉"其"虚幻","觉"其"无自性-自体",无非"施设""方便""渡过""生死苦海"。"施设""名相",就佛家"逻辑"来说,或只是"喻-举例",而非"宗-因"。就连为"方便"之"佛法",实际亦无"名相",而一切"有名相者"皆"入""轮回"。

三

"空间"无"自性-自体","时间"同样也是没有"自性-自体",通常想象"空间"如一个"大盒子","时间"如同一条流动的"长线-长河",也都是一种"幻象"。

"事物""在""时间""中""流变",一切"有限"的"事物"都"在""时间""中""流逝","有始有终",或许只有"综合-概括"的"事物"之"概念",为"事物自身-事物自性-事物自体(物自体)""永恒不变"提供一种"可能性","时间"与"事物"一样,"在""概念"意义上有"不变"的"自性-自体"。于是,在康德哲学中,"时间"尽管是"感性直观形式",但"时间""自身"如同"物自身"一样,是"不可知的"。

"时间"为"理智"提供"感觉材料",使"理智"得以将这些"材料""概念化",使"时间"的"连续性系列"转化为"原因-结果系列",从而使得"时间""中"的这些"材料"之间的"关系"成为"因果关系",这种在"概念"上允许"推理"的"关系",也是"时间""中"之"事物"虽"变化万千",而在原则上则是"可知的",因而是"科学知识-经验知识"的"对象"。

与欧洲哲学相比,佛家哲学走的是另一条"思路":佛家在原则上"否定""一切事物"具有"自性-自体",将欧洲哲学从古代希腊开始"追求"的"始基-自己""定为""水月镜花",实际上宣布了"此路不通","哲学"当另有"通路"。

佛家认为包括"时空"在内的一切"名相"皆为"虚幻","产生"这些"名相"的"根源"在于"一念","我"因"念"而"进入""时间""轮回","执著"于"我-念",则"必定""进入""轮回","时间"就是(即)"轮回"。

"众生""因""有我-我执"而"进入-堕入""轮回"。

"众生"所"执"之"我",乃"幻想""我"有"灵魂",这个"灵魂"似乎"具足""自性-自体",而实际上,"我"仍是"微尘""和合"而"生","因缘和合"而成为"我",这个"我"仍是"有情众生",并无"超越"之"灵魂",因此,说"我执"为"灵执"为"假",而"贪恋-念""有情"是真。"我执"为"情执",而"情"并无"自性-自体","情"因"自恋-自念"而"轮回"。

"情"即是"念","念"即是"情"。"念"由"情""起","情"由"念""生","念"-"念""相续","情"-"情""相依","此起彼伏","生生不息"。然则,有"生"必有"灭",有"此"必有"彼","生生不息"也就意味着"生-死""轮回"。"众生""执著"于"情",必入"生死轮回"之"苦海"。"轮回""苦海无边","前世"为"苦","今世"为"苦","来世"依然为"苦"。"今生""思念""前生","想念""来生","执著""情-我",终是"幻念-妄想",不能"超脱-离断""轮回"。

由"我-情"所"生"之"时间",为一"永恒绵延",一如由"我-情"所"生"之"空间","无边无沿"。"苦海""无限",或如黑格尔所谓"坏(恶)的无限",尼采所谓"永恒轮回"。

"时间""轮回"为一"因果系列",为"我-情"所"执",是为"(善-恶)报应系列",而"善-恶"为"我-情"所"执",只"在""轮回"之"中",不"得""止于至善"。"时间绵延""中""不见-不得""至善",皆因"我-情-念"本无"自性-自体","轮回""永无止境",而由"我-情"所"生"之"行-业",只是"因果-善恶报应"的一个"环节"。"情意绵绵"-"思念悠悠",却原来竟是"永恒轮回"。

四

佛家比喻,"苦海无边,回头是岸","超脱""生死轮回"之"法"竟然如此"简单",只是"在""一回头"之间,"刹那间""苦海"已经"渡过","轮回"已经"超脱",本无需任何"舟筏",已"在""彼岸",真是"简易"之极。佛家的教导卷册浩瀚,却真是"易经"。然而众生"积"数千年"业绩","情意深深",要求"猛回头"却也绝非"易事"。为利"有情众生"之"超度""轮回苦海",佛家也"施设"种种"方便修炼",有"顿-渐"之别,但在原理方面,或在"觉悟"之"紧要关头",当是一个"回头",或"猛回头",

或"渐回头",是"回头"也"一"。

"回头"即是"涅槃"。

"涅槃"是佛家的"最高""智慧",这个"智慧"不是"多识鸟兽草木之名"的"小智慧",而是"离绝""名相"的"大智慧",也不是"大智若愚",反倒是"大智无愚",也就是"灭绝""无明"。"灭绝"一切"无明"即是"纯粹之明"的"涅槃"。

在这个意义上,佛家的"涅槃"-"大智慧"重在一个"断"字,"断绝"一切由"贪欲-思念-情意-我执"而"生"之"名相""世界",也就是"断绝""时空",即是"涅槃"。在这个意义上,佛家以"涅槃"为"永恒",一如欧洲哲学以"理念"为"永恒"。只是欧洲"理念论"是从"感觉经验"中"抽象"出来的,以"概念"为"本质","建构"成"物自体-思想体",走的是"自下而上"的"路",然后再"设法""走"下来;而佛家对"名相-现象"采取"断绝"态度,是一条"离析-分析"的"路",不是"综合"的"路",因而"功夫"下在"破"字上,"破除"一切"无明-业障",即是"涅槃"。

"涅槃"是一种"觉悟",是一个"觉"。这个"觉",不是"知(识)",不是"伦理道德",也不是"情感",这个"觉"是"觉悟"到"知情意"全无"自体-自性",全"在""轮回"之中。在某种意义上,佛家"涅槃"是"觉悟"到"时空"中一切"善-恶"、"美-丑"、"苦-乐"皆无"自性-自体",故为"虚"为"幻";这在黑格尔的意义上是"坏(恶)的无限",而"坏(恶)的无限"也就是"坏(恶)的自由",是"虚幻"的"自由",是"虚假"的"自由",也就是"不自由"的"自由",是"有限"的"无限",是"自相矛盾"的"自由"。这种"自由"是"名相"的"自由",仍是一个"无明""境界"。

"断绝"一切"无明"的"智慧"在"涅槃",唯"涅槃""离绝""轮回","离绝""知情意"之"尘世苦海",为"至善",为"极乐",似乎唯"涅槃"为"自性-自体"。果如是,则"涅槃""类似"欧洲哲学之"绝对",但因没有"理性"-"概念""环节","涅槃"的意思,尚需探讨。

"涅槃"不是"死",虽然一般都从"死亡"的意思去理解。"涅槃"为"不生-不死",不"在""生-死""轮回"之"中","涅槃""离断""生-死"。

"涅槃""因""不生不死-无生无死"而"断绝""轮回","不生者""不死",

"不死者"亦无"再生";"不生不死者"并非"灵魂-神我","神我"也是"我",而"我执""必堕""轮回";"灵魂"与"肉体"的"分别",同样为"思-念"之"无明"而"生",则有"生"必有"死",为"拯救""永生","灵魂"被"抽象"出去,"灵魂"为"虚",为"空"。

佛家"涅槃""因""断绝"一切"轮回",也"断绝"一切"矛盾",一切"分别","生死"、"灵肉"也在"断绝"之列。在这个意义上,"涅槃"似乎是一个"消解-泯灭"一切"矛盾差异"的"绝对",但这个"绝对"不是一个"概念"式的"思想体",而是"存在"式的"实在体"。"佛"不是一个"概念-思想",而是"实在-真如","佛""自在"。

"涅槃"之"佛""断绝""时空","断绝""关系","断绝""因果"。也许欧洲哲学一直重视"原因"这个"环节",其"绝对-自己"常在"第一因"中去理解,而佛家似乎更加重视"结果","涅槃"是佛家要"证"之"果",重心"在""果"位。"果""终结"一切"轮回","止息"一切"贪念","化解"一切"矛盾","平等"一切"差别"。

"第一因""起始""时空","涅槃""终止""时空";"第一因""空前","涅槃""绝后"。"如来,如来",虽"无来无去",毕竟"如来";"来"而"不往","住"于"涅槃"之"果";而"时空"之"终结"亦即"东圣"与"西圣"皆为"同时-同在",就"有情众生"看来,也就是"一回头"、"一刹那-一瞬间"。

"第一因"为"创始者-创造者",在佛家看来,正是这个"第一因""开创"了一个"轮回"的"世界",充满了"贪欲-争夺",孔子曰"始作俑者其无后乎","创始者"是"始作业者","始造孽者",不过倒是"有后"的,而且"子子孙孙""永无尽期","时间""永恒流淌";"时间"果无"终结",而以"概念""断""时间","时间"仍然"无尽""绵延",需要"佛家"在"实际"上有一"了断","终结"这个"轮回","令""断绝""贪欲-思念","不再""生"出"世界","不再""造作","不再""作业-作孽",以这种"觉悟"来"证""正果"。

这个"正果",对"有情众生""在""时空"中来"看","永在""未来","永在""彼岸"。"众生"之"时间"——"过去-现在-未来","未来"是"目标",是"希望","尚未""结果",一旦"结果""立即""转化"为"现在",成为"造业"之"因"。佛家之"果",为"无果"之"果",不再做"因"的"果",犹如"无因"之"因"(第一因),是为"因""本身","果""本身",不能-不会"转化"-不能"轮回"的"因"和"果",不再"轮回-转化"为"因"的"果",于是,"果""本身",是为"正果"。这样,对于"轮回"中之"众生"来说,关键则在一个"信"字,"起信"唯有"未来-彼岸"之"果"才非"虚幻"之"正果"。

第六章　宋明哲学的思路历程

胡塞尔说，希腊人为欧洲学术增加了一门理论性的学科——哲学，即一门"脱离""实用"的纯粹理论的科学，使欧洲人的"眼界"不再局限于当下使用的"经验"积累的"知识"和"技术"，而是"思考"着更加深远的"宇宙-人生"的"意义"，培育了欧洲人在"智慧-知识"上的一种"彻底性"精神。

我们"反观"中国的哲学传统，在这个"彻底性"精神方面比照欧洲哲学传统来说，有许多不同的地方，我们自有特色，但为什么未曾形成那样坚实的"知识论-认识论"传统，却是值得探讨的问题。

我们的传统哲学-哲学传统似乎并未"脱离"一种"实用-实践性"的导向，而将"知识-认识论""问题""独立"出来，成为自己的"理论""支柱"。

当然，并不能说，中国传统哲学导向所着意的都是一些"小计谋-小技巧"，恰恰相反，这个传统着眼点完全集中在"大事情-大问题"上，也就是为了"安邦治国"的"大局面"做出自己的"贡献"。中国的传统哲学家和思想家正是在"划清"这个"大"和"小"的"界限"上做出了许多努力，直到宋代的"格言""饿死事小，失节事大"，这个"大节"，历来是中国哲学家-思想家被要求放在第一位的基本品格。在这个意义上，经常被人们认同的中国传统哲学导向之"实用性"，就不是"小"的"实用"性，而是"大"的"实用性"。从孔子以来，中国哲学家-圣人-智慧者一直坚持这种"大小之别"，犹如"天尊地卑"一样。

在这种取向的引导下，中国哲学传统都努力以一种"形而上"的态度"阐明""安邦治国"的"道理",其"大""实用性"都在于以此向"社会"——当然主要是"管理-统治"的"责任者"——"提出""大"的"建议"。在这个意义上,传统哲学的主要历史著作,都可以作"献策建言"观。就学问来说,中国传统有"六经皆史"之说,这个说法,并非单纯指向这些"经说"的"历史背景",而是意味着一切"经"的"意义"都是"为了""史"做的,即以"献策建言"作为"史"的一个部分而"存在"。

这个传统历经千年未曾"大""变",至宋代,"理当""变"而"实际""未变"。宋代的哲学家-思想家只能部分地"变化"的"反复""轮回",在"较高"的基础上"维持了"这个传统。

一、宋代哲学对于"物"的重视

西塞罗说,苏格拉底把哲学从天上拉回到人间,实际上是说,苏格拉底把哲学从"注视"天上的"日月星辰"转向了心中的"仁义道德"(伦理),从"自然"转向了"人事"。这个"转向"在我们的传统中,走了一条"相反"的路线:由"人事""转向"了"自然",而完成这个"转向",历时千余年。

之所以出现这种情形,或许正如胡塞尔所说,古代希腊从注视天上的日月星辰(自然)"建立"了一门"摆脱""实用"的"理论科学"——"哲学",奠定了一条由"外"向"内"的思想路线,在从"外部自然"的思维模式来思考"内部伦理-道德"时出现了胡塞尔批评的"超越""不够"的问题,而在"伦理学""实现""彻底性"的"超越",欧洲直到康德才有所突破,这期间也经过了千余年的"酝酿",而这项工作的进展,还得到了基督教思想的激发,也是一条艰巨的思路历程。中国传统从"形而上"之"天学"到"形而下"之"格物致知",同样是一个艰巨的心路历程,则并无奇怪之处。

从中国社会外部条件的历史发展来看,宋代是一个很值得重视的环节。

就政治来说,宋代崛起于动乱分裂之中,物质生活的进步,得到了一个相对稳定的政权的保护和支持,各个方面出现繁荣的景象,人们突然发现,除了政治军事的"争战"之外,还有一个"实际的生活"要"过"。这个"生活"是"日常"的,人们天天与之"打交道"的是一个"物质"的世界,任你"帝王将相-圣贤神仙"也都"离不开"这个"物的世界"。传说中的"餐风饮露",不能"证"之于实际的生活,人人都得"做""衣食住行-饮食男女"之"事","迎接""生老病死"的"挑战"。在这样的社会背景中,好思考的人(哲学家-思想者)"发现"了"物"。

并不是说,传统中国哲学就没有"物"的观念,但相比高高在上的"天"和"奉天承运"的"人"来说,"物"只占一个"工具"的位置,"高下-尊卑"在传统观念中是"界限分明"的,所以对于孟子的名言"万物皆备于我"无人敢于"质疑"。

然而,这句话到了宋代,在哲学家-思者的心中已经成了"问题"。

宋代哲学早期的代表人物中似乎不能忽视邵雍,除了他的思想值得重视外,他还是终身不仕、相对"超脱"的"民哲",尽管他与当时的"体制内"的哲学家也有密切的"交往"。"做哲学"而不"做官",甚至不"求""做官",对于"传统"也是一种"突破"。

当然,邵雍的学问因其"隐遁"而多有"超越"的纯粹的内容,但究其意图-目的仍不脱"经世致用"的功利性作用,他的著作以《皇极经世》为书名,同样也可以看出"建言献策"的意思,只是他"献"出的是一种"大策略",而不是"小计谋",仍是一个"自上而下"、"由天及地"的"形而上"的"终极运筹学",在大方向上,仍是中国哲学传统的范围。但可能他毕竟是一位"大隐隐于市"的"隐士"型学者,视野更加开阔,理论更加"超脱",对于有宋一代的哲学趋向,有开风气的作用。

在"形而上学"方面,他对于《易经》的研究更加"天文"化和"数字"化,固然有许多牵强附会的地方,但在重新重视研究《易经》的风气上,有推进的作用,其中他提出的"先天"-"后天"易学之区别,虽说是重拾道家"先天地生"的思想,其明确有"先于天地"的"道理",从而明确了"天地"亦是一"物"的思想,也进一步奠定了"物"的问题的重要性,应是一个重要的基础性发展。按照这个思路,"天"固然"神秘",但仍是一"物","天道"亦是"物理","道"-"理"为"一","天-地""一理",皆是"物"之"理"。这意味着"天"虽然"神秘",但并非"不可知",《易经》正是由于把"天理""教导"给人,所以不再是"求神算卦"的"占卜"之"方术",而是"可知-

可以推理-可以计算"的"学问"。

在这个思路的引导下，人们有可能-有权利把仰视的"天空-日月星辰"也都作为"某物"来"观看-探测"，"天"由"膜拜"的"对象"，有可能转化为"认知"的"对象"。

"认知""某物"是人类生存的一定的要求，当然是"古已有之"，但对于"认知"本身的探求，古今或有巨大的"差异"。在此，我们对于邵雍提出的"以物观物"的"反观"观念应有特别的注意。

之所以重视"反观"，乃是这个观念赋予了"物"以相对"独立性"，为一种"非实用"态度的"知识论"的产生提供了一个有利的"根据"。

邵雍在《皇极经世·观物内篇》中说："所以谓之反观者，不以我观物也。不以我观物，以物观物之谓也，既能以物观物，又安能有我于其间哉！"这段话似乎故意和孟夫子的"万物皆备于我"唱反调，"观物"须得将"我"排除在外。

当然，邵雍的这个思想，应是《老子》道家思想的承续和发挥。《老子》第五十四章说："故以身观身，以家观家，以乡观乡，以国观国，以天下观天下。吾何以知天下然哉？以此。"这个思想也是针对儒家以"我""观""天下"来说的，不是说，"天下""自己"会"观"，而是说，要把"天下"作为"天下"来"观"，即从"天下"的"角度-视角"来"观""天下"，而不是一切从"我"出发，以"我"的"角度-视角"来"观"，邵雍拿来总括为"以物观物"之"反观"。

这里应该预先提到，这种"反观"固然具有"无我"之"客观性"，不是从"与我的关系"的"主观-实用"的态度来"观"，但并非说"物"-"我"完全"没有关系"，"物"-"我"之间的"客观-认识""关系"须得有一种"知识"之"思-思想-思维"的"环节"来"支持"，缺少这个"环节"，似乎是中国传统哲学的一个比较关键的"空缺"。《老子》的这个思想，后来《庄子》发展为"吾丧我"、"鱼-我"之"知"、"庄周-蝴蝶"的"转化""关系"，绕过"思维-概念-知识"这个"环节"，使得本具有重要开创性的"知识论"问题，立即"转化"成"本体论-存在论"问题，即"物-我""合一"-"天人合一"的趋向。

再看邵雍这个"反观"说的提出，为一个"客观超越"的"知识论-认识论-意识论"指出了一条思路。就我们的论题来说，我们看到，中国传统哲学出现了胡塞尔的"第一次""悬搁"的"意识"，但这次"悬搁"并非为"怀疑"所"逼出"，因而也没有"我思故我在"的命题，而反倒是"我思故我不在"这样一种意思，即"我""不在"之"思"-"反思"，亦即"我""不在"之"观"-"反观"，恰恰是将"物"作为"物"来"观"的一种"观""事物本身"的"无我"之"观"-"思"。

"反观"是对"事物本身"的"直接"之"观"，是为"直观"，但又不是以"我""观物"，而是"以物观物"。如何理解"以物观物"？并非"物"与"物""相互"之"观"，这样就是莱布尼兹的"单子""互相反映"；邵雍不是这个思路，而还是"人-我"对"物"的"直观"，"物""互相"之"观"或许可以叫作"物""自观"，而"人-我"对"物""自身-本身"作"客观的""无我"之"观"，则叫作"反观"。

于是既有"无我"之"反观"——"以物观物"，与其相对者乃是"以我观物"，这个"我"乃是"主观"的"感官"之"我"，而"感觉性-感性"之"我"乃是"私"-"个别性"，而缺乏"公"-"普遍性"。故邵雍尝谓："以物观物，性也；以我观物，情也。性公而明，情偏而暗。"（《观物外篇》）于是"物"皆有"自性"，而并非皆为"我"所"用"；"物"有了一种"相对于""我"的"独立-自身"之"性"，于是《易经》"说卦"中的"穷理尽性以至于命"有了一个"客观性"的"解释"。"以物观物"是为"客观"，不是"主观"。"主观"是为"我观"，有点像希腊人的"意见"，而"客观-物观"才是"尽性-穷理"的"真理"。追求（客观-物观）"真理"，乃是希腊人揭示的"知识论"的第一层面的"悬搁-超越"。

邵雍的这个"客观-物观"的"无我反观"也提出了一个"公-普遍性"与"私-个别性"的"界限"，按照传统语词的用法，把"我"规定为"私"的范围，试图划清"公理"与"私情"的"界限"，而这一个界限，是贯彻宋明理学始终的重要观念。

当然，我们可以说，"私-我"的观念来自先秦道家，宋代原本是一个"大综合-大发展"的时代，即使是表面上被"排斥"的"佛家"，无论思想和语言亦即哲学范畴,都已经渗透至宋代诸家的思想深处,融为一体,只是所坚持的基本观念仍是儒家,也因为如此,后世才有"新儒家"之说,"宋儒"已非"原(始)儒(家)"。

在邵雍的哲学中,"公-私"、"性-情"已经有了严格区分,他对于"我-情"的"排斥",已有"私欲""遮蔽""真理-真性——物理-物性"的严格观念。上述《易经》中的那句话也有了"知识论"上的意义,"知识"之追求在于"穷理尽性以至于命","穷理尽性"人人须得努力追求,至于"结果"如何,取决于"天时地利"的"综合条件",亦即带有相当的"偶然性"。

"我"被"规定"为"私","私"之"情"乃是一种"感官"之"反应",而不是"客观-物观"之"反映",不是一种"客观性"的"鉴-明",是"感官"之"功能",而不是"心"之"功能"。

在这里,"感官"与"心"之"功能"被"切断",而不是如同在欧洲哲学中那样有一种"理智直观"与"直观理智","理智-心"可以与"感官""无关联",二者都允许甚至必须"独立"发挥作用,因为"感官"可以被认为是一种"纯粹的""私",永远在"被排斥"之列。这种思路,当与佛教有关,但在中国,也自有渊源。

首先还是《易经》那句话:"穷理尽性以至于命","理"与"性"皆不来自"感官",而似乎只得自"心"。《观物外篇》说:"夫所以谓之观物,非以目观之也,非观之以目而观之以心也;非观之以心而观之以理也。天下之物莫不有理焉,莫不有性焉,莫不有命焉。所以谓之理者,穷之而后可知也,所以谓之性者,尽之而后可知也,所以谓之命者,至之而后可知也。此三者,天下之真知也。"在这里,邵雍把《易经》之"形而上(学)"转化发展为"知识论-真知论-真理论"的"前提条件",使《易经》中的那些"卦""形"变化,转换成"非目之可视(乾坤日月等)"的"数"的"心之可知"的"关系",在"易学"中立"先天"之"学","先天地"而"在"的为"心","先天学"亦即"心学"。于是,邵雍为"性-理之学"、"性-命之学"奠定了一个"先天"的"根据"——"心学"。

这就是说,"心""在""天地先",相对于"接受""天地""给予"的"感官"来说,有其更为"原始"的"功能",就"原理-原则"而言,它"原是"

"独立"于"天地"而"存在",不是由"感官-经验""积累-推演-发展"出来的,也无须从"感官"来"获得"其"内容",乃是一个"独立-自足"的"领域-世界"。在这个意义上,"心"的这个"功能"的"超越性",不是"元-后物理学——meta-physics",而是中国传统意义上的"形而上(学)",不过这个时代的"形而上(学)"的意义,已经从"先秦-两汉"的"天学"转化为"心(学)"。

当然,宋代"心学"传统,可一直追溯至先秦思孟学派,这个影响在宋代越来越明显,且不论孔子说过"学而不思则罔,思而不学则殆",孟子的"心之官则思"应是耳熟能详。孟子在回答公都子"大体-大人"、"小体-小人"之问时说:"耳目之官不思而蔽于物。物交物,则引之而已矣;心之官则思,思则得之,不思则不得也。"虽然孟子接着说,这个"心之官"是"天"给我的,和邵雍受道家"先天地生"的"先天观"不同,但强调"心"的"超感官"作用,则是一脉相承。"心之官则思"的"则"是一个实词,是"使""思"有"(规)则"的意思,因而接下来的任务就应该研究如何使这个"思""有规则"的问题,而不是"胡思乱想","想入非非"。

然而,我们后来的发展中,恰恰没看到有较多的这方面的工作,邵雍以及有宋一代的儒家虽然非常重视发挥孟子的"心学"传统,但对于"心"之"功能"在内容上的理解也大体是"仁义礼智"这一套伦理道德,而对于这个"思"的功能,不知何故,没有能够从哲学道理上充分地"发挥"和"揭示"出来,致使有宋一代并未从"心学"开出一个"思想"的"世界",而仍然"栖息"在儒家的道德传统之中。也就是说,有宋一代的这个"心"的意义,主要在"良心"方面,如同常说的"狼心狗肺-存心不良"这类的意思,没有往"思"这层意思发展开去,就这一方面来说,不能不说是一个很保守的趋向。这一趋向使中国哲学未曾对"传统"有一个"突破",也没有把孟子思想中蕴含的内容"开发-挖掘"出来,致使邵雍那层"以物观物"的"反观"的意思,也被"架空"在那里。"物"的问题得到了重视,但很快就被"搁置",这个"孕育"着"经验科学"的"种子",未曾得到"天时地利"而"发芽生长",尚未"出世",就被"仁义道德"的"道德观念""窒息"在"娘胎"里,从此,中国哲学在根本上又"回到"了"没有认识论"的"本体论"的道路,从而使其"本体论"的观念,仍"陷于""空洞-空谈"。

二、周敦颐的"诚"与张载的"气"

中国哲学"建立""知识论"的任务被"搁置",又"回到"了"形而上(学)"的"本体论"。

宋代周敦颐被置于"道学"第一,史家认为他有发扬"绝学"之功,就他以儒家学说为指导"综合-发挥""儒佛道"诸家之说,建立自己的"本体论-形而上"体系言,也是他的恰当的位置。

周敦颐的哲学工作主要是把《易经》与道家的"无"和"儒家"的"仁义中正"贯穿起来,他在《太极图说》中指出的"无极而太极"引发出一些争论,但影响非常深远。他在古代揭示了一条儒道两家贯通的途径,把"极(限)"-"太-至"和"无"结合起来,是一条"有"-"无"相通的思路,也使"万物""转化-相生"的"过程"成为可以理解的理路:从"无极-太极"如何"生化"出"阴-阳",又如何"生化"出"五行",以至于"万物"。

"无极而太极","太极动"亦即"无极动","动"出自"无(物)",而非出自"有(物)",因为"动而无静,静而无动,物也"(《通书·动静第十六》)。这就是说,"物""动者恒动-静者恒静",能使"静者""动",能使"动者静",须得有一种"非物"的"力量",这种力量,便是"无物"。凡物皆有"限定-极",而"无极"为"无限定","无限定"为"无-非物",因此"至大"之"极"——太极——并非一"物",不是"感官"(可以想象)之"物"。就"感官世界"来说,这个"太极"为"无极-无物",但它却"生化万物"。

我们看到,传统中的"天上"的"形而上"被"收"了回来,当然不会"在""地上",而是"在""内里"-"心"里,"天上"的"形而上""转化"成为"心里的形而上",中国传统哲学一下子进入了"meta-psychology"。

这样,周敦颐的"无极-太极"和邵雍的"先天""心观"又有相当的可沟通之处。

从这个"内在"的"形而上"的"心"的思路,周敦颐着重发挥出一个在宋代非常重的"诚"的观念。"诚"首先是一种"内在"的"忠实","忠"于自己的"心","心"里是个"什么""样子",不受"干扰"、不受"遮蔽"地就是"什么""样子","诚"就是"真诚",就是"真实",也就是"真理"。如同海德格尔说的那个"alethe",这个希腊文,据语言学家考证,是"忠诚"(loyalty)的意思,并无后来"与所指对象""吻合"的意思。其实,按后来的发展,是"真理-真实"的"自身同一"的意思,也就是"诚(忠诚-真诚)"的意思。"忠"于"自己"的"心",就是"诚"。

在中国的传统中,我们也可以把"诚"联系到邵雍的"以物观物"的"无我"之"反观"上去。"物-我"既然"分立"为"天理(物性)-私欲(人情)",则要达到"穷理尽性以至于命",即要"令""物""存在",则非"诚"不可,故曰,"不诚无物"。没有"反观",没有"返回"到"内在"的"自己"或"自己"的"内在",即"反身而诚",则"物""无""(自)性"而"欲壑难填",只有"不断地-无穷地""生""欲",而永不"成""物",永"在""变幻"之中,如佛家所谓"镜花水月"。

他与佛家的不同在于:"物性""自在","天理""自存",当然不是"目"之所"接","耳"之所"闻",而是"心"之所"诚";"诚"于"物性","诚"于"天理",而"压制""耳目之娱","压制""赏心悦目"。宋代"兴天理-灭人欲"这条哲学路线,或许由此确定。

然则,"道可道,非常道",那个"天不变,道也不变"的观念,在宋代已经受到现实的严重挑战。重新重视《易经》,说明重视研究"变易"之"道",这个"道"不由"外烁"而得,须得"以物观物","反观"至"内心"方可"明鉴"。

只有以"心""观""物",不是以"目""观""物","物"之"性"才得以"显现","性"和"道"皆"明鉴"于"心","物"之"性"与"道""在"于"心"而不"在"于"目"。然则,如全无"耳目","心"何以为"观"?

相比之下,中国哲学传统为"理智直观-直观理智"找到了一个"特殊"的"官能"——"心"。这个"心",大概相当于康德"第三批判"里的"判断力",但却不是"过渡"的"环节"。"心"的"功能"要"大于-重于""判断力-趣味",说一个人"没有趣味"比说一个人"没有(良)心(肝)"要轻松些。不过,外文"Reflection"也是一种"反观-反鉴"的意思,而中文译为

"反思"增加了"思"的分量,是一个有分寸的译法。"感性直观"和"理智概念"如果没有"思"的"官能-功能-环节",则如何"结合-沟通"起来就会是个问题。所以,"思",现代中文也叫作"思维",就是说,"思"也是一个"维度"。

就是对这个维度,欧洲哲学从希腊以来投入大量精力做了研究,而我们的传统哲学发展却在"直观"上有深切的体悟,下的功夫在于划清"感性经验"中的"私欲"与"公(天)理"的界限,宋代诸家也在"思(维)"问题面前"却步",不能不说是一个很大的"缺陷"。"心之官则思"的这个"则"——"思维"的"规则-法则"的研究,仍付阙如。

或许应该注意到周敦颐在《通书》中也讨论了"思"的问题,但那段话却很费解。他引用《尚书》中的"洪范"篇说:"《洪范》曰:'思曰睿,睿作圣。'无思,本也;思通,用也。几动于彼,诚动于此。无思而无不通为圣人。不思则不能通微,不睿则不能无不通。是则无不通生于通微,通微,生于思。故思者,圣功之本而吉凶之几也。《易》曰:'君子见几而作,不俟终日',又曰:'知几其神乎!'"(《通书·思第九》)《洪范》大概是古代治理者的"守则(九条)"之类的教科书,其中第五条教导要注意"五事":"一曰貌,二曰言,三曰视,四曰听,五曰思。貌曰恭,言曰从,视曰明,听曰聪,思曰睿。恭作肃,从作义,明作晰,聪作谋,睿作圣。"揭示了做领袖必备的素质,"思"在最后一条,与"恭-从-明-聪"并列,与"感官"上之"视-听"并列,当有自己的"指谓",这里即"睿",而不同于"耳聪目明"。

何谓"睿"?"睿"是"知""几"。"视-听"是对"已然"的"事物"有所"知",而"睿"则是指于"事物""将然-未然"之"际"的一种"知"。一件事情,在它将要发生而尚未发生的"时候"就能"知道"其"发生"的"必然性",这种"能力",不同于"耳聪目明"的"感性知识",本应是一种"理性"的"推理知识",但《尚书》的传统却认为它是一种"超凡入圣"的"知识",是一种"特殊"的能力。所以周敦颐发挥说,"无思,本也;思通,用也",似乎是在说,一般情况下,本不用思,有耳目之知就可以了,在"要紧关头"才"用思","思"之"用"为"通微",亦即"抓住""机(会-遇)","机-几""在""有-无"之"间"。有这种"睿-思"的"能力",就有能力把握"将来-未来",

是为"神",是为"圣";这种"能力"非"耳目"所能提供,是一种"判断"的"能力"、"断定"的"能力"、"预测"的"能力"。

在这个"通微-知几"的意义上,"思"所"判断"的,就不仅是"理论"的"必然性",而是"实践"的"将然性"。"思"有能力将"偶然性""转化"为"必然性",有一种"实质性"的作用,因而就被允许"用"来"判断""吉凶"。掌握事物"吉凶"之"变化",乃是"圣人-领袖"须得具备的"能力"。

"思""摆脱""视听"之"感官",理应深入事物"本质",但这个"本质"也被"现象"化,是一种"似无仍有"-"有无之间"的"状态-几",是一种"微-细"——"细微"的"现象",只有"运思-用思"才可"通微",因其"特殊性"而与"耳目见闻"不可同日而语。"思"是"时间"之"流"中的"瞬间"之"知",是一种"顿悟","渐变"中之"突变",不是"感官"之"观"的"聪明",而是"心"之"观"的"睿",此时"思"与"睿"就是一个"诚"字。"心之官则思"被理解为"诚"则"思","思"则"诚"。"心"之"则"为"思","思"之"则"为"诚"。

我们看到,在这个意义上,"把物当作物"来"看"——"以物观物"的"客观性-对象性"的态度的"心",是以"心"观"物",而非以"我(之视听)""观物",这个"心"已经不再"向外""观""物",而转换成"向内""观""心-自己",在这个意义上,"物"之"性"不"在""物",而"在""心";而这个"心"的"官能"——"思",因其"通微"而有能力"分辨""吉凶",以此达到"趋吉避凶"之"圣功"。因"思"而引进的"吉凶"之辨,也就重新引进了"我"这个"维度","思"成为这个维度的"工具",所以说,"思通,用也"。

"思""自身"不成其为一"维度",因为"思"之"对象"——"物"——也没有"自身"的"维度",一切又重新以"我"为"维度",从而又回到了"万物皆备于我"的一种"实际-实用"的"关系"之中。在这里,我们看到,本可以"物"为"自身""维度"的"无我"之"理论性"态度,转化为"有我"的"实践性"态度。

"维度"的迅速"转换",使得刚刚获得相对(于我)的独立性的"物(性)",通过一个"诚"字,回到了以"我"为"主体"的"诸关系"中的一个"环节"——成为"心"的一个"环节"。

这种"转换",不是"理论性"的"超越",而是"实践性"的"回归",即,在尚未成为"物"之"理论性"的"客观科学知识体系"之"际",迅速"回归-退缩"至"内在"之"心"。这个"心"并不具有"心理学"的"形态",而是具有"伦理学"的"形态"。在宋代,"伦理学""高于""心理学":"伦理(学)"问的是"天理",而一般所谓"实验""心理(学)"问的则是"人欲"。

这就是说,凡是"人"和"物"的"自然"方面,都不仅将被"悬搁"起来,而且会被"(消)灭",这已经是一种对儒家传统的"发展"。或许是受到佛家思想的影响,对于"尘世-感性"的一切有一种根深蒂固的"拒斥"态度,而力图将"人""修炼-修养"成一个"单纯的""道德体"。这种"单纯的道德体"是"悬搁""知识论"的"单纯"的"本体",是一个"单纯"的"德本体"。它因为缺少"思"的"维度"之足够支持,不是对于"无限"的"超越"和"飞跃",反倒是趋向"有限"的"经验"维度的"回归"和"退缩"——"道德"从"客体-物体-物性""退缩"出来,"固守"在"经验"的"维度",而成为一些"有限"的、"经验"的"律令"。"道德"失去"开创性"的力量,成为"束缚"-"限制性"的"大箍"。

"物"因其不可穷尽而成为要"躲避-放弃-克服"的东西。周敦颐说:"十室之邑,人人提耳而教且不及,况天下之广,兆民之众哉!曰,纯其心而矣。仁义礼智四者,动静言貌视听无违之谓纯。"(《通书·治第十二》)这里说的是"人-民"众多,唯"心"为"一"。推而广之,"事-物"众多,同样也是唯"心"为"一",然而,"人心惟危",何以为"一"? 原来"心"也被"一分为二",唯"道心"为"一","心"须是"仁义礼智"的"德心-道心",而不是"七情六欲"之"人心"。"人心惟危,道心惟微",因其"危"而"避"之,因其"微"而"通"之,按周敦颐,"通微"则须"用思","思"之"用"非"知-通""事物"之"大者-必然性",不是"知""人心"和"物性""自身"之"规律",而是"知-通""事物"之"小者-偶然性"和"人心-心思"与"事物变化"之"适宜性","令""事物"之"变""适应""道心"之"准则",故而"变"则"化","仁义礼智""教化"天下。

"变"为"多","纷繁万象","无所适从";而"化"则"归一",是为"易"之"道","思"之"睿",乃是"把握"从"多"到"一"之"变化"之"几",把握由"变-多""归""一"的"时机",乃是"圣人""睿思""教化"的作用;于是这个"思"就不是对"物性"自身的"品类繁多"的"科学"式把握,而是将"物性""归"为"德性"的"规范-引导-教导"。"思"是一个"(教)化"的工作,而不是客观的、对象式的"概括"-"概念"式的"逻辑"工作。

某种意义上,周敦颐对"思"的理解的确是儒家正宗,这个"思"同样是"德性"的"维度",而不是"物性"的"本质",和孔夫子筛选各国诗歌那样的"准则"——"思无邪"——的精神是一致的。"思"的"维度"为"邪-正",即以周敦颐说的"仁义中正"为准则,而不是以"客观"的"物性"为"准则";不是"知识论"的"思维",而是"道德论"的"心思";"心思"必须要"正","心思不正","知识"多了也是"资盗粮","诲盗诲淫"。

顺便说到,周敦颐对宋代的"乐风日下"专门作出抨击。他说,"乐者,古以平心,今以助欲;古以宣化,今以长怨"。从这个批评,也是足以看出,有宋一代,科学文化以及艺术都已发达到了一定的水平,文艺体裁上,诗词歌赋更有"戏剧-杂剧"之雏形,至元代蔚为大观,逐渐形成传统戏剧集歌-舞-剧为一体的特色,成为民间的娱乐方式;而脱离了"礼节"之"仪式性-礼仪性",于是各种"心思"得以"表现"出来,未免"正-邪"混杂,"宣化"不足,"宣泄"有余。因其已"泛滥"成"灾",责之自然"过严",孔子尚且允许"诗""可以""兴观群怨",周子则须得斥"怨"为"邪"了。

当然,"兴观群怨"可有别解。"诗"可以了解民情,加以疏导,由"宣泄"而"宣化",不过孔子对于"民怨"给予了更多的重视,通过"诗"的"宣泄"加以了解而设法"化解",承认"怨"之"存在",而不是闭目塞听,充耳不闻。实际上,"怨"本身也有"邪-正"之分,试想夫子一生,当也是"充满怨气"的,"怨"的是"人心不古"——"吾道不行于世",满眼皆是"僭越(周礼)","不怨"则是"乡愿"。

可见,时代不同,对于"仁义道德"与"七情六欲"的关系的理解也有所不同。宋代是一个"感性世界"相对"膨胀"的时代,民间的"怨情"或多在于"感性欲望""膨胀"得还不够这个方面,而不是基本需要得不到满足方面,所以到南宋朱熹才有"饮食为天道,美食为人欲"的评论。实际上这个意思与古代孔子也并不契合,孔子有"食不厌精"之说,而道理上,"饮食"是动物都"必需"的"物欲",似乎唯有"美食"才有"超出""物欲"的"天道"在内。

"真-善-美"之"超越性",只有在"知识论"理论性思维充分发展之后,才能得到足够的支持,"道德-艺术"才有可能具有"天道-真理"的意义,而不是"单纯"的"实用"和"感性"的"需要",而所谓"形而上"之"体-道"才有"物理"的"基础",并随着"物理"作为"(概念)科学"的"发展"有所推进。

"以物观物"的"心观"被"仁义中正"的"心观"所"代替",宋代哲学的发展,又回到了"单纯"的"本体论",我们在张载的"气"论里看到了这个倾向。

何谓"单纯本体论"?这里所谓的"单纯本体论"是指那种缺乏"知识论"根基的"本体论",离开"知识"而要探讨"事物"的"根基",这个"根基"难免被"架空",成为"想象"的"产物"。在古代希腊早期对"始基"的追问,也没有足够的"知识论"的"支持",于是有说"水"的,有说"火"的,也有说"始基"有"四种-四根",等等,直至苏格拉底-柏拉图"理念论"的建立,"本体论"才有了着落,至亚里士多德才可能将"physics""超越"到"meta-physics"。就康德的哲学来说,"物自身-事物自身-本体"也是由"知识论-现象论""超越-僭越"出来的"问题",没有"知识论"的"建构","本体论"只能是"空洞"的。这是欧洲哲学的思路历程。就中国传统的发展来看,难以建立"科学知识论"的状况,遏制了"本体论"的顺利推进;离开关于"经验知识""理论体系"-"经验科学知识论"的基础,传统的"本体论"聚集了大批人才并产生了大批文采斐然的鸿篇巨著,但仍不免比较"空洞"甚至"重复"。应该说,"重复""阐述","替圣人立言","述而不作",乃是这个传统的重要宗旨,"真理不怕重复",甚至"真理须得重复"。

具体到宋代张载,他的名言:"为天地立心,为生民立道(命),为去(往)圣继绝学,为万世开太平。"已经表明了他为学的宗旨,他的学问是要"继续"过去"圣人"的"绝学","回复-恢复""圣人"的"学问","普及"这个"绝学"。"生民"有了这种"绝学"的"道理","天地"就有了"轴心","天下"自然"太平"。

关键在于要"继续""圣人"的"学问",然则,何以"圣人"的"学问"在当时(宋代)成了"绝学"?

也许应该说,诸儒的"圣人之学"从来都是"绝学",即使在确立为"国学"的汉代,也自有"汉家""家法",其原因或许是作为"经验政治学科","圣人之学"并不"够用",而作为"形而上"的"哲学"又"过于""抽象",代代相传,难有"新意",其"变化"犹如"春夏秋冬"四季"轮回"。

宋代张载哲学,因提倡一个"气"字而被认为是一种"唯物"的思想,而他的这种"气""充满"于"太虚"之中,本无"形状",世间"万物"乃因"气"之"聚合"方式不同而"有合必有分";"聚-散"是一个"反复",他说这个"聚-散"的"反复",是一种"不得不"的"自然而然"的"过程",并以此批评佛家的"散"而不"聚",以山河大地为"幻影",道家则"固守""成物"而求"长生久视"。

这种以"气"为核心的"形而上"观念,自有儒道两家的渊源,将孟子的"浩然之气""外在化",成为"天地"之"正气"而"生化""万物",也是一个"自然"的"谱系"。并且,在古人的思想中,以"气"作为"万物""生化"之"根源"的尚有希腊早期的"始基"学说,从泰利士的"水"到阿那克西曼尼的"气(汽)",其间有阿那克西曼德的"apeiron",也有"不定形"的意思,可见古人的思路自有"相同"之处:张载的"气"在"太虚"本"无形","气""聚"而"成""形"。

当然,张载的"气"说,在内容上要比古代希腊早期的《残篇》丰富得多,它承载着中国古代特别是《易经》的传统,有"在天为象"、"在地成形"的"形而上-形而下"的区分。但"在地"的"形-物"虽然已有"动物-植物"的不同观念,因其源于"太虚"之"无形"之"气",不再"接续""以物观物"之"反观",而依旧"以天观物",止于"物"之"天性",不再继续追问"物""自己"的"属物之性",认为"物"之"属天之性",乃是"睿智""终极"之"知。

"物"之"属天之知"并非"耳目"之"知",也不是"见闻"之知,而是"道德"之"知";天下之物莫不具有"德性",亦即,莫不处于"天-人"的"关系"之中,而"无自性"。于是,邵雍"以物观物"的"反观"之"心观",绕开了-离开了"物",反身向内,走了一条"诚-心"的道路。张载相当明快地将"诚"理解为实","诚"即是"实有"此物","物"为"有始有终"之"完成"之"物","不诚"-"无始无终""非物",所以说"不诚无物"。然而,"人心"之"知"并没有向着这个"完成"之"物"之"客观属性-属物自性"去探讨,进而形成"物"之"概念体系",而是继续按照"诚"之"内向"的思路,反身为"心"之"德性",赋予了"物""自身"尚未具备的"属天之性"——"仁义道德"之"性"。"心"成为"万物"之"核心"——"正中-中正",为使"心"无"遗漏"而避免佛家认"物"为虚为幻,张载提出一个"大心"之说。他说:

> 大其心,则能体天下之物;物有未体,则心为有外。世人之心,止于见闻之狭;圣人尽性,不以见闻梏其心,其视天下无一物非我。孟子曰"则知性知天",以此。天大无外,故有外之心,不足以合天心。见闻之知,乃物交而知,非德性所知,德性所知,不萌于见闻。(《正蒙·大心篇》)

张载这段话的主要宗旨在于指出德性之知和见闻之知的原则区别,某种意义上又将宋代已然兴起的对"外物"的兴趣拉回到孟子"万物皆备于我"的思路上去,在当时却是一种"绝学"。但这个思路,要在"物"力已经达到一定程度之际才能站住脚跟,也才有所"损益",所以他接着又提出:"以我视物,则我大,以道体物我,则道大。故君子之大也,大于道;大于我者,容不免狂而已。"这样,"物-我"都在"见闻"层面,"道-心"则在"德性-道德"层面,这个思路,在大的方面,体现了宋代哲学思想的方向。

在"见闻之知"与"德性之知"的"二元"对立的思路中,宋代诸家故有侧重不同,但对于"德性之知"无人敢于"置疑"其"第一位"的重要性;并且,"德性之知"并非由"见闻之知"中"超越"出来,而是一个有"独立"来源——由天而降——的"天性",其效果恰恰是将原本是"经验"性的"道德规范""凝固"于"天命-天性"之中，使一种"经验"的"模式"成为"万古不变"之"道-德"。

三、"理学（道学）"的产生

程颢长弟弟程颐一岁，但弟弟比哥哥多活了 12 年，程颐留下的文字材料自然更加丰富，某些方面对程颢的思想有所推进，但他们在思想上的"差别"似乎有点像古代希腊的柏拉图与苏格拉底，作出重要的"区分"十分困难，所以我们在阐述时常常合在一起来讲，可能在当时的人看会比较粗糙，或许就得不到朱熹的认同，他对程颢有更多的褒扬，自有他的理由。应该说，程颢的思想比他弟弟的更加开阔自由一些，而程颐作为阐释者会显得拘束些，或许可以冒昧地说，程颢的才情真的要略高于他的弟弟也未可知。

1. 有"物"在"我"之"外"

程家兄弟都曾随周敦颐学习，似乎更受邵雍的"以物观物"的影响，"天-地"、"人-物"的关系已经成为他们思考的重心，"物"从"天-地"中"凸显"出来，与"人-我"相"对应"。就社会历史背景来说，宋代的物质文明之发展，当是"推出""物"的问题的助力，"物"以自身不可抗拒的"繁荣""迫使"哲学家的注意力从"天上""下降"到"人间"。

宋代"物质繁荣"这个背景，容易引起"物欲横流"的倾向，抵制甚至否定"（外）物"似乎会成宋代"哲人"的主要任务，而在初始阶段未必尽然；程颢著名的《答横渠先生定性书》（又题《答横渠张子厚先生书》）对于"外物"之"确立"和"肯定"已有明确的表示。

宋儒喜欢用"问答"式"语录"来表述思想，既是孔门正宗，也受禅宗影响，尽管他们大多对佛教持反对态度。他们竟在近 2000 年后保持着与古代希腊哲学"对话"相同的形式，而当其时欧洲哲学已经是长篇大论"建构""哲学""理论体系"的时代，两相比较，后人会有许多不同的感想。无论如何，《答横渠先生定性书》是篇幅较大、比较系统的哲学通信。

这封信讨论的主题是"如何"让"性（人性）""定"下来的问题。张载的意思是:"无视-摆脱""外物","使""性""向内"而不"外烁",则是为"定性"之道。程颢则认为,"外物"并非"乱性-动性"的根源,所以说,"动亦定,静亦定","动"之"有道-有理",则"动"亦"定",即"性"仍可以是"定"的。如果说因"外物"可以"诱""性",则会将"性"也分成"内-外",意味着"性"可以"外出",而"性"本为"一","性""无内外",才可以说"定","既以内外为二本,则又乌可遽语定哉"。

这一段的意思有点咬文嚼字,但意图在于说明要求"定性"不可以"排除""外物"为"任务",如果"规规于外诱之除,将见灭于东而生于西也,非唯日之不足,顾其端无穷,不可得而除也"。程颢的意思居然是:"外物""无穷","除"之"无尽",如"定性"以"除""外物"为宗旨,则永无"定性"之日可以期待。

按程颢的意思,"性"之"定"与"不定",要害不在"有-无""外物""在",而在于"性"之"内在""涵养";果若"性"为"廓然而大公",则"物来而顺应","圣人岂不应于物哉"?圣人也因"外物"而有"喜怒哀乐"之"情",之所以其"性"仍"定"者,乃在于"情顺万事而无情",有"万事"之"情"而无"私""情"。"圣人"之"心"(张载要为"天地立心"),以其"普万物而无心",有"万物"之"公心",而无"我"之"私心",无"私情-私心",则"廓然大公",以此"物来而顺应"。"应物"而"定性",而不是"以恶外物之心而求照无物之地","无物"之"照","什么"也"看-照"不见,是为"反鉴索照",乃是徒劳之举。

在这封"哲学通信"中,程颢"肯定"了"(外)物"的意义,"圣人之道"不在"无物",而在"无我","无我"为"无私";"心-情"为"我-私"所蔽,在这个"心态"下"用智",则是为道者之大忌。然则,奈孟子"万物皆备于我"何?邵雍"以物观物"遇到的问题,二程也回避不了。

这个尖锐的问题在二程的思路中似乎有了一个协调的办法,后人编纂的《河南程氏粹言》(主要为程颐)之《论学篇》记载了这样的意思:"道"与"物"不是"对立"的,"天地之用,即我之用也"。这里似乎把孟子的话作了一种"转换":"万物皆备于我"也可以说"我亦备于万物",所以"天地万物"之"用",也就是"我"之"用"。"我"并没有"特殊"的、"自己"的"用",

而是以"万物"之"用"为"用",这个"用"就是"公用",而不是"私用";"无私"之"用",乃是"大用",不是"小用",对于"私-小"之"用"来说,或是"无用",故"大用"而"无用",在这个意义上为"无用"之"用"。"无用-大用"之"智",也就不是"小计谋",而是"大智慧"。

2. "理"作为"天地-万物"与"人"的"同一关系"

"天地-万物"既然"外在"于"人",它们之间的"关系"就成了一个必须解决的问题。既不能像孟子那样简单地把"外物"当作"我"的"工具",也不能像禅宗那样把"外物"(山河大地)单纯当作"幻觉",同样也要把它们当作"我""成""正果"的"工具";那么,"人"能够做到"以物观物"、"廓然大公",则需要有一个"沟通"的"途径",才能说"天-地-人""沟通""有道"。

邵雍的"以物观物"已经说到不是以"耳目""观物",而是以"心""观物",但是"心"以何种方式观物?二程提出一个"理"字,应说是一大推进。"心"不是"物","物""在""心"外,而又能够"沟通","沟通""有道",这个"道"——这个"通路","在""理";"万物"皆有"理","人""心"以"理"去与"万物""同一":"人""生活"的这个"世界"、这个"天下",是"可以""理解"的,也就是说,是"可""以""理"来"解(释-开)"的。

以"理""释""道",眼看我们的哲学就要"进入""科学"的"思维方式"了。人们不是以"想象"甚至"幻象"来让"人"与"天地万物""沟通",而是用一个"理路"来"揭示""天-地-人"都"在""理"中,"万物"与"人"都以"理"作为自己的"(本)性",故"上下-内外"无不"在""理"。

人们还记得,庄子以"梦"来让"万物"归"一"。二程曾批评庄子的"齐物论",而庄子之"齐物"是要在"千差万别"中看出"同一性",其用意与二程无别。庄周梦蝶-蝶梦庄周的故事(寓言),以"梦""释""万物同一",当然比二程的"理"要原始得多,但这个问题的启发性,不能无视,或许二程也曾注意到这个问题的关联性。程颢甚至说:"心所感通者,只是理也。知天下事有即有,无即无,无古今前后。至如梦寐皆无形,只有此理。"(《河南程氏遗书》卷二)。"理""通""上下古今","理"为"形而上"而"无形","重视-专注"的程度是要在"做梦"和"醒着"的时候都"只有"这个"理",而不为"形"所"束缚"。以此复观庄周"梦蝶",则过于"拘"于"形",未曾专注于"理",故"纠结"于"蝶"与"庄周"之"形"之"转化",未能以"理"为"基础"来"完成"这个"转化",遂使"齐物论"成为"荒诞"。程颢认为,天下之物,万紫千红,且瞬息万变,何曾"齐"过?于是,唯有"理""上下古今"无往而不"在",无往而不"通"。"形而下"者"变异","形而上"者"恒存","放之四海皆准"。

3. "理"之"形而上"化

然则,眼看着"(事)物"之"理",飞到"天上"去了!

"事物"之"理","理"固非"器",然应是"器"之理,这个"理"不是从天上掉下来的,应是从"事物-器"中"概括"出来的。按宋代已有"天-地-人"皆为一"物"的观念,则"天"之"理"也是"物"之"理",以此人们的思考自然就会集中于从"事物"中"析取"事物"之"理",从这里就会逐渐开出一条"经验科学-自然科学"的道路。然而宋儒们在这方面着力甚少,致使后人感到,中国古代哲学家失掉一次推进思想的机会,这个浅尝辄止的"以物观物",又回到"以天观物"的传统上去。

当然,我们从二程的片言只语中体会到他们对"物理"的喜爱,程颢甚至说过,"物理最好玩"(《河南程氏遗书》卷二)。但从《易经》中"体玩""天地万物"之"理","无独必有对",在"阴阳""变化"之中寻求乐趣,而至"夜不能寐",实际也是一种"反鉴索照"的办法,因为"照"不出"物"来,只得在"心"中"求索"、"品味","闭门造车"而求"出门合辙"。

"理学"当然是要"出(心之)门"的,它们要"经世致用"。二程的主要著作和中国历史上大多数哲学家-思想家的相同,大多是给皇帝"献计献策",让这些"计"、"策"也都要按照"形而上"的"理"来作为"建议"的根据,它们以"历史"的"经验""印证"这个"理"的"普适性",虽然因时不同而有所损益,但这些"变化"未曾对这些"理"增损一分一毫。譬如忠孝仁义,不是有了"忠孝仁义"之"人"、"事",才"有"这些"理","大舜"以"孝""治天下",而"孝"之"理",不因有"舜"而增,也不因无"舜"而损。

"形而上"之"理",不以"经验现实"为"根据",不是从"经验现实"中"概括-总结"出来的,但"物理"却必须从"感觉经验"中来,这个界限,宋儒心中似乎不很明确。二程也说要"格物致知","致知"必须"格物",因为"物"在"外面",不"接触"就不可能"知",照他们的理解,"格"也是"致"的意思;但如没有一个系统的"知识论"来"涵养""格物致知",就会使这个原理被"形而上"之"本体论""架空",也很容易被另一种视角的道理(如"心学")所攻击,这在不久之后即被证实,但在二程,他们对于"外物"的"肯定"和"兴趣",还是值得重视的。

这种兴趣,包括了以"形而上"的视角"观察""形而下"的"世界"。在这个"世界"中,"万事万物"可以理解为这些"形而上"的"理"的一些"例证"。"格物致知"中的"知识",也是以"形而下"的"(器)物""证""形而上"的"理"。

从"普遍性"的"概念"出发,"寻求""感觉世界"的"例证",使"可感觉"的与"可理解"的相结合,乃是康德在其《判断力批判》中所做的工作。康德的这个"批判-批审""局域"在"审美-艺术"和"合目的性":由"先天理念(概念范畴)"来"审视""大千世界","万物静观皆自得"(程颢诗句),宇宙万物是那样的"和谐"、"合理","人"只要没有"私心杂念","以物观物",真个是"可以-可能""诗意地栖息""在""大地上"(海德格尔语)。"人"是"诗意"的"人","物"也是"诗意"的"物","人-物""一体","天人一体",程颢批评"大人合一",说本来就是"一体",何来"合二为一"?"人""在""世界"上,如同"鱼""在""水"中,优哉游哉,其乐也无穷。

宋代在文艺体裁上的主要贡献在"词"的创作,长短句比唐代诗歌另有一种情趣,应该说虽有严格格律,表现形式却更加自由些。但宋诗仍大有可观,这些偏于说理的人也常常作诗,据说当时爱作诗的以邵雍为最,但在文学上未曾得到更多重视,或许由于过于"哲理"。

但是程颢有两句诗,做哲学的常常比较喜欢,全诗如下:

闲来无事不从容, 睡觉东窗日已红。
万物静观皆自得, 四时佳兴与人同。

> 道通天地有形外，　思入风云变态中。
> 富贵不淫贫贱乐，　男儿到此是豪雄。

该诗是程颢的《春日偶成》两首之一。哲学家比较感兴趣的是他的"道通天地有形外，思入风云变态中"两句，的确是一种"形而上"的"趣味"。当然，这个"道"是"形而上"之"道"，这个"思"也是"形而上"之"思"，对于"天地-风云"的"物理性质"可以"忽略不计"，真个是"静也定"，"动也定"，"廓然大公"，"何物"不能"顺应"？这两句诗的意思在哲学上是说："道"可"通""有形"之"外"，是"形而上"之"道"，而（"符合""道"之）"思想""仍然"（注意这里加上的"仍然"二字）"可以-可能""进入""万物（风云）"-"变化"之中。

只是这种"自上而下""寻求""例证"的"方式"，仅是"诗"的"存在形式"，而不是"科学知识"的"存在方式"。从"（外）物"中"体悟"出"形而上"之"道"，就已经被认为"完成-做到"了《易经》所提出的"穷理尽性（以至于命）"的"任务"。

于是，二程之"理"，归根结底乃是"天理"，跟"物理"因思路方向相反而"擦肩而过"。

四、"天理"与"尊德性-道学问"

宋代"理学"不是"物理学"，尽管程颢说"物理很好玩"，他的思路仍是"天理学"。他自己也说，他的学问自有承受，但"天理"二字，是他自家体会出来的。这个体悟当然对传统有所"推进"，似乎是将"道""推进"到"理"的层面，强调的是"以物待物"而不是"以我待物"，突出了"物"的意义；但以"天理""涵盖""物理"，这种"推进"又是一种"回归"。"人-物"皆"归于""一"，归于"天"，"理""归于""形而上"，"理"也是"天理"。"以物观（待）物"不是"以我观（待）物"，而是"以理观（待）物"，"以""天理""观-待""物"。天下万物皆以"自身"之"合理性""证明-证实""天理"之"普适性"。

"普适性"之"天理"既不全然来自经验(集义),须得有一个"先天"的"内容",这个"内容-概念-范畴"由"圣人""铸造-创造"出来,"放之四海皆准",则非儒家"仁义礼智"之"道德""规范"不可。

"学问"是由"见闻"得来,而"德性"则是由"先天""规定-决定"的;"见闻"之"知识""随时而变","德性"则"万古长青"。"天下万物""无穷",如何"格"得"完全"?从"格物"来求"穷理尽性以至于命"则永无"完-尽"之日,二程这方面的"教导",常令人无所适从(一物格不下去了,可以换一物来格——程颐);唯将"理"定为"天理",则"穷理尽性"自然贯通,"天理"具有"形而上(道)"的"先天"-"普适性","一通百通"。"天理"自有"穷"之可能性,"天性"也自有"尽"之可能性,而其"现实性"之"实现",则具有相当的"偶然性",要"至-到了-到时候"才能说。这层意思二程已经体会到,但有时他们又说"理-性-命"三者说的只是一个事情,显出对此的理解也是相当模糊的。

无论如何,"理"是"天理",是"形而上"的,因而跟"道"在一个层面,甚至原则上是一个意思,则程颢自己体悟的"创造性"也就很有限了。

"理"被"道""招安",又"回归"到"天"那里去了,"物理"问题也"跟"着"提升(转变)"为"德性-道德"问题,进了"天堂"。

"天理"就是"仁义道德",而"仁义礼智信",核心在"仁"。

上天有好生之德,"生生"即是"仁"。"麻木不仁",意味着"身体"出了问题;"天下不仁",意味着"国家-政治-治道"出了问题。于是"以物观物-以物待物"既然是"以心观物",则也是"以仁观物",或者甚至可以说"以人观物"。以"道德伦理"来说"天道","天道"即是"人道",无非是把原本具有"时间性-经验性"的"道德规范"作为"先天性"的"形而上"的层面来理解,以"经验性"的"内容""充实"("充实之为美")"先天-形而上"之"形式","充实"就可能成为"冒充"。

在"先天道德"意义上,世上一切的"理"都会具有"形而上"的性质,而"形而下"者则是"混沌之物",须得"形而上"来"统治-治理"。"形而下"者"无理";这个被认为"无理"的"领域",似乎恰恰是"物理"的"经验世界"。

在这里,"物理"的"经验世界"不是被"悬搁"-被"不置判断"(胡塞尔),"悬搁"是"存而不论";而"理学"之"天理"则相反,是"论而不存"。"物理""经验世界"之"理"被"拔高",被"歪曲",被"形而上"化,"进入""天理",而那些"不接受""提升-升华"的,则必须加以"压制"直至"泯灭","使之""不存"。"灭人欲"是"存天理"的另一个方面,虽然二程并不主张"泯灭""外物",不主张"内是而外非",但是对"物"的"私欲",则非"灭"不可。

于是,"人欲"即是"物欲","人"固是一"物",但"欲"和它们"结合起来",就成"私欲","灭(人-物)欲"即是"灭""私","无私-无我"则"廓然大公";而"物理"作为一门"经验科学",其"对象"恰恰是一个"感性直观"的"世界",是一个"欲"和"私"的"世界",是一个"形而下"的"器"的"世界"。探讨这个世界的"理",探讨"私-欲-器"的"理",是"物理学"作为"经验科学"的"任务"。宋儒"泯灭"这个"任务",不承认这个"领域"也有"理"在,不承认这个"领域"的"理"也有"普适性",要以"形而上"之"天理"——"伦理道德"的"规范"——来一举"泯灭"这个"感觉经验"之"理"。因其与"理"不合,却要以"形而上"本来"管不到"的"地方""行"它的"理",其结果事与愿违,这个该以"物理""管理"的"领域"反倒因被"遗弃"而"放任自流",成为"阳"面是"仁义道德","阴"面是"男盗女娼"的"阴阳""两面"。在这个意义上,宋代哲学未曾"经历"欧洲"文艺复兴"那样的阶段,在这个"感性欲求""领域""退"了回去。

不承认"形而下"之"器-物"也"自有其理",不承认"私欲-物欲"也有"综合"成"理"的可能性,要以"形而上"之"天理"来"统治"或"取代"它,自然会走到"存天理-灭人欲"的道路上去,从而不承认"列土分疆"——"形而上"、"形而下"各有"领域",不承认"分"而"治理"的"可能性",而要形成"天理""大一统"的局面,以"天理""泯灭""物理(欲望之理)",则会因其"不可灭"而产生"不可克服"的"矛盾","哲学""学术"上如此,"政治社会"上亦复如是。

人类"感觉经验世界"原本就有"自身"的"规律",研究这些"经验规律"是"自然科学"的"任务"。不"满足"于"经验规律",要"超越-悬搁"这些"经验规律",是"理性""赋予""哲学-第一哲学"的"任务"。"哲学""执行"这项"任务",在"超越"的基础上"悬搁"以"经验规律"为己任的"物理-自然科学",但并不"泯灭""物理-自然科学","哲学"清楚地(理性地)认识到,"哲学"自身的"原始基地""仍在""生活的世界"和由此"超越"出来的"物理-自然科学"。所以,如果把"哲学"之"理-道"叫作"天道-天理",则它的"基础"仍"在"于"地道-地理","哲学"理应"尊重"一切"物理-自然科学",而不是"无视"甚至"泯灭"它们,在这个意义上,"做学问"和"尊道德"是完全平等一致的,因为"道德"的"内容"也都是"经验"的。

二程"理学"之"理"既是"天上掉下来的",不是"地里长出来的",在某种意义上,也就是没有"根基"的,是由"圣人""猛然间""带到"这个"世界"上来的。"圣人""无私-无我","圣人""形而上"地"存在着(在地上)"。"形而上"为"无形","圣人""无形"地"存在着",如果"物"与"心"对,则"圣人"以"心"为其"存在方式","圣人"以"无我-无私"之"心""对应""万物",则"无对"而"无不对"。

"圣人"之"心","廓然大公","普适万物"而"无心",这是承认"外物"之"理学";而如果"普适万物"而仍"有心",则为"心学"。于是,"理学"乎,"心学"乎,也就是"一步之遥"。

结语 寄希望于"未来"

"欧洲哲学的历史发展与中国哲学的机遇"(简称"机遇")旨在研究"欧洲哲学"历史发展中所遇到的问题及其解决方式,直至20世纪(包括"后现代")诸家在理论上出现的"困境",为中国哲学的发展"提供"了一个"历史发展"的"机遇"。中国哲学理应很好地"利用"这个历史机遇,吸取众长,补充自己,创造出哲学的新天地,为哲学做出应做的贡献,这也是完成哲学历史发展所赋予自己的使命。

本课题计划从西方哲学的历史发展入手,在历史性回顾的基础上,着重分析欧美哲学在近现代的发展特点,特别是从20世纪以来当代欧美哲学的趋势,在理论探讨的基础上,揭示它们强弱两个方面的具体内容,从而对应我国哲学自"西学东渐"以来对于中国传统哲学革新的思路历程,特别是在马克思主义哲学在近代中国的影响扩大并曲折地确立巩固阵地以后,我国固有传统哲学的变革发展以及面临的问题。中国哲学以及中华文明在近代之所以被"质疑",甚至被一些人"否定",其原因错综复杂,而根本上主要是"非哲学"的原因。近代以来,中国综合国力薄弱,外侮内乱,致使敏感的人对于中国根基的信念发生动摇,这种态度,当会随着综合国力之增强逐渐消失,自不待言。就学理来说,中国哲学随着国家之强大,也必定发挥其"兼容并蓄"、"融会贯通"之能力,将西方哲学之精髓"吸收"到"自己"的系统中来,从而也必有一番新的面貌,发扬光大,庶几无愧于先贤圣哲,而不取抱残守缺、妄自尊大的态度。目前已完成的工作都是按照这个计划和思路进行的。

由于本课题是站在现代的立场探讨历史的意义，同时也是站在中国的立场探讨西方哲学的问题，而这个"立场"又不是凝固的，它自身也是开放的、发展的，故在这个课题的研究中，"现实"和"历史"、中国和西方蕴含一种"互动"的关系，尽管这个相互"运动-推动"的过程-进程，不是直线的，而是复杂曲折的。本项工作所体现出来的工作方式是：以"原典"为依据，探讨"哲学问题"，从"问题"的角度将中、西哲学的历史发展进行自己的梳理，因而不是一般史料的整理和介绍，对历史上的哲学流派和人物，不求介绍之全，而力求问题之深入，因此可以说，梳理工作虽是历史的，更是哲学的，大部分都是课题人自己的独立研究成果，都有自己的新的视角。

所谓"新视角"，当然都和课题人自己的学养密切相关，也是课题者这么多年的研究心得，这个心得的主要支点是：注重中-西哲学在理论上的"会通"，而不做表面的"比较"，也就是说，努力从"中国哲学"的"思路"来"研究""欧洲哲学"的"理论"，也用"欧洲哲学"的"思路"来研究"中国哲学"的"理路"，即：概念-范畴（理念、自己、绝对、主体、客体等或仁、义、诚、中庸、道、天然等）无分"中-西"统统要归到"思路-理路"上来，而力求避免"乱扣帽子-生硬类比"，为此而努力探讨哲学概念范畴的真实含义。于是，本课题中，对于中西哲学中常用的一些概念范畴，也有较新的一得之见。

本课题在阐述欧洲哲学历史发展部分，可以说全部都有"新"的观点和阐述角度，与课题人以前的著作不同。课题人过去对这部分的研究从侧重历史到侧重原理，如今又从"原理"进入"现实"，注重"理念"与"现实"的"二律背反"，因而注重二者之"互动"，在"互动"中"促进"历史现实的"发展"，这个思路，一直贯串到近代的哲学和德国古典哲学。

在阐述欧洲哲学的部分中，课题人提出的欧洲哲学从"概念论"到"概率论"的推进，也是近年来的一个新的一得之见。这就是说，"概率-可能性-几率"问题由原来的"哲学范畴（知识论）"到"哲学本体（存在论）"的"意识"，在这个课题中，被认为是一个"推进"；而"中国哲学"历史发展的"相反"的"动向"，可以作为"互补"的作用来审视和运用。

中国哲学随着历史社会发展的变化，在实质和形态上都有很大的转变，或者说是"革命性的变化"也不为过。做哲学的人"变"了,"哲学"也不得不"变",但"万变不离其宗",中国哲学的"革命-变革",仍须得在自身的"源头"和"历史"中"有迹可循","中国哲学"的"土壤"有"能力""吸收"一切"外来"的"营养成分"来"变化-滋补"自己,也有"能力""拒斥"一切"内在"和"外在"的"有害成分-毒素","保持"自己的健康,甚至"分解-化解"这些"坏因素",使之成为"好因素",一切"坏东西"也有可能在一定的"条件"下,成为"中国哲学"的"良药"。

"中国哲学"的这种"博大精深-止于至善"的精神,体现在它的各个历史发展的阶段,因其"博大精深"故"兼容并蓄",因其"止于至善"故"不断""自我完善",是一种"批判"的精神,而不是"盲目"的精神。因其"博大",故"儒-佛-道"三家"共存"而"兼容互补",不仅在外在的"局面"上并立,而且在"内在"的"精神"上"会通",在"学理"上将"异己""化解"为"自己",这种学理贯通的工作,如果没有"批判-慎思"的"精神"是难以做到的。在这个意义上,"中国哲学"有很丰富的经验"贯通"一切"异己"之"学说",使"万物-众异""皆备(归)于我",使"自己""趋于""至善"。中国哲学的前景和将来,取决于"中国哲学的研究者"对于这种"融会贯通"的"批判-批审"精神之自觉。

由于本课题人主要专业为欧洲哲学,对于中国哲学,功夫下得很不够,这个课题中只是做出一些"轮廓-大纲"式的阐述,读者当重在把握课题人的宗旨和立论根据。

面对当今世界经济的严重冲击,20世纪初期欧洲有些哲学家已经觉察到高科技(高技术)的发展对(包括"哲学"在内的)"人文科学"的"窒息-消极"作用,他们多以"遏制""科技"的发展"速度"和"抑制"其"范围"来"拯救""人文科学",实在是一个"因噎废食"的"空洞"的"呐喊"。果然,在进入21世纪以来,欧洲哲学出现相当"停滞"的现象,"脱离"原已根深蒂固的"本真"问题,努力"参与""解决"各种局部、暂时的"实际问题",而"放松"甚至"放弃"对"本真"问题的"创造性"的"探索",逐渐失去"追根寻源"的"哲学精神",如不警觉,将迎来一个"哲学"的"荒芜"时期。

我中华文明数千年来在社会和实际经济生活方面，时有起伏涨落，但"哲学"之"根源"未尝"枯竭"，"哲学"之"精神"仍"植根"于我们"心中"，"追根寻源"之探索未曾间断，"创造性"之"自由思想"仍在"激励"我们热爱"真理-至善"之"勇气"。值此新旧"交替"之际，"中国哲学"理当以"天下"为"己任"，"收拾"被"破"为"碎片-片段"之"残墙断壁"，以我们的"智慧"，"重建""哲学"之"家园"。

　　就这个意思来说，本课题也只是"抛砖引玉"，寄希望于"未来"。

2014 年 11 月 14 日

主要参考书目[①]

中华书局"理学丛书":张载集.周敦颐集.陆九渊集.二程集

荀子简注.章诗同注.上海人民出版社

(梁)释慧皎.高僧传.汤用彤校注

(隋)吉藏.三论玄义校释

(北宋)邵雍.皇极经世书

(南宋)朱熹.周易本义.廖名春点校.中华书局

王阳明全集

四书白话注解.上下册.长春古籍书店影印版

南传弥兰王问经.巴宙译.中国社会科学出版社

佛教十三经.上下.骆继光主编.河北人民出版社

钱穆.阳明学述要.九州出版社

钱穆.朱子学提纲.九州出版社

吕澂.中国佛教源流略讲.中华书局

巫白慧.印度哲学与佛教

魏道儒.中华佛教史(宋元明清卷).山西教育出版社

中国哲学史资料选辑.中国社会科学院哲学研究所中国哲学史组编

[英]安东尼·黑,帕特里克·沃尔特斯.新量子世界.雷奕安译.湖南科学技术出版社

[美]罗伯特·P.克里斯,阿尔弗雷德·沙夫·戈德哈伯.量子时刻:奇妙的不确定性.刘朝峰译.人民邮电出版社

[英]布莱恩·阔克斯,杰夫·福肖.为什么$E=mc^2$?人人都能读懂的相对论.李琪译.长江文艺出版社

[①] 这远不是一个完整的参考书目,而是叶秀山先生生前书桌和床头摆放的书籍,特此辑录,以表达对叶先生以工作的方式告别此世的崇高敬意。

［英］吉姆·巴戈特. 量子迷宫. 潘士先译. 科学出版社

［美］Jack Hokikian. 无序的科学. 王芷译. 湖南科学技术出版社

［美］米切奥·卡库. 超越爱因斯坦——关于世界理论的宇宙探索. 陈一新，陆志成译. 吉林人民出版社

［意］卡尔罗·罗威利. 假如时间不存在？——讲点颠覆常理的科学. 李润译. 化学工业出版社